Ingrid Klein
Ehemalige Pflegekinder als Eltern

Pflegekinderforschung

Herausgegeben von Klaus Wolf

Die Reihe will dem Aufschwung der Forschung zu Pflegekindern und Pflegefamilien Rechnung tragen. Hier können exzellente und interessante wissenschaftliche Arbeiten aus der Erziehungswissenschaft, Psychologie, Soziologie oder Kulturwissenschaft veröffentlicht werden. Sie kann dazu beitragen, dass die verschiedenen theoretischen und methodischen Zugänge stärker gegenseitig wahrgenommen und aufeinander bezogen werden und die professionelle Praxis der Pflegekinderhilfe neue Impulse erhält.

Ingrid Klein

Ehemalige Pflegekinder als Eltern

Bewältigung infrage gestellter Elternschaft

Die Autorin

Ingrid Klein, Jg. 1961, Dr. phil., Diplom-Psychologin, Fachpsychologin, Supervisorin und Prüferin für Rechtspsychologie BDP/DGPs. Als Psychologische Sachverständige ist sie in eigener Praxis in der familienrechtspsychologischen und aussagepsychologischen Begutachtung tätig.

Dissertation zur Erlangung des Grades eines Doktors in Philosophie der Fakultät II (Bildung – Architektur – Künste) der Universität Siegen.

Dieses Buch ist erhältlich als:
ISBN 978-3-7799-6255-7 Print
ISBN 978-3-7799-5559-7 E-Book (PDF)

1. Auflage 2020

© 2020 Beltz Juventa
in der Verlagsgruppe Beltz · Weinheim Basel
Werderstraße 10, 69469 Weinheim
Alle Rechte vorbehalten

Herstellung: Ulrike Poppel
Satz: Helmut Rohde, Euskirchen
Druck und Bindung: Beltz Grafische Betriebe, Bad Langensalza
Printed in Germany

Weitere Informationen zu unseren Autor_innen und Titeln finden Sie unter: www.beltz.de

Dank

Mein Dank gilt in erster Linie den Müttern, die sich bereit und einverstanden erklärt haben, die mit ihnen geführten Gespräche für das Forschungsprojekt zur Verfügung zu stellen. Durch ihr Vertrauen haben sie diese Forschungsarbeit möglich gemacht und wertvolle Einblicke in die komplexen Zusammenhänge der Bedrohungs- und Bewältigungsdynamik in der kritischen Lebenssituation infrage gestellter Elternschaft eröffnet.

Mein besonderer Dank gilt dem Erstgutachter Prof. Dr. Klaus Wolf, der von Anfang an großes Interesse an diesem Forschungsprojekt gezeigt hat und der mir in allen Phasen des Forschungsprozesses für Rückmeldungen zur Verfügung stand. Ihm wie den Teilnehmern des Doktorandenkolloquiums ‚Pflegekinderforschung' der Universität Siegen verdanke ich Einblicke und die Teilhabe an einem Forschungsstil, der in beeindruckender Weise auf einer engen Verbindung von Theorie und Praxis beruht und der darüber hinaus durch einen offenen wie respektvollen Umgang mit Menschen und deren Biografien, die durch viele widrige Lebensumstände gekennzeichnet sind, geprägt ist. Dies hat nicht nur mein fachliches Denken in höchstem Maße bereichert, es hat mich auch persönlich sehr beeindruckt. Beflügelt wurde mein Forschungsprozess vor allem auch durch die Veröffentlichungen der ‚Forschungsgruppe Pflegekinder' der Universität Siegen und deren Forschungserfahrung. Diese von Prof. Dr. Klaus Wolf geleitete Gruppe hat wesentlich dazu beigetragen, dass mein Zugang zum Forschungsthema sich interdisziplinär weiterentwickelte.

Prof.in Dr.in Yvonne Gassmann danke ich für ihre Bereitschaft, das zweite Gutachten zu übernehmen. Ihre Forschungsergebnisse zu ‚Pflegekinderspezifischen Entwicklungsaufgaben' sind in meiner gutachterlichen Tätigkeit für Familiengerichte sehr relevant. Ebenso danke ich Frau Prof.in Dr.in Ihmke Behnken für ihr Interesse an meinem Forschungsthema und ihre spontan erklärte Bereitschaft, sich als Prüferin zu engagieren. Ihr großer Erfahrungsschatz als Biografieforscherin beeindruckt mich sehr.

Mein größter Dank gilt meinem Mann, Andreas Klein, der mir in unserer gemeinsamen gutachterlichen Praxis immer wieder Freiräume ermöglicht hat, so dass ich das vorliegende Forschungsprojekt, neben meiner Tätigkeit als familienpsychologische Sachverständige, überhaupt realisieren konnte. Meinen Kolleg*innen aus der Rechtspsychologie, meinen Freund*innen, meiner Familie und insbesondere auch meinen Söhnen Jan, Max, Paul und Tim danke ich für die vielen interessierten Nachfragen und ihr Mitfiebern bei der Entwicklung dieses, für mich in jeder Hinsicht spannenden, Forschungsprojektes.

Neuss, im November 2019

Inhalt

Abbildungsverzeichnis

1 Einleitung

Im Zentrum dieser Untersuchung stehen Personen, deren Elternschaft infrage gestellt ist. Dabei handelt es sich um Mütter, die einmal selbst Pflegekinder waren. Hier werden der biografische Verlauf dieser Frauen und die Frage, ob Belastungen auftraten, als sie selber Eltern wurden, betrachtet. Den Mittelpunkt dieser Forschungsarbeit bilden dabei Verlaufsprozesse von Bedrohung und deren Bewältigung bei infrage gestellter Elternschaft ehemaliger Pflegekinder. Die Untersuchung verfolgt die Fragen, wie sich solche Verlaufsprozesse entwickeln und wie die Bedrohung bewältigt wird. Zu diesem Zweck wurde das Bedingungsgefüge erforscht, welches dem Verlauf in seinen verschiedenen Phasen zugrunde liegt.

Wenn die Elternschaft infrage gestellt ist, ist ein Thema angesprochen, das die Tätigkeit des Psychologischen Sachverständigen für Familiengerichte wie auch die Praxis der sozialen Arbeit betrifft. Damit war interdisziplinäres Terrain betreten. Im Forschungsprozess bestand die Herausforderung darin, sich auf eine intensive Auseinandersetzung mit Konzepten aus verschiedenen Forschungsrichtungen und damit auf Interdisziplinarität einzulassen. Durch die Kombination von Begriffen aus Psychologie, Pädagogik und Sozialpädagogik wurden die Systemgrenzen der Fachdisziplinen überwunden und es entstand ein Modell, das neue Beschreibungs- und Analysezugänge zu Bedrohungsverläufen und deren Bewältigung ermöglicht. Auf diese Weise gelang es, das aus der Arbeit der psychologischen Sachverständigen für Familiengerichte bekannte Gesprächsmaterial aus anderen Blickwinkeln zu betrachten.

Ausgangspunkt des Forschungsprozesses war eine Fülle von Daten, die sich aus Gesprächen mit Eltern ergeben hatte, deren Biografie durch das Aufwachsen in einer Pflegefamilie geprägt war und die nun selbst von der Fremdunterbringung ihres Kindes bedroht oder betroffen waren. Solche Gespräche waren im Rahmen der langjährigen Tätigkeit der Autorin als forensische Sachverständige im Familienrecht erfolgt.

Wenn die Erziehungsfähigkeit von Eltern infrage gestellt und das Gericht eingeschaltet wird, wird oft ein Psychologischer Sachverständiger / eine Psychologische Sachverständige beauftragt, der/die untersuchen soll, ob das Wohl der betroffenen Kinder in der Obhut der Eltern gefährdet ist, ob ggf. eine Unterbringung der Kinder getrennt von den Eltern erforderlich ist oder ob ambulante Hilfsmaßnahmen ausreichen, um eine Gefährdung abzuwenden. Im Regelfall werden solche Begutachtungen im Rahmen des § 1666 BGB gerichtlich angeordnet, um mögliche Gefährdungen des Kindeswohls zu prüfen (Salzgeber 2011: 292 ff.; Westhoff & Kluck 2014).

Die für das Forschungsvorhaben ausgewerteten Gespräche erfolgten im Rahmen solcher Begutachtungen und bezogen sich jeweils auf sorgerechtsrelevante Themen der Erziehungsfähigkeit, wie „Erziehungskompetenz" und „erzieherische Ressourcen" der Eltern (vgl. die Ausführungen bei Salzgeber 2011; Kindler, Lillig, Blüml, Meysen & Werner 2006).

Dass die Gespräche auch im Hinblick auf weitere Aspekte aufschlussreich sind, hängt mit der Form der Gesprächswiedergabe und der Gesprächsführung zusammen. So werden die aus den entscheidungsorientierten diagnostischen Gesprächen gewonnenen Informationen in psychologischen Gutachten hernach im adverbialen Modus wiedergegeben (vgl. Westhoff & Kluck 2014: 136 f.), welcher in indirekter Rede eine nachvollziehbare und erlebnisnahe Rezeption der Antworten durch Leser*innen ermöglicht. Zudem werden in entscheidungsorientierten Gesprächen vor allem ‚günstige' Frageformen angewandt, welche den Befragten einen angemessen offenen Bezugsrahmen lassen, sie zu direkten und konkreten Schilderungen ihres Verhaltens und Erlebens ermuntern und suggestive Einflüsse minimieren (Westhoff & Kluck 2014: 136 f.).

Darüber hinaus tragen auch Merkmale der Gesprächssituation zur Ergiebigkeit des Gesprächsmaterials in Bezug auf weiterführende Untersuchungsthemen bei. So erfolgten die dem Forschungsprojekt zugrunde liegenden Gespräche mit den Betroffenen in einer Lebenslage, in der die Elternschaft durch die (bevorstehende oder vollzogene) Fremdunterbringung der Kinder in höchstem Maße bedroht war. Alle Eltern waren in dieser speziellen Lebenslage dazu aufgefordert, sowohl vor sich selbst als auch gegenüber anderen (Familiengericht, Sachverständigen, Jugendämtern) Antworten darauf zu finden, warum ihre Elternschaft infrage gestellt wurde, warum ihre Kinder fremduntergebracht worden sind / werden sollten und ggf. auch darauf, warum sich die eigene biografische Erfahrung von Fremdplatzierung im Leben ihrer Kinder wiederholte bzw. zu wiederholen drohte. Insofern sind die Gespräche mit diesen Eltern auf besondere Weise geeignet, relevante Themen sowie Bewältigungsstrategien herauszuarbeiten.

Damit lag ein Material zugrunde, das weit über die gutachterlichen Themen hinaus bedeutend mehr Informationen barg und versprach, dass sich darin weitere vielfältige Bezüge zeigen würden. Die Neugier bestand also darin, das vertraute Material nach neuen Gesichtspunkten zu untersuchen und weitere interessante Fragestellungen zu entdecken. Anders als im Sachverständigengutachten für das Familiengericht erfolgte die Analyse der Gespräche im Forschungsprojekt jedoch jenseits von vorgegebenen Kategorien und war sehr eng am subjektiven Erleben der Betroffenen orientiert. Mit ethnografischem Blick wurden die Gespräche entlang der Forschungsfragen untersucht, die sich auf Konstruktionsaspekte von Elternschaft und Bedrohung ehemaliger Pflegekinder in einer besonders kritischen Lebenssituation beziehen, die durch den (drohenden) Entzug der Kinder sowie das Ringen um deren Rückkehr geprägt war.

Insofern handelt es sich hier – bezogen auf die Darlegungen bei Schütze (1983) – um Ausschnitte aus dem Lebenszyklus bestimmter Personengruppen (hier: ehemalige Pflegekinder). Gleichwohl diese Informationen nicht in Form narrativer Interviews generiert und wörtlich erfasst wurden, ermöglichen sie eine Aussage darüber, wie die Biografieträger*innen diese „negative Ereignisverkettung" erfahren und verarbeiten (Schütze 1983: 284).

Das Forschungsinteresse galt zuerst transgenerationalen Aspekten und wurde von der Suche nach darauf bezogenen Deutungsmustern und Sinnkonstruktionen geleitet. Nach ersten Auswertungsschritten zeigten sich aber weitere spannende Erkenntnisse mit Bezügen zu höchst dynamischen und wechselhaften Verläufen von Bedrohung, Eskalation und einer großen Bandbreite an Bewältigungshandeln im Kontext einer bereits erfolgten oder drohenden Fremdunterbringung der Kinder. Es wurde deutlich, dass nicht nur die Eltern alleine den Bedrohungsverlauf in eine an- oder absteigende Richtung beeinflussten. Vielmehr trat das Zusammenspiel mit den Helfer*innen als weiteres wesentliches Moment immer stärker in den Vordergrund. Schließlich zeigten sich Wechselwirkungen zwischen dem starken Bedürfnis der Eltern, in dieser Lebenslage weiterhin Einfluss haben zu können, und den von Helfer*innen eröffneten Handlungsoptionen. Zudem erwiesen sich die damit zusammenhängenden Selbstwert- und Selbstwirksamkeitserfahrungen der Eltern als besonders einflussreich auf den Bedrohungsverlauf.

Mit dieser Entwicklung des Forschungsinteresses und des Forschungsprozesses lag der theoretische Schwerpunkt der Arbeit nun auf den Themen Bedrohung, Bewältigung und Verlauf. Damit eröffnete sich im Forschungsprozess die Möglichkeit, ein theoretisches Modell von Bedrohungs-Eskalations-Verläufen zu erstellen, wie sie sich bei den erwachsenen ehemaligen Pflegekindern in der extrem kritischen Lebenssituation, der massiven Bedrohung ihrer Elternschaft, zeigten. Diese thematisch offene und flexible Herangehensweise als Ausgangslage zu Beginn des Forschungsprojekts entsprach bereits der Entwicklungsfigur eines Forschungsprozesses, der von den Daten zur Theorie hin ausgerichtet war. So sollte auf Basis eines nach qualitativen Methoden angelegten Untersuchungsdesigns über mehrere Auswertungsetappen eine in den Daten gründende Theorie, Grounded Theory, entstehen. Diese Betrachtungsweise erwies sich als so ergiebig, dass sich daraus nicht nur ein Modell von Bedrohungs-Eskalations-Verläufen bei infrage gestellter Elternschaft ehemaliger Pflegekinder entwickeln ließ, sondern auch Impulse für die sozialpädagogische und rechtspsychologische Praxis daraus hervorgingen.

Als empirische Grundlage hierfür wurden aus einer Gesamtzahl von 32 Gesprächen, die von der Autorin sowie von Kolleg*innen mit erwachsenen ehemaligen Pflegekindern im Rahmen familienpsychologischer Gutachten geführt worden waren, 4 Interviews ausgewählt. Dass es sich hierbei um Gespräche mit Müttern handelt, ist dadurch begründet, dass diese Gespräche die sehr große Spannbreite an Bedrohungsverläufen und deren Bewältigung bei infrage gestellter Elternschaft am besten repräsentieren. Dabei steht hier nicht der Genderaspekt im Fokus, sondern die Untersuchung von allgemeinen Bedingungsfaktoren, die als Eskalator bzw. Deeskalator im Bedrohungsverlauf wirken. Auch geht die Autorin davon aus, dass die Verlaufsprozesse auf alle Eltern, also auch auf Väter zutreffen. Der Aufbau der Arbeit ist eng am Verlauf des Forschungsprozesses orientiert. Das entspricht nicht in allen Punkten dem gängigen Schema der Gliederung wissenschaftlicher Arbeiten. Die Darlegung theoretischer Konzepte und Begriffe bereits vor der Formulierung der Forschungsfrage hat jedoch den Vorteil der unmittelbaren Verknüpfung der theoretischen Konzepte mit der Fragestellung.

Abbildung 1 bietet einen Überblick über alle Forschungszugänge und verlaufsstrukturierenden Elemente.

Abbildung 1: Darstellung der theoretischen Bezüge zum Theoretischen Modell von Bedrohungsverläufen bei in Frage gestellter Elternschaft ehemaliger Pflegekinder

Theoretischer Rahmen: Theoretische Zugänge und verlaufsstrukturierende Elemente

Forschungstradition: Verortung in der Biografie und Verlaufsforschung	**Konzepte zur Analyse von Verlaufsprozessen der Bedrohung und Bewältigung als Strukturierungselemente:**
Forschungsstand: Negative und Positive Verläufe Herkunftsfamilienforschung Entwicklung ehemaliger Pflegekinder als Erwachsene u. als Eltern	Konzept: Kritische Lebensereignisse Modell: Belastungs-Ressourcen-Balance Deutungsmuster u. Sinnkonstruktionen Konzept: Lebensbewältigung Konzept: Verlaufskurve – Phasen

Methodischer Rahmen – Rekonstruktive Methodik:
Grounded Theory
Aufbrechen der Daten – Analytische Verfahren
Vergleiche, Kontrastierung, Prozesskategorie
Themenzentriert-komparatives Auswertungsverfahren
Deutungsmusteranalyse
Neu zusammen fügen der Daten – Modellbildung
Prozessdynamik

Modell: Bedrohungs-, Eskalationsverläufe und deren Bewältigung bei in Frage gestellter Elternschaft ehemaliger Pflegekinder

Analysedimensionen der Prozessdynamik: Bedrohung (Verortung, Stabilität, Kontrollierbarkeit) Psychosoziale Handlungsfähigkeit Selbstwert/Selbstwertschutz Selbstwirksamkeit Kooperation mit dem Hilfesystem Präsenz Akteure aus Hilfesystem Präsenz Bedeutsamer Anderer Qualität der Hilfebeziehung Ressourcen – Belastungen Deutungen (Attributionen, biograf. D.)	**Variation der Analysedimensionen in den Phasen:** Niedrigkonfliktphase Hochkonfliktphase Eskalationsphase Deeskalationsphase Unterscheidung: Eskalator – Deeskalator

Der Aufbau der Arbeit besteht aus zehn Teilen. Auf die Einleitung (Kapitel 1) folgt Kapitel 2 mit wesentlichen Begriffsbestimmungen, die einen direkten Bezug zum Forschungsthema haben. Dabei geht es insbesondere um die verschiedenen Unterbringungsmöglichkeiten in Pflegefamilien, sowohl in Bezug auf das Pflegefamiliensetting als auch auf die Dauer. Ferner erfolgen Ausführungen zu den in diesem Kontext gebräuchlichen juristischen Begriffen, u. a. den elterlichen Rechten. Kapitel 3 und 4 beziehen sich auf den theoretisch-analytischen Bezugsrahmen des Forschungsprojekts.

Kapitel 3 legt die theoretische Rahmung des Forschungsprojekts hinsichtlich dessen Verortung in der Tradition der Biografie- und Verlaufsforschung dar. Dabei wird sowohl auf klassische Studien als auch auf die aktuelle Forschung, die positive und negative Verläufe in Biografien von (erwachsenen) ehemaligen Pflegekindern untersucht, eingegangen. Zum Forschungsstand werden insbesondere auch Ergebnisse der Herkunftselternforschung, die auf der Analyse der Erlebensperspektive der Eltern beruhen, präsentiert. Vor diesem Hintergrund werden Forschungslücken aufgezeigt, welche die vorliegende Arbeit aufgreift.

In Kapitel 4 wird der Bezugsrahmen anhand von theoretischen Konzepten vorgestellt. Es erfolgt eine Annäherung an die zentralen Begriffe des Forschungsprojekts: Bedrohung, Bewältigung und Verlauf. Dabei wird eine Abkehr von statischen und eigenschaftsorientierten Modellen vorgenommen. Zugleich wird die Untersuchung von Bedrohung und Bewältigung auf Verlaufsprozesse ausgerichtet. Dies geschieht aus der Perspektive mehrerer Wissenschaftsbereiche, was einen weit angelegten Zugang zum Forschungsthema ermöglicht. Aus der Psychologie resultiert das Konzept der Kritischen Lebensereignisse von Filipp und Aymanns (2010), das in der Sozialpädagogik im Konzept der Lebensbewältigung von Böhnisch (2016) fortgeführt wird. Der Einfluss gesellschaftlicher Bedingungen kommt durch den Deutungsmusterbegriff, so wie er in der Pädagogik von Arnold (1983) verwendet wird, zum Tragen. Mithilfe des Modells der Belastungs-Ressourcen-Balance von Wolf (2007/2010) wird der Blick auf Interdependenzen zwischen den Einflussfaktoren gerichtet. Das Konzept der Verlaufskurve (Corbin & Strauss 2010) vervollständigt den theoretischen Rahmen durch die ihm innewohnende dynamische Betrachtung unter Einbeziehung von Phasierung und Verlaufskurvenarbeit. Gemeinsame Basis der Konzepte ist die relationale Betrachtung von Bedrohung und Bewältigung.

In Kapitel 5 geht es um die Explikation der Forschungsfrage: *Wie entwickeln sich Verlaufsprozesse von Bedrohung bei infrage gestellter Elternschaft ehemaliger Pflegekinder und wie werden diese bewältigt?* Ferner geht es um die Konkretisierung der Forschungsfrage entlang der aus dem Datenmaterial gewonnenen Bedingungen. Es wird u. a. gefragt, welcher Einfluss Attributionen, Deutungsmustern, den Akteur*innen des Hilfesystems und bedeutsamen Anderen im Bedrohungsverlauf zukommt. Zudem wird die theoretische Rahmung, die durch die Konzepte erfolgte, mit dem Forschungsgegenstand verknüpft. Es wird jeweils dargelegt, unter welchen Aspekten die Konzepte für das Forschungsprojekt anschlussfähig sind.

In Kapitel 6 wird die Grounded Theory als Methodologie und als zentraler methodischer Zugang zur Rekonstruktion der subjektiven Perspektive der Biografieträger*innen vorgestellt. Die Kontrastierung wird als Methode der Fallauswahl und -auswertung ebenso dargelegt wie der Analyseschritt der Modellbildung und das Erfassen von Veränderung und Bewegung mittels der Prozesskategorie.

Kapitel 7 öffnet den Blick auf die Forschungswerkstatt und bietet detaillierte Einblicke in den Forschungsprozess und die Auswertung des Materials. Die Auswertungsschritte, die der Rekonstruktion der subjektiven Perspektive zugrunde liegen, wie das Identifizieren von Themenkomplexen und die Themenanalyse, werden präsentiert. Erklärungen und Deutungsmuster mit Bezug zur bedrohten Elternschaft werden herausgearbeitet. Erste Zusammenhänge und Bedingungen der Bedrohung werden entwickelt. Der Bedrohungsverlauf, der durch Phasen und Bewältigungsarbeit strukturiert ist, tritt als Kernkategorie hervor. Aus Deutungsmustern und deren Verknüpfung über Kodierprozesse werden Analysedimensionen abgeleitet, die der Analyse der Einzelfälle zugrunde gelegt werden.

In Kapitel 8 erfolgen die Darstellung der Einzelfälle sowie die Analyse der Bedrohungskonstruktionen und -verläufe. Nach vorangehender Einführung in den Einzelfall werden vier verschiedene Bedrohungsverläufe anhand von Beschreibungs- und Analysedimensionen untersucht.

In Kapitel 9 werden die Ergebnisse dargelegt, die über die Einzelfälle hinausgehen. Der Vergleich der Einzelauswertungen wird vorgenommen und der Entwurf eines theoretischen Modells des Bedrohungs-Eskalations-Verlaufs und dessen Bewältigung bei infrage gestellter Elternschaft ehemaliger Pflegekinder wird entwickelt. Bausteine des Modells sind sowohl Dimensionen, die sich auf den äußeren Rahmen beziehen, als auch solche Analysedimensionen, die sich auf die innere Dynamik der Verlaufskurve stützen. Der äußere Rahmen wird durch die Phasen des Bedrohungsverlaufs, deren Eskalationsniveau und ggf. auch deren Dauer festgelegt. Die Prozessdynamik des Verlaufs wird anhand von Analysefaktoren und deren Wechselwirkungen beschrieben: die Verortung, Stabilität und Kontrollier- bzw. Beeinflussbarkeit von Bedrohung, die psychosoziale Handlungsfähigkeit der Biografieträger*innen, deren Selbstwert, Selbstschutz und Selbstwirksamkeit. Weitere Analysedimensionen sind die Präsenz von Vertreter*innen aus Organisationen sowie von bedeutsamer Anderer, die Kooperation mit dem Hilfesystem, die Ausrichtung der Hilfebeziehung. Schließlich werden Ressourcen, Belastungen und Deutungen beschrieben. Im Einzelnen wird für jede Verlaufsphase dargelegt, welche Wirkung die Analysedimensionen in der jeweiligen Phase entfalten. Nach dieser idealtypischen und statischen Betrachtung wird die Prozessdynamik der Phasen, also auch Übergänge sowie Richtungswechsel des Verlaufs, in den Blick genommen. Es werden Konstellationen von Bedingungsfaktoren beschrieben, denen eine Funktion als Eskalator oder Deeskalator in Bedrohungsverläufen von infrage gestellter Elternschaft ehemaliger Pflegekinder zukommt.

Die Forschungsarbeit schließt mit Kapitel 10 ab, in dem eine Zusammenfassung der Ergebnisse erfolgt und praxisrelevante Bezüge des Modells diskutiert werden. Dabei werden insbesondere mögliche Implikationen für die sozialpädagogische Praxis umrissen, aber auch einige Punkte ausgeführt, die im Zusammenhang zum rechtspsychologischen Kontext stehen.

Exkurs: Besonderheiten der Erhebungssituation und des Materials

Den berufsethischen Verpflichtungen gegenüber den Biografieträger*innen, vor allem den Datenschutz betreffend, wurde durch die Anonymisierung des Materials Genüge getan. Zu diesem Zweck wurden alle individuellen Kenndaten, die einen Rückschluss auf die Person ermöglichen würden, ausgespart bzw. verfremdet. Auch wurden nur die Ausschnitte aus den im Rahmen der Gutachtenerstellung geführten Gesprächen im Forschungsprozess einbezogen, die Aufschlüsse über den Bedrohungsprozess mit Bezug zur Elternschaft der Personengruppe geben können. Auf diese Weise konnten Erkenntnisse zu besonderen Ressourcen, wie Belastungen, der einst Fremduntergebrachten in Bezug auf die Bedrohung und deren Bewältigung gewonnen werden, die sich gerade dann deutlich zeigen, wenn die Elternschaft durch staatlichen Eingriff infrage gestellt ist und Erklärungen gegeben werden müssen.

Wenngleich die Teilnahme an der Begutachtung grundsätzlich freiwillig erfolgt (zu diesem Aspekt vgl. Salzgeber [2011: 111 ff.], auch Westhoff und Kluck [2014]), bleibt ein Spannungsfeld, da – wie es Salzgeber (2011: 111) treffend formuliert – „die Beziehung zwischen Sachverständigem und Betroffenem nicht freiwilliger Natur [ist], sondern vom Familiengericht vorgegeben [wird]". Die Eltern konnten jedoch ihre Teilnahme an der Erstellung des Sachverständigengutachtens ablehnen. Auf diese Teilnahmefreiwilligkeit wurden alle Gesprächspartner*innen, sowohl mündlich zu Beginn der Gespräche als auch in der schriftlichen Einladung vor Beginn der Untersuchung, hingewiesen. Alle in die Datensammlung einbezogenen Befragten stimmten dem ausdrücklich zu und nahmen an der gerichtlich veranlassten Untersuchung teil.

Darüber hinaus wurden alle Biografieträgerinnen, deren ausführliche Gespräche der vorliegenden Arbeit zugrunde liegen, über das Forschungsprojekt informiert. Danach erklärten sich diese Personen schriftlich mit der Auswertung des Datenmaterials für die vorliegende Untersuchung einverstanden. Insofern wurden alle Daten legitim erhoben, sie entstanden weder verdeckt noch wurde Druck oder Zwang auf die Befragten ausgeübt. Übergeordnete ethische

Prinzipien – wie etwa die vier Prinzipien bei Flick (2012) in Anlehnung an Murphy und Dingwall (2001) – sind hier in jedem Fall gewährleistet. So fand keine „Schädigung" der Befragten durch die Explorationen im Rahmen der Begutachtung statt, ebenso hatten diese dazu eine „selbstbestimmte Einwilligung" (Freiwilligkeit der Teilnahme an der gerichtlichen Untersuchung; Einwilligung in die Verwendung der Gesprächsdaten zu Forschungszwecken) erteilt. Das Forschungsinteresse selbst hat einen erkennbar positiven „Nutzen für die Menschen" (etwa im Sinne einer möglichen Entwicklung spezieller Hilfekonzepte), eine „Gleichbehandlung der Untersuchungspersonen" war ohnehin gegeben.

Zum Verständnis des dem Forschungsprojekt zugrunde liegenden Datenmaterials sei abschließend noch ein bedeutsamer Aspekt hervorgehoben. So erfolgten die Gespräche mit den Elternteilen, wie oben ausgeführt, in einem von außen durch den gerichtlichen Auftrag zur Erstellung eines psychologischen Sachverständigengutachtens herbeigeführten Gesprächskontext. In einem solchen Rahmen werden die Zustimmung und das Einverständnis der Beteiligten selbstverständlich nicht immer von vornherein, sondern manchmal auch erst nach eingehenden mündlichen Erläuterungen gegeben. Zugleich sind die Interviews oft sehr ausführlich und dauern mehrere Stunden. Dass die Möglichkeit, die eigene Problemgeschichte aufmerksamen Gesprächspartnern einmal ausführlich zu schildern, eine unerwartete bzw. nicht selten auch neue Erfahrung darstellt, geht aus zahlreichen überraschten Anmerkungen der Interviewten hervor. Insofern boten die zwar gerichtlich veranlassten, in der persönlichen Begegnung dann jedoch positiv erlebten Gespräche auch Raum zur Entfaltung individueller biografischer Bezüge. Diese machen das hier vorliegende Gesprächsmaterial sehr vielschichtig.

Exkurs: Begriffsbestimmungen

Um eine Einordnung erwähnter Begriffe sowie auch des Arbeitsfeldes der Familienrechtspsychologie zu ermöglichen, wird im Folgenden kurz darauf Bezug genommen. Ausführlichere Darstellungen dazu finden sich sowohl bei Salzgeber (2015) als auch vertiefend bei Dettenborn und Walter (2016). Mit Dettenborn und Walter (2016: 16 f.) kann die Familienrechtspsychologie als Teilbereich der Rechtspsychologie beschrieben werden, deren Gegenstandsbereich „Erleben und Verhalten mit Bezug zum Recht" ist (Dettenborn & Walter 2016: 17). Dabei geht es nicht nur „um das Erleben und Verhalten Betroffener in sich wandelnden Familienbeziehungen [...], sondern auch um das von professionell Beteiligten, z. B. Richtern, Jugendamtsmitarbeitern oder Gutachtern" (Dettenborn & Walter 2016: 25). Enge Verbindungen bestehen zur Familien-, Entwicklungs-, Sozial- und Pädagogischen Psychologie. Anwendung findet die Familienrechtspsychologie im Familien-, Verfahrens- und Jugendhilferecht.

Diese Rechtsbereiche bilden zugleich den Bezugsrahmen der Familienrechtspsychologie.

Ein Schwerpunkt der Familienrechtspsychologie stellt die Untersuchung der Erziehungsfähigkeit der Eltern im Falle von Überforderung dar. Hier steht der Schutz der Interessen von Kindern und Jugendlichen im Zusammenhang mit dem elterlichen Erziehungsverhalten im Fokus. In solchen Konstellationen ziehen Jurist*innen häufig sozialwissenschaftlichen Sachverstand hinzu (Dettenborn & Walter 2016: 26 f.). Grundlage dafür ist die in § 26 FamFG genannte Pflicht des Familiengerichts, entscheidungserhebliche Tatsachen festzustellen und von Amts wegen dafür Ermittlungen durchzuführen. Hierzu gehört gemäß § 30 FamFG, verbunden mit § 402 ff. ZPO, auch ein Beweis durch Sachverständige. Verfügt das Gericht zur Entscheidungsfindung nicht über die erforderliche Sachkenntnis, ist es gehalten, ein Gutachten in Auftrag zu geben, das im Verfahren den Stellenwert eines Beweismittels hat (Dettenborn & Walter 2016: 456).

Dem Gutachten liegt der im Beweisbeschluss formulierte Auftrag, konkretisiert in den Beweisfragen, zugrunde. Diese werden vom Sachverständigen in psychologische Fragen überführt, sodass eine Beantwortung der Fragen anhand psychologisch-diagnostischer Verfahren möglich ist. Eine wesentliche Erkenntnisquelle ist hier, neben Interaktionsbeobachtungen und Testverfahren, das psychologisch-diagnostisch geführte Gespräch bzw. Interview. Diese mit dem Kind und seinen Bezugspersonen geführten Explorationen sind einerseits in Bezug auf die in der Beweisfrage des Gerichts vorgegebenen Sachverhalte strukturiert. Zur Erfassung des Einzelfalls, seiner jeweiligen Konflikte, Bedürfnisse und Motive, bieten sie andererseits auch Raum für eine hochindividualisierte Vorgehensweise. Auf dieser Basis und in Kombination der verschiedenen psychologisch-diagnostischen Mittel können dann die psychologischen Fragen und davon ausgehend die gerichtlichen Beweisfragen beantwortet werden. Da es in der familienrechtspsychologischen Diagnostik nur wenige für diesen Bereich konstruierte und vollstandardisierte (Test-)Verfahren oder Fragebögen gibt, kommt dem teilstandardisierten Verfahren der Exploration, mit dem das hier zugrunde liegende Datenmaterial gewonnen wurde, eine hohe Relevanz zu. Diese Methode ist definiert als ein nach Kriterien der psychologischen Wissenschaft geplantes, durchgeführtes und ausgewertetes Gespräch (vgl. Westhoff & Kluck 2014: 80). Eine solche Exploration basiert auf einem an psychologischen Fragen orientierten Leitfaden. Darüber hinaus erhalten die Beteiligten die Gelegenheit zu offenen, individuellen Schilderungen (narrative Passagen).

2 Begriffsbestimmungen – die Akteur*innen

Betrachten wir das Leben als Theaterstück und das Lebensfeld als Bühne, können wir von den anderen Akteuren und den Requisiten sprechen (Wolf 2015: 11).

In diesem Forschungsprojekt sind Akteur*innen aus unterschiedlichen Professionen präsent. Sie kommen überwiegend aus dem Feld der Jugendhilfe, weitere aus dem gerichtlichen und psychologischen Bereich. Zentrale Begriffe, die in der vorliegenden Arbeit aus diesen Fachdisziplinen verwendet werden, sollen im Folgenden kurz dargelegt werden. Darüber hinausgehende ausführliche Darstellungen zur Geschichte des Pflegekinderwesens finden sich bei Reimer (2016) und zu den Entwicklungslinien des Pflegekinderwesens u. a. bei Blandow und Küfner (2011). Differenzierte Darstellungen zur Struktur sozialpädagogischer Interventionen in Familien präsentiert vor allem Wolf (2015).

2.1 Das Sorgerecht

Wenn Eltern in die Gefahr geraten, ihre Kinder durch Fremdunterbringung zu verlieren, geht es stets auch um das Sorgerecht. Nach Artikel 6 Abs. 2 Satz 1 des GG sind die Pflege und Erziehung der Kinder das natürliche Recht und die Pflicht der Eltern. Den verschiedenen Inhalten des Sorgerechts kommt vor allem bei Eingriffen eine Bedeutung zu. § 1631 Abs. 1 BGB beschreibt die Pflege, Erziehung, Beaufsichtigung und Aufenthaltsbestimmung als Bestandteile des Sorgerechts. Voraussetzungen, die Maßnahmen zum Eingriff des Familiengerichts in das Sorgerecht begründen, werden in § 1666 und § 1666a ausgeführt. Diese bestehen sowohl in einer bereits gegebenen erheblichen Gefahrensituation als auch in einer mit ziemlicher Sicherheit für das Kind zu erwartenden Gefahrensituation (Dettenborn & Walter 2016: 287 ff.).

Art. 6 Abs. 3 GG formuliert, dass Kinder gegen den Willen der Erziehungsberechtigten nur dann von den Eltern getrennt werden dürfen, wenn die Erziehungsberechtigten versagen oder die Kinder zu verwahrlosen drohen. Dem Prinzip der Verhältnismäßigkeit folgend, darf die Trennung erst dann vorgenommen werden, wenn andere Maßnahmen erfolglos geblieben sind und die Gefahr für das Kind auch durch öffentliche Hilfen nicht abgewendet werden konnte (Dettenborn & Walter 2016: 290 f.).

Die Ziele familiengerichtlicher Maßnahmen sind in erster Linie auf die Abwendung der Gefahren ausgerichtet, aber auch darauf, Voraussetzungen zu fördern, welche dazu beitragen, die Gefährdung zu beenden. Dies betrifft zum einen die in § 37 SGB VIII angeführte Verbesserung der Erziehungsbedingungen in der Herkunftsfamilie. Zum anderen liegt ein weiteres Ziel familiengerichtlicher Maßnahmen darin, eine baldige Aufhebung der Intervention zu ermöglichen.

Auch wenn das Kind in einer Pflegefamilie untergebracht ist, können die Eltern weiterhin das Sorgerecht sowie das Aufenthaltsbestimmungsrecht innehaben. Den Pflegeeltern kann nach § 1688 BGB das Recht obliegen, in Angelegenheiten des täglichen Lebens, auch in solchen, welche die medizinische Versorgung betreffen, zu entscheiden. Zudem können sie Versorgungs- und Sozialleistungen für das Kind beantragen und haben Anspruch auf Beratungshilfe nach SGB VIII. Den Pflegeeltern können aber auch Teilbereiche des Sorgerechts mit oder ohne Zustimmung der Eltern übertragen werden. Das Gericht kann den Pflegeeltern Sorgerechtsteile zusprechen, sodass die Pflegeeltern dann die Aufgaben eines Ergänzungspflegers wahrnehmen. Erhalten die Pflegeeltern das gesamte Sorgerecht, sind sie Vormund für ihr Mündel (Küfner & Schönecker 2011: 49 ff.).

Eltern, die ihr Kind freiwillig in Pflege gegeben haben, können jederzeit die Herausgabe ihres Kindes verlangen. Dies gilt nicht, wenn dadurch die Entwicklung des Kindes gefährdet wird. Die Pflegeeltern haben nach § 1632 Abs. 4 BGB das Recht, der Rückführung des Kindes durch eine Verbleibensanordnung zu widersprechen. Voraussetzung einer durch das Gericht erteilten Verbleibensanordnung ist eine schwere und nachhaltige Gefährdung des körperlichen und seelischen Wohlergehens des Kindes.

2.2 Die Jugendhilfe

In Bezug auf Gefährdungen des Kindes kommt das staatliche Wächteramt der Jugendhilfe, also die Aufgabe, Kinder und Jugendliche vor Gefahren zu schützen, zum Tragen. Kinderschutzaufgaben der Jugendhilfe leiten sich aus Art. 6 Abs. 2 S. 2 GG ab. Öffentlicher Träger der Jugendhilfe ist das Jugendamt, welches zwar einzelne Aufgaben des staatlichen Wächteramtes an freie Träger delegieren kann, dabei jedoch die staatliche Überwachungsfunktion auch dann behält, wenn es rechtliche Maßnahmen beim Familiengericht beantragt hat bzw. das Gericht Entscheidungen getroffen hat, die der Einschätzung des Jugendamtes widersprechen (Kunkel u. a. 2014: § 8a Rn. 83).

Die Mitarbeiter*innen des Jugendamtes sind Vertreter einer eigenständigen Behörde und im Unterschied zu den psychologischen Sachverständigen dem Familiengericht gegenüber nicht weisungsgebunden. Anders als Verfahrensbeistände, die gemäß § 158 Abs. 1 FamFG als parteiliche Interessensvertretung des

Kindes im Gerichtsverfahren fungieren, hat die Jugendhilfe die Interessen aller Hilfesuchenden zu berücksichtigen und das Familiensystem als Ganzes in den Blick zu nehmen (Münder, Meysen & Trenczek 2013: § 50 Rn. 84).

2.3 Die Fremdunterbringung

Häufig kommt es zu einer Trennung des Kindes von den Eltern als Krisenintervention im Rahmen einer Inobhutnahme. § 8a Abs. 2 S. 2 SGB VIII führt aus, dass das Jugendamt verpflichtet ist, das Kind oder den Jugendlichen auch ohne Gerichtsbeschluss in Obhut zu nehmen, wenn eine dringende Gefahr besteht, weswegen eine Gerichtsentscheidung nicht abgewartet werden kann (Dettenborn & Walter 2016: 440 ff.).

Ist der Entzug oder Teilentzug des Sorgerechts durch das Familiengericht bereits erfolgt, kann es zu einer Fremdunterbringung auf Initiative des Jugendamtes bzw. des Vormundes/der Vormundin oder des Ergänzungspflegers / der Ergänzungspflegerin kommen. Das passiert meist gegen den Willen der Eltern. Unter dieser Voraussetzung muss das Kriterium einer ‚Gefährdung' des Kindes erfüllt sein.

Demgegenüber liegt der Maßstab bei der Einrichtung einer freiwilligen Vollzeitpflege niedriger. Sind Eltern mit der Betreuung und Versorgung des Kindes überfordert oder bestehen andere belastende familiäre Umstände, sodass Eltern freiwillig Hilfe zur Erziehung in Vollzeitpflege beantragen, reicht – im Unterschied zum Kriterium der ‚Gefährdung' – bereits ein ‚nicht gewährleistetes' Kindeswohl aus.

2.4 Rechtlicher Rahmen der Vollzeitpflege

Pflegeverhältnisse sind grundsätzlich für eine bestimmte Zeit angelegt und werden demgemäß als zeitlich befristete Erziehungshilfe (§ 33 SGB VIII) beschrieben. Dieser Befristung der Hilfsmaßnahme entsprechend, sollen Möglichkeiten der Rückführung des Kindes zur Herkunftsfamilie in gewissen zeitlichen Abständen von der Jugendhilfe geprüft werden. Der Hilfeplan (§ 36 SGB VIII) gibt das Zusammenwirken von Fachkräften, Sorgeberechtigten, Eltern und vom Kind bzw. Jugendlichen vor. Im Hilfeplangespräch, das regelmäßig erfolgen soll, geht es um die Ausgestaltung der Hilfe sowie um die Feststellung des Bedarfs. Trotz der Vorgabe einer zeitlichen Befristung gibt es auch Pflegeverhältnisse, die auf Dauer angelegt sind. Dazu kommt es, wenn eine besonders schwierige Problemlage die Versorgung des Kindes oder des Jugendlichen durch die Eltern verhindert (Salzgeber 2015: 312).

Ist das Kind in einer Pflegefamilie untergebracht, werden die sorge- und umgangsrechtlichen Belange zwischen Eltern, Pflegeeltern und Kind durch das Familienrecht und die Gestaltung der Beziehung zum Jugendamt, der örtlichen Zuständigkeit und des Datenschutzes durch das Jugendhilferecht, wie es im SGB VIII niedergelegt ist, geregelt (Küfner & Schönecker 2011: 49 f.).

2.5 Formen der Vollzeitpflege – Verwandtenpflege

Der Begriff Vollzeitpflege meint alle Unterbringungen in einem familiären Setting über Tag und Nacht und geht damit über die Hilfe zur Erziehung nach § 33 SGB VIII hinaus. Vollzeitpflege gibt es in Form von Kurz- oder Langzeitpflege, als Bereitschafts- oder Dauerpflege, als Fremd- oder Verwandtenpflege. Ferner gibt es sozial-, sonder- oder heilpädagogische Pflegestellen sowie Erziehungsstellen (Küfner & Schönecker 2011: 49 f.). Ein festgestellter erzieherischer Bedarf ist die Voraussetzung für das Gewähren einer Vollzeitpflege als Form der Hilfe zur Erziehung. Von einem erzieherischen Bedarf spricht man bereits dann, „wenn eine dem Wohl des Kindes entsprechende Erziehung nicht mehr gewährleistet ist und Hilfe zur Gewährleistung des Kindeswohls geeignet und notwendig erscheint". Die Schwelle der Kindeswohlgefährdung muss also noch nicht überschritten sein (Küfner & Schönecker 2011: 50).

Dem Gesetz nach sind Kinder, „deren Erziehung Stiefeltern, Großeltern oder Verwandten bis zum dritten Grad überlassen worden" ist, keine Pflegekinder (Salzgeber 2015: 312). Das spiegelt sich in einem Selbstverständnis der Familienangehörigen, welche die Versorgung des Kindes übernehmen, wider. In der Regel liegt dies in dem Wunsch begründet, dem Kind die Familie erhalten zu wollen und ihm ein Aufwachsen bei Fremden zu ersparen. In dieser Hinsicht unterscheidet sich die Verwandtenpflege grundsätzlich von der Fremdpflege. Vor dem Hintergrund der je nach Pflegeformen höchst unterschiedlichen Motivation weichen auch die dort präsenten wesentlichen Themen sehr stark voneinander ab. Ist in der Großeltern- und Verwandtenpflege die Ausgestaltung von Nähe das zentrale Thema, geht es in der Fremdpflege um die Überwindung von Fremdheit (Blandow & Küfner 2011: 743).

Verwandtschaftspflegeverhältnisse genießen den gleichen rechtlichen Schutz wie die Erziehung durch die Eltern (Salzgeber 2015: 312). Als „informelle Verwandtenpflege" stehen sie außerhalb institutioneller Versorgungssysteme, während „formelle Verwandtenpflegeverhältnisse" eine Leistung der erzieherischen Hilfe nach §§ 27/33 SGB VIII erbringen. Hier hat Verwandtenpflege den in § 33 SGB VIII geforderten Stellenwert einer „anderen Familie" als Hilfe zur Erziehung in Form der Vollzeitpflege, die den durch die Eltern nicht gewährleisteten erzieherischen Bedarf erfüllt. „Halbformelle Verwandtenpflege" leistet zwar keine erzieherische Hilfe im Sinne des SGB VIII, hat jedoch Kontakt zum Hilfe-system, da Anträge auf wirtschaftliche Leistungen für das Kind bestehen. In konzeptioneller Hinsicht unterscheidet sich die Verwandten- von der Fremd-pflege durch die innere Verbundenheit zum Kind und oftmals durch eine ‚Milieunähe' (Blandow & Küfner 2011: 745 f.).

Wenngleich der Gesetzgeber Verwandtschaftspflegeverhältnissen den glei-chen rechtlichen Schutz wie erziehenden Eltern einräumt, gibt es in der Praxis auch Ausschlusskriterien für eine Verwandtenpflege. Blandow und Küfner (2011: 753) benennen neben der Unterschreitung von Mindeststandards in Bezug auf Wohnraum und Einkommen einen Hilfeverlauf, der in Verbindung mit Kindeswohlgefährdung gemäß § 1666 BGB bei einem Kind der Bewerber-familie steht. Ferner können eine behandlungsbedürftige psychische Erkran-kung oder Suchterkrankung, die Vorstrafe einer im Haushalt der Bewerberfa-milie lebenden Person, der Verdacht auf sexuellen Missbrauch von Kindern sowie auf Körperverletzung und häusliche Gewalt gegen die Aufnahme des Kindes in die Verwandtenpflege sprechen. Insbesondere spielen auch die Be-ziehungen der erziehenden Verwandten zu den Eltern und etwaige Belastun-gen, die sich daraus für das Kind ergeben könnten, eine Rolle.

2.6 Die sozialpädagogische Familienhilfe

Hierbei handelt es sich um eine Form der Hilfen zur Erziehung aus dem Be-reich der sozialpädagogischen Interventionen in und für Familien. §§ 28 bis 35 SGB VIII führen die Bandbreite der Interventionen sozialer Dienste auf. Diese umfassen neben der Vollzeitpflege, der Heimerziehung und sonstiger betreuter Wohnformen u. a. Erziehungsberatung, Erziehungsbeistände, Betreuungshel-fer*innen, sozialpädagogische Familienhilfen, intensive sozialpädagogische Einzelfallhilfen, Erziehung in einer Tagesgruppe und soziale Gruppenarbeit. Ausgangspunkt ist auch hier eine familiäre Problemlage, die der Gewährleis-tung einer dem Kindeswohl entsprechenden Erziehung entgegensteht. Ziel der Hilfe ist es, eine Verbesserung der Lebens- und Entwicklungsbedingungen in der Familie zu erwirken, die der Entstehung einer Kindeswohlgefährdung ent-gegenwirkt (Wolf 2015: 136 ff.).

Die sozialpädagogische Familienhilfe (SPFH) ist eine besonders typische Form der Hilfe in der Familie, die gemäß § 31 SGB VIII auf Antrag der Perso-nensorgeberechtigten vom Jugendamt gewährt wird. Zugleich trägt das Jugend-amt die Kosten dafür. Sehr häufig beauftragt das Jugendamt einen freien Träger für diese Leistungserbringung. Im Vergleich zu anderen Hilfen zur Erziehung erfolgt sie überwiegend als eine aufsuchende Familienarbeit, bezieht sich auf alle Familienmitglieder, ist auf Erziehungsthemen, wie auf den Umgang mit

Problemen im Bereich Wohnsituation, Finanzen, Beziehungsprobleme innerhalb der Familie, sowie auf das Erarbeiten einer Tages- und Wochenstruktur ausgerichtet (Wolf 2015: 140).

Diese Hilfeform ist in der vorliegenden Arbeit besonders interessant, da sie im Vorfeld der Unterbringung des Kindes in einer Vollzeitpflege erfolgt. Es geht darum, vor einem Sorgerechtsentzug zunächst zu prüfen, ob andere Maßnahmen, die einen geringeren Eingriff in die Eltern-Kind-Beziehung darstellen, bereits eingesetzt wurden. Hierbei handelt es sich in der Regel um die Maßnahme einer sozialpädagogischen Familienhilfe.

Ein wesentliches Strukturmerkmal dieser sozialpädagogischen Maßnahme ist die „Intervention unmittelbar im Lebensfeld". Dadurch eröffnen sich Chancen, die z. B. in der genauen Einschätzung des Potenzials und der Belastungen eines jeden Familienmitglieds liegen. Risiken bestehen für die Familie in dem Verlust eines Teils der Informationskontrolle. Dies geht mit dem Öffnen des privaten Raums für fremde Personen mit offiziellem Auftrag einher. Das Risiko ergibt sich daraus, dass die SPFH durch ungefilterte Weitergabe von Informationen und schriftliche Berichte an andere Amtsträger zum verlängerten Arm des ASD werden kann (Wolf 2015: 148 ff.).

2.7 Psychologische Sachverständige im Familienrecht

Für Verfahren nach § 1666 und § 1666a ist es das Familiengericht, welches nach § 26 FamFG von Amts wegen tätig wird und auf der Grundlage von § 29 FamFG Beweise erhebt. Nach § 30 FamFG in Verbindung mit § 402 ff. ZPO gehört dazu auch der Beweis durch Sachverständige. Dabei handelt es sich um das psychologische Sachverständigengutachten sowie um etwaige mündliche Ausführungen der Sachverständigen dazu im Gerichtstermin (Dettenborn & Walter 2016: 290 f.). Psychologische Sachverständige werden vom Familiengericht ausgewählt und sind nach § 404 und § 404a ZPO hinsichtlich Art und Umfang weisungsgebunden. Die Arbeitsweise psychologischer Sachverständiger, die Formulierung psychologischer Fragen und die psychologische Diagnostik müssen sich an der gerichtlichen Beweisfrage orientieren.

2.8 Das psychologische Sachverständigengutachten

Aus dem familiengerichtlichen Auftrag resultiert im psychologischen Sachverständigengutachten ein mehrstufiger Prüfprozess. Dieser knüpft an die juristische Frage nach der Gefährdung des körperlichen, geistigen oder seelischen Wohls des Kindes an. Im psychologischen Sachverständigengutachten ergeben sich daraus die psychologischen Leitfragen nach einer bereits eingetretenen oder mit hoher Wahrscheinlichkeit zu erwartenden Schädigung des Kindes. Die zweite juristische Frage richtet sich auf die Erziehungsfähigkeit der Eltern. Konkret geht es darum, ob sie zu einer Gefahrenabwehr für das Kind in der Lage sind oder ob ihnen der Wille dazu fehlt. Das psychologische Sachverständigengutachten nimmt hierzu das Erziehungsverhalten der Eltern in den Blick und untersucht „Wille und Fähigkeit zur Reflexion eigenen Verhaltens, zum Erlernen und Umsetzen alternativer Handlungsstrategien und auch zur Kooperation, etwa mit der Jugendhilfe oder anderen relevanten Institutionen" (Dettenborn & Walter 2016: 291 ff.).

Die Beantwortung der Fragen des Gerichts erfolgt im psychologischen Sachverständigengutachten nach einem Abwägen der Schadensrisiken. Das Risiko einer Schädigung des Kindes durch Verbleib in der Familie wird dem Risiko durch Trennung des Kindes von seinen Bezugspersonen und Fremdunterbringung des Kindes gegenübergestellt. Ferner sind ambulante, teilstationäre und stationäre Maßnahmen der Hilfen zur Erziehung bzw. im Einzelfall bereits praktizierte Unterbringungsformen in die Beantwortung der gerichtlichen Fragen einzubeziehen.

3 Forschungsstand und Forschungs-desiderate: Entwicklung ehemaliger Pflegekinder als Erwachsene

Dieses Kapitel behandelt die theoretische Rahmung des Forschungsprojekts. In Kapitel 3.1 geschieht dies zum einen durch seine Einordnung in die Tradition der Biografie- und Verlaufsforschung. Hierzu wird auf klassische Studien aus beiden Bereichen Bezug genommen. Davon ausgehend erfasst Kapitel 3.2 jüngere Forschungsergebnisse und die Erweiterung der Biografie- und Verlaufsforschung um die Betrachtung positiver Verläufe. Dafür werden u. a. Bezüge zu Identitätsbildung und Lebensverläufe bei (ehemaligen) Pflegekindern (Gehres & Hildebrand 2008) hergestellt. In Kapitel 3.3 wird auf die allgemeine Entwicklung von Pflegekindern eingegangen, wobei der Fokus auf der Herausforderung, besondere Entwicklungsaufgaben bewältigen zu müssen (Gassmann 2010), liegt. Daran anknüpfend geht es in Kapitel 3.3.1 um die Entwicklung von Pflegekindern im (jungen) Erwachsenenalter. Aktuelle Studien aus der Pflegekinderforschung der Universität Siegen zu Normalitätskonstruktionen in Biografien ehemaliger Pflegekinder (Reimer 2016) und zur Analyse biografischer Deutungsmuster (Pierlings 2014) sowie die Ergebnisse einer Longitudinalstudie (Reimer & Petri 2017) befassen sich höchst differenziert mit den besonderen Herausforderungen in der Entwicklung von erwachsenen ehemaligen Pflegekindern und deren Bewältigung (Kapitel 3.3.1.1). Ein weiterer Rahmen des Forschungsprojekts wird in Kapitel 3.4 vorgestellt. Hier steht die Entwicklung von ehemaligen Pflegekindern als Eltern im Mittelpunkt. Da hierzu nur sehr wenige Informationen vorliegen, im angeführten Forschungsprojekt jedoch nicht nur positive, sondern auch problematische Verläufe analysiert werden, wird in Kapitel 3.4.1 ein Bezugsrahmen aus der Herkunftselternforschung herangezogen. Dieser ergibt sich vor allem aus den differenziert dargelegten Forschungsergebnissen von Faltermeier (2001) zur Erlebensperspektive von Herkunftseltern im Kontext der Fremdunterbringung ihrer Kinder. Ferner werden in den Kapiteln jeweils Unterschiede sowie Gemeinsamkeiten zum vorliegenden Forschungsprojekt dargelegt. Des Weiteren werden Forschungslücken aufgezeigt.

3.1 Biografie- und Verlaufsforschung

Die Darlegung der Forschungsrichtungen ist im Folgenden vor allem auf ausgewählte Facetten, die eng mit der vorliegenden Untersuchung verbunden sind, bezogen. Ausführliche Überblicke über die Geschichte der biografischen Forschung und ihre Strömungen finden sich u. a. bei Fuchs-Heinritz (2005: 85 ff.), bei Reimer (2012) sowie ganz aktuell und detailliert bei Reimer und Wilde (im Erscheinen) zur Biografie- und Verlaufsforschung.

Mit Reimer (2012) erfolgt durch den schwerpunktmäßig hier gewählten rekonstruktiven Forschungsansatz eine wissenschaftliche Verortung der Untersuchung in der Tradition der Biografieforschung, welche vor allem retrospektiv angelegte Querschnittuntersuchungen zum subjektiven Erleben der Befragten fokussiert. Diese Forschungstradition wurde wesentlich durch die führenden Forscher der Chicago School, Thomas, Znaniecki und Zaretsky, und ihre klassische Studie „The polish peasant" (1996, im Original fünf Bände 1918–1920) begründet. Auf die Chicago School geht auch der „Karrierebegriff" zurück, der nach Gerhard (1986: 23) meist als „Begriff zur Langzeitanalyse individuell erlebter Sozialprozesse" verstanden wird.

Wenngleich durch die Verortung in der Biografieforschung überwiegend eine Abgrenzung zur Lebenslaufforschung/-analyse vorgenommen wird, weist der hier gewählte Forschungsansatz auch Gemeinsamkeiten mit zentralen Studien der Lebenslaufforschung auf. Diese Gemeinsamkeiten beziehen sich vor allem auf die Beschreibung positiver Verläufe trotz schwierigen Starts, so wie sie in der klassischer Studie von Elder (1974) über die „Children of the Great Depression" vorgenommen und auch kurz darauf von Emmy Werner (1977) in der Kauai Studie aufgegriffen wurden (vgl. Reimer & Wilde im Erscheinen). Eine weitere, nicht unerhebliche Gemeinsamkeit ergibt sich aus der Weiterentwicklung der Forschung von Glen Elder (1985) und dessen Untersuchungen von Verläufen in verschiedenen Lebensbereichen („trajectories"), die wiederum mit anderen „trajectories" verflochten sind. Im deutschsprachigen Raum wurde dieser Ansatz im DFG Sonderforschungsbereich 186 (1988–2001) bei Untersuchungen von „Statuspassagen und Risikolage im Lebenslauf", z. B. im Teilprojekt zu Verläufen von Armut und Sozialhilfebezug von Ludwig (1996), aufgegriffen. Hier findet sich eine Schnittstelle mit dem vorliegenden Forschungsprojekt, das sich auch auf einen konkreten Lebensbereich (hier: Bedrohung der Elternschaft durch Fremdunterbringung der Kinder) bezieht.

Auch wenn es bei beiden Ausrichtungen, bei der Verlaufs- wie auch der Biografieforschung, um Verläufe geht, liegen wichtige Unterschiede doch bereits in dem zugrunde liegenden Datenmaterial sowie in der Datenerhebung und -auswertung. So werden in der Verlaufsforschung anders als in der Biografieforschung objektive Daten, die in Langzeitstudien zu mehreren Zeitpunkten erhoben und in erster Linie statistisch ausgewertet werden, verwendet. Für die Verortung des vorliegenden Forschungsprojekts in der Biografieforschung spricht daher insbesondere die Passung der aus Gesprächen mit ehemaligen Pflegekindern gewonnenen Daten mit der qualitativen Forschungslogik, die auf die Untersuchung der subjektiven Perspektive, u. a. auf Interpretationen und Bewältigungsverhalten, ausgerichtet ist.

In Deutschland ist die Biografieforschung eng mit Fritz Schütze (1983) und dem biografischen Interview als offen angelegtes Erhebungsverfahren verbunden. Solche narrativen Interviews beginnen mit einer Erzählaufforderung, woraufhin sich der Fortgang des Schilderns der Lebensgeschichte, ohne weitere Nachfragen, aus den „Zugzwängen des Erzählens" (Schütze 1983) ergibt. Bei Schütze wie auch seinen Schüler*innen stehen negative Verläufe im Mittelpunkt der Untersuchungen. Besonders bekannt geworden ist das Konzept der „Verlaufskurve des Erleidens" (Schütze 2006). Die Verlaufskurven sind durch eine Verkettung von Ereignissen gekennzeichnet, in denen das Individuum in eine Zwangsläufigkeit des Verlusts von Kontrolle und Handlungsfähigkeit gerät. Zwar hat Schütze auch positive Verläufe untersucht und dafür den Begriff „positives Handlungsschema" eingeführt (Schütze 1981), sein Name bleibt jedoch vor allem mit dem Verlaufskurvenkonzept und der Ablehnung des Karrierebegriffs, der Erleidensprozesse zu wenig in den Blick nehme (Ludwig 1996: 43), verbunden.

3.2 Betrachtung positiver und negativer Verläufe

Eine Abkehr von der Fokussierung auf negative Verläufe und eine zunehmende Öffnung der Biografieforschung hin zu positiven Verläufen, die zielgerichtetes Handeln mit Einflussnahme auf den eigenen Lebenslauf trotz schwieriger Ausgangsbedingungen umfassen (vgl. Reimer 2012: 8 ff.; Reimer & Wilde im Erscheinen), sind eng mit der Forschung von Anselm Strauss, die auch auf positive Verläufe ausgerichtet ist, verbunden. Das spiegelt sich in seinen Untersuchungen zu Krankheitsverläufen, zunächst zusammen mit Glaser, dann mit Corbin (Glaser & Strauss 1968; Corbin & Strauss 1988), wider.

Diese positive wie negative Verläufe integrierende Betrachtungsweise findet sich auch in den Untersuchungsergebnissen zu biografischen Verläufen erwachsener ehemaliger Pflegekinder bei Gehres und Hildenbrand (2008). Interessant ist hier auch der Untersuchungsverlauf. So ergab sich diese Blickrichtung für die Autoren nicht von vornherein, sondern erst nach Auswertung der ersten Projektphase, wobei sie einen engen Bezug zu den Arbeiten von Anselm Strauss herstellten. Deren Untersuchung ergab Befunde, die eine weitgehend selbstständige Lebensführung der ehemaligen Pflegekinder feststellten, obwohl diese besonders schweren Traumatisierungen durch körperliche, seelische und sexuelle Gewalt wie auch wechselhaften Lebenswegen in Einrichtungen der Jugendhilfe ausgesetzt gewesen waren. Diese Befunde waren Anlass zur Erweiterung der ursprünglichen Forschungsfragen um solche nach den Ressourcen, welche diese positive Entwicklung ermöglicht hatten, bei der Herkunfts- und Pflegefamilie, dem umgebenden sozialen Milieu und den Pflegekindern selbst (Gehres & Hildenbrand 2008: 101 f.).

Hier stellten sich insbesondere eigene biografische Erfahrungen der Pflegeeltern mit den Lebensthemen ‚Fremdheit' und ‚Kampf gegen soziale Desintegration' als geeignet heraus, positive Entwicklungsverläufe der Pflegekinder zu unterstützen. Auf dieser Erfahrungsgrundlage, so Gehres und Hildenbrand, kann es Pflegeeltern eher gelingen, Pflegefamilienverhältnisse auszuhandeln, die durch das ständige Ringen um Normalisierung der Beziehungen zwischen Pflegekind, seiner Herkunftsfamilie und der Pflegefamilie gekennzeichnet sind. Die Fähigkeit, solche Beziehungsverhältnisse auszuhandeln, stellte sich in der Studie von Gehres und Hildenbrand (2008: 121 f.) als eine wichtige Voraussetzung dafür heraus, dass die Pflegefamilie zu einem geeigneten Ort öffentlicher Sozialisation wird, die eine angemessene Grundlage für positive Entwicklungsverläufe der Pflegekinder bietet.

Darüber hinaus gibt es weitere wesentliche Ergebnisse der multiperspektivisch angelegten Studie über Sozialisations- und Identitätsbildungsprozesse ehemaliger Pflegekinder. So ist auch die unterschiedliche Eignung der Pflegefamilien zur Förderung des Pflegekindes – u. a. in Abhängigkeit von dessen Entwicklungsphase – zu berücksichtigen. Maßstab dafür ist eine gelungene lebenspraktische Selbstständigkeit der ehemaligen Pflegekinder trotz widriger Ausgangsbedingungen.

Ergebnisse der Pflegekinderforschung der Universität Siegen (vgl. Reimer 2012: 10 ff.) bestätigen die Variationsbreite biografischer Verläufe erwachsener ehemaliger Pflegekinder zwischen ‚Erleiden' und ‚Gelingen' (s. Kapitel 3.3.1.2).

3.3 Zur Entwicklung von Pflegekindern

Der Frage, welche Faktoren die Lebensgeschichte von Pflegekindern maßgeblich beeinflussen, wurde in Deutschland in einer Stichtagserhebung anhand von Daten aus einer DJI-Fallerhebung (Thrum 2007, zitiert nach Kindler, Helming, Meysen & Jurczyk 2010: 218 f.) nachgegangen. Dabei fanden sich Zusammenhänge zwischen Trennungen, Gefährdungserfahrungen und der Dauer der Fremdunterbringung in der jetzigen Pflegefamilie mit Verhaltensanpassung (Internalisierung, Externalisierung, Gesamtproblembelastung), einer fehlenden sozialen Integration in die Gleichaltrigenwelt und mit einem problematischen

Bildungsverlauf. Unter Berücksichtigung der Stärke der Zusammenhänge zeigte die Untersuchung, dass diese Aspekte die Lebensgeschichte zwar beeinflussen, das Ausmaß, in dem sie Einfluss auf den weiteren Entwicklungsverlauf nehmen, jedoch abhängt von weiteren Faktoren, wie die Lebensbewältigung des Kindes und die Qualität der erfahrenen Fürsorge.

3.3.1 Herausforderungen in der Entwicklung von Pflegekindern

Forschungsergebnisse aus der Schweiz schlüsseln die Bedeutung relevanter Einflussgrößen auf die Entwicklung von Pflegekindern weiter auf. Die empirische Analyse von Gassmann (2010) zu Entwicklungsverläufen und Ressourcen von Pflegekindern und Pflegeeltern im Beziehungsgeflecht von Pflegefamilien geht auf Voraussetzungen für positive Entwicklungsverläufe ein. Basierend auf einer Studie zur Wahrnehmung und zum Erleben von Pflegebeziehungen durch Pflegeeltern aus dem Jahr 1998, untersuchte Gassmann in einer Follow-up-Erhebung aus dem Jahr 2007 mit quantitativen sowie qualitativen Verfahren die Entwicklung von Pflegebeziehungen. Zugrunde gelegt wurden der Verbleib der zwischenzeitlich jugendlichen Pflegekinder und der Ausgang (Outcome) der Pflegebeziehungen. Um wirksame Ressourcen im Beziehungsgeflecht herauszuarbeiten, wurde die Entwicklung der Pflegekinder und der Pflegefamilien eingeschätzt (Gassmann 2010: 325 f.). Der theoretische Zugang liegt in einer ressourcenorientierten Sichtweise begründet und nimmt die Relation von Belastungen und Ressourcen in den Blick. Ausgehend von dem Konzept der Entwicklungsaufgaben definierte Gassmann Identitätsbildung sowohl als allgemeine als auch als pflegekindspezifische Entwicklungsaufgabe (Gassmann 2010: 326). Die Studie kommt zu dem Ergebnis, dass *„das Gelingen der Pflegebeziehung"* [Anmerkung: Kursivdruck im Originaltext] eine zentrale Voraussetzung für die Bewältigung allgemeiner Entwicklungsaufgaben in der Adoleszenz ist. Die Komponenten des Gelingens – *„Gelungene Integration"*, *„Entwicklungszufriedenheit"* und *„Selbstentfaltung"* – zeigten sich als Prädiktoren für die Bewältigung allgemeiner Entwicklungsaufgaben, wie den Aufbau von sozialer Kompetenz, Handlungsfähigkeit und Selbstsicherheit. Ein weiteres zentrales Ergebnis ist die Feststellung der *„Bewältigung pflegekindspezifischer Entwicklungsaufgaben"* als wesentliche Bedingung für die Bewältigung allgemeiner Entwicklungsaufgaben (Gassmann 2010: 328 f.). Dabei handelt es sich konkret um die Bewältigung der Entwicklungsaufgabe „Verarbeitung der Inpflegegabe als kritisches Lebensereignis". Deutliche Effekte zeigten sich bei den Komponenten *„Pflegekindzufriedenheit"* und *„Pflegefamilienbindung"* in Bezug auf Selbstsicherheit und Freundschaft (Gassmann 2010: 329 ff.). Bedeutsam ist hier die Erkenntnis, dass nur denjenigen Kindern, die mit ihrer Situation, ein Pflegekind zu sein, zufrieden waren, eine sichere Identitätsbildung gelang. Stringent stellt Gassmann das

Erleben von *„Pflegekindzufriedenheit"* als zentrale pflegekindspezifische Entwicklungsaufgabe heraus, die als wesentliche Ressource wirken kann. Gemessen daran, dass Kontinuität eine entscheidende Voraussetzung für positive Entwicklungsverläufe ist, stellten sich Pflegeverhältnisse, die entweder am Ziel der Rückkehr in die Herkunftsfamilie oder des Verbleibs in der Pflegefamilie orientiert waren, als günstig heraus. Demgegenüber standen Umplatzierungen einem positiven Entwicklungsverlauf entgegen.

3.3.2 Entwicklung von Pflegekindern im Erwachsenenalter – aktuelle Ergebnisse der Pflegekinderforschung an der Universität Siegen

Untersuchungen von Entwicklungsverläufen früherer Pflegekinder im Erwachsenenalter lagen im deutschsprachigen Raum zunächst nur durch die Arbeit von Heppt (2009) vor. Ergebnisse dieser Studie beziehen sich auf Kontakte zur Herkunfts- und Pflegefamilie. Während die Hälfte der ehemaligen Pflegekinder Kontakt zur Herkunfts- und Pflegefamilie pflegt, brach jeweils ein Viertel den Kontakt zu einem der beiden Familiensysteme ab. Emotional positive Erinnerungen wurden etwa gleichhäufig bei beiden Familien berichtet. Die geschilderten Erinnerungen bezogen sich zudem auf Besonderheiten in der Lebensgeschichte der früheren Pflegekinder, z. B. auf die Erfahrung des Wechsels der Familie. In der sozial und psychisch gut angepassten Stichprobe waren ferner Erinnerungen an Erfolge und Leistungen bedeutsam (zitiert nach Kindler, Helming, Meysen & Jurczyk 2011: 222).

Mit den Untersuchungen der Forschungsgruppe „Aufwachsen in Pflegefamilien" der Universität Siegen wuchs die Befundlage zur Entwicklung von Pflegekindern im Erwachsenenalter an. Zwischen 2008 und 2011 wurden auf der Grundlage von 78 Interviews mit zumeist jungen Erwachsenen, die alle eine Zeit lang in Pflegefamilien gelebt hatten, Praxisprojekte durchgeführt (Reimer 2008; Wolf & Reimer 2008; Reimer & Wolf 2008; Pierlings 2011). In narrativen Interviews wurden biografische Erzählungen erhoben, die in eine Bilanzierungsphase führten, in der sich Deutungsmuster als Erklärungen zur eigenen Lebensgeschichte entwickelten. Dabei zeigten sich sehr unterschiedliche Verläufe: zum einen Verläufe, die z. B. durch schwierige Lebensverhältnisse, Inhaftierungen oder Obdachlosigkeit geprägt waren, zum anderen Verläufe, die für eine etablierte Lebenssituation sprachen (Reimer 2012). Dabei wurden solche Verläufe als positiv klassifiziert, wenn in ihnen sowohl objektive als auch subjektive Bedingungen erfüllt waren. Eine positive „Lebensbewährung und Sozialisation" zeigte sich objektiv u. a. anhand einer beruflichen Ausbildung und Integration, einer stabilen Wohnsituation, einer stabilen Paarbeziehung und einer gelingenden Übernahme von Elternverantwortung sowie subjektiv an einer großen Zufriedenheit in zentralen Lebensbereichen, einer Selbstwirksamkeitsüberzeugung und an positiven Zukunftserwartungen.

An die Forschungstradition dieser sowie weiterer aktueller Untersuchungen der Pflegekinderforschung der Universität Siegen, insbesondere von Pierlings (2014), Reimer (2016), Reimer und Wilde (im Erscheinen) sowie die Longitudinalstudie von Reimer und Petri (2017) zur Entwicklung von jungen erwachsenen ehemaligen Pflegekindern, schließt die vorliegende Untersuchung an.

Judith Pierlings hat 2014 in einer Einzelfallstudie Erklärungen der Lebensgeschichte eines ehemaligen Pflegekindes mittels der Analyse biografischer Deutungsmuster herausgearbeitet. Dabei unterscheidet sie zwischen Erklärungen und Deutungen. Während Erklärungen einen konkreten, eher linearen Bezug zu wahrgenommenen Ursachen – anderen Personen, äußeren Bedingungen – haben, können Deutungen einen komplexeren Blick auf die Lebensgeschichte entfalten, indem sie sich auf die eigene Persönlichkeitsentwicklung, das eigene Verhalten, wichtige Personen oder eigene Normalitätsvorstellungen beziehen. Darüber hinaus können Deutungen als biografische Kernaussagen auftreten und damit bei der Betrachtung der Lebensgeschichte als verbindendes Element wirken und der Lebensgeschichte einen roten Faden verleihen (Pierlings 2014: 73 ff.).

Auch in der vorliegenden Untersuchung werden Erklärungen und Deutungsmuster von Biografieträgerinnen in den Blick genommen, die eine Zeit lang in Pflegefamilien gelebt haben. Während die Deutungsmuster bei Pierlings Strukturierungselemente der ganzen Lebensgeschichte enthalten, beziehen sie sich im vorliegenden Forschungsprojekt in erster Linie auf den Zeitabschnitt des Bedrohungs-Eskalations-Verlaufs und dessen Bewältigung. Sie dienen hier der Beschreibung der Prozessdynamik und erweisen sich als verlaufsstrukturierende Elemente. Dies ist in der vorliegenden Studie – im Gegensatz zur Einzelfallbetrachtung – aufgrund der Untersuchungen von mehreren Gesprächen möglich, sodass auf Basis der Rekonstruktion der Sinn- und Bedeutungsstrukturen aus mehreren biografischen Perspektiven weitere methodische Schritte, die in einen Modellentwurf münden, erfolgen können.

Besonders eng schließt das vorliegende Forschungsprojekt an Untersuchungen von Reimer (2016) zu Normalitätskonstruktionen und -balancen ehemaliger Pflegekinder sowie an die Arbeit von Reimer und Wilde (im Erscheinen) zu positiven Entwicklungen von Jungen und Mädchen nach schwierigem Start an. Gemeinsamer Ausgangspunkt der Untersuchungen ist die Perspektive der Biografieträgerinnen. Das subjektive Erleben der erwachsenen ehemaligen Pflegekinder wird zugrunde gelegt und rekonstruktiv ausgewertet. Die Verortung der Forschungsprojekte in der Biografie- und Verlaufsforschung, der zentrale Bezug zur reflexiven Grounded-Theory-Methodologie sowie die Gespräche mit ehemaligen Pflegekindern als Ausgangsmaterial verbinden die Forschung von Reimer sowie von Reimer und Wilde mit der eigenen Untersuchung.

Bei Reimer (2016) geht es um die Erforschung der Subjektebene im Hinblick darauf, wie es den Adressat*innen gelingt, „Normalität in einem belastenden oder gar prekären Lebenskontext zu konstruieren und aufrechtzuerhalten" (Reimer 2016: 394). In Bezug darauf arbeitete Reimer die relevanten Dimensionen der subjektiven Normalitätskonstruktionen und die sich daran anschließenden Balancen heraus. Ferner analysierte sie, mit welchen Taktiken sich Menschen darin einordnen und zurechtfinden. Dies integrierte sie in einem Theoriemodell. Mit diesem Modell war es ihr möglich, die gängige Wahrnehmung derjenigen, deren Biografie mit dem Aufwachsen in Pflegeverhältnissen verbunden ist, als Menschen mit einer beschädigten Identität hin zu einer Betrachtung dieser als aktiv Gestaltende zu öffnen (Reimer 2016: 395). Zwar geht es in dem vorliegenden Forschungskontext nicht um Normalitätskonstruktionen, sondern um die Prozessdynamik von Bedrohungsverläufen und ihre Bewältigung, dennoch werden auf Basis derselben Forschungsmethodologie auch Dimensionen der Prozessdynamik und deren Zusammenspiel in Bezug auf Übergänge im Phasenverlauf der Bedrohung herausgearbeitet. Den Forschungen gemeinsam ist die Ausrichtung auf eine dynamische Betrachtungsweise, die vor dem Hintergrund von Belastungs- und Ressourcenkonstellationen Raum für Variationen lässt.

Im Hinblick auf das Forschungsprojekt zu positiven Entwicklungen von Jungen und Mädchen nach schwierigem Start liegen weitere Gemeinsamkeiten im theoretischen Rahmen. Überschneidungen finden sich in Phasen als verlaufsstrukturierende Elemente, ferner in den dort wie hier verwendeten theoretischen Bezügen der ‚Belastungen' und ‚Ressourcen' und dem ‚Modell der Belastungs-Ressourcen-Balance' von Wolf (2007).

Die Studie von Reimer und Petri (2017) nimmt lange Entwicklungslinien von Pflegekindern ressourcenorientiert in den Blick. Als Longitudinalstudie ist sie bislang einzigartig im deutschsprachigen Raum. Es werden Entwicklungsverläufe von ehemaligen Pflegekindern bis in das Erwachsenenalter hinein rekonstruiert. Auf der Basis eines nach qualitativen Forschungsmethoden angelegten Untersuchungsdesigns wird mit 15 Interviews eine sehr große Spannbreite an Entwicklungsverläufen deutlich. Es wurden Entwicklungen in mehreren Lebensbereichen – ‚die eigene Entwicklung der jungen erwachsenen Pflegekinder', ‚die Entwicklung der Beziehung zur Herkunftsfamilie', ‚die Entwicklung der Beziehung zur Pflegefamilie' – und deren wechselseitige Beeinflussung untersucht. Vor dem Hintergrund allgemeiner und pflegekindspezifischer Entwicklungsaufgaben zeigten sich in der „erschwerten Ablösung von der Familie und den Eltern" (Reimer & Petri 2017: 23 ff.) sowie in den „Entscheidungen über Lebensstil, Familienkultur und Lebensphilosophie" (Reimer & Petri 2017: 31) zentrale Themen in der Entwicklung der jungen erwachsenen Pflegekinder. Für das vorliegende Forschungsprojekt ist das Ergebnis zum Eintritt in die eigene Elternschaft interessant. So ist dieser Schritt für die ehemaligen Pflegekinder eng mit einer klaren Positionierung gegenüber der Pflege- und Herkunftsfamilie verbunden (Reimer & Petri 2017: 27). Weitere Ergebnisse beziehen sich auf Merkmale einer guten Entwicklung. Solch eine Entwicklung zeigt sich aus der Sicht des Pflegekindes in einem gelungenen Übergang von Schule in einen Beruf, der den eigenen Fähigkeiten und Neigungen entspricht und eine zufriedenstellende ökonomische Entwicklung ermöglicht. Ferner umfasst eine gute Entwicklung eine relative Stabilität der Lebensverhältnisse in Bezug auf die Partnerschaft und andere Beziehungen, die Wohnsituation, die relative Arbeitsplatzsicherheit und die kontinuierliche Übernahme von Elternverantwortung sowie hilfreiche Beziehungen zur Herkunfts- und Pflegefamilie (Reimer & Petri 2017: 39 f.). Demgegenüber beinhalten Probleme beim Eintritt in das Berufsleben sowie länger anhaltende Konflikte mit der Pflegefamilie, aber auch zu viele Veränderungen, die gleichzeitig bewältigt werden müssen, ein Potenzial für Turbulenzen im Entwicklungsverlauf, indem sie sich auch auf andere Lebensbereiche auswirken (Reimer & Petri 2017: 40 f.). Merkmale einer guten Pflegefamilie für das ehemalige Pflegekind im jungen Erwachsenenalter zeigen sich u. a. in einer angemessenen Begleitung des Pflegekindes auch über die Beendigung des offiziellen Pflegeverhältnisses hinaus, in einer toleranten Haltung gegenüber Lebensformen, die ggf. der Einstellung der Pflegefamilie widersprechen, in dem Verständnis, dass die Auseinandersetzung mit der Herkunftsfamilie in dieser Lebensphase erneut an Bedeutung gewinnt, sowie in einem reflektierten und an den Fähigkeiten und Bedürfnissen des Pflegekindes orientierten Umgang in Bildungs- und Berufsbelangen (Reimer & Petri 2017: 42). In Bezug auf die Bedeutung der Herkunftsfamilie im Erwachsenenalter hat die Untersuchung von Entwicklungsverläufen von Pflegekindern erbracht, dass die Herkunftsfamilie unabhängig von den Kontakten in den früheren Jahren bis in das Erwachsenenalter hinein bedeutsam ist, wobei die Haltung zu ihr oftmals ambivalent bleibt. Themen, die nicht selten bereits in der Kindheit und Jugend eine Rolle gespielt haben, werden erneut relevant (Reimer & Petri 2017: 43 ff.), wie ‚das Bestreben Erinnerungslücken zu füllen‘, ‚Fragen und die Suche nach Ähnlichkeiten zu Mitgliedern der Herkunftsfamilie und das Bedürfnis nach Zugehörigkeit zu den eigenen biologischen Wurzeln‘, aber auch die ‚Angst vor Vererbung und Kontaminierung‘, ‚hochambivalente Gefühle‘ sowie das ‚Bedürfnis nach Wiedergutmachung‘.

Zudem werden aus der Sicht der ehemaligen Pflegekinder Faktoren, die unterstützend in der Auseinandersetzung mit der Herkunftsfamilie und der Herkunftsgeschichte sein können, genannt. Dazu zählen eine ‚biografische Selbstreflexion‘, eine ‚musikalische und künstlerische Verarbeitung eigener Gefühle‘, eine ‚therapeutische Auseinandersetzung als Hilfe‘ sowie die ‚Differenzierung der Beziehungen zu Mitgliedern der Herkunftsfamilie‘ (Reimer & Petri 2017: 59 ff.).

In Bezug auf die Pflegefamilie weisen diese Ergebnisse darauf hin, wie wichtig es ist, Pflegefamilien über die Bedeutung der Herkunftsfamilie zu informieren und eine akzeptierende Haltung der Pflegefamilie gegenüber der Herkunftsfamilie aufzubauen. Ressourcen für die biografische Selbstreflexion der Pflegekinder sollten eröffnet und Einzelkontakte des Pflegekindes mit den Fachkräften des Pflegekinderdienstes als weitere Ressource für die Auseinandersetzung im Beziehungsgeflecht zwischen Pflege- und Herkunftsfamilie ermöglicht werden (Reimer & Petri 2017: 64 f.). Vor diesem Hintergrund erwies es sich retrospektiv aus der Sicht der (ehemaligen) Pflegekinder als bedeutsam, dass die Pflegefamilie die Pflegekinder selbst über ihre Zugehörigkeit sowie darüber, ob und wann sie sich mit der Herkunft befassen wollen, entscheiden lassen. Zudem ist es auch signifikant, die Pflegekinder sachlich über Veränderungen in der Herkunftsfamilie zu informieren (Reimer & Petri 2017: 66 f.). Im Hinblick auf den Bereich Entwicklung der Beziehung zur Pflegefamilie ist das Thema Zugehörigkeit besonders hervorgetreten. Es ist deutlich geworden, dass Zugehörigkeit keinesfalls immer selbstverständlich ist. Sie muss vielmehr ständig ausgehandelt werden (Reimer & Petri 2017: 69 ff.).

Zu der Frage, was aus der Sicht der ehemaligen Pflegekinder eine gute Pflegefamilie ausmacht bzw. was zu Schwierigkeiten mit der Pflegefamilie führen kann, kommt die Longitudinalstudie zu dem Ergebnisse, dass das Ermöglichen einer positiven Gesamtentwicklung im Erwachsenenalter als ein wesentliches Kriterium des Gelingens dargestellt wurde. Ausschlaggebend dafür ist die Feststellung, dass in der Pflegefamilie eine Abgrenzung gegenüber der gesellschaftlich abhängigen Lebenssituation der Herkunftsfamilie stattgefunden hat. Dies drückt sich in Unterschieden in der Bildung und im Lebensstil aus und zugleich in der Vermittlung eines realistischen Bildes der Herkunftsfamilie. Das Bild kann ggf. mittels phasenweiser begleiteter Besuchskontakte bzw. durch eine Vorbereitung auf und Gesprächsmöglichkeiten über unbegleitete persönliche Begegnungen im Jugendalter entstehen (Reimer & Petri 2017: 71 ff.). Ein weiterer Faktor, der für ein gelingendes Pflegeverhältnis aus der Sicht der erwachsenen Pflegekinder eine wichtige Rolle spielt, ist die Vermittlung eines altruistischen Motivs jenseits ökonomischer Gründe für die Inpflegenahme des Kindes (Reimer & Petri 2017: 78 f.). Insbesondere ist der Aspekt, eine Autonomieentwicklung zu ermöglichen, bedeutsam. Dabei haben sich lang anhaltende Idealisierungen der Pflegefamilie als hemmend herausgestellt. Die Longitudinalstudie weist bezogen auf die Frage, was zu Schwierigkeiten in der Pflegefamilie führen kann, auf ein Konfliktpotenzial zwischen Pflegekind und Pflegeeltern hin. Dies kann aus Abweichungen zwischen einerseits den Rollenerwartungen, welche Pflegeeltern oftmals vor dem Hintergrund motivationaler Beweggründe in Bezug auf das Pflegeverhältnis an das Kind herantragen, und andererseits der tatsächlichen Entwicklung des Kindes resultieren. Als besonders bedeutsam hat sich in der Studie das Ausmaß, in dem es Pflegeeltern gelingt, flexibel mit ihren

Erwartungshaltungen und Sinnkonstruktionen umzugehen und diese ggf. entsprechend der Entwicklung des Pflegekindes zu verändern, herausgestellt (Reimer & Petri 2017: 81). Im Hinblick darauf, was die Entwicklung der Beziehung zur Herkunftsfamilie beeinflusst, kommt die Longitudinalstudie zu dem Ergebnis, dass Veränderungen in der Herkunftsfamilie eine Rolle spielen. Das bezieht sich im Wesentlichen darauf, ob es in der Herkunftsfamilie zu Stabilisierungen oder eher zu Destabilisierungen gekommen ist. Dabei sind auch die Entwicklungen einzelner Familienmitglieder wichtig, wobei zwischen der Eltern- und der Geschwisterebene unterschieden wird.

Insgesamt haben sich in der Longitudinalstudie Entwicklungen mit positiven Potenzialen gezeigt, bei denen „eine Entkopplung der Lebensverläufe des Pflegekindes von denen der Herkunftseltern" stattgefunden hat. Die Entkopplung bezieht sich konkret auf Bildungsressourcen und damit einhergehenden Möglichkeiten in den Bereichen Selbstverwirklichung, ökonomische Sicherheit und persönliche Zukunftsplanung. Zudem wurde eine weitreichende Orientierung an den Wertvorstellungen, am Lebensstil und an der Lebensphilosophie der Pflegefamilie festgestellt. Dabei konnte das in der Pflegefamilie entstandene Entwicklungspotenzial auch über kritische Phasen hinaus, die sich bis zu – zeitweiligen – Beziehungsabbrüchen zur Pflegefamilie zuspitzten, wirken (Reimer & Petri 2017: 94). Handlungsbedarfe, die sich für die Jugendhilfe daraus ergeben, resultieren zum einen aus der in der Studie deutlich gewordenen Bedeutung der Stabilisierungs- und Destabilisierungsprozesse in der Herkunftsfamilie für die Entwicklung der Pflegekinder. Diese fortbestehende Bedeutung der Herkunftsfamilie steht jedoch im Gegensatz zu ihrer fehlenden Unterstützung durch die Jugendhilfe nach der Fremdunterbringung des Kindes (Reimer & Petri 2017: 95 f.). Insbesondere hat sich das Ende der Jugendhilfe im Alter von 18 oder 21 Jahren als im Widerspruch stehend zu den komplexen Entwicklungsaufgaben gerade dieser Lebensphase gezeigt. Zum anderen weisen die klaren Ergebnisse der Longitudinalstudie auf die herausragende Bedeutung der Beziehung des jungen erwachsenen (ehemaligen) Pflegekindes zur Pflegefamilie, auch den Eintritt in das Erwachsenenalter des Pflegekindes hinaus, hin. Aus der Vielfalt der in diesem Entwicklungsabschnitt gegebenen Aufgaben der Pflegefamilie und um die positive Entwicklung des jungen erwachsenen ehemaligen Pflegekindes weiter zu befördern, resultiert ein fortbestehender Unterstützungsbedarf für die Pflegefamilie, dem die Planung und Praxis der Jugendhilfe entsprechen sollte.

In der Zusammenschau haben die hier angeführten Studien von Pierlings (2014), Reimer (2016), Reimer und Petri (2017) sowie Reimer und Wilde (im Erscheinen) bedeutsame methodische sowie inhaltliche Aspekte zur Erforschung der Entwicklung ehemaliger Pflegekinder im Erwachsenenalter aufgezeigt. Sie stellen einen ersten wichtigen Bezugsrahmen zur Untersuchung und Interpretation der hier zugrunde liegenden Forschungsmaterialien dar. Dennoch bleiben wesentliche Forschungsdesiderate, da die vorliegende Studie den biografischen Teilbereich der Elternschaft ehemaliger Pflegekinder in den Blick nimmt und die Forschungsfrage den Aspekt der Verlaufsdynamik von Bedrohung bei infrage gestellter Elternschaft erwachsener ehemaliger Pflegekinder fokussiert. Hierzu werden im Forschungsprojekt Konstruktionen herausgearbeitet, die im Bedrohungsverlauf deutlich werden. Diese werden u. a. in Wahrnehmungs- und Attributionsprozessen, im Selbstwert und in Selbstwirksamkeitserwartungen sowie in Interaktionen mit den Akteur*innen aus Institutionen, aber auch mit bedeutsamen Anderen deutlich. In ihren jeweiligen Konstellationen betrachtet, wirken sie als Eskalatoren und Deeskalatoren. Ferner ist die hiesige Studie geeignet, das Karrierekonzept der Chicago School zu ergänzen und es um Aspekte zu erweitern, die nicht nur für die hier untersuchte Personengruppe spezifisch, sondern auch allgemeingültig und auf andere Personengruppen mit einem anderen biografischen Hintergrund als dem der hier befragten Eltern übertragbar sind.

3.4 Entwicklung von Pflegekindern als Eltern – Ergebnisse der Herkunftsfamilienforschung

Forschungsergebnisse zum Aspekt der Elternschaft ehemals Fremduntergebrachter liegen nur vereinzelt vor. Eine amerikanische Studie von Courtney, Dworsky, Cusick, Havlicek, Perez und Keller (2007) – „Midwest Evaluation of the Adult Functioning of Former Foster Youth" – kommt zur Elternschaft ehemaliger Pflegekinder zu positiven Ergebnissen und beschreibt, dass lediglich eine Minderheit früherer Pflegekinder in instabilen Partnerschaften lebt, ungeplant und früh Kinder bekommen hat, mit denen ein Zusammenleben dann nicht immer gelungen ist (vgl. Kindler, Helming, Meysen & Jurczyk 2010: 222 f.). Studien, welche Probleme der Elternschaft dieser Personengruppe zum Thema haben und dabei das Erleben der Biografieträger*innen in Anbetracht einer drohenden Fremdunterbringung der eigenen Kinder beleuchten, stellen eine regelrechte „Lücke" im Forschungsstand dar.

Haben Forschungstätigkeiten zur Elternschaft anderer Personengruppen, bei denen oftmals ein „schwieriger Start" bzw. besondere Bedingungen für die anstehende Elternschaft vorliegen – etwa bei minderjährigen Müttern (Salzgeber 2011), drogen- oder alkoholabhängigen Eltern (Eiden 2013; Zobel 2006), psychisch kranken Eltern (Schwabe-Hoellein & Kindler 2006; Schwartländer 2004; Schone &Wagenblass 2002) –, Forschungsergebnisse erbracht, die u. a. zur Entwicklung ressourcenstärkender Interventionen geführt haben (Beratungs- und Trainingsprogramme für die betroffenen Eltern, betreute Wohneinrichtungen für die jeweilige Personengruppe usw.), existiert ein vergleichbarer

Forschungsstand zur Elternschaft ehemaliger Pflegekinder nicht. Dies steht in einem deutlichen Missverhältnis zur individuellen wie gesellschaftlichen Relevanz der Besonderheiten dieser Personengruppe. Auch vor dem Hintergrund dieser „Wissenslücken" nimmt das Forschungsprojekt Eltern in den Blick, die sich in doppelter Hinsicht in einer außergewöhnlichen Lebenslage befinden: zum einen durch die biografische Erfahrung, selbst – zeitweise – als Pflegekind aufgewachsen zu sein, zum anderen durch die Erfahrung, in eigener Elternschaft durch tatsächliche oder angekündigte Fremdunterbringung ihrer Kinder bedroht zu sein.

Wenngleich in Bezug auf die Zielgruppe ehemaliger Pflegekinder hierzu keine Forschungsergebnisse vorliegen, kann doch an denen aus der Herkunftselternforschung angeknüpft werden. Dort (vgl. Faltermeier 2001) sind theoretische Kernkategorien erarbeitet worden, die in einem engen Zusammenhang zum vorliegenden Forschungsprojekt stehen.

Ein weiterer Bezugsrahmen zur Auswertung der Ergebnisse ergibt sich aus der Herkunftsfamilienforschung. Die qualitativen Studien von Faltermeier (2001) sowie Faltermeier, Glinka und Schefold (2003) haben diesen Forschungsbereich grundlegend geprägt. Faltermeier greift damit Lücken in der Herkunftsfamilienforschung auf, die bis zu diesem Zeitpunkt vor allem durch statistisches Datenmaterial, welches zwar die soziale Lage der Familien und die Gründe der Unterbringung, jedoch nicht die Subjektperspektive zeigen konnte (Faltermeier 2001: 35), geprägt ist. Seine retrospektiv angelegte Studie ist auf der einen Seite auf die Herkunftseltern und deren Relevanzsysteme zum Zeitpunkt der Unterbringung der Kinder ausgerichtet, wodurch er das Ziel verfolgt, Erklärungen dafür zu finden, warum sich Herkunftseltern im Kontext der Fremdunterbringung ihrer Kinder genau so und nicht anders verhalten (Faltermeier 2001: 40). Deswegen fokussiert Faltermeier auf „die Verstehenszusammenhänge von Handlungsstrategien und Reaktionsmustern aus der Perspektive der betroffenen Herkunftseltern" sowie auf „die mit der Inpflegegabe gesellschaftlich in Gang gesetzten Stigmatisierungsprozesse". Auch bezieht er das für die Herkunftseltern fehlende gesellschaftliche Rollenskript als „Eltern ohne Kinder" ein (Faltermeier 2001: 34). Auf der anderen Seite geht es Faltermeier um den Zusammenhang zwischen dem Erlebensraum der Herkunftseltern und „der Erwartungshaltung und Bedeutungszuschreibung der sozialhelfenden Instanzen mit Blick auf die Erlebenssituation des Kindes bzw. der Kinder in der Situation der Fremdunterbringung und dem sich dort entwickelnden sozialen Milieu" (Faltermeier 2001: 11).

Das von Faltermeier aus narrativen Interviews gewonnene Modell umfasst vier Modellkerne, die sich auf wesentliche Phänomene der Fremdunterbringung beziehen. Diese sind: 1. die Konstitutionsmechanismen, die zur Inpflegegabe der Kinder führten, 2. die Interaktionsprozesse mit den sozialhelfenden Instanzen, 3. alltagspragmatische subjektive Hilfemuster, welche Eltern in Gefährdungssituationen aktivieren, und 4. das unterschiedliche Hilfeverständnis von Herkunftseltern und sozialen Diensten (Faltermeier 2001: 15 f.). Kernkategorien des ersten Modellkerns sind biografische und soziale Prozessstrukturen, die aus wichtigen Erlebensanteilen resultieren, u. a. „die Herausnahme als Autonomieverlust" (Faltermeier 2001: 140 f.), „der geschlossene Bewusstheitskontext" (Faltermeier 2001: 136 f.), „die Haltung der Eltern gegenüber der Herausnahme" (Faltermeier 2001: 166) sowie „die Kontinuität von Krisen und Belastungen" (Faltermeier 2001: 148 ff.).

Faltermeier konkretisiert den Verlust an Autonomie anhand der Erfahrung der Herkunftseltern, aufgrund der Trennung von den Kindern „entbiografiert" zu werden. Wesentlich ist dabei „eine Trennung von einem Teil ihrer Biografie, für die sie in ihrem handlungsleitenden Referenzsystem keinen Sinn entdecken können" (Faltermeier 2001: 140). Das Verlusterleben umfasst zum einen auch die Wegnahme von Rechten, welche die Herkunftseltern zuvor innehatten. Zum anderen ist der Autonomieverlust durch das Erleben von „Statusverletzungen" (Faltermeier 2001: 140) geprägt. Die Elternrolle wird wesentlich von außen bestimmt, sodass die Gestaltungsmöglichkeiten der Beziehung zum Kind stark eingeschränkt sind.

Mit dem Begriff „geschlossener Bewusstheitskontext" knüpft Faltermeier an Goffmann (1973) an und beschreibt damit eine zentrale „Entfremdungserfahrung" der Herkunftseltern, die sie im Rahmen der Fremdunterbringung ihrer Kinder machen. Explizit beschreibt Faltermeier den Begriff des geschlossenen Bewusstheitskontextes als

eine Koalition von Personen, die am Zustandekommen der Situation beteiligt sind. Dabei ist eine Koalition ein Zusammenschluss von zwei oder mehreren Personen. Diese Koalition verbündet sich gegen einen Dritten [...], indem sie gemeinsame Ziele und Strategien festlegt, um je spezifische Interessen durchzusetzen. Gegenüber dem Dritten verfügt sie über ein ‚Mehr' an ‚Situationswissen', das entscheidend ist für die Situationsgestaltung. [...] Insofern ist der geschlossene Bewusstheitskontext ein Zustand, in dem der von der Koalition ausgeschlossene Akteur isoliert wird von Wissen und Information (Faltermeier 2001: 136).

Mit einer Fremdunterbringung, die in einen geschlossenen Bewusstheitskontext eingebettet ist, sind für die Herkunftseltern Erfahrungen verbunden, welche sie als „Betrugsstrukturen" und Degradierung erleben, da sie mit Abwertungen auf sozialer, moralischer und gesellschaftlicher Ebene verknüpft sind (Faltermeier 2001: 140).

Faltermeier stellt in der Krisensituation der Fremdunterbringung der Kinder einen Mangel an Unterstützung der Herkunftseltern durch signifikante Andere fest. Dies spiegelt in der Regel frühere Erfahrungen von Unzuverlässigkeit und fehlender Begleitung durch Vertrauenspersonen wider. Vor diesem biografischen Erfahrungshintergrund weist Faltermeier (2001: 156) auf die Bedeutung und Angewiesenheit der betroffenen Eltern auf Unterstützung durch die sozialhelfenden Instanzen hin.

Ein zentrales Ergebnis der Studie von Faltermeier bezieht sich auf die Feststellung völlig verschiedener Sinn- und Relevanzsysteme von Herkunftseltern und Jugendamt, die erfolgreichen Interaktionen entgegenstehen, wenn nicht durch gemeinsame Aushandlungs- und Sinnstiftungsprozesse Bedeutungszuschreibungen angepasst werden (Faltermeier 2001: 156).

In der Ausrichtung auf die Erlebensperspektive der Herkunftseltern bei der Fremdunterbringung ihrer Kinder, der Analyse von Ursachenzusammenhängen, Deutungs- und Wahrnehmungsmuster für die Inpflegenahme liegen in der Untersuchung von Faltermeier geeignete inhaltliche Anknüpfungspunkte für das vorliegende Forschungsprojekt. Gemeinsamkeiten sind ferner in der Fokussierung auf Prozessverläufe auszumachen, die dort wie hier anhand von Deutungsmustern analysiert werden. Während Faltermeier die Ablaufdynamik der Prozessstrukturen vom Beginn der Fremdunterbringung bis zum Interview analysiert, setzt die dem vorliegenden Forschungsprojekt zugrunde liegende Untersuchung des Bedrohungs-Eskalations-Verlaufs bereits vor dem Vollzug der Unterbringung mit dem Aufkommen erster Ankündigung von Fremdunterbringung an. Anders als bei Faltermeier werden in der vorliegenden Untersuchung nicht nur Verlaufskurven im Sinne von Schütze (1981), sondern auch positive Verläufe bzw. Teilverläufe aufgezeigt.

In der Zentrierung auf die Erlebensperspektive der Herkunftseltern bei drohender Herausnahme des Kindes fokussiert die vorliegende Untersuchung im Speziellen auf die Perspektive von Herkunftseltern, die selbst eine Zeit lang als Pflegekinder aufgewachsen sind. Daran anknüpfend bieten die hiesigen Daten über Faltermeiers Forschung hinaus die Möglichkeit zu einem vertieften Verständnis von Bedrohungs- und Bewältigungsprozessen bei infrage gestellter Elternschaft ehemaliger Pflegekinder. In dieses Verständnis fließen einige Kategorien der Studie von Faltermeier ein, wie der ‚Autonomieverlust', der ‚geschlossene Bewusstheitskontext', ‚Betrugsstrukturen', ‚signifikante Andere'.

Ergebnisse der Forschung der Universität Siegen ergänzen die Befundlage im Bereich der Herkunftselternforschung. Hier greift besonders die Studie von Wilde (2014) die Erlebensperspektive der Herkunftseltern bei der Herausnahme der Kinder auf und transferiert diese Erkenntnisse differenziert in die Praxis der Herkunftselternarbeit. Als analytische Schlüsselkategorien nennt Wilde in Übereinstimmung mit den Ergebnissen von Faltermeier (2001) den „Autonomieverlust", der auch die biografische Planung der befragten Herkunftseltern stark veränderte (Wilde 2014: 173 ff.). Auch den von Faltermeier dargelegten „geschlossenen Bewusstseinskontext" greift Wilde auf. Auch in ihrer Studie beschreibt sie Situationen, in denen sich die Eltern in Bezug auf die Unterbringung ihrer Kinder durch Fremdkoalition aus der Situationsdefinition ausgeschlossen sehen bzw. sie „Verratssituationen" erleben, in denen sie ihr Vertrauen missbraucht sehen und sie sich dem Geschehen ohne Einflussmöglichkeiten ausgeliefert fühlen (Wilde 2014: 175 f.). Auch mit den von Faltermeier (2001) beschriebenen „Degradierungserfahrungen durch soziale Institutionen" schlüsselt Wilde das Interviewmaterial der Studie auf und findet entsprechende Berichte der Herkunftseltern, die Abwertung durch Vertreter von Institutionen und einen fehlenden Vertrauensaufbau zu diesen umfassen. Eine markante Schnittstelle zur hiesigen Untersuchung sind die von Wilde herausgearbeiteten „Erklärungen der Herkunftseltern bezüglich der Herausnahme". Sie stellt fest, dass Erklärungen, die in äußeren Faktoren liegen, eher dazu beitragen könnten, die Trennung von den Kindern zu akzeptieren, als selbstbezogene Ursachenzuschreibungen. Schließlich greift Wilde auch die Schlussfolgerungen von Faltermeier zur „Bedeutung von signifikanten Anderen" auf und bestätigt durch die Ergebnisse ihrer Studie den von Faltermeier festgestellten häufigen Mangel an signifikanten Anderen aus dem privaten Umfeld (Wilde 2014: 184).

4 Zentrale theoretische Begriffe und Konzepte zur Analyse von Verlaufsprozessen der Bedrohung und deren Bewältigung

Veränderungen im Leben, zumal wenn sie ungewollt sind und als plötzliche Einschnitte auftreten, bringen Menschen aus dem Gleichgewicht, stellen das Denken, Fühlen und Wollen auf den Kopf. Meist braucht es Zeit und erfordert vielfältige Anstrengungen, bis Handlungsfähigkeit und Kontrolle über das Leben wieder hergestellt sind. Sozialwissenschaftliche Theorien unterschiedlicher Herkunft beschäftigen sich mit solchen bedrohlichen Lebensereignissen und deren Bewältigung. Fragen danach, was Bedrohung und Bewältigung prägen, welche unterschiedlichen Prozesse, Ressourcen und Belastungen dabei eine Rolle spielen, stehen im Vordergrund. Dies berührt zugleich den Kernbereich dieser Forschungsarbeit.

In den folgenden Kapiteln wird daher eine Annäherung an die zentralen Begriffe und Konzepte der Forschungsarbeit und deren Ausrichtung auf Verlaufsprozesse von Bedrohung und Bewältigung vorgenommen. Dabei wird ein möglichst umfassender und prozessorientierter Zugang zu den Phänomenen Bedrohung und Bewältigung gesucht. Hierfür bieten sich Blickwinkel aus verschiedenen Wissenschaftsbereichen – Psychologie, Sozialpädagogik, Pädagogik und Soziologie – an. Trotz ihrer unterschiedlichen Herkunft sind diese Konzepte durch eine Abkehr von statischer und eine Hinwendung zu dynamischer Betrachtung von Bedrohung und Bewältigung eng miteinander verbunden. Jedes Konzept ermöglicht einen theoretischen Zugang zum Forschungsthema und dient dazu, Bedrohungsverläufe zu strukturieren.

Das Konzept der kritischen Lebensereignisse von Filipp und Aymanns (2010) stellt psychodynamische und mentale Aktivitäten des Wiederherstellens der Person-Umwelt-Passung in den Mittelpunkt. Kapitel 4.1 legt einen Ausschnitt aus der Vielfalt dieser psychodynamischen und mentalen Aktivitäten dar, zu denen es im Umgang mit Bedrohungserleben kommen kann, und nennt wesentliche Merkmale kritischer Lebensereignisse. Das Konzept von Filipp und Aymanns (2010) ist vor allem in der klinischen Psychologie und Entwicklungspsychologie verortet. Seine stress- und bewältigungstheoretische Herkunft einerseits sowie seine Wurzeln in der Ereignis- und Bewältigungsforschung andererseits haben es jedoch maßgeblich geprägt. Kapitel 4.1.1 geht darauf einleitend ein.

In der Sozialpädagogik als Wissenschaft an der „Schnittstelle zwischen Subjekt und Gesellschaft" (Reimer, Schäfer & Wilde 2015) ist es Lothar Böhnisch (2016), der die Theorie von Filipp und Aymanns aufgreift und im Schlüsselkonzept „Lebensbewältigung" fortführt. Das Konzept von Böhnisch ermöglicht einen Zugang zu einem Bewältigungshandeln von Menschen, das auf den ersten Blick unverständlich erscheint. Böhnisch fokussiert u. a. auf normabweichendes Handeln, das sich im Kontext von Versuchen, die subjektive Handlungsfähigkeit und das psychosoziale Gleichgewicht von Selbstwertgefühl und sozialer Anerkennung wiederherzustellen, zeigen kann, zumal die Psychodynamik dieser Versuche nicht kognitiv-rational gesteuert ist, sondern emotional verläuft. Dieser Blick auf das Bewältigungsgeschehen wird in Kapitel 4.2.1 u. a. in Bezug auf Gemeinsamkeiten und Unterschiede zum Konzept der kritischen Lebensereignisse dargelegt.

Anschließend wird die dynamische Betrachtung von Bedrohung und Bewältigung anhand des Modells der Belastungs-Ressourcen-Balance von Wolf (2007/2015) erweitert. Dieses Konzept lenkt den Blick auf interindividuelle Unterschiede in der Verfügbarkeit von Ressourcen und deren Nutzbarmachung sowie auf die Wahrnehmung von Interdependenzen zwischen Einflussfaktoren anstelle deren isolierter Betrachtung (vgl. Schäfer 2012: 15). Als Analysemodell ist die Belastungs-Ressourcen-Balance (Wolf 2007/2015) anschlussfähig an das Modell der kritischen Lebensereignisse. Das Modell ist ein Instrument, das dazu beiträgt, den Einfluss von Ressourcen und Belastungen auf biografische Verläufe genauer wahrzunehmen, zu beschreiben und zu analysieren. Dazu erfolgen Ausführungen in Kapitel 4.2.2.

Die pädagogische Perspektive des dynamischen Verständnisses von Bedrohung und Bewältigung spiegelt sich im Begriff des Deutungsmusters wider. Hierzu erfolgt in Kapitel 4.3 ein Aufriss der theoretischen Bandbreite des Konzepts mit seinen Bezügen zu gesellschaftlichen Bedingungen (Arnold 1983), seiner Funktion als Organisationsstruktur (Lüders & Meuser 1997) bis hin zur Betrachtung von Deutungsmustern in ihrer intrapersonalen Funktion (vgl. Filipp & Aymanns 2010).

Daran schließt die insbesondere von der Soziologie geprägte Verlaufsforschung an, die mit ihren Verlaufskurvenkonzepten (vgl. Corbin & Strauss 2010) einen geeigneten Rahmen für eine dynamische Betrachtung von Bedrohungsverläufen im Kontext ihrer jeweiligen Bedingungsgefüge bietet. Dies ist Gegenstand von Kapitel 4.4. Davon ausgehend wird in Kapitel 4.4.1 auf Phasen als verlaufsstrukturierendes Element eingegangen.

4.1 Das Konzept der Kritischen Lebensereignisse

4.1.1 Stress- und bewältigungstheoretische Grundlagen

Die Wurzeln der Erforschung kritischer Lebensereignisse liegen zum einen in der laborexperimentellen Stressforschung, welche zum anderen durch die Untersuchung von Lebensereignissen, die sich nicht experimentell konstruieren lassen, sondern sich im Lebensalltag ereignen, ergänzt wird. Im Hinblick auf den zuletzt genannten Zugang ist das Konzept der kritischen Lebensereignisse von Filipp (1995) sowie von Filipp und Aymanns (2010) nicht ohne die stress- und bewältigungstheoretische Perspektive von Lazarus (1995) denkbar. Diese fungiert als Ausgangspunkt für die weitere Darlegung der Theorie, da sich darin in aller Deutlichkeit die Entwicklung einer neuen Sichtweise zeigt, welche die Abkehr von statischen und eigenschaftsorientierten Konzepten beinhaltet, die vor allem auf einzelne Handlungen, oftmals erhoben in Laborexperimenten, bezogen waren.

Ausgehend von einem Menschenbild, das im gesamten Lebenslauf durch Spannungsfelder (vgl. Erikson 2002) und das Streben nach Sinngebung (Frankl 1963) geprägt ist, leitet Lazarus eine Forschungsstrategie und methodische Forderung ab, die Bewältigung als Konstellation verschiedener Handlungen verstehen:

> Bewältigung stellt nicht eine einzige Handlung, sondern eine Konstellation von vielen Handlungen und Gedanken dar, die ihrerseits aus einem komplexen Anforderungsgefüge über unterschiedliche Zeiträume hinweg resultieren (Filipp 1995: 221).

Bedeutsam sind dabei ferner kognitive Prozesse, die dem Streben nach Sinngebung zugrunde liegen, die ständig im Fluss sind und die nicht unabhängig u. a. von sozialem Druck, den Umständen, der Persönlichkeit gesehen werden können. Die kognitiven Prozesse können sowohl in die eine als auch in die andere Richtung gehen (Filipp 1995: 223). Diesem Grundverständnis entspricht das Erfassen von Bewältigung in natürlichen Situationen und in ihrem Prozessverlauf (Filipp 1995: 220):

> Die Behauptung, dass eine Person verleugnet, vermeidet oder intellektualisiert, ist eine Seite, die Beschreibung der spezifischen Kognitions- und Handlungsmuster, die sie in verschiedenen Phasen des Ereignisses oder über verschiedene Ereignisse hinweg zeigt, ist die andere Seite. Ein stressreiches Ereignis kann sehr einfach oder sehr komplex, von kurzer oder von langer Dauer sein. Aber selbst im einfachsten Fall sind mehrere und nicht nur eine Person involviert, auf die sich Gedanken und Aktionen beziehen und das Wechselspiel zwischen Gedanken und Ak-

tionen vollzieht sich innerhalb des Bewältigungsprozesses mehr als nur einmal. [...] dieses Vorgehen erfordert die Registrierung von Detailinformationen und ihrer Konstellation über das prozessuale Geschehen hinweg. Erst dann lassen sich Bewältigungsmuster und globale Bewältigungsstile aus solchen Informationen abstrahieren (Filipp 1995: 221).

Auf diesen Grundannahmen, insbesondere auf der nicht zu trennenden Einheit von Situation und Person, beruht das von Lazarus (2000) beschriebene „*relational meaning*". So konstituiert sich das Stresserleben „erst über individuelle Bewertungs- und Bewältigungsprozesse", was vor allem für kritische Lebensereignisse gilt (Filipp & Aymanns 2010: 26). Hierin zeigt sich das grundlegende Verständnis von Bewältigung als Konstellation verschiedener Handlungen.

4.1.2 Entwicklungstheoretische Grundlagen

Einen weiteren Meilenstein in der Geschichte des Konzepts der kritischen Lebensereignisse (Filipp 1995) stellt dessen Wende von einer ursprünglich klinisch-psychologischen Ausrichtung zu einer entwicklungspsychologischen Forschungsperspektive dar. Dies ist bedeutsam, da dadurch die Verfolgung kritischer Lebensereignisse über einen längeren Zeitraum möglich wurde. Damit erhielt das Konzept seine Funktion „als organisierendes Erklärungsprinzip für ontogenetischen Wandel über die Lebensspanne hinweg" (Filipp 1995: 7 f.). In Erweiterung des lerntheoretischen Ansatzes wurden personenbezogene sowie kontextuelle Voraussetzungen einbezogen. Weitere Besonderheiten des Konzepts bestehen darin, neben negativen Ereignissen auch positive Ereignisse als Stressoren mit potenziell belastender Wirkung zu betrachten. Ferner verbindet es normative und nicht normative, also regulär sowie unerwartet auftretende Lebensereignisse, sodass auch der Zeitpunkt des Eintretens solcher Lebensereignisse berücksichtigt wird.

Die entwicklungsorientierte Perspektive resultiert aus der Untersuchung eines erschütterten Passungsgefüges Person-Umwelt und dessen Bewältigung, wobei verschiedene Entwicklungsrichtungen möglich sind. Dem liegt zugleich – anknüpfend an Lazarus (2000) – eine relationale Betrachtung zugrunde, welche auf das Zusammenspiel personen- und umweltbezogener Facetten ausgerichtet ist. Dies impliziert, dass nicht immer von einem Belastungsmoment als manifestem Ereignismerkmal auszugehen ist, vielmehr ergibt sich der Stellenwert als kritisches Ereignis erst aus dem Verhältnis zwischen den jeweiligen Eigenschaften eines Ereignisses und den verfügbaren Ressourcen und Belastungen aufseiten der Person. Dabei werden kritische Lebensereignisse auch als Chance für Transformationsprozesse betrachtet, die Veränderungen im Verständnis der eigenen Person wie der Umwelt ermöglichen (Filipp & Aymanns

2010: 16 ff.). Das dem zugrunde liegende Konzept der Krise ist von einer „Doppelgesichtigkeit" geprägt. Es beschreibt „die Zuspitzung eines Geschehensablaufs hin zu einem Wendepunkt, an dem sich die weitere Entwicklung entscheidet: eine Entwicklung zum Besseren oder zum Schlechteren [...]" (Filipp & Aymanns 2010: 99).

4.1.3 Kritische Lebensereignisse und ihre Merkmale

Die Feststellung, „kritisch ist ein relationaler Begriff" (Filipp & Aymanns 2010: 51), trifft das Besondere des Konzepts der kritischen Lebensereignisse, denn die Ereignisse beziehen ihren „kritischen" Charakter aus der transaktionalen Verknüpfung mit der Person (Filipp & Aymanns 2010: 51). Genau dies spiegelt sich in der Beschreibung der nachfolgenden Merkmale von kritischen Lebensereignissen nach Filipp (1995: 24) wider:

1. Sie stellen die *raumzeitliche, punktuelle Verdichtung eines Geschehensablaufs* innerhalb und außerhalb der Person dar und sind somit im Strom der Erfahrungen einer Person raumzeitlich zu lokalisieren. Wenngleich viele Lebensereignisse eine ihnen eigene Geschichte haben und eher Prozesse denn abrupte Zäsuren im Leben einer Person darstellen [...], ist die raumzeitlich Datier- und Lokalisierbarkeit dem Ereignisbegriff logisch inhärent.
2. Kritische Lebensereignisse stellen *Stadien des relativen Ungleichgewichts* in dem bis dato aufgebauten Passungsgefüge zwischen Person und Umwelt dar. [...] Diese Konzeptualisierung schließt ein, dass jedes Person-Umwelt-System durch ein bestimmtes Maß an interner Kongruenz gekennzeichnet ist, welches der Person ‚adaptives Funktionieren' in ihrem jeweiligen Umweltkontext ermöglicht (vgl. *French, Rodgers & Cobb* 1974). Ein kritisches Lebensereignis ist dann gegeben, wenn diese Kongruenz zwischen Person und Umwelt ein Mindestmaß unterschreitet und die Neuorganisation des Person-Umwelt-Gefüges erforderlich macht. Darin impliziert ist, dass die Quelle für das nunmehr entstandene Ungleichgewicht sowohl in der Person wie in der Umwelt liegen kann [...]. In jedem Fall qualifiziert die Tatsache, dass für die Herstellung eines neuen Gleichgewichts die der Person gegebene Plastizität des Verhaltenssystems nicht ausreicht, sondern qualitativ-strukturelle Veränderungen in der Person-Umwelt-Beziehung nötig macht, solche Ereignisse als kritisch.
3. Schließlich geht in die Konzeptualisierung von kritischen Lebensereignissen die Annahme ein, dass das Ungleichgewicht in der Person-Umwelt-Beziehung für die Person unmittelbar erlebbar und dieses Erleben von affektiven Reaktionen begleitet ist. Gerade die *Tatsache ihrer emotionalen Nicht-Gleichgültigkeit* lässt kritische Lebensereignisse in dem Strom von Erfahrun-

gen und Einzelereignissen, wie er jedes Leben kennzeichnet, als prägnant und herausragend erscheinen.

Hervorzuheben ist ferner, dass ein weiteres wesentliches Merkmal des Konzepts darin besteht, „dass die affektiven Reaktionen im Umfeld kritischer Lebensereignisse nicht zwangsläufig negativer Qualität sein müssen, wie es der Zusatz ‚kritisch' im Alltagsverständnis nahelegt" (Filipp 1995: 24).

Zur Begrenzung der Weite der Konzeptualisierung und der Vielfalt kritischer Lebensereignisse wurde ein multidimensionales Beschreibungssystem entwickelt. Hier finden objektive, objektivierte und subjektive Ereignisparameter Eingang (Filipp 1995: 25). „Objektive Ereignisparameter" umfassen Merkmale, die dem Ereignis überindividuell inhärent sind. Zu den „Objektivierten Ereignisparametern" zählen Merkmale, „die man kritischen Lebensereignissen qua intersubjektiver Konsensbildung oder qua theoretischer Setzung zuschreibt", während als „subjektive Ereignisparameter" diejenigen Merkmale „der Art und Weise, wie die jeweils betroffene Person das Ereignis wahrnimmt und interpretiert, herangezogen werden" (Filipp 1995: 25).

Zu den objektiven Parametern gehören insbesondere auch die „zeitlichen Merkmale" von Lebensereignissen. Sie haben ihre Bedeutung sowohl hinsichtlich der Platzierung im Lebenslauf als auch hinsichtlich dessen „Platzierung in der Abfolge und im Umfeld anderer Ereignisse" (Filipp 1995: 26).

Während normative Ereignisse an ein bestimmtes Alter gebunden sind, statistisch eine hohe Auftretenswahrscheinlichkeit in der Altersgruppe haben und somit auch ihr Eintrittszeitpunkt vorhersehbar ist (Filipp 1995: 32), gilt das für non-normative Ereignisse weder im Hinblick auf das Alter noch auf die Epoche. Die Gruppe der Ereignisse, die im normalen Lebenslauf nicht zu erwarten sind und deren Eintrittswahrscheinlichkeit sehr gering ist, ist von einer zweiten Gruppe non-normativer Ereignisse zu unterscheiden, die zwar nicht selten oder außergewöhnlich sind, „die aber außerhalb der normalen Zeitfenster im Leben eintreten und mit denen somit nur wenige altersgleiche Personen – wenn überhaupt – konfrontiert sind" (Filipp 1995: 40). Ereignisse, die zum richtigen Zeitpunkt (on time) auftreten, werden von Off-time-Ereignissen, die sich zu früh oder zu spät im Lebenslauf ereignen, auch vor dem Hintergrund eines mit den non-normativen Ereignissen verbundenen höheren Belastungsniveaus, unterschieden (Filipp 1995: 41). Ob ein Zeitpunkt als „richtig" oder „falsch" angesehen wird, bemisst sich an der biologischen und sozialen Uhr, an zugrunde liegenden Reifungs- und Alterungsprozessen sowie den soziokulturell geprägten Vorstellungen in Bezug auf Lebensabläufe (Filipp 1995: 32).

Ebenso stellt die „Lokalisierung im Lebensraum" ein wichtiges objektives Ereignismerkmal dar, „indem man festlegt, welchen Lebensbereich ein Ereignis unmittelbar tangiert" (Filipp 1995: 32). Dabei ist jedoch der Wirkungsgrad (Filipp 1995: 32) auch für andere Lebensbereiche einzubeziehen.

Einen Platz im Rahmen der objektiven Ereignismerkmale nimmt auch der *Grad der Universalität* ein. Das Merkmal bezieht sich darauf, „wie groß der Anteil der von dem Ereignis zu einem gegebenen Zeitpunkt betroffenen Personen innerhalb einer Population" ist (Filipp 1995: 27).

Filipp (1995) stellt in der Forschung zu kritischen Lebensereignissen den objektivierten Ereignisparameter (vgl. dazu Hultsch & Cornelius 1995) die subjektivierten Ereignismerkmale gegenüber. Objektivierte Ereignisparameter werden u. a. am Ausmaß der Veränderung an der Neu- und Wiederanpassung, welche der Person durch dieses Ereignis abverlangt wird, gemessen (Filipp 1995: 29). In die Gruppe der subjektivierten Ereignismerkmale fallen die Dimensionen Erwünschtheit, Bedeutung sowie Kontrollierbarkeit eines Ereignisses (Filipp 1995: 33 f.). Bedeutung wird dann nicht über ein subjektiv hohes Maß an Neu- und Wiederanpassung definiert, sondern danach, „wie stark sie mit augenblicklichen dominanten Anliegen der Person resp. mit zeitlich naheliegenden oder entfernten (Lebens-)Zielen interferiert" (Filipp 1995: 34). Vor diesem Hintergrund haben Lebensereignisse zu verschiedenen Zeitpunkten im Lebenslauf eine unterschiedliche Bedeutung. Insbesondere kommt der „Sinndeutung" eines Lebensereignisses im Hinblick auf das eigene Leben ein besonderer Stellenwert bei der Auseinandersetzung mit und bei der Bewältigung von kritischen Lebensereignissen zu (Filipp 1995: 34).

Ereignisse unter dem Aspekt von „Sinndeutungen" wahrzunehmen, geht mit Kausalattribuierungen einher, die Menschen dahingehend vornehmen, um sich zu erklären, warum sie von diesem Lebensereignis betroffen sind. „Mit der Suche nach Ursachenerklärungen einhergehend ist die Einschätzung von Ereignissen nach ihrer Kontrollierbarkeit durch die eigene Person." Dabei „ist die Kontrollierbarkeit von Ereignissen als subjektiver *Ereignis*parameter in einem nicht bekannten und jeweils neu zu bestimmenden Maße konfundiert mit der Höhe der Kontrollüberzeugung als *Person*parameter. Insofern mag diese Dimension der subjektiven Ereigniswahrnehmung gleichzeitig eine Differenzierung nach Ereignissen und Person gewährleisten" (Filipp 1995: 34 f.).

4.1.4 Bewältigung

Im Bereich der Erforschung des Bewältigungsverhaltens existiert eine konzeptuell-theoretische Heterogenität und Begriffsvielfalt heute gebräuchlicher Konzepte. Dies geht auf die Verschiedenheit der Ursprünge der Bewältigungsforschung zurück, die bereits in der Psychoanalyse (Freud 1948 ff.) sowie in der allgemein- und differenzialpsychologisch angelegten Stressforschung, wie sie von Lazarus repräsentiert wird (vgl. Lazarus 2000), liegen.

Im Folgenden wird das Konzept Bewältigung aus der Perspektive der Ereignis- und Bewältigungsforschung näher betrachtet. Hier werden Grundgedanken sowie wesentliche Komponenten, die in dem dynamischen Bewältigungsgeschehen ineinandergreifen, dargelegt.

Das Konzept Bewältigung in der Ereignis- und Bewältigungsforschung

Grundfragen der Bewältigungsforschung richten sich darauf, wie sich Bewältigung als Forschungsgegenstand theoretisch fassen lässt, ob dabei z. B. eher überdauernde personenbezogene Merkmale, situative Merkmale der Lebenslage oder solche des Ereignisses eine Rolle spielen.

Bewältigung umfasst Prozesse, bei denen es um die Überführung eines unerwünscht-aversiven Ausgangszustands in einen erwünschten Endzustand geht. Bewältigung als Modell der Verlustverarbeitung lässt sich insbesondere anhand von zwei theoretischen Perspektiven betrachten: aus passungs- und regulationstheoretischer Sicht. Aus *passungstheoretischer Sicht* versteht man unter Bewältigung den Vorgang der Reorganisation der Person-Umwelt-Passung, welche auf die Herstellung eines neuen Gleichgewichts ausgerichtet ist. Dieses kann sowohl durch Veränderung der Umwelt infolge von Einwirken der Person bzw. durch Wechsel der Umwelt erfolgen als auch umgekehrt durch Anpassung der Person an die Umwelt. Aus *regulationstheoretischer Sicht* geht es um das Auflösen bzw. die Regulation von Ist-Soll-Diskrepanzen, die sich im Allgemeinen auf das Leben, auf das Selbst und auf spezifische Lebensbereiche (u. a. Arbeit, Familie) beziehen können. Regulationsprozesse, ausgelöst durch ein kritisches Lebensereignis, können dann z. B. in Verbindung damit stehen, negative selbstrelevante Botschaften vor dem Hintergrund des Idealselbst zu überprüfen und entsprechende Regulationen vorzunehmen (Filipp & Aymanns 2010: 127 f.).

Da es keine Verhaltensweisen gibt, die per se als Bewältigungsverhalten einzustufen sind, ist Bewältigung als ein *relationales Geschehen* zu beschreiben, dessen Adaptivität stets in Abhängigkeit von dem Gegenstand, auf den es sich bezieht, zu bemessen ist (Filipp & Aymanns 2010: 129 ff.). Ferner geht es um das Verstehen des Geschehenen und damit um die Frage nach *Bedeutung*. Ein wesentlicher Bestandteil des Bewältigungskonzepts ist dessen Verständnis als absichtsvolles Handeln und als unwillentliche Reaktion. Bewältigungs*strategien* sind demnach sowohl als kontrolliertes, planvolles Vorgehen wie auch als Handeln zu verstehen, das auf eine andere, unwillentliche Bewusstseinsebene bezogen ist (Filipp & Aymanns 2010: 132).

Zwei weitere, nicht minder grundlegende Komponenten, die dem Verständnis von Bewältigung bei der Erforschung kritischer Lebensereignisse zugrunde liegen, sollen hier hervorgehoben werden: Bewältigung als dynamisches Geschehen *in der Zeit* sowie Bewältigung als *Prozess,* der konzeptuell und empirisch von seinen *Ergebnissen* zu trennen ist (Filipp & Aymanns 2010: 210). Der Zeitbegriff grenzt das hier zugrunde liegende Verständnis von Bewältigung von der sonst verbreiteten, eher statischen Betrachtung ab, dass die Art und Weise des Umgangs mit einem kritischen Ereignis ein stabiles Dispositionsmerkmal sei. Erst das dynamische Verständnis von Zeit macht es möglich, die zeitliche Erstreckung der Bewältigung in den Blick zu nehmen und den Prozess der Bewältigung im zeitlichen Verlauf zu verfolgen. Ebenso wichtig ist ein Verständnis von Bewältigung als ergebnisoffenen Prozess (Filipp & Aymanns 2010: 211), bei dem derselbe Bewältigungsmodus je nach Situationsmerkmalen und Ereigniskontext zu unterschiedlichen Ergebnissen führen kann.

Wenngleich Bewältigung in einem engen Verhältnis zu dem Begriff Homöostase steht, geht es nicht um das bloße Wiederherstellen eines Gleichgewichts, wie es vor dem Eintritt des Ereignisses vorlag. „Immer ist Bewältigung ein Prozess, an dessen Ende die Menschen nicht mehr die sind, die sie vorher waren" (Filipp & Aymanns 2010: 133). Insofern geht es um Veränderung durch *Transformation*, z. B. um ein sich veränderndes, neues Selbstverständnis, um Transformation des Verlorenen in eine andere Gestalt, sodass es das weitere Leben begleiten kann (vgl. Boerner & Heckhausen 2003, zitiert nach Filipp & Aymanns 2010: 143). Dabei handelt es sich, im Sinne der Transformation, einerseits um das Auflösen einer bestehenden Verbindung und andererseits die *konservative* Tendenz des Bewahrens, z. B. in Form der Konsistenzsicherung des Selbstbildes.

Bewältigung ist immer wieder Gegenstand im Kontext der Untersuchung von Trauerprozessen nach dem Tod nahestehender Personen. Mit Boerner und Heckhausen (2003) kann hier von einem Paradigmenwechsel gesprochen werden: Trauerprozesse werden nicht mehr als Ablösung, sondern als Transformation verstanden, die sich in Richtung der Verinnerlichung eines differenzierten Bildes der verstorbenen Person bewegt, zu der eine emotionale Bindung aufrechterhalten bleibt. Hier ist es bedeutsam zu berücksichtigen, welche Funktion der Verstorbene für den Trauernden innehatte, u. a. im Hinblick auf den Selbstwert oder als Ort für grundlegende Bedürfnisse nach Liebe und Zugehörigkeit. Filipp und Aymanns (2010) führen aus, dass sich erst aus diesen individuellen Bezügen die jeweilige – spezifische – Bewältigungsaufgabe ableitet, die für den Trauernden aus dem Verlusterleben resultiert. Dies könne dann nur über individuelle Deutungen, Realitätskonstruktionen und Definitionen des „Was ist?" erschlossen werden (Filipp & Aymanns 2010: 146 f.).

Das Bewältigungskonzept schließt auch Gedanken zu Transformationsprozessen ein, die sich aus dem „Zwei-Prozess-Modell des Trauerns" von M. S. Stroebe & Schut (1999) ergeben. Dabei geht es – insbesondere im weiteren zeitlichen Verlauf der Trauerbewältigung – um die Handhabung des Spannungsfeldes, das sich aus einer verlust- oder wiederherstellungsorientierten Art der Verlustbewältigung ergibt. Die Aufmerksamkeit ist dabei wechselweise rückwärts gerichtet mit Blick auf das Verstehen und die Sinngebung des Verlustes, ein anderes Mal ist sie nach vorne auf die Anforderungen in der Zukunft ausgerichtet. Transformation von Verlusterfahrung geht hier noch über die Veränderung der Beziehung zu dem Verstorbenen hinaus und umfasst auch die Hinwendung zu anstehenden Veränderungen in der Zukunft.

4.1.5 Kritische Lebensereignisse und die Modalitäten ihrer Bewältigung

Vor dem Hintergrund der Grundannahmen der Ereignis- und Bewältigungsforschung ist „Bewältigung" sowohl darauf ausgerichtet, die verlorene Passung im Person-Umwelt-Verhältnis auf den verschiedenen Ebenen wiederherzustellen, als auch darauf, negative Affekte zu kontrollieren, das Geschehen zu verstehen und zu deuten. Ob die Bewältigung erfolgreich bzw. gelungen ist, obliegt der subjektiven Einschätzung der Betroffenen und zeigt sich darin, inwieweit dem Ereignis ein Sinn bzw. Gewinn entnommen und es als Teil des eigenen Lebens angenommen werden konnte (Filipp & Aymanns 2010: 18 f.).

Forschungsergebnisse (Lazarus & Folkman 1984; Taylor 2010) betonen, dass Menschen mit bedrohlichen Ereignissen unterschiedlich umgehen und über verschiedene Bewältigungs- bzw. Copingstrategien verfügen (Aronson, Wilson & Akert 2014: 555).

Wesentliche Vorgänge des Umgangs mit kritischen Lebensereignissen liegen in mentalen Bewältigungsstrategien. Hier lassen sich Prozesse der reflexiven oder automatischen Steuerung (vgl. 4.1.5.1) von interpretativen Prozessen, die stärker auf Erklärungen bzw. Sinngebung ausgerichtet sind, mittels derer die durch Bedrohung veränderte Lebenslage „in spezifischer Weise (re)konstruiert, gedeutet und bewertet und in eine *interpretative* Realität transformiert wird" (Aronson, Wilson & Akert 2014: 163), unterscheiden (vgl. 4.1.5.2).

4.1.5.1 Reflexive Prozesse des Bewältigens

Im Folgenden werden zunächst die automatisch verlaufenden Prozesse im Umgang mit kritischen Lebensereignissen dargelegt. Hierbei handelt es sich u. a. um Vorgänge der Aufmerksamkeitssteuerung (4.1.5.1.1) sowie um solche, die sich im repetitiven Denken (4.1.5.1.2) zeigen.

4.1.5.1.1 Bewältigung und Aufmerksamkeitssteuerung

Die Art der Aufmerksamkeitsorientierung stellt eine grundlegende Dimension der Beschreibung des Bewältigungsgeschehens dar. Dabei geht es um die Richtung, in der sich Menschen dem kritischen Ereignis stellen. Der Aufmerksamkeitsfokus kann offensiv bzw. ereigniszentriert, auf die Quelle der Belastung und dem eigenen Erleben oder aber auf Vermeidung, Leugnung, Unterdrückung oder Abwehr ausgerichtet sein. Dabei spielen u. a. auch willentliche

Steuerung durch Ablenkung in Form einer Verlagerung der Handlungen auf einen anderen Bereich oder gedankliche Prozesse der „Verdrängung" eine Rolle, die bis zur Realitätsverkennung gehen können (Filipp & Aymanns 2010: 150, 156). Ein wesentlicher Gewinn solcher Abwehrprozesse liegt in der Schutzfunktion, die eine allmähliche Auseinandersetzung mit dem Ereignis ermöglicht.

In Abgrenzung zu Haan (1977) sind die Aufmerksamkeitsorientierungen hier jedoch nicht als Dichotomie zu verstehen, welche Bewältigung als reife und Abwehr als unreife Form des Umgangs mit Bedrohung bewertet. Vielmehr wird an die frühen Ergebnisse der empirischen Bewältigungsforschung (u. a. Byrne 1964) und damit an das Konstrukt *Vigilanz vs. Unterdrückung* angeknüpft. Dies beschreibt eine interindividuelle Differenzvariabel, unterscheidet dabei den Typus des „Sensibilisierers" von dem des „Repressers" und ermöglicht so Klassifikationen der Angstverarbeitung. Während der „Sensibilisierer" physiologisch stark auf das Ereignis reagiert und Belastung auch formuliert, benennt der „Repressor" trotz physiologischer Reaktionen keine Belastungen. Das Konzept, ursprünglich als bipolar konzipiertes Dispositionsmerkmal verstanden, entwickelte sich in Richtung eines Verständnisses von Vigilanz und Unterdrückung als getrennte Dimensionen des Bewältigungsverhaltens weiter. Dabei zielt Vigilanz als unsicherheitsmotiviertes Handeln darauf ab, Unsicherheit zu beenden oder zu verringern, während Unterdrückung als kognitive Vermeidung das Ziel verfolgt, den Organismus gegenüber Bedrohungsreizen zu schützen (Filipp & Aymanns 2010: 151 f.).

Von besonderem Interesse daran ist, dass diese Unterschiede in der Aufmerksamkeitssteuerung oder -vermeidung nicht nur als Personenmerkmale, sondern auch als Phasen im Bewältigungsgeschehen verstanden werden. Das ermöglicht die Betrachtung von Bewältigung als allmähliches Geschehen. Dabei wechseln sich Phasen der Leugnung, gekennzeichnet u. a. durch Betäubung, Flucht in Fantasien, Überaktivität oder Rückzug, mit Phasen, die durch intensive Gedanken an das Ereignis geprägt sind, ab (Filipp & Aymanns 2010: 153). Mit Horowitz (1979) sind auch maladaptive Entwicklungen, die sich z. B. in einem Verharren in einzelnen Stadien des Bewältigungsgeschehens zeigen, möglich. Kritisch kann hier jedoch der normative Charakter des Konstrukts im Hinblick auf die dabei vernachlässigten individuellen Unterschiede beim Umgang mit Verlust und Bedrohung gesehen werden. Dies gilt insbesondere deswegen, weil die durch Leugnung und Unterdrückung geprägten Phasen die Möglichkeit zu emotionaler Erholung sowie auch Schutz vor Überwältigung durch Angst bieten (Filipp & Aymanns 2010: 154 f.; vgl. Wortman & Silver 2001).

Das Bild des Balanceaktes, das ein wiederkehrendes Ausgleichen zwischen Annäherung und Vermeidung beschreibt, einhergehend mit den jeweiligen Gewinnen und Verlusten, die mit der Ausrichtung auf das Bedrohungsgeschehen verbunden sind, fasst diese Grundprozesse des Bewältigungsgeschehens zusammen.

4.1.5.1.2 Repetitives Denken als Bewältigungsform

Repetitives Denken, also sich wiederholende Gedanken, die mit dem Erleben eines extrem bedrohlichen Ereignisses verbunden sind, ist als ein weiterer Weg des Begreifenwollens einer infolge von Verlust und Bedrohungserleben (plötzlich) veränderten Realität zu verstehen. Repetitives Denken ist ein typisches Merkmal des Erlebens solcher Situationen und in diesen Zusammenhängen als wesentlicher Bestandteil der Selbst- und Emotionsregulation anzusehen (Filipp & Aymanns 2010: 157).

Die Funktion des repetitiven Denkens für den Bewältigungsverlauf hängt von den Inhalten und Themen der Gedanken ab. Kontrafaktisches Denken, im Sinne von „was wäre wenn ..." („*brooding*" vs. „*reflecting*"; Nolen-Hoeksema & Davis 2004), zeigt sich als wenig adaptiv, wenn es immer wieder auf die Frage ausgerichtet ist, wie das Ereignis hätte verhindert, der Verlauf anders hätte gestaltet werden können. Demgegenüber kann es als konstruktives Mittel angesehen werden, wenn es dazu dient, Unverstandenes zu durchdringen, um so zum Ausgangspunkt einer weiterführenden Bewältigung durch Loslösen von unerreichbaren Zielen und Neubewerten anderer Ziele zu gelangen.

Ob das repetitive Denken eine adaptive oder maladaptive Funktion hat, hängt auch mit zeitlichen Gesichtspunkten zusammen. Watkins (2008, zitiert nach Filipp & Aymanns 2010) beschrieb eine konstruktive Wirkung repetitiven Denkens bei Eltern unmittelbar nach dem Tod eines Kindes, die mit posttraumatischem Wachstum der Eltern einherging. Allerdings zeigte sich diese konstruktive Funktion des repetitiven Denkens in späteren Trauerphasen nicht mehr (Filipp & Aymanns 2010: 157).

Anschaulich führte Horowitz bereits 1975 dazu aus, dass repetitive, intrusiv auftretende Gedanken von einem noch unverarbeiteten Erleben zeugen, welches weder in die Lebensgeschichte integriert noch mit der Identität der Person verbunden ist. Demgemäß formuliert Horowitz einige Jahre später (1986), dass die adaptive Funktion des repetitiven Denkens dahingehend beschrieben werden könne, dass die Funktion solange zu beobachten sei, „wie ein belastendes Ereignis (noch) eine „unerledigte kognitive" Aufgabe" [...] darstellt (zitiert nach Filipp & Aymanns 2010: 161)".

4.1.5.2 Interpretative Prozesse des Bewältigens

Hier geht es um die unterschiedlichen mentalen Bewältigungsmodi, die wichtige Schritte im Hinblick auf das Ordnen eines durcheinandergeratenen Passungsgefüges Mensch-Umwelt darstellen. Diese reichen von Vergleichs- (4.1.5.2.1) und Attributionsprozessen (4.1.5.2.2), welche die Suche nach Antworten auf das Warum, mithin kausalattributive Vorgänge (4.1.5.2.3), umfassen, wie auch die Suche nach Antworten auf das Wozu, die sich in sinnbezogenen Prozessen zeigen (4.1.5.2.4), bis hin zu kognitiven Strategien des Selbstwertschutzes (4.1.5.2.5), des Abschieds von „falschen" Hoffnungen (4.1.5.2.6) als Voraussetzung für Neubestimmung von Zielen und Sinnfindung (Filipp & Aymanns 2010: 209 f.). Weitere Bewältigungsmodi beziehen sich auf die Unterdrückung negativer Gefühle und Gedanken (4.1.5.2.7), Bewältigung durch expressives Schreiben (4.1.5.2.8) und Bewältigung im Kontext von Kontrollüberzeugungen (4.1.5.2.9). Verbunden ist diese Vielfalt von Umgangsmöglichkeiten mit zentralen Bedürfnissen, Ereignisse verstehen zu wollen, ihnen Sinn zu verleihen sowie Akteur*in und nicht Opfer der Vorkommnisse zu sein.

4.1.5.2.1 Komparative Prozesse als Bewältigung

Hierbei handelt es sich um Vergleichsprozesse in mehreren Varianten. Die Prozesse lassen sich als mentale Simulationen des Vergleichs zwischen einer aktuellen und einer alternativen Lebenslage beschreiben, deren Ziel es ist, die aktuelle Situation zu bewerten (Filipp & Aymanns 2010: 163 f.):

(a) soziale Vergleiche der eigenen Lage mit der anderer,
(b) temporale Vergleiche, welche die aktuelle Lage zu der eines früheren oder in der Zukunft liegenden Referenzzeitpunktes in Beziehung setzen,
(c) Vergleiche mit hypothetischen Welten, u. a. in Richtung des „kontrafaktischen Denkens".

Vergleiche als Modus der Bewältigung unterscheiden sich im Hinblick auf die dabei eingenommene Richtung. Sie können als Aufwärtsvergleich oder als Abwärtsvergleich erfolgen, wobei letzterer wegen seiner stabilisierenden Wirkung auch als „palliativer" Vergleich bezeichnet wird. Je nach Wahl der Vergleichsdimension können aus Vergleichen gewonnene Informationen motivierend wirken, indem sie die eigene Lage in einem günstigeren Licht erscheinen lassen und das subjektive Erleben positiv tönen.

(a) Soziale Vergleiche

Frühe Erkenntnisse hierzu gehen auf Festingers Annahmen zu sozialen Vergleichsprozessen (1954) zurück. So sucht der Mensch insbesondere in Situationen, in denen sich kaum objektive Orientierungsmaßstäbe zur Selbstbewertung bieten, den Vergleich mit anderen. Vergleichssituationen dienen vor allem dem Bedürfnis nach Selbstwertstabilisierung und -erhöhung, wobei insbesondere Abwärtsvergleiche auf diese Ziele ausgerichtet sind (Filipp & Aymanns 2010: 165). Auf- und abwärtsgerichtete soziale Vergleiche verfolgen beim Umgang mit kritischen Lebensereignissen unterschiedliche Ziele und haben mithin verschiedene Funktionen. Während abwärtsgerichtete Vergleichsprozesse auf einen positiven Zielzustand ausgerichtet sind, dienen aufwärtsgerichtete Vergleiche dazu, einem negativen Zielzustand vorzubeugen (Filipp & Aymanns 2010: 165).

(b) Temporale Vergleiche

Albert (1977) hat Festingers Theorie der sozialen Vergleichsprozesse in das Konzept der temporalen Vergleichsprozesse überführt. Insbesondere bei kritischen Lebensereignissen, denen Verluste zugrunde liegen, beschäftigt Menschen die Frage nach Veränderungen ihres Selbst, wobei diese Prozesse von einem Bedürfnis nach größtmöglichem Erhalt bzw. Kontinuität des Selbst geleitete sind. Hier hat auch das Phänomen des „persönlichen Wachstums" infolge kritischer Lebensereignisse einen Platz. Darauf bezogene Studien (z. B. Wortman 2004) machen deutlich, dass insbesondere selektive temporale Abwärtsvergleiche, die eine Abwertung des früheren Selbst beinhalten, zum Tragen kommen.

Den auf frühere oder spätere Zeitpunkte ausgerichteten Vergleichsprozessen kommt eine befindlichkeitsregulierende Funktion im Bewältigungsgeschehen zu. Dies gilt sowohl für Aufwärtsvergleiche, wenn es u. a. um positive zukünftige Selbstentwürfe geht, als auch für Abwärtsvergleiche, die sich z. B. als Erinnerung an bereits überwundene schlimmere Ereignisse der Vergangenheit zeigen.

(c) Hypothetische Vergleiche und kontrafaktisches Denken

Während soziale und retrospektiv temporale Vergleiche ihre Grundlage im Faktischen haben, beziehen sich kontrafaktische und prospektiv temporale Vergleiche auf mentale Simulationen. Es werden also Vergleiche mit hypothetischen Ereignissen angestellt, sodass mentale Simulationen einer alternativen Realität entstehen. Diese Art des Denkens wird durch den negativen Affekt, der infolge des Ereignisses auftritt, begünstigt.

Abwärtsgerichtete Vergleiche, „es hätte noch schlimmer werden können", haben eine entlastende Wirkung im Hinblick auf eine aktuell negative Gefühlslage. Überwiegend dreht sich das kontrafaktische Denken jedoch um eine vorgestellte Vermeidbarkeit des Ereignisses im Sinne von „Hätte ich nur…, dann wäre es nicht passiert" (vgl. Roese 1997, if-only-Denken). In der Studie von Davis, Lehman, Wortman, Silver und Thompson (1995) wurden Personen befragt, die durch einen tödlichen Unfall den Ehepartner oder ein Kind verloren hatten. Hier zeigte sich, dass Aufwärtsvergleiche, die inhaltlich auf das eigene Tun, z. B. auf eigene Unterlassungen, ausgerichtet waren, auch vier bis sieben Jahre später ungeachtet des faktischen Unfallgeschehens noch mit einem hohen Belastungsniveau einhergingen. Eine kontrolltheoretische Erklärung dafür, warum Menschen im Umgang mit kritischen Lebensereignissen an solchen selbstbelastenden Erklärungen – auch im Sinne von Schuldgefühlen – festhalten, reflektieren das zentrale Bedürfnis, im Nachhinein Kontrolle über ein Geschehen zu entwickeln (Filipp & Aymanns 2010: 174).

4.1.5.2.2 Bewältigung als Suche nach Antworten – Attributionsprozesse

Dass Menschen nach Erklärungen für das Verhalten anderer suchen, ermöglicht ein besseres Verständnis und eine Vorhersage der sozialen Umwelt. Den grundlegenden Vorgängen, die dabei eine Rolle spielen – kausale Attributionen –, widmet sich die Attributionstheorie, als deren Vater Heider (1958) gilt. Sie beschreibt zwei wesentliche Prozesse der Ursachenzuschreibung, internale, auf Dispositionen und Persönlichkeitseigenschaften bezogene Attributionen sowie externale, auf die Situation ausgerichtete Attributionen (Aronson, Wilson & Akert 2014: 134).

Heider (1958) verglich den Menschen mit einem Amateurwissenschaftler, der Informationen zusammensetzt, um das Verhalten anderer zu erklären. Er interessierte sich insbesondere dafür, was der Mensch als eine vernünftige Ursache ansieht und wie er zu schlussfolgernden Erklärungen kommt.

Um Attributionen herzustellen, greift der Mensch auf Schemata, verstanden als mentale Strukturen, die unser Wissen über die soziale Welt ordnen sowie neue Situationen interpretieren helfen, zurück. Allerdings kommt es beim Nutzen von Schemata auch zu Verzerrungen bzw. Fehlern. Beim „fundamentalen Attributionsfehler" handelt es sich um ein solches zu Verzerrungen führendes Schema. Dem liegt die Tendenz zugrunde, „das eigene Verhalten und das Verhalten anderer Menschen vollständig im Sinne von Persönlichkeitsmerkmalen zu erklären und die prägende Wirkung der sozialen Einflüsse zu unterschätzen" (Aronson, Wilson & Akert 2014: 135). Mithilfe eines „Zwei-Schritte-Attributionsprozesses" kann die im ersten Schritt nahezu automatisch vorgenommene internale Ursachenzuschreibung über einen Anstrengung und bewusste Aufmerksamkeit erfordernden zweiten Schritt in eine externale Attribution verändert werden, indem Merkmale der Situation bzw. Umwelt einbezogen werden.

Aufschlüsse über den Entscheidungsprozess, der in eine internale bzw. externale Attribution mündet, beschreibt das Kovariationsmodell (Kelley 1973) anhand von Konsens-, Distinktheits- und Konsistenzinformationen (Aronson, Wilson & Akert 2014: 135).

Neben kognitiven Schemata und Theorien werden Attributionen insbesondere auch von persönlichen Bedürfnissen der Menschen beeinflusst. Das spiegelt sich in selbstwertdienlichen Attributionen wider, indem z. B. Erfolge internal und Misserfolge external attribuiert werden. Solche Attributionen werden besonders dann vorgenommen, wenn das Selbstwertgefühl von Menschen bedroht ist. Hierbei handelt es sich also „um eine spezifische Attributionsstrategie, die eingesetzt werden kann, um das Selbstwertgefühl aufrechtzuerhalten oder größer werden zu lassen" (Aronson, Wilson & Akert 2014: 128 f.).

Zu selbstwertschützenden – externalen – Attributionen kommt es besonders dann, wenn ein Versagen droht oder man gut dastehen möchte. Auch bei ‚defensiven Attributionen' handelt es sich um selbstwertschützende Attributionsstrategien, die uns vor der Angst eigener Verwundbarkeit und Sterblichkeit schützen. Das ist z. B. der ‚Glaube an eine gerechte Welt' (Schlechtes passiere schlechten Menschen und Gutes guten Menschen) (Aronson, Wilson & Akert 2014: 130 f.).

4.1.5.2.3 Kausalattributive Strukturierung des Bewältigungsgeschehens

Ergebnisse der Forschung zum „Glauben an eine gerechte Welt" (vgl. Montada & Lerner 1998) zeigen besondere Aspekte der Ursachenwahrnehmung in solchen Konstellationen auf, in denen der Eintritt eines kritischen Lebensereignisses als ungerecht rekonstruiert wird. Solche Ereignisse weisen eine kausalattributive Struktur auf, welche die Rolle anderer Menschen besonders akzentuieren. Ferner kommen soziale Vergleichsprozesse im Sinne eines Bilanzierens eigener Verluste bzw. der Verluste anderer gegen tatsächliche oder vermeidliche Verdienste zum Tragen (Filipp & Aymanns 2010: 178).

Insofern ist es naheliegend, dass hier auch andere Emotionen (u. a. Wut, Hass, Empörung) im Vordergrund stehen, als es sonst in der Ereignisforschung üblich ist (u. a. Verunsicherung, Trauer oder Angst). Die Regulation solcher Gefühlsqualitäten stellt sehr hohe Anforderungen und geht mit einer kausalen Strukturierung des Ereignisses einher, die keinesfalls immer gelingt, sondern auch in eine „Posttraumatische Verbitterungsstörung" (Linden et al. 2006) münden kann.

4.1.5.2.4 Konstruktion von Sinn

Geht es im Zusammenhang mit Kausalattributionen um die Frage nach dem „Warum?", so steht hier das „Wozu?" im Mittelpunkt. Die Beschäftigung mit der Frage nach dem Wozu richtet den Blick nach vorne und kann auf das Gelingen eines Bewältigungsprozesses hinweisen.

Es handelt sich dabei um prospektive Kognitionen, die das Ereignis in einen Sinnzusammenhang stellen, seine Implikationen erhellen und/oder darum kreisen, welchem Zweck sein Eintritt wohl (letztlich) gedient haben mag. Denn auch das Sinnhafte eines Geschehens liegt bekanntlich nicht in dessen Eigenschaften selbst, sondern erschließt sich erst dem deutenden Blick (Filipp & Aymanns 2010: 180).

Bei kritischen Lebensereignissen reichen alltägliche Deutungsmuster als Erklärungen oft nicht aus, vielmehr greifen solche Ereignisse die bisherige Sicht auf die Dinge an. Die existenzanalytische Perspektive (vgl. Frankl 1972) beschreibt die Kraft der Sinngebung, die aus einer Verbindung der Lebensgeschichte des Einzelnen und dessen Sinnressourcen resultiert. Antworten auf die Wozu-Fragen stehen in einem engen Zusammenhang zu den zentralen Anliegen der Personen, die von dem Ereignis betroffen waren

> [...] sowie in welchen Aspekten ihre Orientierungs- und Handlungsmuster durcheinander gewirbelt wurden. In diesen Fällen offenbaren Antworten auf Wozu-Fragen auch Transformationen der eigenen Lebensphilosophie [...]. Diese Transformationen werden meist summarisch unter ‚persönliches Wachstum' rubriziert (Filipp & Aymanns 2010: 181).

4.1.5.2.5 Bewältigung als Konsistenzsicherung und Verteidigung des Selbst

Auf Bedrohungen des Selbstwertes und der Selbstkonsistenz reagiert das Selbstsystem mit Denk- und Verhaltensweisen, die auf den Schutz des Selbstwertes und der Integrität des Selbst ausgerichtet sind. In diesem Sinne dient die kognitive Strategie der Selbstbestätigung bzw. Selbstvergewisserung der Bewältigung von Selbstwertbedrohungen. In selbstbestätigenden Aussagen erfolgt eine Orientierung am Bewährten, am bereits Gelungenem bzw. an zuvor erzielten Erfolgen. Durch Selbstvergewisserung wird die Begegnung mit negativen Gefühlen (Angst, Trauer) erleichtert, sodass sich weniger defensive Reaktionen entwickeln können.

Dabei handelt es sich um eine „konservierende" Strategie (Filipp & Aymanns 2010: 186), welche darauf ausgerichtet ist, an Altem und Bewährtem festzuhalten bzw. dies wiederherzustellen. Solche Strategien unterstützen die Suche nach Kontinuität in Zeiten des Umbruchs. Im Extrem führt dies dazu, dass eigene Wertesysteme entgegen offensichtlich widersprechender Beweislage verteidigt werden. Veränderungen werden hier nur langsam aufgenommen. Das Erfordernis, sich bedrohlichen Informationen zu stellen, muss in einem ausgewogenen Verhältnis zu dem Bedürfnis, das eigene Selbst zu verteidigen, stehen. Dennoch stellt die Strategie, sich des eigenen Welt- und Selbstbildes zu vergewissern, ein wirksames Mittel dar, Bedrohungen zu bewältigen (Filipp & Aymanns 2010: 189).

4.1.5.2.6 Bewältigung als Abschied von „falschen" Hoffnungen

Das Erreichen von Zielvorstellungen wird durch kritische Lebensereignisse oftmals infrage gestellt. Es bestehen regelrechte Zielblockaden, die mit einem Verlust an Kontrolle und starken negativen Gefühlen einhergehen. Hilflosigkeitserleben und negative Selbstwahrnehmung stehen im Zentrum der Aufmerksamkeit.

Dabei ist zu beachten, dass die Folgen kritischer Lebensereignisse nicht nur von den objektiven zielblockierenden Eigenschaften des Ereignisses bestimmt werden, sondern „auch das Ergebnis subjektiver Konstruktionen sind" (Filipp & Aymanns 2010: 197). Gegenregulationen der Aufmerksamkeit können Bewältigungsprozesse unterstützen, die neben Substitutionen auch Neubewertungen und Verschiebungen in der Zielhierarchie umfassen. Dies macht die Nähe des Bewältigungsmodus zu konstruktivistischen und transformatorischen Prozessen deutlich.

Insofern kann bei der Auseinandersetzung mit einem kritischen Lebensereignis das Ablösen von wichtigen Zielvorstellungen eine zentrale Bewältigungsaufgabe darstellen. Im prozesshaften Verlauf des Bewältigungsgeschehens ist dies auf emotionaler Ebene mit Zuständen zwischen Hoffnung und Hoffnungslosigkeit ggf. mit einem Wechsel beider Gefühle verbunden.

4.1.5.2.7 Bewältigung als Unterdrückung negativer Gefühle und Gedanken

Wenngleich grundsätzlich eine „dynamische Interdependenz" (Filipp & Aymanns 2010: 199) zwischen aufmerksamkeitssteuernden Emotionen, welche die mentalen Prozesse ausrichten, und mentalen Aktivitäten (deuten u. a.), welche die emotionale Lage beeinflussen, gegeben ist, steht hier die Regulation bzw. Kontrolle negativer Gefühle als eigenständiger Bewältigungsmodus im Vordergrund.

[So kommen] an dieser Stelle alle bewussten oder unbewussten Strategien ins Spiel, die Menschen einsetzen, um negative Emotionen in ihrer Intensität zu mindern, sie zu unterdrücken, sie nicht sichtbar werden zu lassen oder gar zu ‚maskieren', sie in andere positivere Emotionszustände zu überführen oder ihre unerwünschten Folgen [...] zu begrenzen (Filipp & Aymanns 2010: 199).

Dabei ist es jedoch zu weitgreifend, solche Regulationsverarbeitungsprozesse der Vermeidung, Wahrnehmungsverzerrung, Rastlosigkeit als grundsätzlich maladaptiv einzustufen. Vielmehr hängt dies nicht alleine vom emotionalen System ab, sondern davon, wie dieses mit anderen Systemen der Informationsverarbeitung verbunden ist (Filipp & Aymanns 2010: 204).

Bewältigungstheoretisch ausgerichtete Forschungsarbeiten (vgl. Übersichtsarbeiten von Coifman, Bonanno, Ray & Gross 2007) beschreiben als adaptive Vorteile des repressiven Bewältigungsverhaltens nach besonders kritischen Lebensereignissen u. a. eine höhere Anpassungsfähigkeit (Coifman et al. 2007: 203). Demgegenüber bestehen Nachteile des geringen Gefühlsausdrucks in gesundheitlichen Risiken verminderter Immunkompetenz, die sich z. B. in einem erhöhten Cortisolspiegel zeigt. Unter dem Aspekt der Aufmerksamkeit hängt dies auch damit zusammen, dass negative Emotionen sowie körperliche Beschwerden aus dem Blick der Betroffen gerückt sind, sodass sich daraus auch kein gesundheitsbezogenes Verhalten ergibt, was wiederum das Risiko körperlicher Erkrankung erhöht.

4.1.5.2.8 *Bewältigung durch expressives Schreiben*

Der Bewältigung durch Unterdrückung negativer Affekte stehen Bewältigungstheorien gegenüber, die ihre Wurzeln in der Psychoanalyse haben und das Ausleben bzw. das sprachliche Formulieren der belastenden Gefühle, u. a. durch expressives Schreiben sowie im sozial-interaktiven Geschehen, in den Vordergrund stellen. Befunde von Frattaroli (2006) widersprechen der auf Freud (1948 ff.) zurückgehenden Hypothese der kathartischen Wirkung des expressiven Schreibens. Sie betonen vielmehr dessen Bedeutung für die kognitive Verarbeitung der Belastungserlebnisse und deren mentale Repräsentation, indem expressives Schreiben dazu beitrage, eigene Emotionen besser zu verstehen, „eine Kohärenz zwischen dem bisherigen Leben und dem Ereignis herzustellen und das Selbstsystem so zu restrukturieren, dass das Geschehen integriert und assimiliert werden könne" (Filipp & Aymanns 2010: 206). Allerdings mangelt es noch an Forschungsergebnissen, welche sowohl die Inhalte des Geschriebenen als auch den Ereigniskontext stärker berücksichtigen. Filipp und Aymanns stellen unter Bezugnahme auf M. S. Stroebe, Schut und W. Stroebe (2006) heraus, dass expressives Schreiben bei Verlustereignissen geringere Wirkung als bei chaotischen, nicht assimilierbaren Ereignissen zeigt.

4.1.5.2.9 *Bewältigung im Kontext personaler Ressourcen und Risiken – Kontrollüberzeugungen*

In Konzepten der personalen Kontrolle werden Kontrollüberzeugungen im Sinne eines Dispositionsmerkmals dahingehend beschrieben, ob Menschen internale oder externale Kontrollüberzeugungen ausprägen, also eher die eigene Person als die Geschehnisse bestimmend wahrnehmen oder andere Personen bzw. äußere Umstände als verantwortlich ansehen. Mit Filipp und Aymanns (2010: 284 f.) wird die Kontrollüberzeugung im Kontext kritischer Lebensereignisse somit als situationsspezifisches (momentanes) Merkmal, welches als Ergebnis einer subjektiven Deutung in einen Bewältigungsprozess eingebettet ist, aufgefasst und nicht als eine Persönlichkeitseigenschaft (Filipp & Aymanns 2010: 295).

In der Zusammenschau wurden Bewältigungsweisen dargelegt, die scheinbar unvereinbar nebeneinanderstehen. Dies entspricht jedoch sowohl der von den Betroffen oftmals als sehr stark erlebten Ambivalenz als auch der „adaptiven Flexibilität" des Bewältigens (Filipp & Aymanns 2010: 210), welche den flexiblen Einsatz der Bewältigungsmodi im zeitlichen Verlauf zusammenfasst.

4.2 Das Konzept Bewältigung in der Sozialpädagogik

Im Folgenden geht es um Weiterentwicklungen des Konzeptes der kritischen Lebensereignisse einerseits im Konzept der Lebensbewältigung (4.2.1) und andererseits im Konzept der Belastungs-Ressourcen-Balance (4.2.2).

4.2.1 Das Konzept Lebensbewältigung

Mit dem Ziel, das Konzept der Kritischen Lebensereignisse für die Sozialpädagogik nutzbar zu machen, griff Lothar Böhnisch zusammen mit Werner Schefold Mitte der 80er-Jahre des 20. Jahrhunderts (Böhnisch & Schefold 1985) die Theorie von Filipp (1981) sowie späterhin die Weiterentwicklungen des Konzepts von Filipp und Aymanns (2010) auf. Er verband zentrale Gedanken der Individualpsychologie (Adler 1922), Theorien des Schweizer Psychoanalytikers Dieter Geulen (1999) sowie – gemeinsam mit Schröer und Lenz (2009) – insbesondere mit gesellschaftsbezogenen Aspekten der Sozialisation.

Vor diesem Hintergrund entstand das dreidimensionale Konstrukt „Lebensbewältigung". Es erfasst Bedingungen des Bewältigens auf der psychodynamischen, soziodynamischen/interaktiven und gesellschaftlichen Dimension.

Der Zugang über die Psychoanalyse, die hier die Rolle einer wesentlichen Bezugswissenschaft der Sozialisationstheorie einnimmt, ermöglicht ein Erfassen personaler Tiefenstrukturen der Sozialisation (Böhnisch 2016: 148). Dabei wird die Psychodynamik des Bewältigungshandelns berücksichtigt, indem tiefenpsychische Mechanismen, die das Streben nach biografischer Handlungsfähigkeit beeinflussen, einbezogen und in ihrer Bedeutung gesehen werden (Böhnisch 2016: 149).

Die Psychodynamik wird durch eine kritische Lebenskonstellation ausgelöst, wie sie z. B. infolge von Arbeitslosigkeit, familialer Gewalt oder Trennung und Scheidung entstehen kann. Der damit verbundene Verlust an Selbstwert, Selbstwirksamkeit und sozialer Anerkennung geht mit einem Streben nach Handlungsfähigkeit einher, das auf die Rückgewinnung des Selbstwertes ausgerichtet ist. Liegt dabei eine Unfähigkeit vor, Hilflosigkeit zu thematisieren, wird ein Zwang zur inneren bzw. äußeren Abspaltung wirksam (Böhnisch 2016: 11). Dabei unterliegen solche Abspaltungsprozesse keiner Kontrolle. Nach außen gerichtet treten sie z. B. in Form von Abwertungen gewalttätigen Verhaltens gegenüber anderen auf. Demgegenüber kann sich nach innen gerichtete Abspaltung u. a. in Selbstverletzungen, Depressionen oder Substanzmissbrauch zeigen.

In dem Streben nach Handlungsfähigkeit als zentralem Bestandteil des Konzepts der ‚Lebensbewältigung' zeigt sich zugleich die Nähe zu den Leitgedanken der Individualpsychologie. Hier wie dort geht es um die Entwicklung des Einzelnen, die durch den Drang motiviert wird, sich aus einem Zustand der Minderwertigkeit bzw. Schwäche zu befreien und Stärke, Selbstwert und Selbstwirksamkeit aufzubauen.

Neben der psychodynamischen Dimension stellen die sozialisationstheoretischen Aspekte des Konzepts weitere Anknüpfungspunkte für das Aufschlüsseln des individuellen Bewältigungsverhaltens dar. Sozial-interaktive und gesellschaftliche Bedingungen werden in den Blick genommen. Hierin liegen als Ergänzung zum Konzept der Kritischen Lebensereignisse weitere wesentliche Zugangsmöglichkeiten zur Beschreibung sowie zum Verständnis des Bewältigungsgeschehens in kritischen Lebenskonstellationen.

Im Rahmen der soziodynamischen/interaktiven Dimension des Modells kommt vor allem den „Bewältigungskulturen" (vgl. Böhnisch & Schröer 2013) eine wesentliche Bedeutung zu. Zugleich ist hier ein Bezug zur Psychodynamik der inneren und äußeren Abspaltungsprozesse gegeben. So liegt in der Möglichkeit zum Thematisieren, Aussprechen und Mitteilen eine Grundkomponente gelingender Bewältigung (Böhnisch & Schröer 2013: 11). Dementsprechend beschreibt Böhnisch „Bewältigungskulturen und die in ihnen enthaltenen Chancen zur Thematisierung des bedrohten Selbst: Familie, Gruppe, Schule, Arbeitswelt, Medien" als zentrale Bedingungen des Bewältigens (Böhnisch & Schröer 2013: 12).

Die gesellschaftliche Dimension des Konzepts bezieht sich konkret darauf, „wie die Bewältigungsperspektive gesellschaftlich rückgebunden und vermittelt ist" (Böhnisch & Schröer 2013: 92). Böhnisch hebt in diesem Zusammenhang Bewältigungsaufforderungen, die aus gesellschaftlichen Veränderungen resultieren, hervor. Mit der „Entgrenzung des institutionalisierten Lebenslaufs" (Böhnisch & Schröer 2013: 148) beschreibt Böhnisch solche Spannungsfelder, die durch „das Streben nach biografischer Handlungsfähigkeit" in einem sich wandelnden gesellschaftlichen Rahmen geprägt sind. Als Hintergrundkonstellationen des Bewältigungsgeschehens kommt hier „der Strukturwandel der modernen Gesellschaft" zum Tragen, durch den „allgemeine Bewältigungsprobleme und -zwänge" entstehen, die dann jeweils „individuell-biografisch" gelöst werden müssen (Böhnisch & Schröer 2013: 92).

Vor diesem theoretischen Hintergrund präzisiert der Begriff ‚Lebenslagen' den Einfluss der Gesellschaft auf die Lebensverhältnisse des Einzelnen. Lebenslagen, verstanden als „Ermöglichungs- und Verwehrungskontexte[...]zeigen die Zusammenhänge auf zwischen, Einkommen, Bildung, Wohnqualität, Konsumkraft soziokultureller Vernetzung und den damit verbundenen Möglichkeiten und Chancen" (Böhnisch & Schröer 2013: 93). Hierin wird bereits eine Nähe zwischen Lebenslagen und Bewältigungskulturen deutlich.

Die Brücke zwischen Lebenslage und Lebensbewältigung stellt das Konstrukt ‚Bewältigungslagen' (Böhnisch & Schröer 2013: 94 f.) dar. Bewältigungslagen erfassen den sozialen und kulturellen Spielraum als interaktiven sozialpädagogischen Zugang zur Lebenslage. Dabei geht es um die Dimensionen Ausdruck, Anerkennung, Abhängigkeit und Aneignung. Im Streben nach Handlungsfähigkeit ist die Thematisierung innerer Befindlichkeit (Ausdruck) eine grundlegende Möglichkeit zur Reduzierung von Abspaltungsdruck. Das Streben nach Handlungsfähigkeit kann sich dabei auf der Abhängigkeitsdimension in einem Kampf um Anerkennung zeigen.

4.2.1.1 Exkurs zur Hilfebeziehung

Aus dem Bewältigungsverständnis nach Böhnisch leitet sich eine besonders interessante Betrachtung der „Hilfebeziehung als Konfliktbeziehung" ab (Böhnisch & Schröer 2013: 80). Diesem Verständnis der Hilfebeziehung liegen widersprüchliche Interessen zugrunde. Auf der einen Seite sind sie eingebunden in die subjektive Perspektive von Klienten, auf der anderen Seite in den sozialpädagogischen Auftrag zur Intervention. So kommt vor dem Hintergrund des tiefenpsychologisch fundierten Zugangs des Konzepts der Lebensbewältigung auch dem antisozialen oder selbstzerstörerischen Verhalten von Klienten, u. a. in Form von aggressiven Delikten bzw. Substanzmissbrauch, auf der subjektiven Ebene eine positive, die Handlungsfähigkeit (unbewusst sowie oft nur situativ) herstellende Funktion zu. Von professioneller Seite ist dies jedoch unter der Zielsetzung der Intervention negativ zu bewerten. Hier können sich erst im Rahmen einer Methodik des ‚Akzeptierens' und der ‚funktionalen Äquivalente' (Böhnisch & Schröer 2013: 106) Kompromisse entwickeln.

Im Kontext der Hilfebeziehung weist Böhnisch auf die Gefahr einer durch die Jugendhilfe selbst erzeugten Hilflosigkeit hin. Hier sind es die gesetzlich vorgegebenen, eben auch kontrollierenden Grundstrukturen des professionellen Handelns, aus denen weiterer Abspaltungsdruck resultieren kann. Dem alltagstheoretischen Verständnis des „Scheiterns" von Konfliktlösungen in der Hilfebeziehung im Sinne eines Abbruchs von intendierten Handlungsprozessen und biografischen Verläufen setzt Böhnisch unter Bezugnahme auf Baumann (2010) ein Verständnis des Aneinanderscheiterns von Hilfesystem und Klienten gegenüber:

> Dieses ‚aneinander' verweist darauf, das Scheitern nicht als einseitiger Vorgang, der den KlientInnen angelastet wird, zu betrachten ist, sondern als *interaktiver* und darin konflikthaltiger Prozess. Scheitern an der Norm einer Normalbiografie und/ oder an den Rollen- und Verhaltenserwartungen des Hilfesystems ist deshalb vor

allem unter dem Aspekt zu betrachten, dass es eben nicht nur auf Integrations-
probleme bei den KlientInnen, sondern genauso um ihr Scheitern an der Apparatur
der Jugendhilfe geht (Böhnisch & Schröer 2013: 84).

Wenngleich Hilfebeziehungen in der sozialen Arbeit „von ihrer Struktur her
Abhängigkeitsbeziehungen mit einem entsprechenden Machtgefälle" sind
(Böhnisch & Schröer 2013: 100), sollen Klienten „nicht als Fürsorgeobjekte
behandelt werden, die lernen sollen Hilfen anzunehmen und sich interventionsgerecht zu verhalten, sondern sie sollen die Chance und den Raum haben,
ihr Bewältigungsbemühen als eigene biografische Leistung zu betrachten und
diese auch sozial – nicht nur fachlich – anerkannt zu bekommen" (Böhnisch &
Schröer 2013: 100).

In diesem Zusammenhang beschreibt Böhnisch mit dem bewältigungstheo-
retischen Zugang ‚Niederschwelligkeit' Barrieren, die in der Hilfebeziehung
selbst liegen. Hilfeprozesse werden von Böhnisch als „soziale Lern- und Bewältigungsprozesse auf *beiden* Seiten" definiert (Böhnisch & Schröer 2013: 115 f.).
Niederschwelligkeit als interaktiver Prozess betrachtet auch die Seite der Professionellen und die bei diesen möglichen Anerkennungs- und Selbstwirksam-
keitsprobleme, wenn ein Zugang zu den Klienten nicht möglich ist. Böhnisch
ergänzt das gängige Schema des „einseitigen Zugangs", das den Professionellen
als „festen Punkt sieht, von dem aus gefragt wird, wie die KlientInnen erreichbar sind", um die interaktive Perspektive (Böhnisch & Schröer 2013: 117):

> In der interaktiven Perspektive können wir uns genauso an die Frage wagen, ob
> und wie die KlientInnen Zugang zu den Professionellen finden und wie hoch oder
> niedrig bei denen die Schwellen sind (Böhnisch & Schröer 2013: 117).

Den Etikettierungskontrolltendenzen der Jugendhilfe wird im Konzept der
Lebensbewältigung durch die Methode des ‚Reframing' begegnet. Hat die Ablaufdynamik von innerer Hilflosigkeit und Unfähigkeit zur Thematisierung zu
nicht kontrolliertem Abspaltungsverhalten durch Kompensation und Projek-
tion geführt (Böhnisch & Schröer 2013: 22), dann ist ‚Reframing' ein „Umdeu-
ten und Umrahmen des Problems, indem man die dahinterliegenden, durch
das problematische Verhalten oder die prekäre Lebenslage verdeckten Möglichkeiten in den Vordergrund rückt und zum Bezugspunkt der sozialpädagogischen Intervention macht" (Böhnisch & Schröer 2013: 112).

4.2.1.2 Zwischenfazit zur Lebensbewältigung

In der Zusammenschau lässt sich das Konzept der Lebensbewältigung als ein
mehrdimensionales „Theorie-Praxis-Modell" beschreiben, welches „Hypothesen zum Betroffensein und zu dem entsprechenden Bewältigungsverhalten von

Menschen in kritischen Lebenskonstellationen" entwickelt und systematisiert. Gleichzeitig umfasst es auch die sozial-interaktiven und gesellschaftlichen Bedingungen des individuellen Bewältigungsverhaltens und schlüsselt diese auf (Böhnisch & Schröer 2013: 11). Hierin liegen zugleich wesentliche Unterschiede zu dem in seinen Ursprüngen klinisch, später vor allem entwicklungspsychologisch ausgerichteten Bewältigungsbegriff von Filipp und Aymanns.

Gemeinsam ist den Konzepten von Böhnisch und Filipp / Fillip und Aymanns ein Verständnis kritischer Lebenssituationen bzw. Lebenskonstellationen, welches von einer massiven Beeinträchtigung psychosozialer Handlungsfähigkeit, einhergehend mit fehlenden eigenen Ressourcen zur Problemlösung, ausgeht. Theoretische Unterschiede liegen im Prozess des Wiederherstellens von Handlungsfähigkeit. Das Konzept Lebensbewältigung fokussiert auf das Wiedererlangen psychosozialer Handlungsfähigkeit vermittelt über eine Minderung des Abspaltungsdrucks insbesondere durch Ausdruck und Reframing. Auch in der Theorie der Kritischen Lebensereignisse spielen psychodynamische Prozesse des Abspaltens (z. B. in Form des Leugnens, illusionären Umdefinierens von Realität) eine Rolle. Ebenso fließen hier aber auch mentale Aktivitäten des Bewältigens als Herstellungsprozess einer neuen Person-Umwelt-Passung, mithin Versuche, das Geschehen zu verstehen und zu deuten sowie den Geschehnissen einen Sinn zu geben, ein. Die unterschiedlichen theoretischen Grundlagen der Konzepte kommen an dieser Stelle zum Tragen (u. a. gesellschaftliche Dimension des Bewältigens vs. stress- und kognitionstheoretische Grundlagen des Bewältigens).

4.2.2 Das Konzept der Belastungs-Ressourcen-Balance

Das von Wolf (2007/2015) entwickelte Modell der ‚Belastungs-Ressourcen-Balance' (BRB) greift als weitere Prozesskategorie soziale Vorgänge auf eine dynamische Weise auf. Damit kann es verstanden werden „als ein Instrument zur Beschreibung und Analyse von Prozessen, die die Relation von Belastungen und Ressourcen im Leben eines Menschen beeinflussen" (Schäfer 2012: 13).

Nach Wolf (2015) liegt eine wesentliche Grundannahme des Modells darin, dass entgegen alltagstheoretischen Vorstellungen – alle Menschen hätten gleiche Aufgaben zu bewältigen (Wolf 2015: 40) – Menschen keinesfalls regelhaft mit gleichen Problemlagen konfrontiert sind. Die sozialpädagogische Perspektive des Modells der Belastungs-Ressourcen-Balance umfasst vielmehr neben Belastungen im Sinne von Entwicklungsaufgaben, denen sich in unserer Gesellschaft alle Menschen in verschiedenen Phasen der Lebensspanne stellen müssen (vgl. u. a. Havighurst 1972; Erikson 2002), auch solche Problemlagen, die sich nur bzw. darüber hinaus auf bestimmte Personengruppen beziehen. Dazu gehören beispielsweise Gruppen mit besonderen biografischen Belastungen in

Form von Gewalt (vgl. Kindler 2002) oder Beziehungsabbrüchen (ausführlich dazu Grossmann & Grossmann 2012) sowie mit biografischen Erfahrungen der Fremdunterbringung und pflegekinderspezifischen Entwicklungsaufgaben (Gassmann 2015). Somit bestehen die Stärken des Konzepts der Belastungs-Ressourcen-Balance gerade darin, auch Kumulationen verschiedener, materieller wie biografischer Belastungsquellen aufzugreifen.

Daran knüpft ein weiteres dynamisches Element des Modells an: die „biografische Perspektive" (Wolf 2015: 45). Damit findet eine Veränderbarkeit wahrgenommener Belastungen und Ressourcen zu unterschiedlichen Zeitpunkten Berücksichtigung. Während Belastungen aus der Notwendigkeit, Entwicklungsaufgaben zu lösen und Probleme zu bewältigen, entstehen, werden als Ressourcen diejenigen Mittel bezeichnet, die geeignet sind, Probleme zu bewältigen sowie Belastungen zu mindern (Wolf (2015: 47 f.). Eine wesentliche Unterscheidung erfolgt hier zwischen „intrapsychischen Faktoren" und dem „Zugang zu Ressourcen im sozialen Feld und den Menschen dort" (Wolf 2015: 49) sowie zwischen den Ressourcenklassen (Materiellen, Bildungs- und Beziehungsressourcen sowie Anerkennung, Prestige) (Wolf 2015: 52).

Darüber hinaus stellt im Rahmen von Hilfeprozessen vor allem die Beteiligung der Hilfesuchenden an den sie betreffenden Entscheidungen eine wesentliche Ressource dar. Dabei ist der Stellenwert von Partizipation gerade deswegen sehr hoch, da diese die Bewältigung schwieriger Situationen erleichtern oder erschweren kann (Wolf 2015: 56 f.).

Für eine erfolgreiche Bewältigung ist das Verhältnis, die Balance von Belastungen und Ressourcen entscheidend. Der Aspekt der Problembewältigung umfasst in diesem Modell eine Vielfalt von Möglichkeiten, die neben Lösungen auch Transformationen von Problemen enthält. Vor diesem Hintergrund kann eine Bewältigungsstrategie u. a. auch darin bestehen, einen anderen Umgang mit dem Problem als den bisherigen zu erlernen, sodass sich zwar nicht die Schwierigkeit selbst, jedoch die damit verbundenen Folgen verändern (Wolf 2015: 44).

Dem dynamischen Verständnis zufolge wird hier das Fehlschlagen einer Bewältigung als „Missverhältnis von Belastung und Ressource" beschrieben (Wolf 2015: 48). Auf Grundlage des prozesshaften Ansatzes sind Veränderungen durch den Zugang zu Ressourcen möglich. Hier ist es bedeutsam, den Ressourcenbegriff nicht statisch zu betrachten, etwa als feststehendes Merkmal einer Person oder eines Gegenstandes. Vielmehr resultiert der Nutzen einer Ressource erst aus dem Verhältnis zum Adressaten, der „Passung" (Wolf 2015: 58). So hebt Wolf hervor, dass nicht alle Mittel zu jedem Zeitpunkt gleichermaßen geeignet seien. Vielmehr „wird ein Mittel erst dann zur Ressource, wenn es auch subjektiv als geeignet und nützlich erlebt wird" (Wolf 2015: 51).

Wesentliche Merkmale der Belastungs-Ressourcen-Balance sind (Wolf 2015: 59):

- In Abhängigkeit von der Zugänglichkeit der Ressourcen kann eine positive sowie negative BRB bestehen.
- Ein Kontinuum, das zwischen einem ausgeglichenen Verhältnis und extremer Abweichung liegt, kennzeichnet die Diskrepanz zwischen Ressourcen und Belastungen.
- Die BRB ist nicht statisch, sondern als sich verändernder Prozess zu verstehen.
- Veränderungen der BRB können sowohl plötzlich als auch allmählich erfolgen.
- Veränderungen der BRB gehen mit Aneignungsaktivitäten des mit einem Problem konfrontierten Menschen einher und erfolgen durch intrapsychische Prozesse sowie dadurch, dass sich die Verfügbarkeit der Mittel im sozialen Feld verändert.

Das Modell der ‚Belastungs-Ressourcen-Balance‘ hat unter Bezugnahme auf die Fragen, warum es Menschen gibt, die eine hoch ausgeprägte Widerstandskraft gegenüber schwierigen Lebenssituationen haben, und wie Widerstandsfähigkeiten gefördert werden können, einen engen Bezug zur Resilienzforschung (Schäfer 2012: 13). Die besondere Stärke dieses Modells liegt darin, den Blick auf „Menschen in ihren Lebensverhältnissen und vor dem Hintergrund ihrer kollektiven und individuellen Biographien" zu richten (Wolf 2007: 281).

4.3 Deutungsmuster und Sinnkonstruktionen

Im Folgenden werden Begriffe eingeführt, die in Abgrenzung zum Begriff der Attribution (vgl. 4.1.5.2) sowohl die sozialen Zusammenhänge von Deutungsmustern (4.3.1) als auch den Herstellungsprozess von Deutungsmustern (4.3.2) hervorheben.

4.3.1 Deutungsmuster

Der Terminus Deutungsmuster ist ein „in der sozial- und geisteswissenschaftlichen Debatte vielfältig verwendeter Begriff" (Pierlings 2015: 86). In Abgrenzung zu Attributionen ist der Begriff Deutungsmuster stets im Kontext gesellschaftlicher Bedingungen zu verstehen. Deutungsmuster sind eingebettet in soziale Zusammenhänge, lebensweltliche Kontexte, soziale Bedingungen, Institutionalisierungen und Interaktionssysteme (ausführlich dazu Steinert 1972:

13). Nach Oevermann, Allert, Gripp, Konau, Krambeck, Schröder-Cesar und Schütze (1976: 372) ist festzuhalten, dass sie durch „sozialisatorische Interaktion" an den Einzelnen übermittelt werden. Dabei wird von Generalisierungen, basierend auf konkreten Erfahrungen sowie einer Integration neuer Erfahrungen in die bestehenden Generalisierungen, ausgegangen. Pensé (1994: 29) bezieht sich auf die Veränderbarkeit von Deutungsmustern und führt aus, dass dies vor allem im Zusammenhang mit sich wandelnden gesellschaftshistorischen Bedingungen stehe.

Eine stärkere Ausrichtung des Deutungsmusterbegriffs am Individuum, an seinen „alltäglichen Erfahrungen und Entwicklungsbedürfnissen" wird aus pädagogischer Sicht von Arnold (1983: 893) vorgenommen. Diese Ausrichtung ist durch die „reflexive Wende" (Arnold 1983) und dem damit einhergehenden Paradigmenwechsel begründet. Damit grenzt sich Arnold von „objektiv" vorgegebenen und generalisierbaren Anforderungen ab. Gemäß Arnold sind Deutungsmuster zu verstehen als

> Sichtweisen und Interpretationen von Mitgliedern einer sozialen Gruppe, die diese zu ihren alltäglichen Handlungs- und Interaktionsbereichen lebensgeschichtlich entwickelt haben. Sie bilden ein Orientierungs- und Rechtfertigungspotential von Alltagswissensbeständen in der Form grundlegender Situations-, Beziehungs- und Selbstdefinitionen, in denen das Individuum seine Identität präsentiert und seine Handlungsfähigkeit aufrechterhält (Arnold 1983: 894).

Auch Wolf (1999) hebt den Einfluss gesellschaftlicher und gruppenspezifischer Deutungsmuster auf Deutungen des Einzelnen hervor und führt aus, dass

> Deutungsmuster die Wahrnehmung der Individuen strukturieren, Handeln und die Rechtfertigung von Handlungen ermöglichen, in Bezug stehen zu konkreten alltäglichen Problemlagen und die Konstruktion und Präsentation von sozialer Identität erleichtern (Wolf 1999: 281).

Unter Einbeziehung des psychologischen Blickwinkels (Filipp & Aymanns 2010) rückt die Funktion der Deutungsmuster für das Individuum im Zusammenhang mit Ereignissen, die bisherige Haltungen und Ansichten auf die Probe stellen, in den Mittelpunkt. Hier wird ein Spannungsfeld zwischen Festhalten und Verändern bisheriger Deutungsmuster erkennbar. Zugleich wird ein Veränderungsdruck aufgezeigt, der auf Neustrukturierung von Verhaltens- und Denkmustern abzielt (Filipp & Aymanns 2010: 180):

> [...]in der Konfrontation mit kritischen Ereignissen lassen sich[...] Deutungsmuster als unhinterfragte Gewissheit nicht mehr halten, sie werden vielmehr heftig erschüttert, und existenzielle Fragen drängen sich auf. Kritische Lebensereignisse produzieren eben nicht nur ‚Stress'; sie attackieren die eigene Sicht der Welt, sie

offenbaren eigene Verwundbarkeiten, sie führen die eigene Ohnmacht und Hilflosigkeit vor Augen, und sie machen nicht selten die Fragilität der eigenen Existenz schmerzlich bewusst. Und die außerordentlich große Willkürlichkeit, mit der manche dieser Erfahrungen in das Leben der Betroffenen einbrechen, erzeugt Chaos, Unsicherheit, Orientierungsverlust, Sinnlosigkeit anstelle von Sicherheit, Sinn, Vertrauen und Glauben (Filipp & Aymanns 2010: 180).

Schäfer (2012) fasst die Rolle der Deutungsmuster im Hinblick auf die Handlungsfähigkeit des Einzelnen zusammen. In Abhängigkeit davon, ob es zu selbstwertschonenden oder selbstwertverletzenden Erklärungen kommt, steigt oder sinkt die Handlungsfähigkeit der Person:

> Deutungsmuster besitzen das Potenzial, einer Person zu erhöhter Handlungsfähigkeit und zu selbstwertschonenden Erklärungen und Aktivitäten zu verhelfen. Ebenfalls können sie jedoch die Handlungsfähigkeit einer Person einschränken oder selbstverletzende Auswirkungen haben (Schäfer 2012: 21).

Anknüpfend an das von Arnold eingeführte Bedeutungselement des Deutungsmusterbegriffs (Schäfer 2012: 27 ff.) fokussiert Pierlings (2015: 86) auf biografische Deutungsmuster. Diese stellen die individuellen Aspekte der Bedeutungselemente in den Vordergrund. Biografische Deutungsmuster sind mit Blick auf die Biografie zu verstehen

- […]als Sichtweise und Interpretation, die lebensgeschichtlich zu Handlungs- und Interaktionsbereichen entwickelt werden.
- Dabei bilden sie als Selbst-, Beziehungs- und Situationsdefinitionen eine Art Grundmuster für unterschiedliche Lebensbereiche.
- Diese Definitionen bilden einen Orientierungs- und Rechtfertigungsrahmen für den Einzelnen, ordnen die Wirklichkeit, dienen so der Präsentation der eigenen Identität und halten so die eigene Handlungsfähigkeit aufrecht.
- Neben dieser Stabilität gilt es jedoch zu berücksichtigen, dass Deutungsmuster durchaus veränderbar sind, wobei früh erworbene Deutungsmuster eine besondere Konstanz aufweisen.
- Deutungsmuster stehen dabei stets auch in Bezug zu gesellschaftlichen Strukturen und gesellschaftliche und gruppenspezifische Deutungsmuster beeinflussen die individuellen (Pierlings 2015: 87).

4.3.2 Sinnkonstruktionen

Unter Sinnkonstruktionen sind spezifische Deutungsmuster gefasst, welche auf die „Bedeutsamkeit des eigenen Lebens und Handelns" bezogen sind (Schäfer

2012: 27) und zugleich in grundsätzlichen Wechselwirkungsmechanismen mit den Deutungsmustern einer Gesellschaft stehen (Wolf 1999: 361). Mit Wolf (1999) ist ferner zu betonen, dass der Begriff ‚Sinnkonstruktion‘ einen Herstellungsprozess verdeutlicht, bei dem es sich um einen sozialen Definitionsvorgang handelt (Wolf 1999: 199, Fußnote 176). Ob eine Handlung als positiv oder negativ bewertet wird, erfolgt vor dem Hintergrund individueller Sinnkonstruktionen. Einen Zugang zu Sinnkonstruktionen stellt die Analyse von Attributionsstilen dar (Wolf 1999: 210).

Merkmale von Sinnkonstruktionen zeigen sich einerseits in einer gegebenen Tendenz zur Stabilität, jedoch andererseits – z. B. in unterschiedlichen Lebensphasen – auch in Veränderbarkeit. Die Funktion von Sinnkonstruktionen besteht darin, den Selbstwert der Person zu bestätigen bzw. zu schützen. Dies gelingt durch Wahrnehmungsselektion infolge der jeweiligen Sinnausrichtung (Wolf 1999: 211). Ist die Sinnkonstruktion passend bzw. anpassungsfähig und verfügbar, stellt sie eine Ressource für die Person dar. Allerdings unterliegen Sinnkonstruktionen auch Gefährdungen und können zusammenbrechen. In einem solchen Fall stellen sie eine Belastungsquelle dar (Schäfer 2012: 25).

Im Kontext kritischer Lebensereignisse können Sinnkonstruktionen durch individuelle Interpretationen geschützt oder gefährdet werden. Verändert oder unverändert dienen die Sinnkonstruktionen der Aufrechterhaltung oder dem Rückgewinn von personaler Kontrolle. Mit Filipp und Aymanns (2010: 176) entspricht die Sinnkonstruktion angesichts des eigenen als bedeutungsvoll wahrgenommenen Lebens dem menschlichen Bedürfnis nach kausalattribuierter Sinnstrukturierung des Lebens. Die Annahmen von Zufall und Beliebigkeit widersprechen dem.

Zusammenfassend ist der Begriff Sinnkonstruktion auf das Grundbedürfnis des Menschen bezogen, dem Leben und Handeln Sinn zuzuschreiben. Attributionsprozesse dienen dem Erhalt bzw. der Rückkehr zur Kontrolle.

4.4 Die Verlaufskurve – das Konzept nach Corbin und Strauss

Verlaufskurvenkonzepte nehmen in der Biografieforschung einen zentralen Stellenwert ein, indem sie den diagnostischen Blick auf biografische Entwicklungsprozesse richten, in welche die Problematik des Einzelnen integriert ist (Glinka 2013: 811). Der Prozessbegriff nimmt hier Bezug darauf, dass sich Veränderungen aus der subjektiven Perspektive der Biografieträger „meist nicht punktuell verorten lassen, sondern in einen (längerfristigen) Prozess mit multiplen Einflussfaktoren eingebettet sind" (Reimer, Schäfer & Wilde 2015: 18).

Es liegen Verlaufskurvenkonzepte unterschiedlicher methodisch-theoretischer Ausrichtung vor. Während nach Corbin und Strauss (2010) die Verlaufskurve als ein (Schlüssel-)Instrument verstanden wird, welches Erfahrungsprozesse ordnet, indem es auch unterschiedliche Richtungsverläufe umfasst – „nach oben zeigend, stabil, instabil, nach unten zeigen" (Corbin & Strauss 2010: 172) –, prägt Schütze den Verlaufskurvenbegriff im Sinne einer „Ordnungsstruktur konditioneller Gesteuertheit" (Schütze 1981: 90) bzw. spricht von „Verlaufskurven des Erleidens" (Schütze 2006). Anders als bei Corbin und Strauss impliziert der Begriff Verlaufskurve bei Schütze (2006) die Unkontrollierbarkeit eines Phänomens bzw. interaktionaler Handlungsabläufe im Sinne eines Ausgeliefert und Fremdbestimmtseins (Glinka 2013: 813). Die Verlaufskurve umfasst bei Schütze einen von außen gesteuerten Prozess, der „einmal in Gang gesetzt, […] im Verlauf seiner Entwicklung eine Eigendynamik entwickelt und dann der Planung und Steuerung des Betroffenen entzogen ist" (Glinka 2013: 816).

Das Verlaufskurvenkonzept von Corbin und Strauss entstand im Rahmen der Forschung zur Krankheitsbewältigung chronisch Kranker in der Familie. In Abgrenzung zum alltagssprachlichen Verlaufsbegriff und zum medizinischen Verständnis des Krankheitsverlaufs wirft das Konzept der Verlaufskurve einen soziologischen Blick auf das Thema. Es bezieht sich „nicht nur auf den physiologischen Ablauf einer[…]Krankheit, sondern auf die *Gesamtorganisation der Arbeit* [Anmerkung: Kursivdruck im Original], die in diesem Verlauf geleistet wird" (Corbin & Strauss 2010: 47). Ein bedeutsames Merkmal liegt insbesondere darin, dass der Begriff Verlaufskurve bereits „auf die aktive Rolle, die Menschen bei der Gestaltung des Verlaufs einer Krankheit spielen", hinweist (Corbin & Strauss 2010: 48). Insofern fügt das Verlaufskurvenkonzept „dem Aspekt des Schicksalhaften […] das hinzu, was Soziologen gewöhnlich als Handlungspläne […] bezeichnen" (Corbin & Strauss 2010: 48).

Das Konzept ist weit über den Gegenstandsbereich hinaus, in dem es entwickelt wurde, interessant, da es Strukturkomponenten und damit einhergehende methodische Aspekte umfasst, die in ihrer allgemeinen Form sehr gut auf andere ebenfalls vielschichtige Forschungsthemen übertragbar sind. Dies formulieren Corbin und Strauss als eine wichtige Implikation ihrer Untersuchungsergebnisse und führen dazu aus: „Eine Reihe von Forschungsrichtungen und Studien können auf der Basis dieses zentralen Konzepts ohne Weiteres entwickelt werden" (Corbin & Strauss 2010: 316). Vor diesem Hintergrund sollen die rahmenden Komponenten des Konzepts im Folgenden dargestellt werden (vgl. Corbin & Strauss 2010: 56 f.):

- *Die Verlaufskurve ist variabel.* Das bezieht sich auf ihre Form, ihre zeitliche Erstreckung, die erforderliche Arbeit und deren Folgen.
- *Die Verlaufskurve hat eine bestimmte Form.* Die Form ist von der Dynamik der verschiedenen Verlaufskurvenfaktoren geprägt. In der Untersuchung von Corbin und Strauss sind das neben der Erkrankung u. a. die individuellen Reaktionen darauf sowie Verlaufskurvenentwürfe der Personen zur Bewältigung der Erkrankung.
- *Die Verlaufskurve umfasst Subkonzepte.* In der Untersuchung von Corbin und Strauss sind dies der Kontext, die Arbeit und Interaktion, die Biografie und Verlaufskurvenphasierung.
- *Jede Verlaufskurve kann in Phasen aufgebrochen werden.* Strauss und Corbin unterscheiden akute Phasen, Normalisierungsphasen, stabile und instabile Phasen, Phasen der Verschlechterung und Sterbephasen. Jede Verlaufskurvenphase hat ihre eigenen Themen, Risiken, Arbeitsprozesse und Leitfragen. So richtet sich in der akuten Phase die Arbeit auf die körperliche und seelische Stabilisierung, biografische Arbeitsprozesse stehen eher im Hintergrund. Die Normalisierungsphase hat einen aufwärtsgerichteten Verlauf. Thematisch steht ein Erholen von der Erkrankung im Vordergrund. Die konkrete Ausgestaltung der Phase weist oftmals Varianzen auf. So kann es je nach Schweregrad der Erkrankung in der Phase der Normalisierung um das Erleben des Unbeschwertseins oder aber um ein Erkämpfen von Stabilität gehen. Dass mit der Verlaufskurve auch solche Varianzen aufgegriffen werden können, macht das Konzept für die Untersuchung vielschichtiger Phänomene besonders interessant.
- *Phasen können in Subphasen unterschieden werden.* Die Normalisierungsphase kann z. B. hinsichtlich der emotionalen und körperlichen Veränderungen oder hinsichtlich der Variationen im Normalisierungsverlauf (stetiges Voranschreiten, Einbrüche, Phasen des Stagnierens) beschrieben werden (Corbin & Strauss 2010: 314).

4.4.1 Exkurs: Phasen als verlaufsstrukturierendes Element

In den Sozialwissenschaften gibt es eine Vielzahl von Phasenmodellen. In der Psychologie existieren Phasenmodelle, die sich sowohl auf sehr ausgedehnte Zeitspannen im Lebenslauf (Erikson 2002; Havighurst 1972) als auch auf Entwicklung in bestimmten Lebensbereichen, wie auf die Eltern-Kind-Bindungen (Bowlby 2006; König 2013) oder auf andere zwischenmenschliche Beziehungen, z. B. den Aufbau von Paarbeziehungen (Lenz & Nestmann 2009), beziehen.

Aus soziologischer Sicht führen Corbin und Strauss (2010) zur analytischen und praktischen Bedeutung der Phasierung u. a. aus, dass sie auf die jeweils notwendige Art der Bewältigungsarbeit hinwiesen (Corbin & Strauss 2010:

57 f.). Zudem deuten die Subphasen auf Variationen innerhalb einer Phase hin. Insgesamt lassen sich Phasen leichter beschreiben als die Gesamtheit von Verlaufskurvenformen (Corbin & Strauss 2010: 59).

Reimer und Wilde (im Erscheinen) bezeichnen Phasen als einen sinnzusammengehörigen Abschnitt, in dem sich die subjektiven Wahrnehmungen und Bedeutungszuschreibungen jeweils verschieden darstellen. Die Sinneinheiten können unterschiedlich lang sein. Wenngleich die subjektiv rekonstruierten Phasen hier nicht immer deckungsgleich mit ‚objektiven' Veränderungen, wie der Installation einer Hilfe zur Erziehung, verlaufen, können solche äußeren Merkmale dennoch ein Hinweis auf einen Wechsel bzw. Übergang in eine andere Phase sein. Die der Phasenbestimmung zugrunde liegende Logik bleibt jedoch das subjektive Erleben des Individuums und das, was aus dessen Sicht zusammengehört.

4.4.2 Fazit zu den beschriebenen Konzepten

In der Zusammenschau wurden Konzepte dargelegt, die – jedes für sich – eine Abkehr von statischen Modellen der Bedrohung und Bewältigung vollzogen und einen dynamischen Zugang zu diesen Phänomenen eröffnet haben. Durch die Verknüpfung dieser Konzepte soll hier eine bedeutend umfassendere theoretische Grundlage erarbeitet werden, die einen bisher noch ungenutzten Zugang zu prozessorientierten Phänomenen ermöglicht. Die Art und Weise, auf welche die Konzepte von Filipp und Aymanns, Böhnisch, Wolf, Corbin und Strauss mit der Analyse von Verlaufsprozessen der Bedrohung und deren Bewältigung hier miteinander in Verbindung gebracht werden, soll im Kapitel zur Explikation der Forschungsfrage ausgeführt werden.

5 Explikation der Forschungsfrage: Verlaufsprozesse bedrohter Elternschaft und deren Bewältigung

In diesem Kapitel erfolgt die Verknüpfung der Wissensbestände zu den zentralen Begriffen Bedrohung, Bewältigung und Verlauf mit dem der Untersuchung zugrunde liegenden Datenmaterial. Dabei geht es um die Anpassung der Begriffsdefinitionen an das Forschungsthema und die sich daraus ergebenden Konkretisierungen der Forschungsfrage. Dadurch kommt den Begriffen die Funktion von Werkzeugen zu, mit denen das Forschungsmaterial aufgeschlossen werden kann.

Die Kombination der Konzepte, die sowohl tiefenpsychologisch geprägte Theorien (vgl. ‚Lebensbewältigung‘) wie auch kognitive Ansätze (s. Deutungsmuster, Kontroll- und Attributionstheorien) umfassen, ermöglicht einen breit gefächerten Zugang zum Forschungsmaterial. Aus dieser Verknüpfung von Theorie und empirischem Material wird zunächst die Forschungsfrage abgeleitet. Danach wird der Bezug zwischen Theorie und Forschungsgegenstand für jedes Konzept getrennt dargelegt.

5.1 Die Forschungsfrage

Im Mittelpunkt dieser Forschungsarbeit stehen *Verlaufsprozesse von Bedrohung bei infrage gestellter Elternschaft ehemaliger Pflegekinder und deren Bewältigung*. Die der Untersuchung zugrunde liegenden zentralen Fragen lauten: Wie entwickeln sich Verlaufsprozesse von Bedrohung und wie werden diese bewältigt? Welches Bedingungsgefüge liegt dem Verlauf in seiner Phasierung zugrunde? Welche Rolle spielen dabei u. a. Deutungsmuster, Attributionen, Personen aus dem Hilfesystem sowie bedeutsame Andere? Welche Ressourcen und Belastungen kommen in den jeweiligen Verlaufsphasen zum Tragen und wie verändert sich das Verhältnis von Belastungen zu Ressourcen im Phasenverlauf? Welche Handlungsoptionen ergeben sich daraus für den Elternteil bzw. welche werden eingeschränkt?

5.2 Zur Verbindung von Theorie und Forschungsmaterial

In Bezug auf das Forschungsthema kommt das Konzept der *Kritischen Lebens-ereignisse* von Filipp und Aymanns (2010) bereits im Ausgangspunkt, zur Be-schreibung eines aus der Balance geratenen Passungsgefüges zwischen Deutun-gen und Bewältigungsstrategien der Eltern und den Anforderungen der Um-welt zum Tragen. Hier sind es insbesondere Vertreter*innen der Jugendhilfe und ggf. des Gerichts – also die Seite der Umwelt –, die durch Kritik, Vorwürfe und Auflagen zum Erziehungsverhalten, aber auch durch Hilfestellungen in das bis dato bestehende Passungsgefüge eingreifen.

Die hier relevanten *„objektiven Ereignisparameter"* sind die (drohende) Trennung der Kinder aus dem Wohnverbund mit den Eltern, deren Fremdplat-zierung in einen anderen Lebenszusammenhang (Pflegefamilie) sowie das oft-mals nur notgedrungene Öffnen der Familie für staatliche Institutionen (u. a. Familienhilfe). Die *Lokalisierung des Ereignisses* im Lebensraum Familie ergänzt die faktischen Merkmale. Allerdings ist zu betonen, dass der *Wirkungsgrad* des kritischen Lebensereignisses ‚infrage gestellte Elternschaft' weit über den fami-liären Bereich hinausgeht und sich auch auf andere in höchstem Maße bedeut-same, insbesondere identitätsstiftende Lebens- und Persönlichkeitsbereiche, wie das Selbstbild in der Elternrolle, bezieht.

Der krisenhafte Charakter des Bedrohungserlebens ergibt sich hier gerade auch daraus, dass es sich – aus der Sicht der Betroffenen – um ein oftmals un-erwartetes, nicht regelhaft vorhersehbares Geschehen, das non-normativen Charakter hat, handelt. Dieses *zeitliche Merkmal* hat in verschiedener Hinsicht Einfluss auf das Bedrohungserleben und dessen Verlauf. Dass Kinder das El-ternhaus weit vor der Volljährigkeit verlassen, verändert dabei das ursprünglich normative Ereignis der Verselbstständigung in Richtung eines nicht normati-ven Ereignisses. Zudem wird das damit einhergehende Belastungserleben dieser Elterngruppe durch den geringen *Grad der Universalität* dieses Geschehens verstärkt. Da vergleichsweise wenige Personen aus der Gesamtheit der Eltern davon berührt sind, stehen für die betroffenen Eltern kaum entsprechende institutionelle Hilfen zur Bewältigung solcher Ereignisse zur Verfügung.

Diese objektiven Aspekte des Ereignisses ‚infrage gestellter Elternschaft' werden durch Kennzeichen, die das Erleben des Einzelnen beschreiben, er-gänzt. Aufseiten der Betroffenen werden Bewältigungsprozesse ausgelöst, die darauf ausgerichtet sind, eine neue Passung herzustellen. Hier kommen *„sub-jektive Ereignisparameter"*, also die Art und Weise der Wahrnehmung und Interpretation des Ereignisses, zum Tragen. Immer wieder geht es um Deu-tungsprozesse, da in das Belastungserleben der Biografieträger*innen oftmals auch in unverstandene Kritik und Handlungsweisen münden, die erst durch sinngebende Interpretationen – Ursachenzuschreibungen, die teils einen Bezug zum eigenen Handeln als Eltern sowie zur eigenen Biografie, teils einen Bezug zum Hilfesystem haben – bewältigt werden. Dazu trägt die Analyse von Deutungsmustern mithilfe der Attributionstheorie bei.

Das Konzept *Lebensbewältigung* von Böhnisch (2016) bietet einen Zugang zum Aufschlüsseln von Besonderheiten des Elternverhaltens in der Bedrohungssituation, der weit über die Feststellung einer vordergründigen Dysfunktion hinausreicht. Aggressive oder selbstzerstörerische Handlungen der Biografieträger*innen, die im Forschungsmaterial dargelegt sind, können mit Blick auf zentrale Aspekte des Lebensbewältigungskonzepts, ob und inwieweit auf diese Weise Handlungsfähigkeit (Böhnisch 2016: 11) bewahrt bzw. wiederhergestellt wird, untersucht werden. Das erfolgt mittels Einbeziehung der Psychodynamik des Bewältigungshandelns (Böhnisch 2016: 149).

Das Konzept *Lebensbewältigung* ermöglicht noch einen weiteren bedeutsamen Zugang zum Forschungsmaterial. Dieser bezieht sich auf die Angaben zur Hilfebeziehung (Böhnisch 2016: 80). Die auf das Verhältnis von Biografieträger*innen zu Hilfepersonen bezogenen Beschreibungen können in Anlehnung an Böhnisch darauf untersucht werden, ob denen eine interaktive Perspektive der Hilfebeziehung oder eher das gängige Schema des „einseitigen Zugangs" zugrunde liegt (Böhnisch 2016: 80), ob Bewältigungsbemühungen als eigene biografische Leistung betrachtet werden oder ausschließlich negativ im Sinne eines Scheiterns. Daraus werden Schlussfolgerungen abgeleitet, inwieweit sich Ressourcen oder Belastungen zur Bewältigung des Bedrohungserlebens ergeben.

Vor dem Hintergrund der hier zugrunde liegenden Forschungsfragen ist das Konzept der *Belastungs-Ressourcen-Balance* (Wolf 2007/2015) sowohl besonders gut geeignet, Belastungen und Ressourcen in der jeweiligen Verlaufsphase der Bedrohung zu beschreiben, als auch darüber hinaus komplexere Zusammenhänge und Interaktionen zwischen den Einzelkomponenten abzuleiten. So wird es möglich, in den Verlaufsphasen günstige und ungünstige Belastungs-Ressourcen-*Konstellationen* zu beschreiben. Auf dieser Grundlage wird dann erst deutlich, ob z. B. die Beziehung Biografieträger*innen / Jugendhilfe als Ressource oder Belastung einzustufen ist, sodass sich daraus Handlungsoptionen ergeben können. Das erlaubt bei der Auswertung Schlussfolgerungen möglich, die nicht einseitig auf lineare Kausalität, sondern auf vielschichtige Interdependenzen abzielen.

Die Dynamik des Bedrohungsverlaufs kann mittels der *Belastungs-Ressourcen-Balance* insbesondere an Kipp- und Wendepunkten anhand von Balanceprozessen beschrieben werden. Vor allem kommt hier die Analyse von Deutungsmustern und deren Erfassung als Ressource oder Belastung in Abhängigkeit vom Attributionsstil zum Tragen. Ferner wird vor dem Hintergrund des Konzepts auch die Frage der Beteiligung der Biografieträger*innen an den sie betreffenden Entscheidungen betrachtet, um darzulegen, ob bzw. an welcher

Stelle des Bedrohungserlebens sich daraus Ressourcen oder Belastungen ergeben.

Mit der Einbeziehung von *Deutungsmustern* und *Attributionen* als Zugang zum Forschungsmaterial erfolgt eine Ausrichtung auf kognitive Bewältigungsprozesse zur (Wieder-)Herstellung von Kontrolle. Vor dem Hintergrund dieser Konzepte wird das Forschungsmaterial nach kognitiv geprägten Situationen, in Form von Erklärungen und Reflexionen, untersucht, um so Deutungsmuster und Attributionsstile (vgl. Aronson, Wilson & Akert 2014: 134 f.) herauszuarbeiten, die Erkenntnisse über die Verteilung von Ressourcen und Belastungen (vgl. Wolf 2015) ermöglichen. Internale bzw. externale Attributionen (Aronson, Wilson & Akert 2014: 134 f.) können in selbstwertfördernde bzw. selbstwertverletzende Erklärungen münden. Daraus ergeben sich wiederum Einflussfaktoren auf die Handlungsfähigkeit der durch die infrage gestellte Elternschaft belasteten Biografieträger*innen. In einem weiteren Analyseschritt lassen sich daraus Bedingungen für den Verlauf der Bedrohung ableiten.

Die Einbeziehung von Deutungsmustern und Attributionen lenkt den Blick auf die Frage, ob sich Deutungsmuster durch die Konfrontation mit dem hier zugrunde liegenden kritischen Lebensereignis verändern. Interessant sind die daraus resultierenden Fragen, in welchen Phasen es zu Veränderungen der Deutungsmuster kommt, ob sich daraus mehr oder weniger Handlungsmöglichkeiten für die Biografieträger*innen ergeben (vgl. Wolf 2007/2015) und in welchem Zusammenhang dies zum Bedrohungsverlauf steht.

Auch das hier zugrunde liegende Datenmaterial kann anhand der Forschungsfrage in einer *Verlaufskurve* (hier: Verlaufskurve der Bedrohung durch infrage gestellte Elternschaft ehemaliger Pflegekinder) konzeptualisiert werden. Dadurch wird auf die Arbeit fokussiert, die zur Bewältigung der jeweiligen Phase des Bedrohungs-Eskalations-Verlaufs erforderlich ist.

Die *Verlaufskurve* nach Corbin und Strauss (2010) kann als Prozesskategorie die unterschiedlichen Verlaufsrichtungen und die dem Datenmaterial innewohnende Dynamik in ihrer Vielfalt erfassen. In einem ersten Schritt unterstützt dieses Konzept die Fokussierung sowohl auf einen Gesamtverlauf der Bedrohung als auch auf einzelne Phasen und ihre Subphasen. Analog zum Verlaufskurvenkonzept werden auch die *Verlaufsprozesse bedrohter Elternschaft ehemaliger Pflegekinder und deren Bewältigung* durch Richtungsdimensionen (oben/unten, ansteigend/fallend) sowie durch eine Stabilitätsdimension (stabil/instabil) beschrieben. Daraus werden Leitfragen für die Beschreibung und Auswertung des dem Forschungsmaterial zugrunde liegenden Verlaufs abgeleitet. Diese beziehen sich u. a. auf die Fragen, welche Phänomene eine Phase kennzeichnen bzw. die Phasen unterscheiden, welche Phänomene die Phase auf welche Weise stabilisieren bzw. Veränderungen begünstigen.

Darüber hinaus bietet das Verlaufskurvenkonzept gute Anschlussmöglichkeiten an die weiteren hier relevanten Konzepte. Anschlussfähig ist insbesondere auch der zum Konzept der Verlaufskurve gehörende Begriff „Arbeit", da er die biografische Arbeit umfasst, die für „Definition und Erhaltung der Identität notwendig ist" (Corbin & Strauss 2010: 26). Hieraus leitet sich für die Auswertung ein Blick ab, der auf die Kontextualisierung bedrohter Elternschaft im Rahmen der eigenen Biografie gerichtet ist sowie auch auf (neue) Selbstentwürfe angesichts bedrohter Elternschaft und die Reorganisation von darauf bezogenen Sinnkonstruktionen.

Auf dieser Grundlage lassen sich aus der Forschungsfrage *Wie entwickeln sich Verlaufsprozesse von Bedrohung bei infrage gestellter Elternschaft ehemaliger Pflegekinder und wie werden diese bewältigt?* die folgenden Konkretisierungen der Forschungsfrage ableiten:

1. Welche Phasen zeigen sich im Verlauf?
2. Welche Bedingungsfaktoren – Deutungsmuster, Attributionen u. a. – liegen dem Verlaufsprozess in der jeweiligen Phase zugrunde?
3. Welche Form des Bewältigungshandelns korrespondiert mit dem Verlaufsprozess in der jeweiligen Phase?
4. Welche Perspektive der Hilfebeziehung zeigt sich in den Beschreibungen der Biografieträger*innen und wie sieht die Kooperation mit dem Hilfesystem aus?
5. Welchen Einfluss haben die Bedingungsfaktoren – Attributionen, Perspektive der Hilfebeziehung – darauf, ob günstige bzw. ungünstige Belastungs-Ressourcen-Balancen entstehen? Welchen Einfluss hat das auf die Stabilität der Phase? In welche Richtung verändert sich dadurch der Verlauf?

Im weiteren Forschungsprozess werden die Begriffe Bedrohung, Bewältigung und Verlauf anhand des empirischen Materials in der Analyse der Einzelgespräche weiter ausdifferenziert und präziser formuliert. Dabei werden sie als dynamische Elemente miteinander verbunden. Daraus ergeben sich neue theoretische Aufschlüsse über Verlaufsprozesse von Bedrohung und den zugrunde liegenden Bedingungskonstellationen.

6 Methodologie: Grounded Theory – die rekonstruktive Methodik

In diesem Kapitel sollen Methoden dargelegt werden, die geeignet sind, die subjektive Perspektive der Biografieträger*innen zu rekonstruieren. Als zentraler methodischer Zugang wird die Grounded Theory (Corbin & Strauss 2010) in Kapitel 6.1 in einigen wesentlichen Aspekten vorgestellt, die einen breiten Zugang zur Rekonstruktion der subjektiven Perspektive bieten. Auf weitere methodische Zugänge wird – zur Vermeidung von Wiederholungen – an anderer Stelle eingegangen. So wird die themenzentriert-komparative Auswertung von Karl Lenz (1986: 144–149) zusammen mit der daraus hervorgegangenen Auswertungssystematik von Wolf (1999) in Kapitel 7.1 und 7.2 vorgestellt. Die ‚Deutungsmusteranalyse' (Arnold 1983; Pensé 1994) wurde bereits in Kapitel 4.3 als eigenständiger methodischer Zugang zur Aufschlüsselung der subjektiven Perspektive dargelegt. Kernstück des Kapitels ist die Einbettung der Grounded Theory in ihre erkenntnis- und wissenschaftstheoretischen Grundannahmen, sodass ihr Stellenwert als Methodologie (vgl. Breuer, Muckel & Dieris 2018) deutlich wird. Darauf beziehen sich die Ausführungen in Kapitel 6.2. Charakteristika des Auswertungs- und Analyseprozesses mittels der Grounded Theory werden anhand der Erkenntnisinstrumente Vergleich und Kontrastierung in Kapitel 6.3 sowie in Bezug auf die Modellbildung in Kapitel 6.4 vorgestellt. Abschließend erfolgen in Kapitel 6.5 Ausführungen zur Prozesskategorie als Modellfigur der Analyse und Erfassung von Bewegungsabläufen und deren Dynamik.

6.1 Grounded Theory

Das methodische Repertoire vieler Sozialwissenschaften stellt nur wenige Werkzeuge zur Verfügung, um komplexe Ereignisse und Geschehensabläufe in einem sozialen Feld, wie Familie oder Institutionen, aufzuschlüsseln und zu untersuchen (vgl. Breuer, Muckel & Dieris 2018: 11). Auf der Suche nach Forschungskonzepten, welche die Bearbeitung solcher Ereignisse und Abläufe erlauben, schließt die Grounded Theory mit ihren gewachsenen erkenntnistheoretischen und methodologischen Grundlagen sowie einem dazu passenden Regelwerk diese Lücke. So stellt die Grounded Theory von Anfang an den Rahmen für sozialwissenschaftliche Untersuchungen im Feld dar (vgl. die Forschungsarbeiten zu Sterbeprozessen von Glaser & Strauss [1967] sowie später von Corbin & Strauss & [2010] zum Erleben von Erkrankung und Behinderung).

Die Grounded Theory ist inzwischen zu einem Oberbegriff geworden, der unterschiedliche Richtungen vereint. Neben der Biografieforschung und der Ethnologie repräsentiert sie eine der bekanntesten Richtungen in der qualitativen Sozialforschung. Beginnend in den 60er-Jahren des vergangenen Jahrhunderts (Glaser & Strauss 1968) hat sie sich bis heute zu einem „Forschungsstil" (Breuer, Muckel & Dieris 2018: 4) entwickelt, der mehr als eine Methode umfasst. Als Methodologie ist die Grounded Theory zwischenzeitlich durch unterschiedliche erkenntnis- und gegenstandsbezogene Positionen geprägt. So führten insbesondere kontroverse Sichtweisen der Begründer, Glaser und Strauss, zur Frage der Einbeziehung theoretischen Vorwissens bei der Entwicklung einer Grounded Theory in den 1970er- und 1980er-Jahren zur Entstehung unterschiedlicher ‚Schulen'. Dabei stand die Forderung einer maximalen theoretischen Voraussetzungslosigkeit von Glaser der Forderung nach Einbeziehung theoretischen Vorwissens von Strauss sowie später von Strauss und Corbin (1996) gegenüber (Breuer, Muckel & Dieris 2018: 21 ff.).

Mit der Verortung der Grounded Theory im Bereich qualitativer Forschung ist zugleich das Spannungsfeld zwischen qualitativer und quantitativer sozialwissenschaftlicher Methodologie und Methodik betreten. Wenngleich es beiden Ausrichtungen darum geht, Zusammenhänge in der Realität zu erfassen, liegen wesentliche Unterschiede bereits in den zugrunde liegenden empirischen Daten sowie in der Datenauswertung. Während in der quantitativen Forschung Zusammenhänge in der Realität anhand von quantifizierbaren Indikatoren und ihren statistischen Verhältnissen zueinander gemessen und erklärt werden, zielt die Forschungsmethodologie der Grounded Theory auf Sinnverstehen, Zusammenhänge und (Be-)Deutungsstrukturen (Breuer, Muckel & Dieris 2018: 21 ff.) ab. Dies passt zu einer Forschungslogik, die in erster Linie theoriegenerierend und nicht theorie- bzw. hypothesenprüfend ausgerichtet ist. Dementsprechend fußt die Grounded Theory nicht in quantitativen, sondern in qualitativen bzw. „naturalistischen" Felddaten (Gespräche, Interaktionen, Geschehensabläufe etc.).

Nach Breuer, Muckel und Dieris kann als Erkenntnisinteresse der Grounded-Theory-Methodologie Folgendes festgehalten werden:

> Der Grounded Theory-Methodologie liegt die Idee zugrunde, auf regelgeleitete Weise *neue* theoretische Vorstellungen zu einem Gegenstandsbereich zu entwickeln und auszuarbeiten (Breuer, Muckel & Dieris 2018: 7).

Exkurs: Grounded Theory und quantitative Forschung –
Gemeinsamkeiten und Unterschiede

Die Verfahrensweisen ‚Prüfen' und ‚Entdecken' beschreiben wesentliche Unterschiede zwischen quantitativer Forschung und qualitativer Forschung mittels Grounded Theory. Damit bestehen Unterschiede in den Ausgangslagen der Forschungsprozesse. Während in quantitativen Forschungsprojekten die zu untersuchenden Variablen zu Beginn der Forschung festgelegt werden, sodass deren Zusammenhänge durch standardisierte, quantitativ ausgerichtete Prüfmethoden gewonnen und in statistische Kennwerte überführt werden können, müssen die Phänomene, um die es in Forschungsprojekten mit der Grounded Theory geht, zunächst aus den Daten herausgearbeitet werden, damit relevante Kategorien entdeckt werden können.

Das ‚Entdecken' von Beziehungen, in denen die durch differenzierte Analyse gewonnenen Einzelkategorien zueinander stehen, ist wesentliches Ziel qualitativer Forschungsprozesse mittels Grounded Theory. Auf diese Weise treten eher neue als bereits bekannte Beziehungen zwischen den Kategorien hervor. Ein zentraler Unterschied liegt also darin, nicht von einem bereits bestehenden theoretischen Bezugsrahmen, den es dann zu prüfen gilt, auszugehen, sondern mittels Grounded Theory einen solchen theoretischen Rahmen als Erklärungszusammenhang erst zu entwickeln. Das impliziert, dass beim Arbeiten mit der Grounded Theory der theoretische Bezugsrahmen zu Beginn des Forschungsprozesses noch unvollständig ist und erst späterhin, wenn Kernkategorien herausgearbeitet wurden, ausdifferenziert und vervollständigt wird (Breuer, Muckel & Dieris 2018: 32 f.). Demgemäß wird die Literatur in Forschungsprojekten mit der Grounded Theory meist nicht vollumfänglich bereits zu Beginn der schriftlichen Arbeit, sondern schrittweise während des Forschungsprozesses und an dessen Ende einbezogen.

Wenngleich also grundlegende Unterschiede in der Vorgehensweise und Zielrichtung qualitativer und quantitativer Forschung bestehen, sind die Ergebnisse beider Forschungsmethoden jedoch anhand derselben Gütekriterien – „Signifikanz, Kompatibilität von Theorie und Beobachtung, Generalisierbarkeit, Konsistenz, Reproduzierbarkeit, Präzision und Verifikation" (Breuer, Muckel & Dieris 2018: 214) – zu bemessen. Allerdings ist hier Corbin und Strauss (2010) zu folgen, die mit Blick auf die „Wirklichkeit der qualitativen Forschung und der Komplexität sozialer Phänomene" nicht für eine wörtliche Übernahme, sondern für ein ‚Umdefinieren' der Kriterien für den Bereich qualitativer Sozialforschung plädieren. Während also ein naturwissenschaftliches, laborexperimentelles Forschungsdesign repliziert werden kann, gilt dasselbe Ausmaß, in dem alle Variablen kontrolliert werden können, für qualitative Untersuchungen, deren Datenmaterial aus dem sozialen Feld gewonnen wird, nicht. Corbin und Strauss (2010) folgend, sollte es in Bezug auf das Kriterium der Reproduzierbarkeit jedoch möglich sein, zu gleichen theoretischen Erklärungen des untersuchten Phänomens zu gelangen, „wenn ein Forscher von der gleichen theoretischen Perspektive wie der Erstuntersucher des Phänomens ausgeht, die gleichen allgemeinen Regeln der Datenerhebung und -analyse befolgt und ein ähnliches Set von Bedingungen vorfindet" (Corbin & Strauss 2010: 215).

Das Kriterium der Generalisierbarkeit von Forschungsergebnissen, die mit der Grounded Theory gewonnen wurden, kann dann erfüllt sein, wenn das theoretische Sampling umfassend ist. Auf diese Weise kann eine Vielzahl von Bedingungen und Variationen in die Theorie eingebaut werden, sodass ihre Generalisierbarkeit, Genauigkeit und Vorhersagekraft größer ist als bei einem weniger vielfältigen theoretischen Sample. Die qualitativ entwickelte Theorie kann durch neue Besonderheiten erweitert werden, sodass die Theorie auch auf andere Situationen anwendbar ist als auf die, in der die Ursprungstheorie erhoben wurde.

6.2 Grounded Theory als Methodologie

Die Grounded Theory unterscheidet sich durch ihre Einbindung in erkenntnis- und wissenschaftstheoretische Grundannahmen von einer bloßen Methode. Eine durch Forschung und Lehre von Breuer und Kolleginnen (Breuer, Muckel & Dieris 2018) in Deutschland verbreitete konzeptuelle Ausformung ist die ‚Reflexive Grounded Theory'. In der Bezeichnung drückt sich bereits eine wesentliche erkenntnistheoretische Grundannahme aus, nämlich die, dass „[…] Erkenntnis stets durch eine bestimmte Sicht-der-Dinge, durch eine Subjekt-*Perspektive* gekennzeichnet [ist]" (Breuer, Muckel & Dieris 2018: 5).

Breuer, Muckel und Dieris (2018: 7 ff.) folgend, kann die Grounded-Theory-Methodologie in einer Zusammenschau durch folgende Merkmale beschrieben werden:

- Sie ist von der Leitidee getragen, „auf regelgeleitete Weise neue theoretische Vorstellungen zu einem Gegenstandsbereich zu entwickeln und auszuarbeiten".
- Ihre Zielsetzung besteht darin, „Theorien mittlerer Reichweite" zu entwickeln, die keine unbegrenzt universalen Bezüge anstreben, zugleich aber auch nicht auf der Ebene empirischer Faktensammlung und Ad-hoc-Hypothesen bleiben. Vielmehr soll sie sich mit überprüfbarem Generalisierungsanspruch auf umschriebene, eingegrenzte soziale Phänomenbereiche beziehen.

- Ausgangspunkt der Theorieentwicklungsarbeit sind Daten aus alltagsweltlichen Zusammenhängen. Die Daten kommen durch Teilnahme und Beobachtung von lebensweltlichen Kontexten oder zumeist durch ausführliche Interviews mit Mitgliedern des sozialen Feldes zustande, wobei auch Dokumente, die nicht für den Forschungszweck produziert wurden, herangezogen werden können.
- Zugleich können auch die gedanklich und emotional ausgelösten Resonanzen aufseiten des Forschenden, hervorgerufen durch das Thema oder den Forschungskontakt, von Bedeutung sein.
- Methodische Schritte bestehen darin, auf der Grundlage der vorliegenden Phänomene und abstrahiert davon ‚Konzepte‘ (methodologisch ‚Kategorien‘ genannt) herauszuarbeiten.
- Die Entwicklungsfigur des Forschungsprozesses ist von den Daten zur Theorie hin ausgerichtet, sodass eine in den Daten gründende Grounded Theory entsteht.
- Das Herausarbeiten aus den Daten erfolgt über eine regelbasierte Interpretationsmethodik, das sogenannte Kodieren. Dabei kommt der theoretischen Sensibilität des Forschers Bedeutung zu.
- Der Einzelfall hat im Kontext der Grounded-Theory-Methodologie einen hohen Stellenwert. Indem er auf seine theoretischen Bezüge hin untersucht wird, sollen verallgemeinerungsfähige Konzepte bzw. Kategorien gewonnen werden. Durch die Verknüpfung der Kategorien in ein hypothetisches Beziehungsgefüge entsteht ein Modell. Der so gebildete Modellentwurf wird durch weitere Fälle differenziert. Bei dieser Vorgehensweise sind kleine Fallzahlen, die sehr intensiv untersucht werden, typisch, sodass daraus konzeptuelle Ideen und Zusammenhangsannahmen generiert werden können (Breuer, Muckel & Dieris 2018: 8).
- Nach dem Prinzip des ‚Theoretical Sampling‘ erfolgt eine Untersuchungsplanung nicht im Vorhinein. Die Auswahl weiterer Fälle findet vielmehr in Abhängigkeit von der Zwischenauswertung statt, nach dem Gesichtspunkt, welche Fälle für die weitere Theoriebildung interessant sein könnten (Breuer, Muckel & Dieris 2018: 8).
- Das Kontrastieren bzw. Vergleichen ist ein wichtiges Hypothesenbildungsprinzip. Damit verbunden ist die Spezifizierung des Themas als eine wichtige Entwicklungsfigur des Grounded-Theory-Methodologie-Forschungsprozesses (Breuer, Muckel & Dieris 2018: 8 f.).
- Der hermeneutische Zirkel liegt hier dem Erkenntnismodell der Reflexiven-Grounded-Theory-Methodologie zugrunde. D. h., dass Annahmen vorliegen, welche die empirischen Daten deuten, sodass sich die Voraussetzungen für weitere Deutungen wandeln, woraus sich ein Zirkel, zu verstehen als „endlos" Prozess, entwickelt (Breuer, Muckel & Dieris 2018: 9).

- Verbunden mit der Zielrichtung der Grounded Theory, neue Konzeptualisierungen des zu erforschenden Gegenstandsbereichs zu finden, gehen die Denkbewegungen von einer offenen Haltung ohne theoretische Vorannahmen aus, die einen Forschungsblick ermöglichen, der frei von „Routinen und Selbstverständlichkeiten des Sehens" ist (Breuer, Muckel & Dieris 2018: 9).

- Zugleich werden die Verstehenshintergründe des Forschenden und die Interaktion zwischen Forscher und Feld als Quelle der Erkenntnisgewinnung genutzt und nicht als Objektivitätsbeeinträchtigung eliminiert.

- Die oben aufgezählten Aspekte fließen in die Bezeichnung der Methodologie als ‚Reflexive Grounded Theory' ein und leiten sich daraus ab, dass die „Selbst-/Reflexion bzw. Dezentrierung" des Forschenden im Rahmen seiner Erkenntnisarbeit wesentlich ist (Breuer, Muckel & Dieris 2018: 10).

6.3 Kontrastierung als Methode der Fallauswahl und -auswertung

Ein besonderes Charakteristikum der Grounded Theory liegt im Auswertungs- und Analyseprozess. Hier steht die Kontrastierung als Methode der Fallauswahl und -auswertung im Mittelpunkt. Während die Erhebungs- und Auswertungsphasen in der quantitativen Forschung zeitlich getrennt voneinander stattfinden, ist es üblich in der Grounded Theory, dass diese Schritte abwechselnd erfolgen. Konkret beginnt der Forschungsprozess mit der Formulierung eines Forschungsinteresses bzw. einer Forschungsfrage, woraufhin erste Daten, z. B. im Rahmen eines Interviews, erhoben werden. Die Analyse des ersten Interviews führt zu einer Überarbeitung des Leitfadens für das zweite Interview. Die Auswertung geschieht über Vergleiche der Interviews. In Abhängigkeit davon erfolgt die Entscheidung über den nächsten Untersuchungsschritt, z. B. die Auswahl der nächsten Interviewpartner. Beim Kontrastieren werden Fälle mit kleineren oder größeren spezifischen Unterschieden gegenübergestellt. Der Vergleich ist hier das Erkenntnisinstrument. Dieses basiert auf der Grundidee, durch Vergleiche implizit gebliebene Facetten und Aspekte sichtbar werden zu lassen. Insofern ist die Grounded Theory auch unter dem Namen ‚Theorie der konstanten Vergleiche' bekannt (Muckel, Maschwitz & Vogt 2013). Aus ihrem Vergleich werden Annahmen über die zugrunde liegenden Bedingungsfaktoren gewonnen. Die Bewegungsfigur des Forschungsprozesses besteht in Vor- und Zurückbewegungen. Auf diese Weise werden die Auswahl der Fälle, die Kategorien als theoretische Begriffe und die Konstruktion von Modellen zusammengebracht (Breuer, Muckel, Dieris 2018: 8).

Mit dieser kontrastiven Methode der Fallauswahl und -auswertung zeigt sich die Grounded Theory als eine prozessorientierte und prozessoffene Methodologie. Zugleich ist mit dem kontinuierlichen Analyseprozess, bei dem Datensammlung und Datenanalyse miteinander verwoben sind, eine andere Art der Stichprobenzusammenstellung, das ,Theoretical Sampling' als ein weiteres typisches Merkmal der Grounded Theory, verbunden.

Mit der kontrastierenden Methode der Fallauswahl stellt sich auch die Frage nach dem Umfang der Stichprobe und damit die nach dem „Abbruchkriterium". Der Umgang mit Stichprobengröße und Fallzahl ist vor dem Hintergrund wesentlicher Grundannahmen der Methodologie der Grounded Theory sowie in Bezug auf die Gütekriterien der Grounded Theory zu sehen. Hierzu legt einerseits das Erkenntnismodell der reflexiven Grounded Theory, der hermeneutische Zirkel, den Schluss nahe, dass die Untersuchung einer Forschungsfrage und die Formulierung der Theorie nie vollständig abgeschlossen sein können. Dem steht andererseits die Zielrichtung der Grounded Theory, „Theorien mittlerer Reichweite" zu entwickeln, in denen es nicht um unbegrenzt universale Bezüge, sondern um überprüfbare Zusammenhänge in Bezug auf eingegrenzte soziale Phänomenbereiche geht, gegenüber.

Hierzu hat die Grounded Theory das Prinzip der ,Theoretischen Sättigung' (Glaser & Strauss 1998: 69) formuliert. Dieser Aspekt richtet sich auf die Frage, wann das ,Theoretical sample' vollständig ist. Strauss und Corbin (1996) nennen Kriterien einer theoretischen Sättigung und führen an, „das Sampling solange durchzuführen bis für jede Kategorie theoretische Sättigung erreicht ist" (Strauss & Corbin 1996: 159). Konkret bedeutet dies, dass solange mit dem Sampling fortzufahren ist, bis:

1. keine neuen oder bedeutsamen Daten mehr in Bezug auf eine Kategorie aufzutauchen scheinen;
2. die Kategorienentwicklung dicht ist, insoweit als alle paradigmatischen Elemente einschließlich Variation und Prozess berücksichtigt wurden;
3. die Beziehungen zwischen Kategorien gut ausgearbeitet und validiert sind (Strauss & Corbin 1996: 159).

Der ,Theoretischen Sättigung' stellt Dey (1999) den Begriff der ,theoretischen Hinlänglichkeit' gegenüber. Nicht Vollständigkeit, sondern eine Verdichtung des Kodierprozesses bis zu einem für den Forschenden stimmigen Ende legitimiert den Abschluss des Sampling.

Dies entspricht dem Sättigungsbegriff von Breuer, Muckel und Dieris (2018), die von einer mehr oder weniger ausgeprägten Sättigung sprechen, wobei der Umfang der Stichprobe auch von der Erfahrung des Forschenden abhängt. Breuer (1996) beschreibt den Abschluss einer Theorieentwicklung als „einen Akt der Entscheidung des Forschers", der sowohl in zeitlichen und finanziellen Ressourcen als Rahmenbedingungen wie auch in „psychologischen Aspekten der Interaktion von Forscher und Gegenstand […], die man mit Begriffen wie Evidenzerleben oder Überzeugtsein bezüglich einer Modell-Lösung charakterisieren kann" begründet ist (Breuer 1996: 173).

Eine Metaanalyse von Mason (2010), in welcher dieser qualitativ sozialwissenschaftliche Studien in Bezug auf ihre Stichprobenumfänge untersuchte und sich für Kriterien für Abbrüche hinsichtlich der Einbeziehung weiterer Fälle interessierte, kam zu dem Ergebnis, dass die Fallzahlen „in der Regel nicht in der Auseinandersetzung mit den Daten begründet [waren]". Ferner gab es „auffallend viele Studien in denen exakte Vielfache von zehn, also 10, 20, 30, 40, 50 etc. Fälle gewählt wurden" (Mason 2010: 159). Mason interpretierte dies mit Zweifeln an der theoretischen Begründung der Abbruchentscheidungen und sah dies in einem mangelnden Wissen der Forscher über das Kriterium der theoretischen Sättigung bzw. einer ausgebliebenen Anwendung dessen begründet, sodass sie größere Stichproben gewählt hätten, um auf diesem Weg Sicherheit zu gewinnen.

Resümierend ist mit Muckel, Maschwitz und Vogt (2013) festzuhalten, dass entscheidender als der Umfang der Stichprobe die Auswahl vielfältigen und kontrastreichen Datenmaterials ist, um daraus ein tief greifendes Verständnis über den Forschungsgegenstand, einhergehend mit aufschlussreichen Konzepten, zu entwickeln. Dabei ist es wichtig, dass sich die Theorie ihrer Erkenntnisgrundlagen bewusst ist und Aussagen streng darauf bezieht.

Zusammenfassend ist das Vergleichen bzw. Kontrastieren, geleitet von der Frage nach Gemeinsamkeiten und Unterschieden, als zentrale methodische Grundfigur der Grounded Theory herauszustellen. Das Vergleichen ist eng mit dem nicht weniger zentralen Schritt der Konzeptualisierung von Daten verbunden. Dabei werden Phänomene mit Begriffen, die abstrakter und treffender sind als allgemeingehaltene Beschreibungen, versehen. Die Vergleiche führen zu Kategorien, die Ähnlichkeiten und Beziehungen der Daten untereinander ordnen. Mittels Dimensionalisieren werden die Kategorien in ihren Eigenschaften, die als Pole eines Kontinuums verstanden werden können, erkennbar. Kategorien sind tragende Bestandteile einer Theorie.

6.4 Modellbilden als Analyseschritt – temporal-prozessuale Modelle

Wenn es um das Herausarbeiten einer theoretischen Systematik geht, in welcher die durch Kodieren hervorgegangenen Kategorien und Subkategorien miteinander verbunden werden sollen, stellt die Reflexive-Grounded-Theory-Methodologie Modelle (R/GTM) zur Verfügung. Diese Modelle systematisieren übergreifende Gemeinsamkeiten unterschiedlicher Problemfelder, indem sie diese auf eine theoretische Ebene abstrahieren. Es werden Modellentwürfe mit

Bezügen zu unterschiedlichen Schwerpunkten unterschieden, z. B. Handlungslogik, topografische Logik, Typenlogik (Breuer, Muckel & Dieris 2018: 287). Aufgrund der Anwendung im vorliegenden Forschungsprojekt wird im Folgenden auf ein Modell mit Schwerpunkt auf den Bereich temporal-prozessuale Logik genauer eingegangen.

Mit der Reflexiven-Grounded-Theory-Methodologie werden oftmals Forschungsbereiche untersucht, in denen es um soziale Handlungskontexte geht. Solche Handlungskontexte sind neben strukturellen Merkmalen auch durch Prozessverläufe geprägt, zu denen es u. a. bei Veränderungen bzw. Übergängen im Lebenslauf kommt. Hierfür stellt die Reflexive-Grounded-Theory-Methodologie Modellkonzepte bereit – abstrakt-generative Prinzipien und Figuren –, welche dazu beitragen, die Verlaufscharakteristik des speziellen Forschungsgegenstandes aufzuschlüsseln und ihr einen Rahmen zu geben (Breuer, Muckel & Dieris 2018: 296). Eines dieser Modellkonzepte ist die „Verlaufskurve" (Trajectory) von Schüze (2006), die als „Modellierungs-Inspiration" für lebensgeschichtliche Prozesse dienen kann und von der zentralen Prozessfigur des „Erleidens" geprägt wird (Breuer, Muckel & Dieris 2018: 297). Ein weiteres Verlaufskurvenkonzept ist das von Corbin und Strauss (2010), welches die aktive Rolle des Menschen bei Verläufen in den Blick nimmt. In Verlaufskurvenkonzepten lässt sich auch – z. B. in einem lebensgeschichtlichen Kontext – eine Sequenzierung der Prozesse herausarbeiten, sodass sowohl Stadien bzw. Phasen als auch Übergänge zwischen den Phasen hinsichtlich ihrer Bedingungscharakteristik und Kennzeichen (Breuer, Muckel & Dieris 2018: 299) unterschieden werden können.

6.5 Die Prozesskategorie – Erfassen von Bewegung und Veränderung in der Grounded Theory

‚Prozess' ist eine zentrale Analysekategorie in Forschungsprojekten, die auf der Grundlage der Grounded Theory erarbeitet werden. Dabei handelt es sich um eine wesentliche Modellfigur zur Erfassung und Beschreibung von sozialen/ interaktionalen Verläufen. Mittels der Prozesskategorie gelingt es, die Dynamik des Verlaufs in den Vordergrund zu stellen. Der Prozess lässt sich auf der einen Seite klar umreißen und meint „das Verknüpftsein von Handlungs-/Interaktionssequenzen, wie sie zum Bewältigen und Kontrollieren eines Phänomens oder zum Reagieren auf ein Phänomen gehören" (Strauss & Corbin 1996: 118). Auf der anderen Seite ist es ein Phänomen, für dessen Erfassung es keine spezifischen Verfahren gibt, sodass es leicht übersehen werden kann, wenngleich es „Bestandteil jeder empirischen Wirklichkeit" ist (Strauss & Corbin 1996: 118).

Anschaulich beschreiben Strauss und Corbin (1996: 119) den Prozess als einen „Weg, den Daten Leben zu geben, indem man Schnappschüsse von Handlungen/Interaktionen macht und diese zu einer Sequenz oder Serie verknüpft". Diese Verknüpfungen erfolgen durch Feststellungen darüber, wie und warum Handlungen voranschreiten oder sich zurückentwickeln. Dadurch wird der Prozess als Analysekategorie greifbar. Erst die Konzeptualisierung von Ereignissen mit dem Prozessbegriff erklärt, warum sich Phasen gerade in die eine und nicht in die andere Richtung bewegen, warum sich Wachstum und Entwicklung oder aber Scheitern und Stagnation zeigen. Insofern ist der Prozessbegriff „mehr als [...] eine einfache Beschreibung von Phasen oder Stadien". Vielmehr erfordert er „eine in die Tiefe gehende Untersuchung und ein Einbeziehen der Veränderungen von Handlungs-/Interaktionssequenzen in die Analyse, mit allen zeitlichen Variationen die durch Veränderungen in den Bedingungen ausgelöst werden" (Strauss & Corbin 1996: 122). Mithin ist die Prozesskategorie von grundlegender Bedeutung, um Variationen zu erfassen und zu erklären. Vor diesem Hintergrund resultiert Bewegung aus Veränderung in den Bedingungen.

In der Analyse von Prozessen wird dargelegt, wie sich Handlungen bzw. Stadien/Phasen verändern. Prozessmechanismen zeigen sich darin, wie durch Veränderungen in den Bedingungen korrespondierende Veränderungen von interaktionalen Strategien ausgelöst werden (Strauss & Corbin 1996: 124).

Um Veränderungen zu erfassen, muss gezielt nach Anzeichen dafür gesucht werden. Solche Anzeichen, die der Veränderung Gestalt und Form geben, zeigen sich in ‚Eigenschaften' und in ihrer ‚dimensionalen Bandbreite'. Eigenschaften können z. B. die ‚Richtung' oder auch die ‚Kontrollierbarkeit' eines Phänomens sein. Die dimensionale Bandbreite der ‚Richtung' kann sich zwischen ‚aufwärts' und ‚abwärts', die der ‚Kontrollierbarkeit' zwischen ‚hoch' und ‚niedrig' bewegen. Veränderungen können sich also in den Dimensionen der Eigenschaften zeigen.

Es gibt zwei Hauptwege, auf denen Prozessaspekte analytisch beschrieben werden können: zum einen als fortschreitende Bewegung, z. B. in Stadien oder Phasen, zum anderen als nicht fortschreitende Bewegung, als eine Handlung/Interaktion, die flexibel ist (z. B. Bewältigung/Anpassung an eine chronische Erkrankung) (vgl. Strauss & Corbin 1988, dt. 1993). Studien, die sich mit Übergangsphänomenen beschäftigen und damit Veränderungen über die Zeit aufzeigen, beschreiben den Prozess als Abfolge von Stadien oder Phasen.

Um einen Prozess als Abfolge von Stadien oder Phasen zu erfassen, können die mit den Handlungen verbundenen Bedingungen und Wendepunkte herangezogen werden. Zugleich können Variationen aufgegriffen werden, die Unterschiede in Abfolge, Geschwindigkeit oder Erfolg aufzeigen. Der Verlauf bezeichnet die Stadien, die durchlaufen werden (Strauss & Corbin 1996: 128).

Die Komplexität des Übergangs von Stadien/Phasen sollte darin deutlich werden, wie alle Elemente des Kodierparadigmas ins Spiel kommen müssen, um den Übergang und seine Variationen zu erklären (Strauss & Corbin 1996: 130).

7 Empirisches Vorgehen: Ein Blick in die Forschungswerkstatt

In diesem Kapitel geht es darum, einen detaillierten Einblick in die Auswertung des Materials zu gewinnen. Ziel des Forschungsprojekts ist es, Bedrohungsverläufe und deren Bewältigung zu analysieren. Zu diesem Zweck wurden in ersten Auswertungsschritten Konstruktionen bzw. Deutungsmuster, die in den für diese Arbeit zentralen Bedrohungssituationen zum Tragen kommen, herausgearbeitet. Dementsprechend lag der Auswertung der Einzelfälle zu Beginn die Leitfrage zugrunde, „Wie erklären sich ehemalige Pflegekinder die Bedrohung ihrer Elternschaft?". Dazu passend wurden die Gespräche gemäß der qualitativen Methode nicht nach vorgegebenen, sondern nach rekonstruktiv entwickelten, vom Material selbst ausgehenden Kategorien ausgewertet. Mit Mayring (2002: 111) wird der Auswertungsprozess als eine schrittweise Veränderung der im Interview beschriebenen Phänomene durch Interpretation anhand von Alltagstheorien sowie wissenschaftlichen Theorien verstanden. Am Ende des Prozesses liegt eine Deutung des Interviewmaterials vor, in der die subjektive Perspektive der Gesprächspartner herausgearbeitet wurde. Wenngleich hier kein im Vorhinein festgelegtes Kategoriensystem zugrunde liegt, so erfolgte die Auswertung dennoch systematisch entlang konkreter Schritte. In Anlehnung an Pierlings (2014), die im Rahmen einer Einzelfallbetrachtung die Deutungsmuster eines erwachsenen Pflegekindes zu seiner Lebensgeschichte systematisierte, findet auch hier ein schrittweises Vorgehen statt, das sich an dem „themenzentrierten-komparativen Auswertungsverfahren" von Lenz (1986: 144–149) orientiert. Wenngleich der Untersuchung von Lenz – anders als in diesem Forschungsprojekt – bereits eine forschungsleitende Hypothese zugrunde lag, bietet sein Auswertungsverfahren, insbesondere durch die Kombination mit der daraus hervorgegangenen Auswertungssystematik von Wolf (1999), doch vielversprechende Anknüpfungspunkte für das hier bestehende Forschungsinteresse.

Diese Vorgehensweise konkretisiert die in Kapitel 6 dargelegte Reflexive-Grounded-Theory-Methodologie (Breuer, Muckel & Dieris 2018), welche die zentrale methodologische Säule der Auswertung bildet. Diese Verbindung aus einerseits themenzentriert komparativer Auswertung nach Lenz (1986) zusammen mit andererseits der Auswertungssystematik von Wolf (1999) auf der Basis der Reflexiven-Grounded-Theory-Methodologie (Breuer, Muckel & Dieris 2018) gewährleistete einen breiten Zugang zur Bearbeitung des hier vorliegenden qualitativ empirischen Forschungsmaterials. Schließlich sind diese Auswertungsverfahren auf das gemeinsame Ziel ausgerichtet, das, „was der/die

Gesprächspartner/in mit den Äußerungen zu einem bestimmten Themenkomplex ‚eigentlich gemeint hat' " (Lenz 1986: 145), zu rekonstruieren.

7.1 Analyseschritte und Modellkonstruktion

Bevor wesentliche Auswertungsschritte an markanten Textstellen der Einzelfälle dargelegt werden, sollen die Auswertungsschritte im Allgemeinen skizziert werden, um so eine erste Übersicht über die Vorgehensweise zu ermöglichen, ohne zugleich die Einzelfälle in den Blick nehmen zu müssen.

Konkret geht es bei den Einzelfallanalysen im ersten inhaltlichen Auswertungsschritt um das „Identifizieren von Themenkomplexen", die in den Schilderungen der Interviewpartnerinnen auftauchen. Entlang der Leitfrage dieses Auswertungsschrittes, „Welche Ereignisse, Erfahrungen, Themen werden vom Gesprächspartnerinnen benannt?", entstand ein Einblick davon, welche Gesprächsgegenstände für die Befragten bedeutsam waren. Hinweise auf relevante Themen ergaben sich u. a. daraus, worüber die Biografieträgerin ausführlich sprach bzw. welchen Fragen sie eher auswich bzw. nur knapp beantwortete. Weitere Anzeichen für relevante Themen waren z. B. eine hohe emotionale Beteiligung bei den Ausführungen. Diese zeigte sich sowohl im wiederholten, unaufgeforderten Ansprechen von Themen als auch in der Bezugnahme darauf trotz davon abweichender, vorausgegangener Fragen.

Die Auswertung erfolgte in dieser Phase noch eng an der Sprache des Falls, d. h. Kommentare, welche die Themenkomplexe kennzeichnen, wurden in den Formulierungen des Einzelfalls wiedergegeben. In diesem Auswertungsschritt wurden einzelne Textstellen umfassenderen Themenkomplexen zugeordnet, wobei Zuordnungen zu mehreren Themenbereichen möglich waren. Ausgerichtet an der anfangs formulierten Forschungsfrage nach Erklärungen der Bedrohungssituation, erfolgte eine Kodierung der Gespräche zu den größeren Themenzusammenhängen (vgl. Lenz 1986: 145).

Im zweiten Schritt („Themenanalyse") wurden die Kommentare zu allgemeinen Aussagen zusammengefasst. Die Kommentare wurden in diesem Schritt abstrakter. Dies spiegelt sich in den dafür gewählten Formulierungen wider. Der Sprachduktus des Falls trat dadurch in den Hintergrund, und generalisierende Formulierungen, „Codes" (Strauss & Corbin 1996), wurden eingeführt.

Schritt drei beschäftigte sich mit der „Identifikation von Erklärungen und Deutungen", die im Weiteren zu Kategorien zusammengefasst wurden. In Schritt vier ging es um das Herstellen von Zusammenhängen bzw. die Erstellung von „Substraten". Die Auswertung näherte sich dem Ziel des Rekonstruktionsprozesses der Einzelfallanalyse, also das ‚eigentlich' Gemeinte (Lenz 1986:

145) herauszuarbeiten und damit die Grundlagen des Bedingungsgefüges für das Verlaufsmodell darzulegen.

Der über die Untersuchung des Einzelfalls hinausgehende fünfte Auswertungsschritt umfasste den Rekonstruktionsprozess größerer Zusammenhangsmuster. In Anlehnung an die Auswertungsphasen von Wolf (1999: 49 ff.) ging es insbesondere um die *„Bestimmung von Grundmustern auf der Basis thematisch geordneter Substrate"*. Auf diese Weise wurden die zwischen den Einzelfällen bestehenden Anknüpfungspunkte aufgezeigt, die in dieser Auswertungsphase dann der Konstruktion eines deskriptiven Modells von Verlaufsprozessen von Bedrohung und Bewältigung bei infrage gestellter Elternschaft ehemaliger Pflegekinder zugrunde lagen.

Die Auswahl der Einzelfälle, auf denen die Modellkonstruktion beruht, erfolgte durch Kontrastierungsmerkmale, die es ermöglichten, das Thema Bedrohungsverläufe und deren Bewältigung in seiner Komplexität aufzuschließen. Relevante Themenkomplexe konnten durch den Vergleich der Einzelfälle im Hinblick auf Gemeinsamkeiten und Unterschiede analysiert und in ein Verhältnis zueinander gestellt werden, sodass der Einblick in Grundmuster möglich wurde (vgl. „Konzeptualisierung" von „Grundmustern", Lenz 1986: 148).

Der abschließende Schritt der *Konstruktion deskriptiver Modelle* vollzieht sich auf der Basis der zuvor bestimmten Grundmuster und deren Beziehung zueinander. Es geht darum, ein wiederholt auftretendes – typisches – Zusammenspiel von Grundmustern zu überprüfen und dies im Modell zu formulieren. Hier kommen wesentliche Prinzipien der Grounded Theory zum Tragen: das theoretische Kodieren, das theoretische Sampling und die theoretischen Konzepte, die aus dem Vergleich zwischen Phänomenen und Kontexten resultieren (vgl. Breuer 2010: 41). Im Folgenden wird die auf diesen Auswertungssäulen basierende und hier konkret zur Anwendung gekommene Vorgehensweise detailliert beschrieben.

7.2 Datenanalyse – Rekonstruktion der subjektiven Perspektive

Nachfolgend werden die verschiedenen Auswertungsschritte nun mit Bezug zum Forschungsmaterial präsentiert. Dafür wurde das Gesprächsprotokoll des zuerst analysierten Einzelfalls, Frau Rosen, ausgewählt, da die daran entwickelten Suchbewegungen und Auswertungskategorien dort erprobt ggf. verworfen bzw. dann auch bei den weiteren Analysen der Einzelfälle angwandt wurden. Wenngleich die Darstellung am Einzelfall erfolgt, wird hier, anders als in Kapitel 8 zu den Falldarstellungen, jedoch noch nicht auf die zusammenhängenden biografischen Abläufe des Falls eingegangen. Vielmehr wird in diesem Kapitel nur insofern Bezug zum Datenmaterial genommen, als der Auswertungsablauf an dafür zentralen Textstellen besonders gut nachvollziehbar gemacht werden kann. Dadurch wird zugleich ein detaillierter Blick in die Forschungswerkstatt möglich.

Im Folgenden werden die Auswertungsschritte vom Ausgangspunkt, dem Identifizieren von Themenkomplexen (7.2.1) über die Themenanalyse (7.2.2) und dem Identifizieren von Erklärungen und Deutungsmustern (7.2.3) bis zum Herstellen von Zusammenhängen – Hypothesenbildung (7.2.4) und der Fokussierung der Forschungsarbeit auf die dynamische Betrachtung der Bedrohung (7.2.5) vorgestellt.

7.2.1 Identifizieren von Themenkomplexen

Die Auswertung begann mit mehreren Lesedurchgängen des Gesprächsprotokolls von Frau Rosen unter Berücksichtigung der Leitfrage „Welche Ereignisse, Erfahrungen, Themen werden vom Biografieträger benannt?" (vgl. Pierlings 2014). Dem Wesen der Grounded Theory entsprechend war dieser erste Auswertungsschritt sehr breit ausgerichtet. Er bezog sich anfangs auf das Identifizieren und Erfassen der Bandbreite von Themenkomplexen, um zunächst eine umfassende Übersicht darüber zu gewinnen, welche Themen in den Berichten der Biografieträgerin überhaupt auftraten. Das Vorgehen war hier noch angelehnt an das offene Kodieren, also ausgerichtet daran, alle mit der Forschungsfrage in Zusammenhang stehenden Phänomene mit einem Kode zu versehen (Strauss & Corbin 1996).

Zu diesem Zweck wurden in den ersten Bearbeitungsdurchgängen dieser Auswertungsphase Sequenzen markiert, die verschiedene biografische Erfahrungen und Themen beinhalteten. Diese erhielten Überschriften, die nahezu dem Wortlaut der Gesprächspartnerin entsprachen. Diese Themen bezogen sich auf eine Vielzahl von Stationen im Lebenslauf der Biografieträgerin. Im Wesentlichen waren dies der frühere Aufenthalt in der Pflegefamilie („immer alles bekommen haben, was sie gewollt habe"), die Rückkehr in die Herkunftsfamilie („von einem behüteten Zuhause in ein ‚Katastrophenfeld' kommen"), das Wiedereinleben im Lebensraum der leiblichen Familie („wenn sie sich nicht geprügelt hätte, wäre sie untergegangen"), die Schulsituation („von Einserschülerin zur Fünferschülerin geworden") und der Alkoholkonsum („statt eines Pausenbrotes habe sie fünf kleine Feiglinge dabei gehabt"). Als weitere Themen stellten sich die Beziehung zu ihrem leiblichen Vater heraus („ihr Vater habe sie geschlagen, missbraucht und geprügelt, bis sie 17 Jahre alt war") sowie zum Partner, dem Vater ihrer Kinder („er habe sie da rausgeholt"), ferner die Konfliktentwicklung in der Paarbeziehung („Bauchtritt in der Schwangerschaft") und der Wunsch nach Fortsetzung der Partnerschaft („Versöhnungskind").

Wesentliche weitere Themen waren der Drogenkonsum („alles andere sei egal gewesen"; „sie habe abschalten können"), das Leben vor der Herausnahme der Kinder („die Wohnung verwahrlosen lassen"; „zu Hause vegetieren"), der Kontakt zu Helfern („mit zugedröhntem Kopf Termine wahrgenommen"), die Beziehung zum Jugendamt („unter Druck gesetzt gefühlt"), die Beziehung zur Schule der Kinder („übergangen werden"), der Zusammenbruch nach der Herausnahme („tagelang durchgesoffen"), ihr Ringen um Stabilität („durch Therapie zeigen wollen, es zu schaffen"), allmähliche Veränderungen („mithilfe des Freundes aufgerappelt"), ihre Erziehungshaltung („den Kindern sehr viel Liebe geben"), Erfahrungen in der Herkunftsfamilie (als Kind nur „geduldeter Gast" gewesen zu sein), Veränderungen in der Erziehungshaltung („ein ‚nein' tut den Kindern nicht weh") und Veränderungen in der Beziehung zum Jugendamt („als Mutter akzeptiert" werden).

Diese Vielzahl von Themen eröffnete Anknüpfungspunkte für eine Reihe interessanter Forschungsfragen, z. B. nach Rückkehrprozessen von der Pflege in die Herkunftsfamilie, nach den Folgen von innerfamiliären Gewalterfahrungen für die Persönlichkeitsentwicklung oder auch nach den Auswirkungen elterlichen Drogenkonsums auf die Bindungsentwicklung des Kindes.

Dem Ziel dieser Arbeit entsprechend, das Erleben von Bedrohung und Bewältigung angesichts infrage gestellter Elternschaft in den Blick zu nehmen, erfolgte im Weiteren eine Fokussierung auf solche Themen, die in einem engeren Zusammenhang zu den Erklärungen und Deutungen der Bedrohungs- und Bewältigungssituationen standen. Hier konnte u. a. die frühere sowie spätere Beziehung zu den Vertreter*innen des Jugendamtes und die Beziehung zum Familienhelfer identifiziert werden. Ferner stellten sich das eigene Ohnmachts- und Hilflosigkeitserleben, der Wunsch nach Akzeptanz sowie zentrale Erfahrungen in der Herkunftsfamilie als relevante Themen heraus. Mit dieser Zentrierung der Themenbereiche folgte die Auswertung jetzt dem Schritt des theoretischen Kodierens. Damit wurde über das themenzentriert komparative Verfahren nach Lenz (1986), also aus der Analyse des Materials heraus, zugleich dem Leitgedanken der Grounded Theory entsprechend eine Basis für diejenigen theoretischen Konzepte gelegt, die im Weiteren einen Erklärungswert für die zu untersuchenden Phänomene haben sollten (vgl. Strauss 2004: 13).

Stellvertretend für die Gesamtheit der relevanten Themenkomplexe, werden im Folgenden ausgewählte Textstellen wiedergegeben, an denen sich das analytische Vorgehen in diesem Auswertungsschritt besonders deutlich zeigen lässt. So sind im Rahmen des „Identifizierens von Themenkomplexen" im Gespräch mit Frau Rosen Sequenzen aufgefallen, die für die Forschungsfrage eine besonders wichtige Rolle spielen. Diese Textstellen und deren weitere Analyse werden hier vorgestellt:

- *Sequenz 1:* Sie habe von Anfang an kein gutes Verhältnis zu Frau F. (Vertreterin des Jugendamtes) gehabt. Von da an habe sie immer Angst gehabt, dass man ihr die Kinder wegnehme. Sie habe sich sehr unter Druck gesetzt gefühlt, habe dadurch immer mehr ‚dichtgemacht'.
- *Sequenz 2:* Der ganze Druck von außerhalb sei ein Problem gewesen, auch dass sie nicht mehr habe machen können, was sie wollte. Frau F. habe mehr Struktur in ihr Leben bringen wollen, die Kontinuität für die Kinder aufrechterhalten wollen. Egal, was gewesen sei, es habe immer nur den Spruch gegeben, ‚Wenn sie nicht tun, was ich sage, dann sind die Kinder weg'.
- *Sequenz 3:* Sie habe sich immer sehr unter Duck gesetzt gefühlt. Ämter und Familienhilfe hätten ihr ‚die Pistole auf die Brust gesetzt'. Sie habe nicht mehr selbst entscheiden können, alles sei für sie entschieden worden, sie habe sich nur fügen können. Das sei ihr zu viel gewesen. Sie habe keine Kontrolle mehr über ihr Leben gehabt. Anfangs habe sie mitgearbeitet, aber dann sei es ihr zu viel geworden. Sie habe immer zu allem ‚Ja und Amen' sagen müssen, egal ob sie eine andere Meinung gehabt habe. Sie habe sich dann eingeschlossen, wieder konsumiert, um sich keine Gedanken machen zu müssen.
- *Sequenz 4:* Die Schule habe auch gar nicht mehr mit ihr zusammengearbeitet, sondern nur noch mit dem Jugendamt, sie selbst sei übergangen worden. Das habe ihr sehr zu schaffen gemacht.
- *Sequenz 5:* Auf den Druck des Jugendamtes hin habe sie ‚dichtgemacht', nur das allernötigste mit Frau F. besprochen. Aus diesem Grund habe Frau F. gesagt, dass man mit ihr nicht arbeiten könne. Sie sei der Meinung gewesen, wenn man etwas Vertrauen in sie setze, würde das auch klappen. Das sei von Frau F. nie gekommen.
- *Sequenz 6:* Bei Frau G. (aktuell zuständige Vertreterin des Jugendamtes) sei dies ganz anders. Wenn sie Vorschläge mache, höre man ihr zu. Man setze sich mit ihr und den Kindern auseinander. Von Frau G. werde sie als Mutter akzeptiert, sie könne ihre Vorschläge vorbringen. Sie habe zum Beispiel entscheiden dürfen, welche weiterführende Schule Ben besuche. Sie habe entschieden, dass Ben, wie sie selbst, auf die Gesamtschule gehe. Bens Schule habe immer darauf gedrängt, ihn aufs Gymnasium zu schicken, aber sie habe befürchtet, dass er den schulischen Anforderungen nicht gewachsen sei.

Im Kontext des Auswertungsschrittes ‚Identifizieren von Themenkomplexen' wurden diese markanten Textstellen mit Überschriften versehen. Dabei erhielten alle Sequenzen zunächst die an die Sprache der Interviewpartnerin angelehnten folgenden Überschriften:

- Sequenz 1: Sie habe sich sehr unter Druck gesetzt gefühlt.
- Sequenz 2: Wenn sie nicht tun, was ich sage, dann sind die Kinder weg.
- Sequenz 3: Sie habe nicht mehr selbst entscheiden können, alles sei für sie entschieden worden. Sie habe keine Kontrolle mehr über ihr Leben gehabt.
- Sequenz 4: Sie selbst sei übergangen worden.
- Sequenz 5: Wenn man etwas Vertrauen in sie setze, würde das auch klappen.
- Sequenz 6: Als Mutter akzeptiert werden. Entscheiden dürfen.

7.2.2 Themenanalyse

In diesem Auswertungsschritt wurden die Themenkomplexe nach einem gemeinsamen Nenner bzw. nach Ähnlichkeiten geordnet. Dadurch wurden erstmals Interpretationen vorgenommen. Dieser Schritt war von der Frage nach wesentlichen thematischen Überschneidungen zwischen den Sequenzen geleitet. Auf diese Weise konnten zwei wichtige Themenkomplexe ermittelt werden. Der erste Themenkomplex umfasst die Sequenzen 1 bis 4 und bezog sich auf das Erleben von „Druck", auf fehlende eigene Kontrollmöglichkeiten und auf Erfahrungen des Übergangenwerdens, mithin auf das Erleben umfassender Fremdbestimmung. Dazu passt die abstraktere Formulierung „Erleben von Hilflosigkeit und Kontrollverlust", welche diesen Themenkomplex abbildet. Der zweite Themenkomplex ergab sich aus den Sequenzen 5 und 6. In diesen Passagen spricht die Interviewpartnerin, indem sie fehlendes Vertrauen und fehlende Entscheidungsmöglichkeiten erwähnt, ein zentrales Bedürfnis nach Wertschätzung und Selbstbestimmung an. Dies lässt sich in der Formulierung „Wunsch nach Selbstwirksamkeit und Handlungsfähigkeit" zusammenfassen.

7.2.3 Identifizieren von Erklärungen und Deutungsmustern

In dieser Auswertungsphase wurden die bereits im ersten Schritt (vgl. Kap. 7.2.2) herausgearbeiteten Gesprächssequenzen erneut in den Blick genommen. Dabei ging es nun um das Herausfiltern von Deutungsmustern. Insofern war diesmal die Frage leitend: „Welche Erklärungen bzw. Deutungen finden sich?" (vgl. Pierlings 2014: 70). Das Betrachten derselben Textstellen unter veränderter Fragestellung führte zu einem Umzentrieren, sodass nicht mehr Themen, sondern die Art und Weise, auf welche Zusammenhänge in Form von Kausalbeziehungen und impliziten Verhältnissen (Deutungen) hergestellt werden, im Mittelpunkt standen. Unter diesem neuen Blickwinkel ergaben sich im Kontext der Deutungsmusteranalyse für die oben zitierten Sequenzen Stellenwerte im Zusammenhang von „Erklärungen" und „Deutungen" sowie als „Kernaussagen" zur Bedrohungssituation. Darauf nimmt die folgende systematische Darstellung der Deutungsmuster genauer Bezug.

Es sei auch hier auf relevante Zwischenschritte im Forschungsprozess einzugehen. So war auch dieser Auswertungsschritt zunächst dadurch gekennzeichnet, dass eingangs mehrere Sortierdurchgänge erfolgten, die auf eine noch breit angelegte Suche nach Deutungsmustern ausgerichtet waren. Dabei wurden u. a. Deutungsmuster, die sich auf Lebensphasen vor der Fremdunterbringung der Kinder bezogen, u. a. die Zeit der Familiengründung, in den Blick genommen. Sich daraus ergebende interessante Aufschlüsse, z. B. im Kontext von Deutungen mit Bezug zu einer Neustrukturierung der innerfamiliären Rollenverteilung nach traditionellem Vorbild oder zu einer Veränderung des Lebenskonzepts mit Ausrichtung auf die Bedürfnisse des Kindes, trafen jedoch zu wenig auf das Besondere dieser Zielgruppe ehemaliger Pflegekinder in bedrohter Elternschaft zu. So handelt es sich dabei um „Entwicklungsaufgaben" (vgl. Havighurst 1972), die allgemein mit der Bewältigung von Elternschaft verbunden sind. Deswegen war hier genauso wie auf der Stufe des Identifizierens von Themenkomplexen eine Ausgrenzung solcher Deutungsmuster erforderlich, um eine erneute Fokussierung auf die Bedrohungs- und Bewältigungsverhältnisse vorzunehmen.

Im Folgenden werden die so gewonnenen Hauptkategorien der Deutungsmuster, die im Hinblick auf Grunddimensionen des deskriptiven Modells von Bedrohungs- und Bewältigungsverläufen eine tragende Rolle spielen werden, genauer vorgestellt.

7.2.3.1 Deutungsmuster zur (bedrohten) Elternschaft

In weiteren, wiederholten Sortierdurchgängen, in deren Zentrum nun die Bedrohungssituation stand, wurden die Hauptkategorien (a) „Konkrete Erklärungen zur Bedrohungssituation", (b) „Komplexe Betrachtungen der Bedrohungssituation" und (c) „Biografische Kernaussagen zur Bedrohungssituation" entwickelt.

Der erste Schritt der Systematisierung der Deutungsmuster war auf die Suche nach expliziten Verbindungen, die zwischen einer Situation und einer darauf bezogenen Erklärung bestehen, im Sinne eines „Darum-hängt-dieses-mit-jenem-zusammen" (Pierlings 2014: 92) bezogen. Diese Art von Ursache-Wirkungs-Zusammenhängen wird unter dem Aspekt „Konkrete Erklärungen zur bedrohten Elternschaft" dargelegt.

Die nächste Systematisierungsebene betraf „Komplexere Betrachtungen der bedrohten Elternschaft". Hier war die Auswertung auf „implizit" hergestellte Zusammenhänge ausgerichtet.

Schließlich umfasste die Kategorie „Biografische Kernaussagen zur bedrohten Elternschaft" Aussagen, in welchen die Interviewpartnerin zentrale Aspekte eigener bedrohter Elternschaft vor dem Hintergrund biografischer Erfahrungen deutet und so eine Integration dieser Erfahrungen vornahm.

Erklärungen zur bedrohten Elternschaft

In der Kategorie „Konkrete Erklärungen" werden am Beispiel des Gesprächs mit Frau Rosen Subkategorien vorgestellt, die in der Analyse des Datenmaterials besonders deutlich hervortraten. Dabei handelt es sich zum einen um „Erklärungen, die im eigenen Verhalten begründet sind", und zum anderen um „Erklärungen, die im Verhalten anderer Personen begründet sind", in denen also Aspekte der bedrohten Elternschaft mit dem Verhalten anderer Personen erklärt werden.

Erklärungen, die im eigenen Verhalten begründet sind – Bezug zum Erziehungsverhalten

Zentrale Aspekte der Bedrohungssituation, wie das Auffälligwerden beim Jugendamt infolge ausgedehnter Fehlzeiten des Kindes in der Schule, werden ursächlich mit dem eigenen Verhalten der Mutter (Verwöhnung des Kindes) in Zusammenhang gebracht:

> Moritz sei sehr unregelmäßig in die Schule gegangen [...] Sie habe Moritz extrem bemuttert, habe ihn auch mal eine Woche lang nicht in die Schule geschickt.

> Sie habe Moritz ‚verhätschelt und vertätschelt'. So sei auch das Jugendamt auf sie aufmerksam geworden. Von da an habe alles seinen Lauf genommen. Das Jugendamt sei alarmiert gewesen.

Zahlreiche problematische Situationen in der Erziehung der Kinder, welche der Entstehung der Bedrohungssituation zugrunde liegen – z. B. fehlende Grenzen und Strukturen in der Erziehung („sich nicht durchsetzen können"; sich „auf der Nase herumtanzen" lassen) –, werden mit eigenem mangelndem Durchhaltevermögen und „mitmachen" begründet:

> Auch die Familienhilfen hätten mit ihr darüber gesprochen. Je nach Aufgabe habe dies anfangs auch gut geklappt, aber das Durchhalten sei nicht ihre Stärke gewesen. Sie hätten zum Beispiel einen Belohnungsplan eingeführt, in dem Dinge wie Aufräumen, rechtzeitiges Zubettgehen etc. belohnt worden seien. Das habe anfangs gut geklappt, aber wenn einer quergeschlagen habe, hätten die anderen auch quergeschlagen, und sie habe sich nicht durchsetzen können.

> Die Kinder hätten ihr ‚auf der Nase rumgetanzt' und sie habe dies einfach mitgemacht. Wenn sie gesagt habe, die Kinder sollten aufräumen, habe niemand auf sie gehört. Zehn Minuten später habe sie mit den Kindern zusammen herumgetobt,

sich gegenseitig mit Softbällen beschossen oder Ähnliches. Aus dem Aufräumen sei dann gar nichts geworden.

Erklärungen mit Bezug zu eigenem, problematischem Kooperationsverhalten

Weitere Erklärungen erfolgen in Bezug auf ihre schwankende Bereitschaft zur Zusammenarbeit:

> Sie hätte Termine an verschiedenen Stellen gehabt, z. B. beim Gesundheitsamt, im Beratungszentrum, bei verschiedenen Mitarbeitern des Jugendamtes. Sie sei dort schon als „hoffnungsloser Fall" bekannt, weil sie immer Dinge anfange, aber dichtmache, sobald etwas nicht so laufe, wie sie wolle.

Erklärungen, die im Verhalten anderer begründet sind – Bezug zum Hilfesystem

Das Protokoll des Gesprächs mit Frau Rosen enthält wiederholt Angaben, die sich auf das drohende Verhalten der Vertreterin des Jugendamtes beziehen. Dies wird als Grund für ihren Rückzug aus der Hilfebeziehung angegeben. Das eigene Verhalten der Biografieträgerin – „dichtgemacht" – wird als Reaktion auf das Auftreten der Jugendamtsmitarbeiterin („drohen", „unter Druck setzten") dargestellt:

> Sie habe von Anfang an kein gutes Verhältnis zu Frau F. gehabt. Von da an habe sie immer Angst gehabt, dass man ihr die Kinder wegnehme. Sie habe sich sehr unter Druck gesetzt gefühlt, habe dadurch immer mehr ‚dichtgemacht'.

Im Gesprächsprotokoll fielen Kontrastierungen in Bezug auf die Wahrnehmung des Hilfesystems auf. Das Verhalten des Familienhelfers (der habe sie „durchschaut" und erkannt, dass sie Hilfe brauche) wird als ursächlich für die Aufnahme umfangreicher Behandlungen betrachtet:

> Er habe gesehen, dass sie kaputt sei und Hilfe brauche, auch psychiatrische Hilfe und eine Drogentherapie.

7.2.3.2 Komplexere Deutungen zur – bedrohten – Elternschaft

In diesem Abschnitt geht es in Abgrenzung zu den „Erklärungen" um die eher übergeordneten Zusammenhänge, u. a. um „Deutungen, die die Lesart des Bedrohungserlebens umfassen" (Pierlings 2014: 92).

Deutung mit Bezug zur Erziehungshaltung

Das Fallbeispiel Frau Rosen zeigt auf, dass wiederkehrende Problembereiche der Bedrohungssituation in einen Zusammenhang zur Erziehungshaltung der Biografieträgerin gegenüber den Kindern gebracht werden:

> Sie liebe ihre Kinder sehr, zeige dies den Kindern aber auf falsche Weise. Kinder bräuchten Grenzen und Vorgaben, sie habe ihnen durch ihre überdurchschnittliche Liebe aber sehr viel durchgehen lassen, sie sehr verhätschelt. Darüber habe sie vergessen, den Kindern zu zeigen, dass sie nicht immer da sei und alles für sie tue, sondern dass sie auch selber Dinge erreichen müssten. Wenn Moritz gesagt habe, er wolle nicht in die Schule gehen, dann habe sie ihn aus der Schule gelassen, wenn er die Hausaufgaben nicht habe machen wollen, habe er dies auch nicht tun müssen. Sie habe ihm viel abgenommen, ihn angezogen, wenn er gebadet habe neben ihm gesessen.

In dieser Gesprächssequenz werden Haltungen („überdurchschnittliche Liebe") deutlich, die über Erklärungen im Sinne des Ursache-Wirkungs-Prinzips hinausgehen, indem sie sich nicht nur auf die Ebene der Einzelsituationen beziehen, sondern eine gemeinsame Verständnisbasis für eine Vielzahl von Begebenheiten darstellen, die im Zusammenhang mit Problemen erzieherischer Lenkung (vgl. Tschöppe-Scheffler 2013) stehen.

7.2.3.3 Kernaussagen zur bedrohten Elternschaft

Diese Deutungen haben den Charakter eines Fazits bzw. Bildes, das in den Gesprächen zum Bedrohungserleben mit Bezug zur Elternschaft oftmals entwickelt und als schwieriger Aspekte in das Gesamtbild der Elternschaft integriert wird bzw. werden kann.

Kernaussagen mit Bezug zum Jugendamt

Diese Deutungen beziehen sich im Wesentlichen auf die bereits in den Erklärungen (hier: „Erklärungen mit Bezug zum Jugendamt") angeführten einzelnen Gründe (hier: Erleben von Druck, fehlende Kontroll- und Mitwirkungsmöglichkeiten, fehlende Akzeptanz als Mutter). Am Beispiel des Gesprächs mit Frau Rosen zeigte sich, dass die Betrachtung der singulären Erklärungen in der Zusammenschau zu einem Deutungsmuster führte, das in emotionaler Hinsicht durch das Erleben von „Ohnmacht" bzw. „Hilflosigkeit" und unter dem Aspekt der Selbstwirksamkeit (Pinquart 2011) durch den Wunsch nach Anerkennung, Partizipation und Handlungsfähigkeit geprägt ist:

Auf den Druck des Jugendamtes hin habe sie ‚dichtgemacht', nur das Allernötigste mit Frau F. besprochen. Aus diesem Grund habe Frau F. gesagt, dass man mit ihr nicht arbeiten könne. Sie sei der Meinung gewesen, wenn man etwas Vertrauen in sie setze, würde das auch klappen. Das sei von Frau F. nie gekommen, bei Frau G. (aktuell zuständige Vertreterin des Jugendamtes) sei dies ganz anders. Wenn sie Vorschläge mache, höre man ihr zu. Man setze sich mit ihr und den Kindern auseinander. Von Frau G. werde sie als Mutter akzeptiert, sie könne ihre Vorschläge vorbringen.

In diesen Sequenzen drücken sich „Kernaussagen zur Bedrohungssituation" aus. Diese zeigen, dass und wie sich aus dem Forschungsmaterial zentrale Aufschlüsse im Hinblick auf die Lesart der bedrohten Elternschaft ergeben. Das Forschungsmaterial enthält mithin zahlreiche Konkretisierungen in Bezug auf Verletzungen wichtiger Bedürfnisse der Biografieträgerin (selbst entscheiden dürfen, Vertrauen entgegengebracht bekommen, Anerkennung erfahren wollen), denen im Weiteren ein wesentlicher Stellenwert als Bedingungsfaktor im deskriptiven Modell zukommt. Dies ermöglicht es, Auswirkungen auf die Hilfebeziehung zu beschreiben.

Kernaussagen mit Bezug zur Biografie

In „biografischen Kernaussagen" deuten die Interviewpartner*innen ihre Elternschaft vor dem Hintergrund lebensgeschichtlicher Erfahrungen. Dabei geht es um Deutungsmuster und Aussagen, die nicht nur für die Erklärung von Einzelsituationen Relevanz haben, sondern von übergreifender, vielfach handlungsleitender Bedeutung sind. Exemplarisch lässt sich dies im Gesprächsprotokoll von Frau Rosen an der Aussage zeigen, in der ein biografisch verwurzeltes Muster erkennbar wurde, welches einen grundlegenden Einfluss auf ihre Haltung zur Elternschaft und den sich daraus ergebenden Problembereichen im Hinblick auf die Bedrohungssituation (Erziehungsvorstellungen, Erziehungsverhalten) widerspiegelt:

Sie habe nie so sein wollen wie ihre Mutter, im Endeffekt habe sie es zwar anders gemacht, aber trotzdem falsch. Ihre Mutter habe ihnen früher nie Liebe gezeigt, sie seien ‚geduldete Gäste' gewesen. Sie habe ihren Kindern sehr viel Liebe gegeben, aber ihnen nicht den ‚Ernst des Lebens' gezeigt.

Der zentrale Charakter dieser Aussage ergibt sich aus der darin beschriebenen Verbindung zwischen den Erfahrungen in der Herkunftsfamilie („Gastrolle"), den daraus resultierenden Abgrenzungswünschen („nie so sein wollen wie ihre Mutter"), dem eigenen Erziehungsverhalten („sehr viel Liebe gegeben") und der selbstkritischen Feststellung des Scheiterns eigener Erziehungsvorstellungen (es „trotzdem falsch" gemacht zu haben). Der Stellenwert einer Kernaussage ergibt sich auch daraus, dass diese Aussage zahlreiche Schilderungen schwieriger Interaktionsverläufe zwischen der Mutter und den Kindern erklärt (hier: Angaben zum Aufräumen, zu Bett gehen, zu Essenssituationen) und entschlüsselt die Problematik der Grenzsetzung von Frau Rosen gegenüber den Kindern (hier: nur geringe Strukturgebung in der Erziehung).

7.2.4 Herstellen von Zusammenhängen – Hypothesenbildung

In diesem Kapitel geht es darum, aufzuzeigen, wie Einzelaussagen verknüpft werden. Im Zentrum steht das Herstellen von Zusammenhängen zwischen Phänomenen und der Theorie. Die Auswertung nähert sich in dieser Phase dem Ziel des Rekonstruktionsprozesses der Einzelfallanalyse, also das ‚eigentlich Gemeinte' herausarbeiten (vgl. Lenz 1986: 145).

An dieser Stelle soll zunächst noch einmal auf den Forschungsprozess Bezug genommen werden. So ergaben sich bereits durch die ersten Auswertungsdurchgänge interessante Hypothesen. Anhand des Gesprächsmaterials ließen sich u. a. Zusammenhänge zwischen den frühen Erfahrungen, deren Erleben und Deutung durch die Biografieträgerin einerseits und den Erziehungs- sowie Lebensproblemen und -themen andererseits herausstellen. Das bot z. B. Raum für die Hypothesen: ‚Elternschaft als Chance zur Neustrukturierung der Lebensführung' bzw. ‚Familiengründung als einen von der Abgrenzung zur Herkunftsfamilie geleiteten Versuch, einen stabilen und emotional positiven Lebensrahmen zu schaffen'. Wie bereits im Rahmen der ersten Auswertungsschritte wurde auch hier die Suche nach Hypothesen, die noch bedeutend stärker auf diejenigen Deutungsmuster bezogen waren, die mit der hier zu untersuchenden Bedrohungssituation in Zusammenhang stehen, fortgesetzt.

Dazu ist mit Flick (2012) grundsätzlich anzumerken, dass der Konstruktionsprozess von Zusammenhängen auf unterschiedliche Art und Weise erfolgen kann. Zum einen kann der Zusammenhang im Reflexionsraum der Interviewpartner*innen liegen, sodass er von den Biografieträger*innen selbst hergestellt wird, z. B. in Form einer Erklärung. Zum anderen kann der Zusammenhang durch Wissensbestände der Forschenden entstehen. Die Auswahl der Theorie erfolgt danach, ob sie als Instrument geeignet ist, die Phänomene zu verstehen und aufzuschlüsseln.

Hier wurde eine Kombination aus beiden Konstruktionswegen vorgenommen. Dafür sprach, dass zunächst die Deutungen der Biografieträgerin selbst erste Anhaltspunkte für Zusammenhänge boten. So enthielt das Material im Kontext der ‚Kernaussage zur bedrohten Elternschaft' Beschreibungen, die „Kontrolle" bzw. das Fehlen von Entscheidungsmöglichkeiten als besonders schwerwiegend hervortreten ließen. Hinzu kamen Textpassagen, die wiederum in einem Zusammenhang zu erlebter bzw. fehlender Wertschätzung und Akzeptanz standen. Ferner trat im Gesprächsprotokoll ein Erklärungstyp hervor, der Bezug zu Ursachenzuschreibungen nahm, die entweder in der eigenen Person (u. a. Erziehungshaltung) oder in anderen Personen (u. a. Jugendhilfe) begründet waren. Diese aus dem Forschungsmaterial abgeleiteten Aspekte finden sich im Rahmen attributionstheoretischer Forschung (vgl. Weiner 1994) und angrenzender Themenfelder wieder. Solche sind z. B. die von der „Theorie erlernter Hilflosigkeit" (Seligman 1975) ausgehende Depressionsforschung (Niemeyer 1993) sowie das von Bandura in den 70er-Jahren entwickelte Konzept der Selbstwirksamkeit (Bandura 1977). Hier bot sich vor allem die Attributionstheorie zur weiteren Interpretation der vorliegenden Erklärungen und Deutungen an. Die Attributionstheorie mit den Dimensionen Lokation (intern vs. extern), Stabilität (stabil vs. variabel) und Kontrollierbarkeit (kontrollierbar vs. unkontrollierbar) und den damit zusammenhängenden Auswirkungen auf das Selbstwertgefühl (Weiner 1994: 1) war hier geeignet, wichtige weitergehende Aufschlüsse über Erklärungen und Deutungsmuster im Kontext der bedrohten Elternschaft zu geben.

Konkret ließ die ausführlich dargelegte Auswertung an dieser Stelle des Forschungsprozesses die folgenden durch das Datenmaterial begründeten Aussagen zu:

• *Aussage 1:* Das Erleben fehlender Kontrollierbarkeit bzw. von Fremdbestimmung schwächt das Selbstwertgefühl in der Bedrohungssituation, während Erfahrungen der Kontrollierbarkeit das Selbstwertgefühl in der Bedrohungssituation stärken.

• *Aussage 2:* Werden Ursachen des Bedrohungserlebens extern lokalisiert, verringert dies die Erwartung, selbst Einfluss auf das Bedrohungsereignis nehmen zu können. Demgegenüber werden stärkere Veränderungsmöglichkeiten wahrgenommen, wenn die Ursachen der Bedrohungssituation intern lokalisiert werden.

• *Aussage 3:* Werden Ursachen des Bedrohungserlebens extern – hier im übermächtigen Jugendamt – lokalisiert, schränkt dies die Hilfesuche und die Bereitschaft, sich gegenüber Hilfsangeboten des Jugendamtes zu öffnen, stark ein.

• *Aussage 4:* Werden Ursachen der Bedrohungssituation extern lokalisiert, bietet dies die Möglichkeit, den Selbstwert des Biografieträgers zu entlasten bzw. zu stabilisieren.

An dieser Stelle sei hervorgehoben, dass solche Aussagen nicht den Stellenwert von Beweisen haben, das Prüfniveau vielmehr dem der Plausibilität entspricht (vgl. Flick 2012). Daher war es im weiteren Auswertungsprozess besonders wichtig, den Text auf Gegenläufiges bzw. Widersprüchliches zu untersuchen und die Aussagen an weiteren Textstellen der folgenden Einzelfallanalysen zu überprüfen, sodass sich daraus ggf. Modifikationen, Falsifikationen oder Bestätigungen der Aussagen ableiten ließen.

7.2.5 Dynamische Betrachtung der Bedrohung

Bei der Auswertung und Diskussion der Gespräche fiel insbesondere auf, dass die herausgearbeiteten Deutungsmuster nicht nur punktuell auf eine – hier durch das familiengerichtliche Verfahren besonders zugespitzte – Bedrohungssituation bezogen waren. Vielmehr zeigten sich an verschiedenen Stellen der Schilderungen relevante Deutungen, die insgesamt auf einen Bedrohungsverlauf hinwiesen. Die Analyse bildete also immer deutlicher einen prozesshaften Charakter der Bedrohung ab, in der sich verschiedene Phasen im Zusammenspiel mit mehreren beteiligten Akteur*innen (Vertreter*innen der Jugendhilfe, Vertreter*innen des Gerichts) entfalteten.

Das verschob den Fokus des Forschungsprojekts von der Untersuchung der bis dahin noch eher linearen Deutungsmuster auf komplexere Prozesse mit dem Ziel, die bereits herausgearbeiteten Deutungen nun zusammenzufassen.

Um den Verlaufscharakter der Bedrohungssituation noch genauer herauszuarbeiten, wurden die Gespräche erneut analysiert. Die nunmehr auf den Prozesscharakter bezogenen Leitfragen – Welche Phasen des Bedrohungserlebens zeigen sich? Was kennzeichnet deren Anfang, was deren Ende? Was trägt dazu bei, dass Phasen zur Ruhe kommen? Was treibt deren Eskalation an? – unterstützen die neuen Suchbewegungen.

Auf diese Weise konnten, anfangs abgeleitet aus den vielfachen Auswertungsdurchgängen der Fallanalyse Frau Rosen und späterhin bestätigt durch die weiteren Fallauswertungen, im Wesentlichen vier verschiedene Phasen herausgestellt werden, deren Bezeichnung zunächst noch eng an den Beschreibungen der Biografieträgerin orientiert waren. Im Kontext der weiteren Fallauswertungen wurden den Phasen die abstrakteren bzw. allgemeineren Bezeichnungen – Niedrigkonflikt-, Hochkonflikt-, Eskalations- und Deeskalationsphase – zugeordnet. Die Einteilung der Phasen erfolgte entlang des jeweiligen Eskalationsniveaus (niedrig, steigend, hoch, fallend).

Zusammenfassend lässt sich zur Entwicklung des Forschungsprozesses festhalten, dass sich im Rahmen der differenzierten und kleinschrittigen Auswertung (u. a. offenes und theoretisches Kodieren, Themenanalyse) in struktureller Hinsicht wesentliche Erkenntnisse ergeben haben. Diese konnten insbesondere durch die Analyse der Deutungsmuster herausgearbeitet werden, die immer genauer auf die Bedrohung und deren Verlauf konzentriert wurden, sodass der Konfliktverlauf in seinen Phasen schließlich u. a. anhand des jeweiligen Eskalationsniveaus beschrieben und strukturiert werden konnte.

Damit hat sich der Bedrohungsverlauf zu einem zentralen Thema der Forschungsarbeit entwickelt, den es als „Kernkategorie" zu erfassen galt. Der Vergleich von Strauss und Corbin (1990: 124) – die weiteren untergeordneten Modellelemente seien im Forschungsprozess jeweils zu der Hauptkategorie in Beziehung zu setzen – beschreibt das weitere Auswertungsgeschehen besonders gut. So wurden in einem Prozess des selektiven Kodierens die Kategorien miteinander verknüpft (Strauss & Corbin 1990: 117). Im Analyseprozess spiegelte sich dies in den theoretischen Bezügen des Verlaufs zu Prozessen der Attribution, Handlungsfähigkeit, Selbstwirksamkeit, Hilfebeziehung sowie der Kooperation mit dem Hilfesystem wider.

Den methodischen Gedanken von Strauss (vgl. Strauss 2004: 13) folgend, war nach dieser Auswertungsphase und erster Ergebnisformulierung eine Auswahl der weiteren Gespräche nach dem Theoretical Sampling (Strauss & Corbin 2010) besonders geeignet, den Theoriebildungsprozess zu befördern. Die Auswahl erfolgte entlang wesentlicher Kontrastierungsmerkmale, wie das Einstiegskonfliktniveau der Hilfebeziehung sowie Besonderheiten des Verlaufs einzelner Phasen.

Anhand des Theoretical Sampling ergab sich eine breit gefächerte Ausgangslage zur Konstruktion eines dynamisch deskriptiven Modells der Bedrohungseskalation und Bewältigung. Ergänzungen resultierten aus dem fortwährenden Wechselbezug zwischen Theorie und Empirie. Insbesondere führte die Betrachtung der Bedrohungsprozesse aus multidisziplinärer Perspektive zu geeigneten Werkzeugen zum Aufschließen des Datenmaterials. So konnten durch die Einbeziehung des Konzepts der Lebensbewältigung (Böhnisch 2016) Beschreibungs- und Auswertungsaspekte im Hinblick auf die Kategorie der Hilfebeziehung, die bereits in den ersten Auswertungsschritten als ein bedeutsamer Bedingungsfaktor hervorgetreten war, integriert werden. Damit sind anhand der ersten Einzelfälle in einem Abstraktionsprozess zentrale Kategorien herausgearbeitet worden, die in ihren Wechselwirkungen zum Bedrohungsverlauf betrachtet und im Hinblick auf das Ausmaß und die Art und Weise, auf die sie den Verlauf in der jeweiligen Phase determinierten, beschrieben werden konnten. Im weiteren Verlauf wurden alle Gespräche nach diesen Kategorien kodiert:

• Der Verlauf der Bedrohung und seine Phasen mit der Leitfrage: Welches Eskalationsniveau kennzeichnet die Phase?
• Die Phasen des Bedrohungsverlaufs mit den Leitfragen: Was befördert, was hemmt sie bzw. bringt sie zum Kippen? Welche Ursachenzuschreibungen erfolgen jeweils? Wird Kontrolle wahrgenommen?
• Die Belastungen und Ressourcen im Bedrohungsverlauf mit den Leitfragen: Welche Belastungen treten in den Phasen jeweils auf? Was kennzeichnet einen Faktor als Belastung bzw. als Ressource?
• Die Hilfebeziehung mit der Leitfrage: Ergeben sich Zusammenhänge zur Selbstwirksamkeit sowie zur Kooperation mit dem Hilfesystem?

Die weiteren Abstraktionsebenen umfassen die Darlegung der Bedeutung des Einzelfalls für das theoretische Modell sowie die Verbindung der Einzelfälle zum theoretischen Modell. Schließlich werden anhand des Modells idealtypische Phasen des Bedrohungsverlaufs und der Bewältigung bei infrage gestellter Elternschaft ehemaliger Pflegekinder herausgearbeitet.

Zusammenfassend wurden in diesem Kapitel vor dem Hintergrund der Leitgedanken qualitativer Forschung die hier angewandten, zentralen methodischen Auswertungsschritte und Entscheidungsprozesse dargelegt und damit wurde der Forschungsablauf transparent. Im folgenden Kapitel zu den Falldarstellungen und der Analyse von Verlaufsprozessen von Bedrohung und Bewältigung wird an relevanten Stellen darauf Bezug genommen.

8 Falldarstellungen und Analyse der Bedrohungskonstruktionen und -verläufe

Im Folgenden werden die Einzelfälle und deren Auswertungen dargelegt. Die Darstellungen beginnen jeweils mit einer kurzen Begründung zur Auswahl des jeweiligen Falls. Es folgt eine Einführung, in der einige Eckdaten zum Einzelfall skizziert werden, sodass eine erste Orientierung über die dem Bedrohungserleben und -verlauf zugrunde liegende Ausgangssituation und deren Entwicklung ermöglicht wird. Insbesondere können durch diese rahmenden Informationen die nachfolgenden Schilderungen aus der Perspektive der Biografieträgerinnen umfassender nachvollzogen werden. Auf dieser Grundlage erfolgt dann jeweils die Beschreibung des Bedrohungsverlaufs und dessen Interpretation.

8.1 Der Einzelfall Frau Rosen

Auf den Einzelfall Frau Rosen wurde in den vorangegangenen Kapiteln bereits Bezug genommen. Dies erfolgte jedoch ausschließlich unter dem Gesichtspunkt, die methodische Vorgehensweise darzulegen. Die dabei wiedergegebenen Zitate dienten der Veranschaulichung konkreter Arbeitsschritte im Rahmen der Anwendung qualitativer Methoden, insbesondere des rekonstruktiven Vorgehens. Insofern wurden hierfür bislang nur Fragmente des Einzelfalls präsentiert.

Dem Ziel der Einzelfallanalysen entsprechend, also Bedrohungskonstruktionen und -verläufe darzustellen, ist nun eine Gesamtdarstellung des Fallverlaufs Frau Rosen erforderlich. Nur auf dieser Grundlage sind die im Weiteren dargelegten fallbezogenen Ergebnisse detailliert nachzuvollziehen.

8.1.1 Die Auswahl des Einzelfalls

Die Auswahl der Einzelfälle erfolgte grundsätzlich entlang kontrastierender Merkmale der Prozessdynamik von Bedrohungsverläufen. Im Fall Frau Rosen zeigt sich ein solches Merkmal im Hinblick auf den Zeitpunkt und das Tempo des Eskalationsanstiegs während des Hilfeverlaufs. Gerade der frühe und plötzliche Einstieg in die Eskalation hebt sich von anderen sich allmählich entwickelnden Eskalationsverläufen ab (vgl. Einzelfälle Frau Petermann, Frau Groß).

Der Einzelfall Frau Rosen wurde auch deswegen ausgewählt, da er auf besonders eindrückliche Weise die Variationsbreite des Merkmals ‚psychosoziale Handlungsfähigkeit' repräsentiert, sodass sich hieran Einflüsse auf den Bedrohungsverlauf zeigen lassen. Darüber hinaus sprachen noch weitere kontrastierende Merkmale dafür, gerade den Einzelfall Frau Rosen heranzuziehen. Hier ist insbesondere das Merkmal ‚Fremdplatzierung' zu nennen, welches eine Abgrenzung zu Konstellationen der Verwandtenpflege ermöglicht. Ferner kam bei der Auswahl die Dauer des Pflegeverhältnisses (hier: über mehrere Jahre) zum Tragen, da sich dadurch Möglichkeiten der Gegenüberstellungen mit Prozessdynamiken bei Kurzzeitunterbringungen eröffnen.

8.1.2 Einführung in den Fall Frau Rosen

Frau Rosen und deren Schwestern waren dem Jugendamt bereits seit dem Kindesalter bekannt. Die Gründe dafür bestanden in Problemen in der Herkunftsfamilie. Diese hatten damals zur Fremdunterbringung der Geschwister in verschiedene Pflegefamilien geführt. Der Kontakt zum Jugendamt blieb auch nach der Rückkehr zu den Eltern noch über Jahre erhalten.

Im jungen Erwachsenenalter, nach der Geburt des ersten Kindes, kam es zu erneutem Kontakt zwischen Frau Rosen und dem Jugendamt. Die Familie von Frau Rosen und die ihres Partners hatten sich aufgrund des Drogenkonsums der Eltern besorgt über die Situation der jungen Familie geäußert. Erste Hausbesuche und persönliche Gespräche des Jugendamtes mit Frau Rosen bestätigten die genannten Gefahrenmomente. Über den Drogenkonsum hinaus wurde insbesondere ein Veränderungsbedarf im Rahmen der Grundversorgung gesehen (chaotischer Zustand der Wohnung, fehlende Tagesstruktur). Auch bestanden Zweifel an der Funktionalität der Paarbeziehung der Eltern (Verdacht auf Partnerschaftsgewalt, Drogenhandel). Die Erziehungsverantwortung lag in erster Linie bei Frau Rosen. Der Kindesvater war in der Familie weniger präsent.

Aufgrund dieser Situation wurde eine erste Familienhilfe installiert. Nach anfänglich guter Zusammenarbeit nahm Frau Rosen jedoch immer seltener Termine wahr, bis die Familienhilfe nur noch „vor verschlossener Tür stand". Von da an war die vom Jugendamt angekündigte Einleitung eines familiengerichtlichen Verfahrens, der Antrag auf Entzug des Sorgerechts, ebenso Thema wie die sich verändernden Hilfekonstellationen. So war die Familienhilfe, aufgrund des weiterhin desolaten Zustands der Wohnung, eine Zeit lang durch eine Haushaltshilfe ergänzt worden. Nach rascher Aufeinanderfolge die Geburten des zweiten und dritten Kindes von Frau Rosen und ihrem Partner, nahm der Unterstützungsbedarf zu. Dementsprechend wurde der Umfang der Hilfen zu Erziehung erweitert. Eine zweite sozialpädagogische Kraft, deren

Aufgabenbereich sich insbesondere auf die sich abzeichnende Erziehungsproblematik bezog, sollte tätig werden.

Problemfelder in der Erziehung der Kinder zeigten sich immer wieder bei der Gestaltung einer angemessenen Tagesstruktur mit u. a. regelmäßigen Mahlzeiten und altersangemessenen Schlafenszeiten der Kinder. Immer deutlicher zeichneten sich bei Frau Rosen Probleme in der erzieherischen Lenkung der Kinder ab. Konflikte in der Paarbeziehung (Trennungen und Versöhnungen) sowie u. a. damit in Zusammenhang stehende Rückfälle in intensive Phasen des Drogenkonsums belasteten schließlich die Zusammenarbeit zwischen Frau Rosen und den Helfer*innen. Der Cannabiskonsum behinderte die Bereitschaft der Mutter zur Zusammenarbeit mit dem Familienhelfer. Als sich Frau Rosen aus der Arbeit mit den Familien- und Erziehungshelfer*innen schließlich ganz zurückzog, wurde die Hilfsmaßnahme beendet.

Frau Rosen lehnte den Vorschlag des Jugendamtes, sich einer stationären Suchtbehandlung zu unterziehen, ab. Stattdessen nahm sie an Einzel- und Gruppengesprächen in einer Suchtberatungsstelle teil und begab sich erstmals in die Behandlung einer Tagesklinik. In dieser Phase bestand wenig Kontakt zwischen Frau Rosen und dem Jugendamt.

Es wurde vereinbart, dass sich die Kindertagesstätte beim Jugendamt melden solle, sobald sich der Zustand von Frau Rosen oder der der Kinder besorgniserregend zeigen würde. Der Kindergarten berichtete in dieser Zeit jedoch positiv über Frau Rosen und die Kinder. Für die beiden älteren Kinder wurde eine gute Mutter-Kind-Beziehung angeführt. Die Pflege der Kinder (Ernährung, Kleidung) wurde als angemessen geschildert. Insbesondere teilte der Kindergarten dem Jugendamt die Einschätzung mit, dass bei dem ältesten Kind von Frau Rosen eine überdurchschnittliche intellektuelle Begabung vorliegen müsse. Das Kind fiel durch sehr gute Sprachfähigkeiten, vor allem im Bereich des Ausdrucksvermögens, und ein besonders gutes Allgemeinwissen auf.

Als Frau Rosen zu einer Geldstrafe verurteilt wurde, die schließlich in eine mehrwöchige freiheitsentziehende Maßnahme und Haftstrafe umgewandelt wurde, lebten die Kinder bei Verwandten. Der Kindergarten berichtete über die Entwicklung der Kinder in dieser Zeit, dass den Geschwistern der dortige strukturiertere Tagesablauf sehr gutgetan habe, die Kinder morgens ausgeschlafen und leistungsfähiger gewesen seien.

Als das älteste Kind eingeschult wurde, erfolgten Gefahrenmeldungen an das Jugendamt, da es zu umfangreichen Fehlzeiten und Verspätungen in der Schule sowie zu dort beobachteten Auffälligkeiten im Verhältnis des ältesten Kindes zur Mutter gekommen war. In der Schule war der Eindruck entstanden, dass nicht die Mutter, sondern das Kind das Sagen habe und Frau Rosen den Wünschen des Kindes nichts entgegenhalten könne. Deswegen hat es Gespräche des Jugendamtes mit der Mutter gegeben. Diese haben jedoch nicht zu Veränderungen geführt.

Nachdem im weiteren zeitlichen Verlauf hinsichtlich der Suchtbehandlung der Mutter Widersprüche aufkamen, spitzte sich das Verhältnis zwischen dem Jugendamt und Frau Rosen erneut zu. Begründungen der Mutter zum Abbruch der Behandlung in der Tagesklinik (Infektionserkrankung) standen Berichten der Klinik an das Jugendamt gegenüber (Rückfälle in akute Konsumphasen und eine unregelmäßige Terminwahrnehmung der Mutter). Hinzu kamen nun auch seitens der Kindertagesstätte kritische Berichte über die Verfassung der Mutter. Auch Probleme beim Schulbesuch des ältesten Kindes hielten an.

Zur Inobhutnahme der Kinder kam es, als noch eine Meldung des Ordnungsamtes (nicht bewohnbarer, vermüllter und unbegehbarer Zustand der Wohnung) beim Jugendamt einging. Es erfolgte eine Fremdplatzierung der Kinder, die älteren wurden in der Wohngruppe einer Heimeinrichtung, das jüngste Kind in einer Bereitschaftspflegefamilie untergebracht.

Die Besuchskontakte der Mutter zu den Kindern fanden eine Zeit lang unregelmäßig statt. Der Kontakt brach dann sogar für mehrere Wochen ab, wurde danach jedoch wieder aufgenommen und erfolgte in der sich daran anschließenden Phase der Besuchskontakte, in der auch die Termine im Rahmen der Gutachtenerstellung begannen, regelmäßig.

8.1.3 Die Perspektive von Frau Rosen

Biografische Aspekte

Frau Rosen wuchs in den ersten Lebensjahren gemeinsam mit mehreren Geschwistern bei ihren Eltern auf, bis sie im Vorschulalter in eine Pflegefamilie wechselte. Den Grund dafür kennt Frau Rosen bis heute nicht. Den fünfjährigen Aufenthalt in der Pflegefamilie beschrieb sie als Leben in einem „behüteten Zuhause". Im Gegensatz dazu führte sie aus, dass die spätere Rückkehr zur Herkunftsfamilie sie in ein Leben auf dem „Katastrophenfeld" geführt habe. In der Pflegefamilie habe sie Kontakt zur Mutter gehabt, die ihr bei den Besuchen sehr viel Aufmerksamkeit geschenkt habe. Zur Mutter habe auch gelegentlich ein heimlicher, nächtlicher Telefonkontakt bestanden. Ihre Erfahrung mit dem Leben in Herkunfts- und Pflegefamilie beschrieb sie als Leben in „zwei Welten". In der Pflegefamilie sei sie in vielen Bereichen gefördert worden, was ihr sehr gefallen habe. Als „Nesthäkchen" sei sie dort gut behütet worden. Nach der Rückkehr in die Familie habe sie keinen Kontakt mehr zur Pflegefamilie gehabt, da ihre Eltern das nicht gewollt hätten. Im Lebensumfeld der Herkunftsfamilie habe sie sich zunächst behaupten, habe sich schlagen müssen, um zu beweisen, dass sie dorthin gehöre:

Sie sei dann zurück nach Hause gekommen. Von da an sei es ‚steil bergab' gegangen. In der Grundschule habe sie eine Klasse wiederholen müssen, sei von einer Einserschülerin zur Fünferschülerin geworden.

Reaktionen auf Probleme in der Herkunftsfamilie

Belastungen kamen durch die Scheidung der Eltern und den Verbleib beim Vater, der sie körperlich und sexuell misshandelte, hinzu. Sie reagierte darauf mit problematischem Verhalten in der Schule, was ihren Abschluss in höchstem Maße gefährdete:

Aufgrund dieser Probleme habe sie sich in der Schule auch sehr oft geprügelt, habe sehr viele Klassenkonferenzen gehabt. Sie sei ‚der Schreck des Schulhofs' gewesen. Sie habe in dieser Zeit auch sehr viel Alkohol konsumiert und mit den Drogen angefangen. Sie hätten damals Haschisch in der Dose geraucht, die Schule geschwänzt geklaut. Sie habe zwar die ständige Angst gehabt, erwischt zu werden, aber sie habe alles getan, um nicht nach Hause zu müssen. Wegen dieser Vorfälle sei sie von der Schule geworfen worden. ‚Mit Ach und Krach' habe sie es geschafft, ihren Schulabschluss nachzuholen. Es sei kein gutes Zeugnis, aber zumindest habe sie einen Abschluss.

In dieser Zeit habe sie noch sehr viel Alkohol getrunken. Mit den Drogen sei es zu dieser Zeit nicht so schlimm gewesen, aber mit dem Alkohol. Statt eines Pausenbrots habe sie sechs ‚kleine Feiglinge' dabei gehabt. Sie sei oft schon angetrunken in die Schule gekommen, habe versucht, irgendwie den Tag zu überstehen. Wenn sie keine Lust mehr gehabt habe, sei sie einfach gegangen. Des Öfteren habe auch die Polizei vor der Tür gestanden, die sie abholen und zur Schule bringen wollte. Nachdem sie den Abschluss geschafft habe, habe sie auch dem Alkohol komplett entsagt.

Früherer Kontakt zum Jugendamt

Über das Jugendamt gab sie an, dass dieses ihr, als sie es damals gebraucht hätte, nicht geholfen habe. Vielmehr eskalierte die Kontrolle durch den Vater, der ihr immer wieder am Arbeitsplatz auflauerte. Dennoch gelang es ihr, mit Unterstützung eines Lehrers einen Schulabschluss nachzuholen. Durch Kennenlernen des Freundes und späteren Kindesvaters gelang ihr die „Flucht" aus dem väterlichen Haushalt. Hatte Frau Rosen in der Schulzeit umfangreich Alkohol konsumiert, begann mit der Beziehungsaufnahme zum Freund ein intensiver Drogenkonsum.

Schwangerschaft und Beziehung zum Vater des Kindes

Als beim Partner der Wunsch nach einem Kind aufkam, gab sie dem nach, da er für sie der Mann „für's Leben" gewesen sei, mit dem sie „für immer" habe zusammen sein wollen. Mit dem Beginn der Schwangerschaft führte sie „von einem auf den anderen Tag" ein drogenfreies Leben („kein Larifari-Leben mehr"). Sie ernährte sich gesund, nahm regelmäßig alle Vorsorgeuntersuchungen wahr und erlebte eine „Bilderbuchschwangerschaft". Ihre Pläne für das Leben als Familie waren am klassischen Familienbild – der Partner sollte erwerbstätig, sie „ganz Mutter" sein – orientiert. Nach der Geburt des Kindes war sie, einer „Gluckenmutter" gleich, ganz auf das Kind ausgerichtet, mit dem sie Krabbelgruppen besuchte, dem sie vorlas und das niemand so gut wie sie selbst versorgen konnte. Das Kind war für sie „die Nummer eins" geworden.

Lebenssituation nach der Geburt des ersten Kindes

Arbeitslosigkeit des Freundes sowie dessen Bezug zu den Drogen kollidierten mit ihren Ansprüchen an die Versorgung des Erstgeborenen (niemand habe stören dürfen) und an ihre Mutterrolle (sie sei „Übermutter" gewesen), sodass Auseinandersetzungen in der Paarbeziehung zunahmen und sie sich gegenüber dem Partner nachdrücklich abgrenzte („jetzt ist Schluss"). Der dennoch bestehende Wunsch nach Verbundenheit mit ihm ließ sie zu den Drogen zurückkehren:

> Zwischen den Schwangerschaften habe sie Cannabis konsumiert, Alkohol jedoch nicht. Rückblickend denke sie, dass sie dadurch den Weg zum Vater gesucht habe. Ohne Rauchen sei bei diesem gar nichts gegangen, aber wenn sie zusammen geraucht hätten, seien sie auch wirklich ‚zusammen' gewesen. Sie hätten zusammen Zeit verbracht. Sie habe aber immer nur konsumiert, wenn Moritz schon geschlafen habe. Wenn er wach gewesen sei, habe er an erster Stelle gestanden.

Zweite Schwangerschaft und Beziehung zum Vater der Kinder

Mit dem zweiten Kind („Versöhnungskind") entsprach sie erneut dem Wunsch des Partners nach Familienzuwachs. Anders als in der ersten Schwangerschaft erlebte Frau Rosen Überforderung durch die Versorgung des Erstgeborenen und die Haushaltsführung. Signale, die sie setzte (Liegenlassen der Hausarbeit), wurden jedoch vom Partner nicht wahrgenommen. Im Unterschied zur ersten Schwangerschaft ernährte sie sich von „Fast Food". Nach der vorzeitig erfolgten zweiten Geburt spitzte sich die Situation in der Paarbeziehung zu, es kam zu zeitweiligen Trennungen vom Partner, indem dieser die Wohnung verließ. Hatte sich Frau Rosen anfangs überfürsorglich in der Betreuung des Erstgeborenen gezeigt, änderte sich ihr Verhalten, indem sie ihm die Kinder „auf's Auge drückte", wissend, dass dies den Partner wie auch die Kinder belasten würde.

Dritte Schwangerschaft und Beziehung zum Vater der Kinder

Obwohl es in der Paarbeziehung im Zusammenhang mit Nebenbeziehungen des Partners eskalierte („Tritt in den Bauch"), entschied sich Frau Rosen dafür, die Schwangerschaft mit dem dritten Kind fortzusetzen. Zuvor hatte sie eine weitere Schwangerschaft unterbrochen. Auch versuchte Frau Rosen trotz fehlender Unterstützung sogar noch kurz vor der Geburt des dritten Kindes (als die Wehen einsetzten, habe der Partner weitergeschlafen), die Kinder gut zu versorgen. So fuhr sie so spät wie möglich zur Entbindung, pumpte nach der Geburt Milch ab, besuchte das Neugeborene entgegen den Protesten des Partners, der die anderen Kinder in der Zeit betreute, immer wieder im Krankenhaus. Trotz des Stresses mit der Versorgung der Kinder erlebte Frau Rosen eine „schöne Zeit" durch gemeinsames Übernachten mit dem Neugeborenen und dem Partner im selben Bett sowie gemeinsame Unternehmungen als Familie.

Kontakt zum Jugendamt und zur Familienhilfe vor der Inobhutnahme

Der Kontakt zum Jugendamt entstand aufgrund von Auffälligkeiten des ältesten Kindes in der Schule. Die Beziehung zur Vertreterin des Jugendamtes war aufgrund ihrer als bedrohend erlebten Art (sie würde ihr die Kinder wegnehmen) stark angespannt, sodass Frau Rosen ihr gegenüber immer wieder „dichtmachte", auch persönliche Termine und Telefonate mit dem Jugendamt nicht wahrnahm. Demgegenüber bestand zum Familienhelfer, dem sie in puncto Drogenkonsum und psychischer Verfassung (psychisches „Tief") nichts vormachen konnte (der habe sie „durchschaut", habe gesehen, dass sie „am Ende" sei), eine bessere Beziehung.

Einstellung zur Erziehung der Kinder

Besonderheiten und Probleme der Kinder nahm Frau Rosen immer wieder als durch andere bedingt – überforderte Erzieher*innen, Umstände in der Schule, ärztliche Fehldiagnosen – wahr. Frau Rosen beschrieb, dass ihr in der Erziehung der Kinder eine Gleichbehandlung besonders wichtig gewesen sei. Frau Rosen erklärte dies mit Erfahrungen aus der Herkunftsfamilie, wo „Eifersüchteleien" die Geschwisterbeziehungen belastet hätten. Das im Vordergrund stehende Problem fehlender Grenzen in der Erziehung der Kinder, die ihr „auf der Nase herumtanzten", von denen sie sich ins Spiel ziehen und um den Finger wickeln ließ, wenn Lenkung gefragt war, beschrieb Frau Rosen schließlich als gegensätzliche Reaktion zu weiteren Erfahrungen aus der Herkunftsfamilie. Dort seien ihre Geschwister und sie von der Mutter „wie geduldete Gäste" behandelt worden, hätten keine Liebe erfahren.

Kontakt zum Jugendamt im Zeitraum der Unterbringung der Kinder

Nach mehreren Jahren des Kontakts zum Jugendamt, in denen es in Abhängigkeit von ihrer Teilnahme an Beratungsprozessen und Therapien mal intensiver, mal seltener Termine gab, kam es aufgrund einer Mitteilung des Ordnungsamts über die Verwahrlosung der Wohnung zur plötzlichen Fremdunterbringung der Kinder.

Erste Reaktionen auf die Fremdunterbringung der Kinder

Infolge der Fremdplatzierung kam es bei Frau Rosen zu einem „Absturz" in den Alkoholkonsum. Über mehrere Wochen trank sie exzessiv (sie habe tagelang nur durchgesoffen). Sie erklärte, sie habe nicht mehr wach werden wollen, weswegen sie weiter getrunken habe, sobald der Rausch nachgelassen habe. Mithilfe eines Freundes hat sie sich „aufgerappelt", nahm die Therapie in der Tagesklinik wieder auf und unterzog sich regelmäßigen Urinkontrollen.

Spätere Reaktionen auf die Fremdunterbringung der Kinder

Frau Rosen gelang es, ihr Leben über einen längeren Zeitraum zu verändern, eine drogen- und gewaltfreie Beziehung zu einem anderen Partner zu führen – nach zeitweiligen Einbrüchen im Aufbau einer abstinenten Lebensweise –, dauerhaft auf Drogen zu verzichten, regelmäßig an Einzel- und Gruppentherapien teilzunehmen sowie zuverlässig Kontakt zu den Kindern zu halten. Damit verbunden kam es schließlich zu einer stufenweisen Rückführung der Kinder zur Mutter.

Kontakt zum Jugendamt nach der Unterbringung der Kinder

Frau Rosen schilderte, dass es dabei sehr bedeutend für sie gewesen sei, dass sie von einer anderen Mitarbeiterin des Jugendamtes unterstützt wurde, von der sie sich – anders als in der Beziehung zu Frau F. – als Mutter akzeptiert fühlte und von der sie in Entscheidungsprozessen, z. B. die Schulwahl des ältesten Kindes, einbezogen wurde.

8.1.4 Beschreibung und Interpretation des Bedrohungsverlaufs

Hier erfolgt zunächst jeweils eine Beschreibung der konkreten Phase des Bedrohungs-Eskalations-Verlaufs, so wie sich diese im Fall von Frau Rosen zeigt. Auf dieser Grundlage werden im anschließenden Auswertungsschritt ‚Interpretation' die Faktoren, welche die Entstehung, Aufrechterhaltung und Veränderung der jeweiligen Phase beeinflussen, betrachtet. Abschließend wird der Fokus auf die Präsenz von Akteur*innen verschiedener Organisationen sowie bedeutsamen Anderen und deren Einfluss auf die Dynamik des Prozessverlaufs gelegt.

8.1.4.1 Eskalationsphase

Der Einzelfall Frau Rosen repräsentiert einen Bedrohungsverlauf, der durch einen sehr raschen Anstieg der Bedrohung gekennzeichnet ist.

Abbildung 2: Verlaufskurve Frau Rosen

Die Erzählung Frau Rosen vom ersten Hausbesuch des Jugendamtes bei ihr markiert den Beginn des Bedrohungsverlaufs:

> Der Kontakt zum Jugendamt habe sich von Anfang an sehr schlecht entwickelt [...] Frau F. habe dann als ersten Kontakt einen Hausbesuch bei ihr gemacht, bei dem sie Frau F. sofort der Wohnung verwiesen habe. Sie sei reingekommen und habe sofort ‚gemault'. Sie habe weder sie noch die Kinder begrüßt, sondern ihr sofort damit gedroht, dass das Ordnungsamt komme und die Kinder dann weg seien. Es sei dabei auch relativ lautstark geworden [...] Von da an habe sie immer Angst gehabt, dass man ihr die Kinder wegnehme.

Der Einstieg in die Bedrohungssituation ist bei Frau Rosen im Rahmen der ersten Interaktion mit dem Jugendamt durch sofortige Kritik an ihr und durch ein damit einhergehendes, rasantes Ansteigen des Legitimationsdrucks gekennzeichnet.

Typischerweise löst eine solche Frau Rosen bislang unbekannte Erfahrung eine Suche nach Ursachen aus. Bei Frau Rosen kommt es zu Deutungen, die eine feindselige Wahrnehmung der Vertreterin des Jugendamtes umfassen. Die in den Deutungen enthaltenen Außenattributionen, aber auch eine Wahrnehmung fehlender Wertschätzung begünstigen den Angriffs- und Verteidigungscharakter dieser „Eskalationsphase", die unmittelbar auf ein sehr hohes Eskalationsniveau schnellt.

Dabei sind auch Vorerfahrungen von Frau Rosen aufgrund von Kontakten zum Jugendamt während des Heranwachsens nicht zu vernachlässigen, zumal es sich dabei um Negativerfahrungen handelt („Das Jugendamt habe ihr nicht geholfen"). Dennoch macht die Schilderung des Hausbesuchs deutlich, dass nicht in erster Linie diese Vorerfahrungen, sondern das konkrete Handeln der Interaktionspartner in der Situation ‚Hausbesuch' (sofort „gemault" bzw. sofort der Wohnung ‚verwiesen') maßgeblichen Einfluss auf den Verlauf der Bedrohungssituation in der ersten Phase nahm.

Dass die Bedrohung in dieser Phase weiter zunimmt, wird an Formulierungen, die auf eine Steigerung hinweisen („Aber dann ..."), erkennbar. Schilderungen von Frau Rosen, die plötzlich veränderte, ja gegenteilige Zielvorgaben zum Erziehungsverhalten beinhalten, markieren den Anstieg des Bedrohungsverlaufs in dieser „Eskalationsphase":

> Anfangs habe sie Moritz immer zur Schule gebracht. Nachdem Sebastian auf die Grundschule gekommen sei, sei Moritz morgens alleine zur Schule gefahren. Das sei kein Problem gewesen, er habe das super gemacht. Aber dann habe Frau F. ihr gesagt, dass dies verantwortungslos sei. Zuerst habe sie gesagt, es sei wichtig für Moritz, Verantwortung zu übernehmen und zu lernen, dass sie ihm vertraue, als sie es dann so gemacht habe, sei es verantwortungslos gewesen.

Frau Rosen bewältigte die Desorientierung dieser Phase, indem sie den Kontakt zur Vertreterin des Jugendamtes abbrach. Einzig der Familienhelfer, Herr E., wird im Rahmen der „Eskalationsphase" deutlich von den anderen Vertretern der Jugendhilfe unterschieden („nur mit Herrn E."). Da Frau Rosen ihn nicht als Teil des Systems Jugendamt wahrnimmt, gewinnt sie zusätzliche Handlungsoptionen:

> Sie habe sich sehr unter Druck gesetzt gefühlt, habe dadurch immer mehr ‚dichtgemacht', nur mit Herrn E. habe sie den Kontakt gehalten. Wenn sie für das Jugendamt nicht erreichbar gewesen sei, habe Herr E. immer noch Bescheid gewusst. Wenn sie auf diese Weise ‚dichtgemacht' habe, habe sie nicht mehr auf Anrufe reagiert, keine Termine mehr wahrgenommen, die Kinder unregelmäßig in Kindergarten und Schule gebracht. Sie hätte Termine an verschiedenen Stellen gehabt, z. B. beim Gesundheitsamt, im Beratungszentrum, bei verschiedenen Mitarbeitern des Jugendamtes. Sie sei dort schon als ‚hoffnungsloser Fall' bekannt, weil sie immer Dinge anfange, aber dichtmache, sobald etwas nicht so laufe, wie sie wolle.

Zusammenfassung

In der Eskalationsphase zeigt sich deutlich die Entstehung einer kritischen Lebenskonstellation als Folge des Verlusts von Handlungsfähigkeit in der Elternrolle. Dem liegt eine Wechselwirkung aus einem Hilfehandeln nach dem Konzept des „einseitigen Zugangs" (Böhnisch 2016) und aus aggressivem Bewältigungsverhalten der Biografieträgerin, getragen von dem Ziel, Handlungsfähigkeit wieder herzustellen, zugrunde. Dies destabilisiert zugleich die Kooperation zwischen Biografieträger und Hilfesystem. Das Eskalationsniveau dieser Phase ist dementsprechend durch einen steilen Anstieg gekennzeichnet.

Die in der kritischen Lebenskonstellation ausgelösten Deutungsprozesse verorten die Bedrohung von außen und kennzeichnen sie als nahezu unveränderbar. Die Analyse und Interpretation der Bedingungen, welche der Prozessdynamik der Eskalationsphase zugrunde liegen, zeigen somit eine Konstellation aus klarer externaler (Jugendamt) Verortung und Stabilität der Bedrohung („Von da an habe sie immer Angst gehabt, dass man ihr die Kinder wegnehme"). Indem hiervon jedoch die Beziehung zum Familienhelfer unterschieden wird, bleibt das Erleben von Einfluss erhalten.

In der Eskalationsphase gelingt es jedoch nur situativ – anders als in der Hochkonfliktphase –, psychosoziale Handlungsfähigkeit wiederherzustellen (die Vertreterin des Jugendamtes wird der Wohnung verwiesen). Der Verlust an Selbstwert und Selbstwirksamkeit wird dadurch punktuell kompensiert und die Bedrohung zeitweilig als kontrollierbar erlebt. Dass sich die Eskalationsphase hier im Gegensatz zum weiteren Verlauf dennoch nicht zu einem Hochkonflikt, sondern in Richtung einer Niedrigkonfliktphase weiterentwickelt, hängt mit zeitweiligen Entspannungen der Prozessdynamik zusammen. Diese resultieren aus einem situativen Nachlassen an Fremdbestimmung und einer partiellen Zunahme an Kontrolle und Einfluss der Biografieträgerin. Diese begrenzte Rückgewinnung von Handlungsfähigkeit begünstigt Stabilisierungsprozesse in der Kooperation Biografieträgerin/Jugendhilfe. Zugleich ist dies eng mit einer besonderen Konstellation im Bereich ‚Präsenz von Akteur*innen aus Organisationen' verbunden. Vor allem die Interaktion mit verschiedenen Personen des Hilfesystems hat hier einen positiven Einfluss auf den Bedrohungsverlauf. Konkret zeigt sich dies in der Fortsetzung der Beziehung zwischen Frau Rosen und dem Familienhelfer, als Vertreter eines freien Jugendhilfeträgers, während die Beziehung zur Vertreterin des Jugendamtes unterbrochen war. In der ‚Präsenz von Akteur*innen aus verschiedenen Organisationen' ist hier also ein begünstigender Faktor zu sehen, der dem Ansteigen der Eskalation in einen Hochkonflikt entgegenwirken kann. Dies ist jedoch zugleich eng mit der Art der Ausrichtung der Hilfebeziehung verbunden.

Ist das Hilfehandeln am Konzept des „einseitigen Zugangs" (Böhnisch 2016) orientiert, geht das aufseiten der Biografieträgerin psychodynamisch mit einer Erhöhung des Abspaltungsdrucks einher. Das schränkt zugleich die Bereitschaft ein, mit der Jugendhilfe zusammenzuarbeiten. Dementsprechend liegen Faktoren, die in der Eskalationsphase den raschen Anstieg der Bedrohung befördern, in dem Verlust von Handlungsfähigkeit, Kontrolle und Selbstwirksamkeit. Demgegenüber bestehen die dem Eskalationsanstieg entgegenwirkenden Faktoren sowohl in einer fortbestehenden Beziehung zu Personen des Hilfesystems als auch in einer Hilfebeziehung, die stärker von einer Akzeptanz der Hilfesuchenden und weniger von dem gängigen Schema des einseitigen Zugangs geprägt ist. Bedeutsame Andere sind hier nicht präsent, sodass die Beziehung zum Hilfesystem an Bedeutung gewinnt.

Betrachtet man die Eskalationsphase unter dem Aspekt relevanter Themen, Belastungen und Ressourcen, dann stehen hier die Themen ‚Verteidigung von Handlungsfähigkeit und Kontrolle' und die ‚Bewältigung sinkender Selbstwirksamkeit' im Vordergrund. Auf der Handlungsebene geht dies mit Angriffs- und Verteidigungskonflikten einher. Die Balance von Belastungen (u. a. geringe Partizipation, geringe Selbstwirksamkeit) und Ressourcen (u. a. Beziehung zum Familienhelfer, Rückgewinn von partiellen Entscheidungsspielräumen) ist in dieser Phase durch Hin- und Herbewegungen gekennzeichnet. Auf der Seite der Biografieträgerin zeigt sich dies in Wechseln aus Wahrnehmen von und Rückzug aus Terminen bzw. Beratungsgesprächen. Auf der Seite des Hilfesystems zeigt sich dies in Wechseln aus Kritisieren bzw. Drohen und Geben von Raum bzw. Zulassen von Alternativen.

8.1.4.2 Niedrigkonfliktphase

Die Bedrohungssituation geht im weiteren Verlauf in eine (ruhigere) „Niedrigkonfliktphase" über, die sich auf einem niedrigeren Eskalationsniveau bewegt. Berichte von Frau Rosen, die erkennen lassen, dass ihr in Teilbereichen ein kooperatives Verhalten gelang, wobei sie in Abgrenzung zu den Wünschen des Jugendamtes zugleich eigene Hilfepartner*innen wählen konnte, markieren diese Niedrigkonfliktphase:

> Nachdem die Familienhilfe mangels ihrer Mitarbeit eingestellt worden sei, habe sie Gesprächstermine im Beratungszentrum und eine Drogentherapie wahrgenommen. Dadurch habe das Jugendamt sie ein wenig in Ruhe gelassen. Frau F. hätte eigentlich gewollt, dass sie eine stationäre Therapie mache, aber das habe sie nicht gewollt, daher habe sie die anderen Termine wahrgenommen.

Betrachtet man die Prozessdynamik der Niedrigkonfliktphase unter dem Aspekt ‚Hilfebeziehung', dann zeichnet sich hier in einer hochproblematischen Phase, in der die Hilfe faktisch gescheitert ist (s. Einstellen der Familienhilfe mangels Mitarbeit der Biografieträgerin), eine sehr positive Entwicklung ab. Hier gelang es der Vertreterin des Jugendamtes vom gängigen Hilfeschema des „einseitigen Zugangs" (Böhnisch 2016: 117), welches mit einem Stellenwert des Klienten als „Fürsorgeobjekt" (Böhnisch 2016: 100) einhergeht, abzuweichen. Indem sie die Hilfebeziehung im Sinne der „Methodik des Akzeptierens" (Böhnisch 2016: 106) gestaltete, eröffnete sie der Biografieträgerin die Möglichkeit, eigene Handlungswege (Beratungszentrum, Drogentherapie) zu gehen und aus der Rolle des Akteurs bzw. der Akteurin heraus Entwicklungsprozesse selbst zu gestalten.

Diese akzeptierende Hilfebeziehung steht in enger Wechselwirkung zu den weiteren Bedingungsfaktoren der Prozessdynamik der „Niedrigkonfliktphase".

Diese Faktoren zeigen sich zusammenfassend in einer internen Verortung, mithin der Wahrnehmung eigener Kontrollmöglichkeiten des Bedrohungsgeschehens, sodass die Bedrohung als variabel wahrgenommen wird. In der „Niedrigkonfliktphase" wird hier infolge des Erlebens von Mitbestimmung und Einfluss zudem eine hohe Selbstwirksamkeitserwartung begünstigt. Die Abkehr vom Hilfekonzept des „einseitigen Zugangs" und der Einstieg in die „Methodik des Akzeptierens" gehen mit einer stabilen Kooperation mit dem Hilfesystem einher. Diese Gesamtkonstellation spiegelt sich in einem geringeren Eskalationsniveau wider.

8.1.4.3 Hochkonfliktphase

Sprachliche Bilder („die Pistole auf die Brust gesetzt") und Formulierungen mit Bezug zu einem Wechsel („aber dann ...") kennzeichnen den Wiederanstieg des Eskalationsniveaus. Schilderungen von Frau Rosen, die durch eine sich zuspitzende Wahrnehmung von Fremdbestimmung, Druck und Kontrollverlust geprägt sind, markieren den Übergang in die Hochkonfliktphase:

> Ämter und Familienhilfe hätten ihr ‚die Pistole auf die Brust gesetzt'. Sie habe nicht mehr selbst entscheiden können, alles sei für sie entschieden worden, sie habe sich nur fügen können. Das sei ihr zu viel gewesen. Sie habe keine Kontrolle mehr über ihr Leben gehabt. Anfangs habe sie mitgearbeitet, aber dann sei es ihr zu viel geworden. Sie habe immer zu allem ‚Ja und Amen' sagen müssen, egal ob sie eine andere Meinung gehabt habe. Sie habe sich dann eingeschlossen, wieder konsumiert, um sich keine Gedanken machen zu müssen.

Der Bedrohungs-Eskalations-Verlauf erreicht seinen Gipfelpunkt mit der Inobhutnahme der Kinder. Schilderungen des Kippens von „Ruhe" zur plötzlichen Herausnahme der Kinder („sofort") und einem von Frau Rosen geleisteten Widerstand gegen das als überfallähnlich erlebte Handeln (Flucht) geben dieser Phase einen besonders dramatischen Charakter:

> Als das Jugendamt sie in Ruhe gelassen habe, habe sie alles wieder etwas Schleifen lassen. Die Unterbringung der Kinder sei letztlich dadurch zustande gekommen, dass sie ihre Wohnung habe verwahrlosen lassen ... Die Polizei habe dann das Jugendamt informiert. Frau F. habe Judith sofort aus dem Kindergarten und Moritz aus der Jugendherberge geholt. Sebastian habe sie noch 24 Stunden verstecken können, dann habe sie ihn aber auch abgeben müssen.

In der Zusammenschau liegen die Bedingungsfaktoren der Prozessdynamik der Hochkonfliktphase wiederum in einer externen Verortung der Kontrolle sowie in der als stabil, also unveränderbar wahrgenommenen Bedrohung. Aus der Perspektive der Biografieträgerin ist die Hilfebeziehung nicht mehr durch Akzeptanz, sondern durch Einseitigkeit geprägt. Analog dazu zeigt sich ein auf Rückzug ausgerichtetes Bewältigungsverhalten der Biografieträgerin („dichtgemacht", „eingeschlossen"). Aus dem Ohnmachts- und Hilflosigkeitserleben resultiert ein Abspaltungsdruck (Böhnisch 2016), der aufseiten der Biografieträgerin in situative Abwehrversuche (hier: Verstecken des Kindes) und schließlich in extremen Alkoholkonsum mündet („Sie habe tagelang nur durchgesoffen"). Die Hochkonfliktphase ist durch den Zusammenbruch von Handlungsfähigkeit sowie durch Fehlen von Selbstwirksamkeit und Kooperation mit dem Jugendhilfesystem gekennzeichnet. Hier kommt der Präsenz eines bedeutsamen Anderen, dem Partner der Biografieträgerin, der sie beim Alkoholentzug unterstützt, eine wichtige Funktion in Bezug auf den Übergang in eine Phase mit niedrigerem Konfliktniveau zu.

8.1.4.4 Deeskalationsphase

Nach der Hochkonfliktphase leitet die Formulierung („ganz anders") den Beginn einer Folgephase ein, die durch ein deutlich geringeres Eskalationsniveau gekennzeichnet ist. Schilderungen der Zusammenarbeit mit einer anderen Vertreterin des Jugendamtes prägen diese Deeskalationsphase:

> Bei Frau G. (aktuell zuständige Vertreterin des Jugendamtes) sei dies ganz anders. Wenn sie Vorschläge mache, höre man ihr zu. Man setze sich mit ihr und den Kindern auseinander. Von Frau G. werde sie als Mutter akzeptiert ... Sie habe zum Beispiel entscheiden dürfen, welche weiterführende Schule Moritz besuche.

In der Deeskalationsphase haben sich Veränderungen der Hilfebeziehung, die sich in einer Haltung der Akzeptanz gegenüber der Biografieträgerin ausdrücken („Wenn sie Vorschläge mache, höre man ihr zu"), als ein wesentlicher Bedingungsfaktor gezeigt. Das ging im Bereich der ‚Präsenz von Akteur*innen aus Organisationen' mit Veränderungen in der Zuständigkeit beim Jugendamt einher. Dadurch nimmt aufseiten der Biografieträgerin die psychosoziale Handlungsfähigkeit und Selbstwirksamkeit zu. Diese Konstellation der Bedingungsfaktoren der Deeskalationsphase wirkt sich stabilisierend auf die Kooperation zwischen der Biografieträgerin und dem Hilfesystem aus.

Der Prozessdynamik der Deeskalationsphase kommt psychodynamisch eine positive Funktion zu. Sie begünstigt aufseiten der Biografieträgerin ein Nachlassen des Abspaltungsdrucks, sodass eine andere Sicht auf die Bedrohung möglich wird. Dementsprechend zeigen sich in der Deeskalationsphase Deutungsmuster, die eine interne Verortung (hier: Frau Rosen benennt eigene Fehler) sowie Variabilität und Kontrollierbarkeit der wahrgenommenen Bedrohung beschreiben.

Darüber hinaus sind vor dem Hintergrund der Prozessdynamik der Deeskalationsphase auch komplexere Deutungen zur bedrohten Elternschaft, die einen Bezug zur Biografie haben, möglich. Diese haben den Stellenwert einer Umdeutung der Problematik im Sinne des ‚Reframing' (Böhnisch 2016: 112). Im Einzelfall Frau Rosen geht dies aus der Entschlüsselung ihrer Erziehungsproblematik (Grenzsetzung gegenüber den Kindern) hervor. Indem sie Verbindungen zwischen ihren Erfahrungen in der Herkunftsfamilie („Gastrolle"), daraus resultierenden Abgrenzungswünschen („nie so sein wollen wie ihre Mutter"), eigenem Erziehungsverhalten („sehr viel Liebe gegeben") sowie der selbstkritischen Feststellung des Scheiterns eigener Erziehungsvorstellungen (es „trotzdem falsch" gemacht zu haben) herstellt, deutet sie das der Bedrohung zugrunde liegende problematische Erziehungsverhalten auf eine Weise um, aus der sich neue Deutungs- und Handlungsmöglichkeiten eröffnen.

Zusammenfassung

Zusammenfassend kann festgehalten werden, dass sich im Rahmen der differenzierten und kleinschrittigen Auswertung des Einzelfalls Frau Rosen über den Verlaufscharakter der Bedrohung hinaus in struktureller Hinsicht wesentliche Aufschlüsse über die Prozessdynamik ergeben haben. Die Komponenten der Prozessdynamik zeigen sich in Deutungen zur Verortung, Kontrollierbarkeit und Stabilität der Bedrohung mit Wechselwirkungen zur psychosozialen Handlungsfähigkeit, Selbstwirksamkeit und Kooperation zwischen Biografieträgerin und Hilfesystem.

Abbildung 3: Verlaufskurve Frau Rosen: Einflussfaktoren in den Phasen

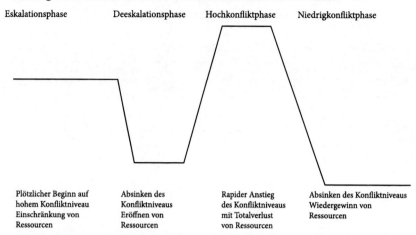

Eskalationsphase	Deeskalationsphase	Hochkonfliktphase	Niedrigkonfliktphase
Plötzlicher Beginn auf hohem Konfliktniveau Einschränkung von Ressourcen	Absinken des Konfliktniveaus Eröffnen von Ressourcen	Rapider Anstieg des Konfliktniveaus mit Totalverlust von Ressourcen	Absinken des Konfliktniveaus Wiedergewinn von Ressourcen

Anhand des Einzelfalls lassen sich ferner charakteristische Züge eines Bedrohungsverlaufs mit einem raschen Eskalationsanstieg aufzeigen. Sehr deutlich repräsentiert dieser Einzelfall die herausgehobene Rolle der Hilfebeziehung für die Prozessdynamik des Bedrohungsgeschehens in Abhängigkeit von dem ihr zugrunde liegenden Hilfeverständnis. Schließlich konnte am Einzelfall Frau Rosen eine enge Wechselbeziehung zwischen der Psychodynamik des Bewältigungsverhaltens (Abspaltungsprozesse vs. Thematisieren und biografisch ausgerichtetes Reframing) und der Prozessdynamik des Bedrohungsverlaufs in den einzelnen Phasen gezeigt werden.

Die Komponenten der Prozessdynamik des Bedrohungsverlaufs des Einzelfalls Frau Rosen sind in Tabelle 1 zusammengefasst.

Tabelle 1: Prozessdynamik des Einzelfalls Frau Rosen

Komponenten der Prozessdynamik	Eskalationsphase/ Angriffs- u. Verteidigungsphase	Niedrigkonfliktphase/ Verhandlungsphase	Hochkonfliktphase/ Fremdbestimmungs- u. Verlustphase	Deeskalationsphase/ Mitsprachephase
E.-niveau E.-verlauf E.-dauer	hoch steigend Wochen	niedrig konstant niedrig Monate	hoch steigend Wochen	niedrig absteigend Monate
Verortung	extern	intern	extern	intern
Stabilität	stabil	variabel	stabil	variabel
Kontrollierbarkeit	niedrig	hoch	niedrig	hoch
Handlungsfähigkeit	gegeben	gegeben	nicht gegeben	gegeben
Selbstwert u. -schutz	bedroht/aktiv	stabil/inaktiv	bedroht/aktiv	stabil/inaktiv
Selbstwirksamkeit	niedrig	hoch	niedrig	hoch
Kooperation mit Hilfesystem	abgebrochen: JA stabil: SPFH	gegeben: JA	abgebrochen	gegeben: JA, SPFH
Vertreter aus Organisationen	Vertreter: JA	Vertreter: JA Jugendhilfeträger (SPFH)	Vertreter: JA	Vertreter: JA (neu)
Bedeutsame Andere	keine	keine	Partner	keine
Hilfebeziehung	einseitig: JA	akzeptierend: JA (SPFH)	einseitig: JA	akzeptierend: JA (neu)
Ressourcen	Erhalt von Handlungsfähigkeit, Selbstwirksamkeit u. Kontrolle durch ‚Rauswurf': JA	zwei stabile, akzeptierende Hilfebeziehungen, Erhalt von Kooperation, Kontrolle, Handlungsfähigkeit, Selbstwirksamkeit, Selbstwert	keine	eine stabile, akzeptierende Hilfebeziehungen (JA), Zunahme an Kooperation, Kontrolle, Handlungsfähigkeit, Selbstwirksamkeit, Selbstwert
Belastungen	einseitige Hilfebeziehung, Verlust an Kooperation, Kontrolle, Handlungsfähigkeit, Selbstwirksamkeit, Selbstwert	keine	einseitige Hilfebeziehung, Verlust an Kooperation, Kontrolle, Handlungsfähigkeit, Selbstwirksamkeit, Selbstwert	keine
Deutungen	externale Attributionen	internale Attributionen	externale Attributionen	internale Attributionen, biografische Deutungsmuster, Reframing

Zur Lesart der Tabellen: Zur Beschreibung der Prozessdynamik des Bedrohungsverlaufs wurden Begriffe gewählt, die dem Prozesscharakter der Phasen am besten entsprechen. Um eine bessere Übersichtlichkeit im Rahmen der tabellarischen Darstellung zu ermöglichen, werden die Analysedimensionen in dieser Darstellungsform jedoch eher statisch anhand ihrer Extremausprägungen eingestuft. So werden z. B. die ‚Kontrollierbarkeit der Bedrohung' sowie die ‚Selbstwirksamkeit' mit ‚hoch' oder ‚niedrig' benannt. Die ‚psychosoziale Handlungsfähigkeit' wird als ‚gegeben' oder ‚nicht gegeben' eingeordnet. Die ‚Hilfebeziehung' wird als ‚einseitig' bzw. ‚akzeptierend' beschrieben. Der

‚Selbstwert' ist ‚hoch' oder ‚niedrig', der ‚Selbstwertschutz' ‚aktiv' oder ‚inaktiv'. Die ‚Kooperation mit dem Hilfesystem' wird als ‚stabil', ‚instabil' oder ‚abgebrochen' kategorisiert. Schließlich treten Deutungen in Form von (Kausal-) Erklärungen oder komplexeren, biografischen Deutungsmustern auf. Über diese Grobeinteilung hinaus sind auch Einstufungen, die sich zwischen den jeweiligen Extrempolen bewegen, möglich.

8.2 Der Einzelfall Frau Petermann

8.2.1 Die Auswahl des Einzelfalls

Geleitet von der Frage nach den Bedingungsfaktoren des Bedrohungsverlaufs infrage gestellter Elternschaft ehemaliger Pflegekinder, wurde mit Frau Petermann ein Einzelfall ausgewählt, der in mehrfacher Hinsicht kontrastierende Merkmale einer Prozessdynamik erkennen lässt. Das betrifft zum einen das Merkmal ‚Konfliktniveau bei Beginn der Hilfebeziehung', das sich hier in einem sehr lang anhaltenden, niedrigen Konfliktniveau darstellt.

Zum anderen kontrastiert der Einzelfall Frau Petermann in Bezug auf den Verlauf der Eskalationsphase. Abweichend von den Verläufen anderer Einzelfälle liegt hier weder ein plötzlicher (vgl. Einzelfallanalyse Frau Rosen) noch ein kontinuierlicher (vgl. Einzelfallanalyse Frau Groß) Eskalationsanstieg vor. Es kommt vielmehr zu wiederholten Wechseln von ansteigendem und sinkendem Eskalationsniveau. Interessant ist dieser Einzelfall ferner aufgrund einer besonderen Konstellation im Bedingungsgefüge des Bedrohungsverlaufs im Hinblick auf eine externe Verortung der Kontrolle ohne Anstieg des Eskalationsniveaus. Diese Prozessdynamik wird im Rahmen der Niedrigkonfliktphase dargelegt. Ein weiteres Kontrastierungsmerkmal ist das zeitweilige Aufwachsen der Biografieträgerin in Verwandtenpflege.

8.2.2 Einführung in den Fall Frau Petermann

Frau Petermann wuchs als Kind zwei Jahre bei den Großeltern auf. Dazu kam es aufgrund einer hygienischen Problematik der Wohnverhältnisse und aufgrund von Versorgungsengpässen in Bezug auf die Kinder. Die Eltern von Frau Petermann waren dem Jugendamt bereits seit Längerem bekannt. Bis zur Unterbringung von Frau Petermann wurde die Familie eine Zeit lang durch Familienhilfe unterstützt.

Frau Petermann wurde im Jugendalter schwanger. Mit dem Vater des Kindes war sie nur kurze Zeit zusammen, die Beziehung ging noch während der Schwangerschaft auseinander. Das Jugendamt lehnte eine Unterstützung der jungen Mutter durch die eigenen Eltern aufgrund deren eigener Problematik ab, stimmte jedoch einer zeitlich befristeten Betreuung des Kindes Alexander durch die Urgroßeltern mütterlicherseits, bei denen auch Frau Petermann gelebt hatte, zu. So kam es, dass die junge Mutter nach der Geburt des Sohnes zunächst für einige Wochen zusammen mit dem Kind bei den Urgroßeltern lebte, bis sie vereinbarungsgemäß in den Haushalt der Eltern zurückkehrte, kurz darauf zu ihrem Freund zog und ihren Schulbesuch fortsetzte. Wie sie selbst in ihren ersten Lebensjahren blieb auch ihr Kind eine längere Zeit bei dessen Urgroßeltern.

Mit dem Schulabschluss und dem Erreichen der Volljährigkeit der Mutter nahm sie Alexander zu sich. Die Versorgung des Kindes erfolgte mit Unterstützung einer Familienhilfe. Der Junge besuchte regelmäßig den Kindergarten, in welchen er nach dem dritten Geburtstag auf Initiative des Jugendamtes und der Familienhilfe angemeldet worden war. Die Mutter suchte den Rat des Jugendamtes, als das Verhalten des Sohnes auffälliger wurde, und setzte Diagnostik- und Behandlungstermine im sozialpädiatrischen Zentrum, wo eine Konzentrationsschwäche festgestellt wurde, um.

Nach einer kurzen Zeit des Fachoberschulbesuchs der Mutter zeigten sich Hindernisse beim Wechsel in die Berufstätigkeit. Die Führerscheinprüfung gelang der Mutter jedoch ebenso wie der Aufbau von Besuchskontakten des Kindes zum Vater.

Im weiteren Hilfeverlauf veränderte sich die Zusammenarbeit mit der SPFH. Die von der Mutter anfangs wahrgenommenen Termine wurden zunächst unregelmäßiger, dann immer seltener, sodass das Jugendamt die Hilfe nach einem Zeitraum von über einem Jahr einstellte. Ein Kontakt zwischen der Vertreterin des Jugendamtes und Frau Petermann blieb jedoch in Form von gelegentlichen Hausbesuchen erhalten. Hinzu kam, dass die Kindertagesstätte dem Jugendamt immer häufigere Fehlzeiten des Jungen in der Einrichtung meldete. Bei einer Erkrankung von Alexander fiel zudem auf, dass der Junge nicht zeitnah mit den erforderlichen Medikamenten versorgt worden war. Auch wurde eine von der Mutter begonnene, berufsfördernde Maßnahme nicht fortgesetzt, sodass es zu Leistungskürzungen des Jobcenters kam und die Versorgung des Kindes über Lebensmittelgutscheine aufrechterhalten werden musste.

Nach einer Phase, in der auch die Termine zur Förderung des Jungen sowie dessen Kindergartenbesuch unregelmäßiger geworden waren, besuchte Alexander den Kindergarten wieder kontinuierlicher, und auch Gespräche des Jugendamtes mit der Mutter konnten erfolgen. Zwar berichtete der Kindergarten von einem nur wenig konsequenten Umgang der Mutter mit dem Sohn, dennoch fiel Außenstehenden auch die Freude der Mutter am Kontakt mit ihrem Kind auf. Die Unterstützung der Jugendhilfe wurde fortgesetzt, und

Termine zur Berufsorientierung wurden von der Mutter wieder wahrgenommen.

Als das Kind vier Jahre alt war, wechselte es aufgrund von stärker gewordenen Entwicklungsauffälligkeiten und Förderbedürfnissen in eine integrative Tagesbetreuungseinrichtung. Dort kam es erneut zu längeren Fehlzeiten von Alexander. Gespräche der Einrichtung mit der Mutter, u. a. als die Anmeldung des Jungen für die Schule notwendig wurde, konnten aufgrund von Problemen mit der Erreichbarkeit der Mutter nicht erfolgen. Alexander wurde schließlich wegen des belasteten Vertrauensverhältnisses zwischen der integrativen Einrichtung und der Mutter von der Kindertagesstätte abgemeldet und musste in eine andere Kindertagesstätte wechseln. Diese besuchte der Junge in den ersten Monaten regelmäßig, dann jedoch seltener, sodass die dortigen Fördermaßnahmen nicht mehr stattfinden konnten.

Auch die Kontaktversuche des Jugendamtes mit Frau Petermann waren erneut ins Stocken geraten. Als Hausbesuche schließlich doch gelangen, zeigte sich die Wohnung der Mutter in einem chaotischen Zustand. In diesem Zeitraum gingen beim Jugendamt Meldungen von Familienmitgliedern sowie von Nachbarn zu unhygienischen Zuständen in der Wohnung der Mutter ein (Vermüllung, Geruchsbildung). Es erfolgten Angaben über fehlende Beaufsichtigung bzw. fragwürdige Betreuungspersonen des Kindes. Der Verdacht auf Drogenkonsum wurde geäußert. Infolge dessen installierte das Jugendamt eine weitere Familienhilfe, diesmal in einem größeren Stundenumfang als zuvor.

In gemeinsamen Gesprächen erfuhr das Jugendamt von einer Überforderung der Mutter, aber auch von deren Bereitschaft, die problematischen Zustände zu verändern. Ein weiterer Hausbesuch zeigte, dass es der Mutter gelungen war, die Wohnung in wenigen Stunden in einen verbesserten Ordnungs- und Hygienezustand zu versetzen. Auch war das Kind mit den notwendigen Medikamenten versorgt, und die Mutter hatte einen erneuten Antrag auf Hilfen zur Erziehung mit Beginn bereits am nächsten Tag gestellt.

Als die neue SPFH ihre Tätigkeit jedoch nicht wie vereinbart beginnen konnte, initiierte das Jugendamt eine Schutzvereinbarung mit der Mutter, in der sie sich zur Erreichbarkeit für die Familienhilfe und das Jugendamt sowie zu Hilfeplangesprächen verpflichtete. Dennoch nahm die Mutter in der Folgezeit Termine mit der SPFH kaum wahr. Zu einem Gespräch mit dem Kindergarten erschien sie nicht, und die gesundheitliche Versorgung des Jungen war erneut unsicher geworden. Im gemeinsamen Gespräch erfuhr das Jugendamt von den besonderen Belastungen der Mutter aufgrund des Todes eines nahen Verwandten. Frau Petermann berichtete auch über ihren Drogenkonsum und erklärte sich zur Teilnahme an Drogenscreenings bereit.

Auf Initiative des Jugendamtes erfolgte eine zeitlich begrenzte Unterbringung des Kindes in einer Bereitschaftspflegestelle. Das Jugendamt formulierte Voraussetzungen für eine Rückkehr des Kindes zur Mutter, u. a. die Verbesserung der Wohnsituation sowie den Nachweis der Drogenfreiheit. Als das Jugendamt drei Wochen später den Aufenthalt des Jungen in der Bereitschaftspflegestelle verlängerte, kontaktierte Frau Petermann einem Anwalt.

In der Folgezeit fanden zwar Termine der Mutter mit der SPFH statt, Termine zum Erhalt von Leistungen zum Lebensunterhalt fielen jedoch aus. Am Drogenscreening nahm sie zunächst nicht teil. Der später durchgeführte Drogentest ergab sowohl den Nachweis von THC als auch von Amphetaminkonsum.

Zugleich spitzte sich die Betreuungssituation in der Bereitschaftspflegefamilie zu. Aggressives Verhalten, Einnässen und anhaltendes Weinen des Jungen erschwerten der Pflegestelle den Umgang mit dem Kind. Das Jugendamt wurde von der Mutter über Angaben des Kindes zu unangemessenen Bestrafungen in der Pflegestelle informiert. Es erfolgte ein Aufenthaltswechsel des Jungen in die Verwandtenpflege zu einem Onkel und dessen Lebensgefährtin, die den Jungen in der Vergangenheit bereits mehrfach betreut hatten.

Eine erneute Unterbringung des Kindes bei der Urgroßmutter kam für das Jugendamt aufgrund ihres hohen Alters und eingeschränkten Gesundheitszustands nicht in Betracht. Nach gemeinsamen Terminen mit Mutter und Kind in der Erziehungsstelle bei den Verwandten, stimmte die Mutter zunächst dem neuen Aufenthaltsort des Sohnes zu, zog ihr Einverständnis jedoch später zurück.

In dieser Situation beantragte das Jugendamt mit Verweis auf eine zu erwartende Kindeswohlgefährdung im Falle einer Rückkehr zur Mutter beim Familiengericht die Übertragung des Aufenthaltsbestimmungsrechts, der Gesundheitsfürsorge und des Rechts auf Hilfen zur Erziehung. Der Rechtsvertreter der Mutter widersprach der Position des Jugendamtes und wies darauf hin, dass bei entsprechenden Hilfestellungen auch in Bezug auf die Entwicklungsauffälligkeiten des Kindes eine Rückkehr zur Mutter möglich sei, zumal sich diese stabilisiert, eine Arbeitsstelle angetreten und eine Drogenberatung aufgenommen habe. Im Gerichtstermin erklärte sich Frau Petermann damit einverstanden, dass Alexander so lange im Haushalt des Onkels bleibe, bis das psychologische Sachverständigengutachten erstellt sei.

8.2.3 Die Perspektive von Frau Petermann

Biografische Aspekte

Frau Petermann lebte vom ersten bis zum dritten Lebensjahr bei ihren Großeltern und wuchs dort in ländlicher Umgebung auf. Ein Kontakt zur Mutter, die damals in unmittelbarer Nähe wohnte, bestand durch nahezu tägliche Besuche.

Nach ihrem Wechsel zur Mutter verbrachte sie als Kind weiterhin, vor allem an den Wochenenden und in den Ferien, viel Zeit bei den Großeltern.

Mit ihrer Mutter und ihrem Stiefvater – dem Vater ihrer vier Geschwister – wohnte sie vom dritten bis zum zehnten Lebensjahr zusammen. Mit ihnen zog sie sehr häufig, fast jedes halbe Jahr in eine andere Stadt. Nach ihrer Erinnerung arbeitete weder die Mutter noch ihr Stiefvater, vielmehr seien sie vom Arbeitsamt und von den Großeltern finanziell unterstützt worden. Als ihr Stiefvater eine Freiheitsstrafe verbüßen musste, nahm die Mutter die Beziehung zum leiblichen Vater von Frau Petermann wieder auf, der von da an mit der Familie zusammenlebte. Frau Petermann war zehn Jahre alt, als sie ihren Vater kennenlernte.

Beziehungen zur Familie

Frau Petermann betonte, dass es ihr bis heute wichtig sei, ihre Großmutter – der Großvater sei zwischenzeitlich verstorben – regelmäßig zu besuchen. Das Verhältnis zu ihrem Stiefvater sei damals nicht gut gewesen, da dieser nur sie, nicht die anderen Kinder, geschlagen habe. Das Verhältnis zu ihrer Mutter beschrieb sie als „eigentlich super". Die Mutter sei ihre „größte Vertrauensperson". Allerdings könne man sie, wenn es um Geld gehe, „vergessen". Die Mutter habe die Großeltern bestohlen und würde auch sie, Frau Petermann, „für 1000 Euro verkaufen". Sie denkt nicht, dass es ihre Mutter interessiere, dass Alexander ihr weggenommen worden sei. Die Mutter habe sich zwar bei ihr danach erkundigt, habe ihr jedoch nicht geholfen. Ihre Geschwister, die bis auf eins noch bei der Mutter lebten, sehe sie regelmäßig und sie habe eine gute Beziehung zu ihnen.

Früherer Kontakt zum Jugendamt

Ihre Familie sei „schon immer" im Kontakt zum Jugendamt gewesen. Eine Familienhilfe habe in ihrer Kindheit dabei geholfen, dass ihre Geschwister und sie die Schule besuchten, Arzttermine eingehalten sowie im Haushalt hygienische Probleme vermieden worden seien. Sie hätten häufig Müll- und Wäscheberge gehabt. Frau Petermann resümierte, „die Hilfe durch das Jugendamt war wichtig", denn ihre Mutter sei mit allem überfordert gewesen. Sie selbst habe sich viel um ihre Geschwister und deren Probleme kümmern müssen, habe diese auch zu Schulaufführungen begleitet. Um sie hätten sich die Eltern nicht gekümmert, hätten sie nicht begleitet. Auch seien die Eltern ihr bei Problemen keine Ansprechpartner gewesen. Bei guten Schulnoten habe sie von den Eltern lediglich ein Lob, von den Großeltern hingegen ein Geschenk bekommen.

Schwangerschaft und Beziehung zum Vater des Kindes

Frau Petermann berichtete, dass sie mit 14 Jahren schwanger geworden sei. Damals sei sie mit ihrem Freund, dem Vater von Alexander, drei oder vier Monate zusammen gewesen. Sie sei schockiert gewesen, als sie im zweiten Monat von der Schwangerschaft erfahren habe. Da sie sich um ihre Geschwister habe kümmern müssen, habe sie erst kein Kind gewollt und auch an Abtreibung gedacht. Ihre Mutter sei die Erste gewesen, mit der sie darüber gesprochen habe. Die habe die Schwangerschaft „locker" gesehen und habe sich wie auch der Vater von Alexander vor allem darüber gefreut. Ihre Mutter habe ihr geraten, das Kind zu bekommen.

Drei Tage nachdem sie von der Schwangerschaft erfahren habe, habe sie sich gegen den Willen des Vaters von Alexander von diesem getrennt. Er habe ihr dann nachgestellt, sie bedroht, sodass sie ein gerichtliches Näherungsverbot gegen ihn erwirkt habe. Auch sei er nach der Geburt von Alexander betrunken bei ihr im Krankenhaus erschienen. Erst nach etwa eineinhalb Jahren, als Alexander von den Großeltern zu ihr gewechselt sei, habe sie Besuchskontakte des Vaters mit dem Sohn erlaubt. Allerdings sei er in den folgenden Jahren oft nicht zum Besuchstermin erschienen oder habe Alexander Horrorfilme sehen lassen, die dem Jungen Angst gemacht hätten, weswegen sie dem Vater das Kind eine Zeit lang nicht gegeben habe. Später habe sie aber auch Übernachtungsbesuche erlaubt. Im Moment wolle sie jedoch nur begleitete Besuche, da Alexanders Vater Drogen nehme.

Lebenssituation zur Zeit der Geburt des Kindes

Im dritten Schwangerschaftsmonat habe sie einen neuen Partner, der fünf Jahre älter als sie gewesen sei und mit dem sie viereinhalb Jahre eine Beziehung geführt habe, kennengelernt. Der neue Freund sei der Grund für eskalierende Auseinandersetzungen mit ihren Eltern gewesen, sodass sie nach einem heftigen Streit zu ihrem Freund „abgehauen" und bei ihm geblieben sei.

Nach der Geburt sei Alexander direkt zu ihren Großeltern gekommen, die sich sehr über das Kind gefreut hätten. Sie habe dort zunächst eineinhalb Monate zusammen mit Alexander gewohnt, habe sich an der Versorgung des Kindes beteiligt und u. a. einmal wöchentlich einen „Aqua Kurs" mit ihm besucht. Die Großeltern seien aber dagegen gewesen, dass sie zusammen mit Alexander bei ihnen lebe, weil sie zuerst ihren Schulabschluss und eine Ausbildung habe machen sollen. Sie habe einerseits bei Alexander sein wollen, habe andererseits auch ihren Freund nicht verlieren wollen, sodass sie bei ihm wohnen geblieben sei, bis sie späterhin eine eigene Wohnung bezogen habe.

Schulische und berufliche Entwicklung

Frau Petermann schilderte, dass sie den Hauptschulabschluss erworben und eine Ausbildung zur Kinderpflegerin begonnen habe, die sie nach kurzer Zeit jedoch habe abbrechen müssen, weil ihre Großeltern Alexander nicht mehr hätten betreuen können. Danach habe sie dann keine Ausbildung mehr angefangen. Allerdings habe sie, nachdem sie immer wieder Absagen auf ihre Bewerbungen hin bekommen habe, ihren Realschulabschluss nachmachen wollen. Deswegen habe sie auch eine Schule besucht, diese jedoch nach einem Monat abgebrochen, da das Themenfeld ,Metaller' nichts für sie gewesen sei. Sie habe dann für kürzere Zeiten, meist einige Wochen, wechselnde Nebenjobs gehabt, z. B. in einer Pizzeria. Auch habe sie an mehreren berufsvorbereitenden Maßnahmen teilgenommen. Die erste, die vier Monate dauerte, habe ihr zwar gut gefallen, sie sei jedoch krank geworden und habe dann die Lust daran verloren, da sie gedacht habe, durch die Maßnahme doch keinen Job zu bekommen. So ähnlich sei es dann noch einmal bei einer anderen berufsvorbereitenden Maßnahme gewesen. Die habe sie ebenfalls abgebrochen, als sie darin keinen Sinn mehr gesehen habe. Zuletzt habe sie in der Küche einer Schule gejobbt. Dort habe sie gekündigt, da sie eigentlich davon ausgegangen sei, als Betreuerin für die Kinder eingesetzt zu werden.

Aktuelle Lebenssituation

Im Moment bekomme sie Geld vom Jobcenter, und auch ihre Großmutter gebe ihr gelegentlich Geld. Einmal habe sie für drei Monate kein Geld und nur Lebensmittelgutscheine erhalten. Jetzt suche sie wieder einen Minijob, am liebsten etwas mit Tieren. Rückblickend meinte Frau Petermann, dass sie es im Nachhinein bedaure, die Schule nicht durchgezogen zu haben.

Seit etwa einem Jahr sei sie mit ihrem jetzigen Freund, der als ungelernter Arbeiter berufstätig sei, zusammen. Sie lebten vorübergehend in einer Wohnung, die sie selbst renoviert hätten. Er sei ihre „erste große Liebe" und habe ihr einen Heiratsantrag gemacht, den sie auch angenommen habe. Dennoch wolle sie jetzt noch nicht fest mit ihm zusammenleben, sondern erst einen Ausbildungsplatz finden und Alexander zurückbekommen. Ihr Freund nehme keine Drogen und auch in seinem Freundeskreis sei Drogenkonsum nicht üblich.

Seit Kurzem sei ihr Anwalt zugleich ihr Betreuer für Finanzielles und für Termine mit dem Jugendamt und dem Gericht. Das habe sie auf Anraten des Anwalts selbst beantragt. Ferner stehe sie seit zwei Monaten auf der Warteliste der Drogenberatung der Caritas. Dort hätten „schlimmere Fälle" als sie zwar Vorrang, sie habe aber die Möglichkeit, eine offene Gruppe zu besuchen, bis sie dort einen festen Ansprechpartner bekomme. Sie überlege, eine Entgiftung in einer Klinik zu machen, „um vor dem Jugendamt besser auszusehen". Von diesem Angebot habe der Anwalt ihr erzählt. Die Caritas habe jedoch einen stationären Klinikaufenthalt bei ihr nicht für nötig gehalten.

Zum Drogenkonsum

Mit 14 Jahren habe sie zusammen mit dem Vater von Alexander begonnen, mit Drogen zu experimentieren. In dieser Zeit habe sie täglich sowohl gemeinsam als auch alleine Drogen konsumiert. Als sie ein halbes Jahr später schwanger geworden sei, habe sie „von heute auf morgen aufgehört" mit den Drogen und nur noch wenige Zigaretten am Tag geraucht.

Zu sehen, wie sehr ihr damaliger Freund durch die Drogen heruntergekommen sei, und auch ihr Vorsatz, nicht so wie er werden zu wollen, habe sie darin bestärkt, drogenfrei zu leben. Allerdings habe sie vor etwa einem Jahr, nach dem Tod des Großvaters, wieder begonnen Drogen zu nehmen, vor allem Cannabis zum Entspannen, aber auch Amphetamine, wenn es ihr tagsüber nicht gut gegangen sei. Sie habe dann wieder aufhören wollen, sei allerdings rückfällig geworden, wenn sie z. B. Streit mit dem Vater von Alexander gehabt habe oder ihre Bewerbungen abgelehnt worden seien.

Vor zwei Wochen habe sie erneut aufgehört, als Alexander während eines Besuchskontaktes geweint und zu ihr zurückgewollt habe. Da habe sie sich geschworen, keine Drogen mehr zu nehmen. Deswegen wolle sie eigentlich auch in die Entzugsklinik. Sie sei sich aber noch nicht sicher, ob sie tatsächlich dorthin gehen werde.

Reaktion auf die Fremdunterbringung des Kindes

Nachdem ihr Alexander entzogen worden sei, habe sie kurz an Selbstmord gedacht. Diesen Gedanken habe sie aber schnell wieder verworfen und keine konkreten Pläne diesbezüglich entwickelt. Sie habe sich vielmehr gesagt, dass sie „alles auf die Reihe bekommen werde". Sie wolle alles versuchen, um Alexander zurückzubekommen. Abends, wenn sie alleine sei, fühle sie sich oftmals schlecht und weine.

Kontakt zum Jugendamt seit der Schwangerschaft

Frau Petermann schilderte, dass das Jugendamt sie während der Schwangerschaft von einer Adoption des Kindes habe überzeugen wollen. Dies sowie eine Unterbringung von Alexander in einer fremden Pflegestelle habe sie jedoch abgelehnt und stattdessen ihre Großeltern vorgeschlagen. Diese seien über 70 Jahre alt gewesen. Der Plan sei gewesen, dass Alexander etwa eineinhalb Jahre, bis zu ihrem Schulabschluss, bei den Großeltern wohnen sollte. Diese Lösung der Unterbringung bei den Großeltern habe sie sehr begrüßt. Ein Mutter-Kind-Heim, welches sie sich angeschaut habe, habe ihr wegen der „asozialen Weiber" dort nicht gefallen.

Wegen eines Beinbruchs der Großmutter sei Alexander früher als verein-bart, noch vor seinem zweiten Geburtstag, zu ihr gekommen. Sie habe durch das Jugendamt eine Familienhilfe, Frau Hartmann, erhalten, mit der sie gut ausgekommen sei. Die habe ihr z. B. beim Kauf eines Kinderbettes für Alexander geholfen. Sie habe aber auch weiterhin Hilfe durch ihre Oma und ihre drei Jahre jüngere Schwester gehabt.

Alexander sei kurz vor seinem dritten Geburtstag in den Kindergarten gekommen. Das hätten die Familienhilfe und das Jugendamt entschieden. Allerdings habe sich Alexander nur schwer von ihr trennen können und habe geweint, wenn sie gegangen sei. In diesem Zeitraum habe sie auch Kontakt zu den Verwandten von Alexanders Vater aufgenommen. Es sei ihr wichtig gewesen, dass Alexander auch diese Seite der Familie kennenlerne. So habe es u. a. Besuche bei seinem Onkel und der Oma väterlicherseits gegeben.

Kontakt zum Jugendamt im Zeitraum der Unterbringung des Kindes

Sie wisse „selbst nicht genau", warum Alexander herausgenommen worden sei. Als ihr Opa gestorben sei, habe sie viel „schleifen lassen" und nicht mehr alle Termine wahrgenommen. Jedoch habe sie nach einem Gespräch mit Frau Berger vom Jugendamt die Termine wieder eingehalten, sei allerdings krank geworden, sodass sie einen Termin habe absagen müssen. Frau Berger habe dann behauptet, dass sie generell keine Termine einhalte. Einmal habe sie vergessen, die Medikamente von Alexander, die zur Versorgung einer Wunde benötigt worden seien, mit zu ihrem Freund zu nehmen. Obwohl sie sich zwei Tage später am Wohnort des Partners ein neues Rezept in einer Arztpraxis habe ausstellen lassen, habe Frau Berger ihr später vorgeworfen, nicht einmal das Rezept für Alexander besorgt und abgeholt zu haben.

Kontakt zum Jugendamt bei der Unterbringung des Kindes

Frau Berger habe sie dann zusammen mit dem Kind zu einem Gespräch ins Jugendamt geladen und ihr gesagt, dass der Junge für drei oder vier Wochen zu Pflegeeltern komme, weil „sie es nicht geregelt kriege". Sie habe Frau Berger erneut erklärt, dass sie zwar eine Zeit lang Termine nicht eingehalten habe, dass sich das aber wieder verändert habe. Frau Berger habe aber nicht mit sich reden lassen. Sie sei deswegen „völlig fertig" gewesen, habe geweint und ihren Anwalt verständigt.

Frau Berger und deren Kollegin vom Jugendamt hätten ihr gedroht, dass Alexander für Jahre in eine Pflegefamilie komme, wenn sie nicht ihr Einverständnis zur Unterbringung gebe. Deswegen habe sie der Unterbringung für drei Wochen zugestimmt, habe aber die Situation als „schrecklich" empfunden. Frau Berger habe sie unter Druck gesetzt und gesagt, dass dies „über andere Wege erreicht werde", wenn sie nicht zustimme. Sie habe Frau Berger erklärt, dass sie „eigentlich dagegen sei, aber nichts machen könne, wenn dies sein müsse". Einen Tag später habe ihr Anwalt erklärt, dass sie nicht zustimmen müsse. Auf Anraten von Frau Berger habe sie Alexander bei der Herausnahme gesagt, dass er Urlaub machen werde. Sie selbst habe sonst nicht gewusst, was sie ihm hätte sagen sollen. Alexander habe das aber nicht gefallen, und sie habe auch vor dem Kind geweint und ihm auf seine Nachfrage dazu erklärt, Bauchschmerzen zu haben.

Kontakt zum Jugendamt nach der Unterbringung des Kindes

Auch nach den geplanten drei Wochen in der Bereitschaftspflegefamilie sei Alexander weiter dort geblieben, da das Jugendamt der Meinung gewesen sei, dass sie weiterhin „nichts auf die Reihe bekomme". Sie habe Alexander jedoch nach den drei Wochen sofort wiederhaben wollen. Zwar habe sie auch mal an einem Abend, als sie viele Drogen konsumiert und Alkohol getrunken habe, darüber nachgedacht, dass Alexander besser in der Pflegefamilie bleiben solle, doch habe sie diesen Gedanken sehr schnell verworfen. Sie hätte sich höchstens auf eine Verlängerung von „einer oder zwei Wochen" einlassen wollen.

Ihr sei auch vorgeworfen worden, dass sie Alexander nicht richtig erzogen habe. Sie habe entgegnet, dass sie mit Alexander zur Therapie gehe und dass bereits Alexanders Vater „zu 60 Prozent behindert sei wegen Aufmerksamkeitsschwächen". Zudem habe der älteste Bruder von Alexanders Vater ADHS. Sie vermute, dass Alexander durch die Trennung von ihr psychische Probleme entwickelt habe. Zwar könne sie mit ihm umgehen, wünsche sich dennoch eine externe Hilfe, die ihr zukünftig weitere Erziehungstipps geben könne. Zudem habe Alexander ihr erzählt, dass er in der Pflegefamilie geschlagen worden sei. Frau Berger habe ihr dies nicht geglaubt.

Kontakt zum Jugendamt beim Gerichtstermin

Auch beim Gerichtstermin habe das Jugendamt ihr vorgeworfen, dass sie „nichts hinkriege" und Drogen nehme. Sie habe einen Drogentest machen müssen, der positiv ausfiel. Hinzu kam, dass Alexander vor der Unterbringung über vier Wochen nicht in den Kindergarten gegangen sei. Allerdings habe der Kindergarten dies aus Angst, dass sich die anderen Kinder an Alexanders Hautausschlag anstecken könnten, unterstützt. Dennoch sei ihr dies beim Gerichtstermin vorgeworfen worden. Nachdem Alexander eine Woche wieder im Kindergarten gewesen sei, habe er Läuse bekommen. Deswegen habe sie Alexander die Haare abrasiert, was ihr wiederum zum Vorwurf gemacht worden sei. Beim Gerichtstermin sei ihr auch vorgehalten worden, dass sie Alexander nur deswegen nicht in den Kindergarten bringe, weil sie „keinen Bock habe, morgens aufzustehen". Der Richter habe dann beschlossen, dass Alexander zwei Monate bei den Pflegeeltern bleiben solle, bis sie alles geregelt habe.

Zu dem Vorwurf in Bezug auf den Zustand ihres Haushaltes gab Frau Petermann an, dass Frau Berger bei ihr zu Hause gewesen sei, als es dort wirklich unordentlich gewesen sei. Zuvor sei es aber immer aufgeräumt gewesen. Sie habe daraufhin Ordnung geschaffen, und Frau Berger habe ihre Wohnung kurz darauf erneut inspiziert und festgestellt, dass es nun aufgeräumt sei.

Kontakt zum Jugendamt vor dem Wechsel der Fremdunterbringung

Sie habe vorgeschlagen, dass Alexander wieder zu ihrer Großmutter ziehe, als die Bereitschaftspflegeeltern mit dem Jungen überfordert gewesen seien. Die Großmutter sei auch damit einverstanden gewesen. Das Jugendamt habe das aber abgelehnt. Sie sei zunächst mit der Entscheidung, dass Alexander zu seinem Onkel ziehe, nicht einverstanden gewesen. Da Alexanders Vater ihn aber nicht alleine dort habe besuchen dürfen, habe sie ihr Einverständnis gegeben. Allerdings sei ihr bei Alexanders Geburtstagsfeier aufgefallen, dass der Onkel Alexander ständig zurechtweise und ihm erkläre, dass er „alles falsch mache".

Aktueller Kontakt zur Jugend- und Familienhilfe

In den letzten Wochen hätten die Absprachen und Termine mit dem Jugendamt funktioniert. Allerdings komme sie weiterhin nicht gut mit Frau Berger zurecht. Einige Sachen klappten, wenn sie aber bei Frau Berger anrufe, „komme häufig nichts zurück". In letzter Zeit hätten alle zweiwöchigen Besuchskontakte stattgefunden. Einmal habe es nicht geklappt. Da habe Frau Winter, die Lebensgefährtin von Alexanders Onkel, zuvor erklärt, dass der Psychologe im Kindergarten von Alexander von weiteren Umgangskontakten abrate. Einen Tag vor dem Besuchskontakt habe sie dann Frau Winter geschrieben, wann sie sich am nächsten Tag für den Besuchskontakt treffen sollten. Die habe ihr nicht geantwortet. Am Tag des Besuchskontaktes habe sie daraufhin Frau Berger kontaktiert und ihr auf den Anrufbeantworter gesprochen, was mit dem Besuchskontakt sei. Auch Frau Berger habe sich nicht bei ihr gemeldet. Sie habe erneut Frau Winter eine SMS geschrieben und wieder keine Antwort erhalten. Der Besuchskontakt hätte um drei Uhr stattfinden sollen. Zwei Stunden später sei sie dann angerufen worden, warum sie diesen Termin nicht wahrgenommen habe. Sie versuche sich meistens einen Tag vor dem Besuchskontakt zu versichern, ob der Termin auch wirklich stattfinde. Generell funktioniere der Austausch mit Frau Winter gut. Beispielsweise sei sie mit Alexander schwimmen gewesen und habe Frau Winter vorab gebeten, Alexander Schwimmsachen mitzugeben.

Rückblick auf die Zusammenarbeit mit der Jugendhilfe

Frau Petermann schilderte, dass Frau Berger seit vier Jahren ihre Sachbearbeiterin sei. Vorher sei Frau Prinz für sie zuständig gewesen. Mit Frau Prinz und den ehemaligen Mitarbeitern vom Jugendamt sei sie gut zurechtgekommen, mit der Familienhilfe Frau Cöllen hingegen nicht. Diese habe ihr bei der Erziehung von Alexander sowie der Terminplanung helfen sollen, was nicht funktioniert habe. Frau Cöllen sei oft vorbeigekommen, wenn Alexander im Kindergarten gewesen sei. Sie, Frau Petermann, habe Frau Cöllen als „link" empfunden, da Frau Cöllen dem Jugendamt Dinge anders berichtet habe als ihr. Die Therapiestelle AEF sei jedoch hilfreich gewesen. Von dort habe sie Erziehungstipps erhalten, z. B. wenn Alexander sich manchmal geweigert habe, sein Zimmer aufzuräumen. Sie habe lange mit ihm diskutieren und standhaft bleiben müssen, ehe Alexander aufgeräumt habe.

Von Frau Cöllen habe sie sich gewünscht, dass sie mehr mit ihr reden würde. Sie denke, dass ihr vieles nicht geglaubt worden sei. Sie könne nicht nachvollziehen, dass ihr Alexander weggenommen worden sei, weil sie Termine nicht eingehalten habe. Auf die Nachfrage, warum sie oftmals nicht telefonisch erreichbar gewesen sei, berichtete Frau Petermann, sie habe Netzprobleme mit ihrem Handy gehabt. Auch habe das Jugendamt immer nur einmal und nicht ein zweites Mal bei ihr angerufen. Sie habe oft beim Jugendamt zurückgerufen, allerdings nicht immer, und auch Frau Berger vergesse Termine und sei bspw. auch für Alexanders Onkel oft nicht erreichbar, sie entschuldige sich aber kaum dafür. Manche Termine habe sie, Frau Petermann, auch absagen müssen, weil sie krank gewesen sei. Sie gebe aber zu, manchmal auch abgesagt zu haben, weil sie keine Lust gehabt habe. Es habe sie geärgert, dass Frau Berger ihr nicht geglaubt habe, dass sie wirklich krank gewesen sei.

Es treffe zu, dass Alexander häufiger den Kindergarten versäumt habe, nachdem ihr Großvater gestorben sei. In dieser Zeit sei einiges schief gelaufen. Sie habe nicht alleine sein wollen, habe mit Alexander bei ihrem Freund übernachtet und dadurch morgens das Taxi für Alexanders Kindergarten verpasst.

Es stimme, dass sie für den Kindergarten manchmal nicht erreichbar gewesen sei. Zum Teil habe sie ihr Handy auf lautlos gestellt und somit Anrufe nicht registriert. Wenn sie habe zurückrufen wollen, habe sie kein Guthaben mehr gehabt. Dies sei „blöd gelaufen".

Sie habe erkannt, dass sie sich in bestimmten Punkten ändern müsse. Sie habe sich um das Einhalten von Terminen immer bemüht, dennoch habe es oftmals nicht funktioniert. Dies sei demotivierend für sie gewesen. Daher habe sie jetzt mit ihrem Betreuer vereinbart, dass sie mit ihm montags, mittwochs und freitags telefonieren werde, damit dieser sie über ihre Termine informieren könne. Der Betreuer unterstütze sie.

Ausblick auf die zukünftige Zusammenarbeit mit der Jugendhilfe

Für die zukünftige Zusammenarbeit mit dem Jugendamt wünsche sie sich eine andere Sachbearbeiterin. Frau Berger zeige nur wenig Verständnis. Sie wünsche sich mehr Ab- und Rücksprachen mit ihr. Auch hätte man sie „vorwarnen" sollen, dass ihr Alexander möglicherweise weggenommen werden könne. Sie glaube, dass ihr positiver Drogentest für das Jugendamt ein „gefundenes Fressen" gewesen sei. Sie glaube aber nicht, dass sie in irgendeiner Form einen negativen Einfluss auf Alexander gehabt habe.

Zusätzlich zur Unterstützung durch ihren Betreuer fände sie es nicht schlecht, dass sie „für den Anfang" eine Familienhilfe erhalte, wenn Alexander zu ihr zurückkomme, die ihr Feedback gebe. Bevor Alexander zu ihr zurückkehre, solle der Umzug abgeschlossen sein. Sie wolle, dass Alexander in die fertige Wohnung komme. Mit der Wohnung verbinde sie einen Neustart. Ein neues Umfeld mache alles besser. Dass sie oftmals Termine, auch mit der Sachverständigen, nicht wahrgenommen habe, hänge damit zusammen, dass sie Angst habe, bei den Terminen etwas Falsches zu sagen, oder dass sie im Gespräch ein schlechtes Bild abgeben könne. Dies sei neben ihrer Krankheit der einzige Grund gewesen.

8.2.4 Beschreibung und Interpretation des Bedrohungsverlaufs

8.2.4.1 Niedrigkonfliktphase

Der Einzelfall Frau Petermann repräsentiert einen Bedrohungsverlauf, der durch eine eingangs ausgedehnte Phase des Niedrigkonflikts gekennzeichnet ist.

Abbildung 4: Verlaufskurve Frau Petermann

Diese Niedrigkonfliktphase erstreckt sich über mehrere Jahre. Sie beginnt mit der Kontaktaufnahme des Jugendamtes zu der damals 14-Jährigen während der Schwangerschaft. Die Niedrigkonfliktphase setzt sich mit der Vorbereitung der ersten Unterbringung des Kindes nach der Geburt, welche das Verhandeln anfangs gegenläufiger Vorstellungen des Jugendamtes und von Frau Petermann zum Aufenthalt des Kindes einschließt, fort. Diese Phase beinhaltet auch das Ablehnen der Optionen des Jugendamtes durch die Mutter (Adoption, Pflegefamilie, Mutter-Kind-Heim vs. Verwandtenpflege bei den Großeltern):

Die [Jugendamt] hatten gesagt, der kann auf jeden Fall nicht bei meiner Mutter bleiben und bei dem Vater [von Alexander] auch nicht, weil die wussten ja nicht, ob ich mit dem zusammenbleibe [...]. Der eine vom Jugendamt wollte, dass ich den Alexander zur Adoption freigebe. Da habe ich gesagt, das werde ich auf keinen Fall tun. Die andere vom Jugendamt hat gesagt, was ist denn mit Pflegeeltern und dann habe ich gesagt, ich möchte aber nicht, dass mein Kind zu irgendwelchen fremden Leuten geht.

Der Niedrigkonfliktverlauf setzt sich im Rahmen der Bereitschaft des Jugendamtes zum Aufgreifen des Vorschlags der jungen Mutter zur Unterbringung des Kindes bei den Großeltern sowie in anschließenden Gesprächen darüber fort:

Dann hatte ich mit meiner Oma darüber geredet und dann sagte die, was wäre denn, wenn wir die Pflegeeltern werden. Dann haben wir darüber geredet. Dann fanden die [Jugendamt]das erst nicht so gut, weil meine Oma ja schon was älter ist … Dann haben meine Großeltern aber gesagt, wir sind noch total fit, wir schaffen das alles. Dann sind die [Jugendamt] dahin gefahren, haben sich das Haus angeguckt, da konnten die ja nichts sagen, war alles ok. Dann gab es Gespräche mit meiner Oma und meinem Opa, dann haben die [Jugendamt] gesagt ist ok, der Alexander kann hier bleiben [...] und ich wusste ja, dass die [Großeltern] perfekt mit dem umgehen.

Die Niedrigkonfliktphase umfasst im Weiteren den eineinhalbjährigen Aufenthalt des Kindes in der Verwandtenpflege bei den Großeltern von Frau Petermann und den vorzeitigen Wechsel des Kindes in den Haushalt der Mutter. Auch die Erweiterung des Hilfesystems um eine SPFH beim Wechsel des Kindes zur Mutter sowie vonseiten der Jugend- und Familienhilfe gemachte Vorgaben zum Umgang mit dem Sohn (u. a. zum Zeitpunkt des Kindergartenbesuchs, zur Diagnostik und Behandlung des Kindes im SPZ) belasten das Verhältnis der Mutter zum Jugendamt nicht. Die Niedrigkonfliktphase dauert auch über diese Veränderungen hinweg an:

Das Jugendamt mit meiner Familienhilfe hat entschieden, dass Alexander in den Kindergarten kommt [...]. Die Familienhilfe, die Frau Hartmann, hat geguckt, ob ich das auch alles hinbekomme, das wusste ja keiner. Die hatte ich auch nicht so lange. Das Jugendamt hat dann gesagt, ist alles super, ist ok, sie kriegen alles hin [...]. Ausflüge hat die mit uns gemacht oder wenn ich Termine hatte oder ein Kinderbett hat die transportiert.

Die Niedrigkonfliktphase reicht auch noch bis in die erste Zeit der Diagnostik und Behandlung des Kindes im sozialpädiatrischen Zentrum hinein. Die Phase geht zu Ende, als Frau Petermann Termine mit der Jugendhilfe – der SPFH, dem Kindergarten, der Vertreterin des Jugendamtes – nur noch unregelmäßig wahrnimmt. Bis dahin bestand eine mehrjährige, stabile Kooperation zwischen Frau Petermann und der Jugendhilfe.

Die Analyse und Interpretation der Bedingungen, welche der Niedrigkonfliktphase zugrunde liegen, ergeben eine sehr interessante Konstellation. So liegt hier eine externe Verortung der Bedrohung vor, die vom Jugendamt ausgehend, welches das Kind getrennt von der Mutter unterbringen möchte (u. a. Vorschlag ‚Adoption'), erlebt wird. Eine solche externe Verortung kann grundsätzlich das Erleben von Hilflosigkeit begünstigen und sich somit belastend auswirken. Dass dies hier jedoch nicht der Fall ist, die Biografieträgerin die Bedrohung vielmehr als kontrollierbar erlebt („Dann gab es Gespräche mit meiner Oma und meinem Opa, dann haben die [Jugendamt] gesagt, ist ok, der Alexander kann hier bleiben ..."), hängt mit der gleichzeitig wahrgenommenen Variabilität der Bedrohung zusammen. So liegt hier nicht nur *eine* Möglichkeit der Fremdunterbringung vor. Vielmehr stehen mehrere Optionen zur Wahl (Adoption, Fremdpflege, Verwandtenpflege), die in ihrem Bedrohungsgrad sehr verschieden wahrgenommen werden. Während eine mögliche Adoption und eine Fremdpflege des Kindes als extrem bedrohend erlebt werden („Da habe ich gesagt, das [Adoption] werde ich auf keinen Fall tun ..."), löst die Variante Verwandtenpflege (Großmutter) das Bedrohungserleben geradezu auf („Ich wusste ja, dass die Großeltern perfekt mit ihm umgehen."). Auch die sich anschließenden, wiederholten Gespräche über eine mögliche Verwandtenpflege begründen zugleich eine stabile Kooperation der Biografieträgerin mit der Jugendhilfe. Infolgedessen ist auch die Selbstwirksamkeit der Biografieträgerin in dieser Niedrigkonfliktphase als hoch ausgeprägt einzustufen. Ein wesentlicher Bedingungsfaktor des konstant niedrigen Bedrohungs- und Eskalationsniveaus ist die durch Akzeptanz geprägte Hilfebeziehung.

Bemerkenswert ist in Bezug auf das niedrige bis fehlende Eskalationsniveau zudem, dass dieses fortbesteht, obwohl auch Vorgaben von außen beschrieben werden, die auf eine geringe bis fehlende Einbeziehung der Biografieträgerin in den Entscheidungsprozess hinweisen („Das Jugendamt mit meiner Familienhilfe hat entschieden, dass Alexander in den Kindergarten kommt"). Dabei fällt ferner auf, dass hierbei weder ein Belastungserleben noch ein Ansteigen des Eskalationsniveaus geschildert wird. Dies spricht dafür, dass nicht *jede* von außen – hier durch *beide* Vertreter der Jugendhilfe – vorgegebene Entscheidung die Selbstwirksamkeit einschränkt und zu einer Belastung der Kooperation mit der Jugendhilfe führt.

Diese Besonderheit kann im weiteren Forschungsprozess aufgegriffen werden. Dabei ist es interessant, solche Konstellationen (Vorgaben von außen, fehlende Einflussnahme auf die Entscheidung ohne Anstieg des Eskalationsniveaus) mit ähnlichen Konstellationen in anderen Bedrohungsverläufen zu vergleichen, in denen sich Gegenläufiges (Ansteigen der Eskalation, Belastung der Kooperation mit der Jugendhilfe) zeigt.

Betrachtet man die Niedrigkonfliktphase unter dem Aspekt relevanter *Themen*, dann steht der Wunsch nach Mitbestimmung über den zukünftigen Aufenthalt des Kindes („ich möchte aber nicht, dass mein Kind zu irgendwelchen fremden Leuten geht") im Vordergrund. Auf der Handlungsebene korrespondiert dies mit der Möglichkeit, gegenläufige Vorstellungen des Jugendamtes abzulehnen und im Gespräch mit dem Jugendamt zu sein, was in den Aufbau einer stabilen Hilfebeziehung mündet. Das zeigt sich deutlich in Bezug auf die Entscheidung zur Unterbringung des Kindes (Fremd- vs. Verwandtenpflege) wie auch in Bezug auf die Frage der Zusammenarbeit mit einer Familienhilfe.

Damit stehen der Belastung (Bedrohung durch Unterbringung des Kindes) wesentliche Ressourcen (Selbstwirksamkeitserfahrungen durch Aufgreifen und Prüfen von Vorstellungen der Biografieträgerin) gegenüber. Infolgedessen ist die Niedrigkonfliktphase über weite Strecken durch eine Balance (Wolf 2015) gekennzeichnet, da trotz Eingriff in die Elternschaft mittels Fremdunterbringung auf der Basis eines akzeptierenden Hilfehandelns des Jugendamtes Ressourcen der Biografieträgerin durch Selbstwirksamkeits- und Kontrollerfahrungen gestärkt werden und zum Tragen kommen können. Dementsprechend wird das niedrige Konfliktniveau dieser Verlaufsphase durch die Bedingungsfaktoren Kontrollierbarkeit und Variabilität der Bedrohung geprägt. Das Zusammenspiel dieser Faktoren – Selbstwirksamkeit, Kontrollierbarkeit und Variabilität der Bedrohung – stabilisiert zugleich die Kooperation der Biografieträgerin mit der Jugendhilfe.

Betrachtet man die Prozessdynamik der Niedrigkonfliktphase unter dem Aspekt *,Präsenz von Akteur*innen aus Organisationen'*, dann rückt in der Niedrigkonfliktphase die Kontaktaufnahme zwischen Vertreter*innen des Jugendamtes und der Biografieträgerin in den Blick. In einer potenziell hochproblematischen Lebenssituation, die durch die frühe Schwangerschaft, schwache eigene Ressourcen und eine fehlende Unterstützung des Elternhauses gekennzeichnet ist, eröffnet das Jugendamt neue Lösungswege (hier: Unterbringung des Kindes in der Verwandtenpflege), die der Biografieträgerin sowohl einen Zugang zum Kind (regelmäßige Besuchskontakte) als auch Chancen zum Aufbau von Ressourcen (u. a. Schulabschluss, Partnerschaft) ermöglichen. Indem diese Ressourcen mit einem sehr hohen Maß an Selbstwirksamkeitserfahrungen und Kooperation (gemeinsames Aushandeln von Unterbringungsoptionen des Kindes) einhergehen, ergeben sich aus der Anwesenheit des Jugendamtes günstige Voraussetzungen für die Fortsetzung der Prozessdynamik auf einem Niedrigkonfliktniveau.

Einerseits liegen hier bereits frühere positive Erfahrungen der Biografieträgerin mit Hilfestellungen des Jugendamtes in der Herkunftsfamilie („Die Familie sei ,schon immer' im Kontakt mit dem Jugendamt gewesen und es habe eine

Familienhilfe gegeben") sowie eine positive Bewertung dessen („die Hilfe durch das Jugendamt war wichtig") zugrunde. Andererseits begünstigt aber gerade das *aktuelle* Auftreten des Jugendamtes mit der engmaschigen Einbeziehung der Biografieträgerin in den *aktuellen* Entscheidungsprozess in Bezug auf die Unterbringung von Alexander das geringe Bedrohungserleben dieser Phase und hat eine äußerst positive Wirkung auf die Prozessdynamik.

Diese positive Prozessdynamik, einhergehend mit einem niedrigen Eskalationsniveau, setzt sich im Rahmen des plötzlichen Wechsels des Kindes in den Haushalt der Mutter fort. So wird auch die zu diesem Zeitpunkt installierte Familienhilfe als unterstützend erlebt, da sie die hauptsächliche Versorgungsrolle der Mutter nicht einschränkt („Im Haushalt habe Frau Petermann Alexander versorgt.") und ihr vielmehr Hilfe bei außerordentlichen Aufgaben zur Seite stellt („Frau Petermann habe durch das Jugendamt die SPFH Frau Meisner erhalten, mit der sie gut ausgekommen sei. Diese habe sie zum Beispiel bei Einkäufen wie dem Kauf eines Kinderbettes begleitet.").

Darüber hinaus wird die entspannte Prozessdynamik der Niedrigkonfliktphase auch durch das als hilfreich erlebte Handeln des Jugendamtes im Bereich der Regulation der Vater-Kind-Kontakte verstärkt. Die Kontakte waren aufgrund von Partnerschaftskonflikten und Unzuverlässigkeit des Vaters zeitweilig belastend. Eine Regelung des Jugendamtes, welche die Besuche begrenzte, bis ein konstruktiver Umgang miteinander wieder möglich war, beförderte die positive Prozessdynamik zwischen Frau Petermann und dem Jugendamt.

Zusammenfassend wird die Prozessdynamik der Niedrigkonfliktphase wesentlich durch eine Hilfebeziehung bestimmt, die insbesondere an sensiblen Punkten des Hilfeverlaufs (u. a. vor der Herausnahme des Kindes) durch eine Haltung der Akzeptanz und eine Beziehungsstruktur gekennzeichnet ist, in der ein Mitbestimmen trotz gegenläufiger Positionen (u. a. Fremd- vs. Verwandtenpflege) möglich ist. Das geht mit einer stabilen Kooperation Biografieträgerin/Jugendhilfe einher, die sich im Wahrnehmen und Einhalten von Terminen ausdrücken. In dieser Phase kommt es – trotz externer Verortung der Bedrohung beim Jugendamt – zu Deutungsmustern, die in Bezug auf die Bedrohung ein hohes Maß an Kontrolle und Variabilität zeigen. Ferner wird das niedrige Eskalationsniveau dieser Phase durch Deutungsmuster mit selbstkritischem Bezug zum Bedrohungsverlauf (internale Verortung) begünstigt: „Die [Jugendamt] hatten gesagt, der kann auf jeden Fall nicht bei meiner Mutter bleiben und bei dem Vater [von Alexander] auch nicht, weil die wussten ja nicht, ob ich mit dem zusammenbleibe".

Die Balance dieser Niedrigkonfliktphase gerät mit dem Aufkommen von Belastungen in anderen Lebensbereichen (Tod des Großvaters), dem Rückgriff auf früheres problematisches Bewältigungsverhalten (Drogenkonsum) sowie dem „Schleifenlassen" von Terminen mit dem Hilfesystem aus dem Gleichgewicht. Dies markiert zugleich den Übergang in eine Phase mit höherem Eskalationsniveau (Einstieg in die Eskalationsphase).

8.2.4.2 Eskalationsphase

Die Niedrigkonfliktphase wird von einer Eskalationsphase abgelöst, wobei sich Besonderheiten im Verlauf der Eskalationsphase befinden. So liegt kein kontinuierlicher Anstieg des Eskalationsniveaus vor, vielmehr ein durch mehrfache und rasche Wechsel zwischen Anstieg und Rückgang der Eskalation geprägter Phasenverlauf. Diese Bewegungen zwischen niedrigerem und höherem Eskalationsniveau spiegeln sich in den Beschreibungen der Biografieträgerin zum Kontakt mit dem Jugendamt vor der zweiten Unterbringung des Kindes wider. Konkret sind dies auf der einen Seite u. a. die Berichte von Frau Petermann zum „Schleifenlassen" der Termine mit der Familienhilfe, die mit einer Aufwärtsbewegung der Eskalation einhergehen. Auf der anderen Seite lassen sich Deeskalationsbewegungen in Schilderungen zum Klärungsgespräch mit dem Jugendamt sowie zu den dann wieder wahrgenommenen Terminen mit der Familien- und Jugendhilfe ausmachen:

> Als mein Opa gestorben ist, hab ich alles was schleifen lassen. Ich habe nicht mehr alle Termine gemacht. Da habe ich eine neue Familienhilfe bekommen, die Frau Cöllen. Mit der kam ich nicht so gut klar. Die kam was link rüber. Die hat bei mir so und so erzählt und hat aber beim Jugendamt was ganz anderes erzählt. Erst mal hatte ich zwei, drei Termine abgesagt, weil ich gar keine Lust hatte mit der was zu machen und hab gesagt, ich mach das lieber selber. Dann hatte ich das Gespräch mit der Frau Berger vom Jugendamt und die hat gesagt, das geht nicht, du musst die Termine einhalten mit der, dann habe ich gesagt, gut mach ich, und dann hab ich die Termine eingehalten.

Während sich Deeskalationsbewegungen in Angaben zum zuverlässigeren Bringen des Sohnes in den Kindergarten sowie ihrer Teilnahme an Terminen zur Berufsförderung fortsetzen, zeigt sich das Ansteigen der Eskalation besonders deutlich in Berichten zu den als ungerecht bzw. pauschal erlebten Vorwürfen seitens der Jugendhilfe, da aus der Sicht der Biografieträgerin lediglich vereinzeltes Fehlverhalten vorliegt (hier: verpasste Termine):

> Und dann war ich nachher selber total krank. Wir wollten was erledigen, das ging dann nicht und ich hab der auch eine Bescheinigung vom Arzt gegeben. Nachher ist dann behauptet worden, ich hätte ja alle Termine wieder abgesagt. Da hab ich gesagt, das stimmt nicht. Ich hab die Nachrichten auf dem Handy, dass ich wirklich nur einen Termin abgesagt habe und die anderen Termine eingehalten habe.

Betrachtet man die Bedingungen, welche der Eskalationsphase zugrunde liegen, dann zeigt sich bei fortgesetzter sowohl externaler als auch internaler Ursachenzuschreibung ein Anstieg des Bedrohungsverlaufs, der mit Veränderungen in einer Hilfebeziehung (hier: SPFH) einhergeht. Wurde diese Beziehung in der Niedrigkonfliktphase noch als unterstützend beschrieben, dominieren hier Schilderungen zum Verhalten der Familienhelferin, die einen Vertrauensverlust widerspiegeln („Die hat bei mir so und so erzählt und hat aber beim Jugendamt was ganz anderes erzählt"). Diese Verschiebung in der Hilfebeziehung lässt die Bedrohung ansteigen und aktiviert zugleich Strategien, die auf den Erhalt des Selbstwertes ausgerichtet sind. Es kommt zum Rückzug aus dieser Hilfebeziehung, Termine werden immer seltener wahrgenommen. Das destabilisiert das Kooperationsverhältnis.

Zugleich liegen aber auch selbstkritische Angaben zum eigenen Verhalten vor („Ich habe nicht mehr alle Termine gemacht"). Dieser Bezug zum eigenen Verhalten bietet einen wesentlichen Anknüpfungspunkt dafür, den Kontrollverlust durch Veränderung des eigenen Verhaltens zu kompensieren („Und dann hab ich die Termine [wieder] eingehalten"). Dementsprechend wird die zunehmende Bedrohung dennoch als kontrollierbar und als variabel erachtet. Einen deeskalierenden Einfluss auf die Bedrohungsdynamik dieser Phase ergibt sich auch aus der aufrechterhaltenen und als akzeptierend wahrgenommenen Beziehung zur Vertreterin des Jugendamtes.

Aufwärtsbewegungen des Eskalationsverlaufs dieser Phase ergeben sich aus zunächst zeitweiligen Veränderungen in der Beziehung zum Jugendamt. Einseitige, als Angriff erlebte Vorwürfe der Jugendhilfe („Nachher ist dann behauptet worden, ich hätte ja *alle* Termine wieder abgesagt") steigern die Bedrohung und führen zu weiteren charakteristischen, wiederholten Wechseln zwischen einem An- und Absteigen des Eskalationsniveaus. Dies geht zwar auch mit einer zeitweilig destabilisierten Kooperation mit dem Jugendamt einher, mündet jedoch noch nicht in einer Handlungsunfähigkeit. Indem die Angriffe des Jugendamtes Verteidigungsverhalten als Schutzreaktion auslösen, bleibt die Selbstwirksamkeit in dieser Phase erhalten. Das ist aus den Schilderungen von Frau Petermann gegenüber den Behauptungen des Jugendamtes zu ermitteln („Da hab ich gesagt, das stimmt nicht. Ich hab die Nachrichten auf dem Handy").

Als ein wesentliches Thema der Eskalationsphase zeigt sich ein ‚Verteidigen des eigenen Handelns', das sich in einem Spannungsfeld zwischen eingeräumter eigener Unzuverlässigkeit und pauschalen Vorwürfen ausgehend von der Familienhilfe entfaltet. Interessant ist hier, dass dies mit Veränderungen im Hilfehandeln in Beziehung steht. So löst das aufseiten der SPFH von einem eher einseitigen Verständnis getragene Hilfehandeln einen Verlust an Kontrollmöglichkeiten und damit einhergehend ein Verteidigungsverhalten der Biografieträgerin aus. Demgegenüber steigt das Kontrollerleben in der Hilfebeziehung zum Jugendamt, die in der Gesamtausrichtung dieser Phase stärker durch Akzeptanz und Offenheit geprägt ist, wieder an.

Betrachtet man die Prozessdynamik der Eskalationsphase unter dem Aspekt ,Präsenz von Akteur*innen aus Organisationen', dann fällt auf, dass die über lange Zeit stabile positive Prozessdynamik der Niedrigkonfliktphase mit dem Auftreten einer weiteren Vertreterin aus dem Bereich Jugendhilfe – der neuen Familienhelferin – ins Wanken gerät. Wenngleich die Intention der Jugendhilfe weiter darauf ausgerichtet ist, den Aufenthalt des Kindes bei der Mutter abzusichern („Diese habe ihr bei der Erziehung von Alexander sowie der Terminplanung helfen sollen"), resultiert jedoch aus dem konkreten Handeln der Familienhelferin („Oftmals sei Frau Kleine [neue Familienhilfe] vorbeigekommen, wenn Alexander im Kindergarten gewesen sei [...] Frau Kleine [habe] dem Jugendamt Dinge anders berichtet [...] als ihr") ein eskalationssteigernder Einfluss auf die Prozessdynamik. Die Veränderung der Prozessdynamik geht in der Eskalationsphase mit einem Verlust an Offenheit und damit an Möglichkeiten, mithilfe dieser Beziehung Ressourcen aufzubauen, einher („Sie, Frau Petermann, habe sie [SPFH] als ,link' angesehen").

Bedeutsam ist, dass die Handlungsweise der Hilfebeziehung selbst (Beschuldigung durch die SPFH) als ein Belastungsfaktor einzustufen ist, während Belastungen zuvor aus anderen Quellen (u. a. Tod des Großvaters) resultieren. Die den Belastungen gegenüberstehenden Ressourcen (unterstützende Beziehung zu der Vertreterin des Jugendamtes) können das Ungleichgewicht nur noch zeitweilig ausbalancieren. Mithin hat sich die Belastungs-Ressourcen-Balance (Wolf 2015) in der Eskalationsphase in Richtung zunehmender Belastungen verschoben. Dies wird von einem Bedrohungsanstieg begleitet.

In der Zusammenschau ist die Eskalationsphase durch ein in der Gesamttendenz ansteigendes Eskalationsniveau geprägt. Das der Eskalationsphase zugrunde liegende Bedingungsgefüge zeigt sich in einer externen sowie internen Verortung der Bedrohung, in Veränderungen im Hilfehandeln einhergehend mit zunehmendem Kontrollverlust, in damit ansteigendem Druck zur Verteidigung (Selbstwertschutz) sowie in wachsender Instabilität der Kooperation mit dem Hilfesystem. Dennoch sinkt das Eskalationsniveau auch situativ wieder ab, was mit einem temporär wieder stärker durch Akzeptanz geprägten Hilfehandeln, verbunden mit einem zeitweiligen Gewinn an Kontrolle und Stabilisierung der Kooperation mit dem Hilfesystem sowie einer als variabel wahrgenommenen Bedrohung, zusammenhängt.

8.2.4.3 Hochkonfliktphase

Der Übergang in die Hochkonfliktphase ist inhaltlich eng mit der Inobhutnahme des Kindes verknüpft, die für die Biografieträgerin sowohl unerwartet als auch ohne eine aus ihrer Sicht stichhaltige Begründung erfolgt:

Dann hat die Frau Berger mich angerufen, sagt die, kommen sie mal bitte zum Gespräch, aber mit Alexander bitte. Und dann saßen wir da mit der Leiterin des Jugendamtes und dann sagten die plötzlich so zu mir, wir nehmen den Alexander jetzt in Obhut. Da dachte ich, wie, was heißt das denn jetzt? Ich hab gedacht ein, zwei Stunden, damit ich was erledigen kann. [Jugendamt:] Nee, der kommt jetzt erst mal drei, vier Wochen zu Pflegeeltern. Ich sag: Nee, ich hab gesagt: Warum? Ja, weil wir das Gefühl haben, dass sie das hier nicht so wirklich geregelt kriegen.

Vorwürfe in Bezug auf Unzuverlässigkeiten von Frau Petermann bei der Terminwahrnehmung mit dem Hilfesystem, die bereits in der Eskalationsphase eine Rolle spielten, setzen sich hier ebenso fort wie Ursachenzuschreibungen, die auf die eigene Person bezogen sind. Jedoch führt in dieser Phase die nicht mehr veränderliche, einseitige Vorwurfshaltung des Jugendamtes zu dem unerwarteten Bedrohungsanstieg:

Da hab ich gesagt, nur weil ich die Termine da mal abgesagt habe. Ich krieg das jetzt wieder hin. Ich hab die Termine schleifen lassen bei ihnen und so. Das tut mir auch leid, aber das hat sich jetzt wieder geändert. Nein, sagte die, sie haben jetzt schon wieder Termine abgesagt. Ich sag, das stimmt nicht, ich hab nur einen Termin noch abgesagt. Da gab es ein Hin und Her und dann musste ich den Alexander da lassen.

Wesentliches *Thema* der Hochkonfliktphase ist der völlige ‚Verlust an Handlungsmöglichkeiten' bzw. das ‚Erleben von Ohnmacht'. Das geht aus den Beschreibungen zur Inobhutnahmesituation hervor:

Und dann saßen wir da mit der Leiterin des Jugendamtes und dann sagten die plötzlich so zu mir, wir nehmen den Alexander jetzt in Obhut.
[…]
Ich hab' total geweint. Ich war total fertig. Ich wusste gar nicht, was ich machen sollte und der Alexander war in der Zeit schon in einem anderen Raum. Die haben gesagt, sie können jetzt machen was sie wollen, das ist jetzt einfach so. Ich hab gesagt, das dürfen sie doch nicht einfach, nur weil es mal ne Phase nicht so gut geht, das kann doch jedem mal passieren. Das sie mir dann direkt mein Kind wegnehmen.

Das Ohnmachtserleben ist eng verbunden mit der Wahrnehmung pauschaler Abwertung ohne Berücksichtigung der besonderen Umstände ihrer Lebenssituation, welche diese Phase zuspitzen:

Ja, hab ich gesagt, ich würd ab und zu Drogen nehmen, aber nicht wo der Alexander dabei war … Dann musste ich einen Drogentest machen und da war dann positiv. Und der Alexander hatte eine Wunde vom Hinfallen auf die Straße beim Spielen, war da so aufgeschrabt. Das hatte sich wohl entzündet, dann bin ich damit zum Kinderarzt. Das war aber nicht ansteckend, aber der Kindergarten wollte nicht, dass der kommt, weil der noch Pusteln hatte. Dann war der Alexander drei bis vier Wochen zu Hause und nicht im Kindergarten. Dann hieß es, ich bin total unfähig mit der gesundheitlichen Fürsorge […] Dann hat der Läuse bekommen. Dann haben die wieder gesagt, ich bin total unfähig […] Die haben mir vorgeworfen, sie kümmern sich nicht darum […] das war alles bevor die den in Obhut genommen haben […] Das Gericht hat dann gesagt, dass der erst mal in der Pflegefamilie bleibt bis sie alles geregelt kriegen […] dann haben die noch gesagt, dass der Alexander auffällig ist, aber der Vater hat auch ADHS […] und so ist das alles gekommen.

Der Verlust an Handlungsmöglichkeiten betrifft auch den Umgang mit dem Kind. Das geht aus der Beschreibung eines auf Druck erfolgten und eigenen Vorstellungen widersprechenden Verhaltens gegenüber dem Kind hervor:

Dann sollte ich dem erklären, der geht in Urlaub. Die haben gesagt nach drei Wochen kriegen sie den wieder. Ich hab gedacht, das darf doch nicht wahr sein. Der ist dann zu Pflegeeltern.

Der Einzelfall Frau Petermann ist durch eine besonders kurze Phase des Kontrollverlustes und der Handlungsunfähigkeit geprägt. Ihre Ausführungen machen deutlich, dass das Bedrohungserleben durch Kontaktaufnahme zum Rechtsanwalt in ein rasches Schutzverhalten mündet:

[…] und ich bin nach Hause, da war ich total fertig. Da bin ich dann zum Anwalt.

Schilderungen extremer Abwertung – „Dann hatte ich den ersten Gerichtstermin, und dann haben die wohl gesagt, ich würde gar nichts hinkriegen, mit Drogen und so was" – kennzeichnen durchgängig das Erleben der Biografieträgerin auf dieser höchsten Eskalationsstufe.

Zusammenfassend ist zur Hochkonfliktphase festzuhalten, dass sich das in der Eskalationsphase aufgebaute Ungleichgewicht weiter in Richtung des Belastungserlebens verlagert und ein Rückgriff auf Ressourcen – zumindest zeitweilig – nicht möglich ist. In dieser Phase zeigt sich der Bedrohungsverlauf in seiner Zuspitzung als kritisches Lebensereignis (Filipp & Aymanns 2010), in welchem das Passungsgefüge Mensch/Umwelt durcheinandergeraten ist und Ordnungsprozesse, z. B. im Sinne von Bewältigungsstrategien, herausfordert. Der Zuspitzung des Bedrohungsverlaufs entspricht das zentrale Thema der Hochkonfliktphase der ‚Verlust an Handlungsmöglichkeiten' bzw. das ‚Erleben von Ohnmacht'.

Im Hinblick auf das der Hochkonfliktphase zugrunde liegende Bedingungsgefüge ist auf eine Kombination aus externer Verortung *und* einer als stabil wahrgenommenen Bedrohung zu verweisen. Das mündet in den diese Phase kennzeichnenden völligen Kontrollverlust. Im Unterschied zu den vorangegangenen Phasen geht damit der Abbruch der Kooperation mit der Jugendhilfe einher, sodass das Verhältnis zu allen Akteur*innen des Hilfesystems hochgradig belastet ist. Die Selbstwirksamkeit wird als ausgesprochen stark eingeschränkt bzw. als nicht mehr gegeben erlebt.

Im Hinblick auf die Dauer der Hochkonfliktphase repräsentiert der Einzelfall Frau Petermann einen Eskalationsverlauf, der durch ein eher rasches Überwinden des Kontrollverlustes gekennzeichnet ist. So erfolgen alsbald – wenige Tage nach der Inobhutnahme – Aktivitäten, die darauf ausgerichtet sind, Kontrolle wiederzugewinnen. Dies findet zunächst durch Hinwendung zu Personen außerhalb der Familien- und Jugendhilfe statt. Hier kommen andere Professionen, insbesondere aus dem juristischen Bereich (hier: Rechtsanwalt), hinzu.

Die Prozessdynamik der Hochkonfliktphase, betrachtet unter dem Aspekt *Präsenz von Akteur*innen aus Organisationen'*, ist durch ein Hinzukommen von Vertretern der „Justiz" gekennzeichnet. Gegenüber den zuvor erlebten drastischen Einschränkungen – Zustimmung zur Inobhutnahme auf Druck – mündet die Erweiterung der Prozessdynamik um den ‚Rechtsanwalt' rasch in eine Zunahme der Handlungsmöglichkeiten der Biografieträgerin („Einen Tag später habe ihr Rechtsanwalt und Betreuer erklärt, dass sie nicht zustimmen müsse"; S. 24). Verbunden damit steigt zugleich das Kontrollerleben, und der Übergang in eine Phase mit geringerem Eskalationsniveau wird möglich.

In der Hochkonfliktphase nach der Inobhutnahme des Kindes tritt das Familiengericht als ein wesentlicher Teil der Organisation „Justiz" auf. Das Bedrohungserleben spitzt sich im Rahmen von Gerichtsterminen weiter zu, in denen sich die Biografieträgerin mit übersteigerten Vorwürfen der Vertreterinnen der Jugendhilfe konfrontiert sieht („Dann hatte ich den ersten Gerichtstermin und dann haben die wohl gesagt, ich würde gar nichts hinkriegen, mit Drogen und so was"). Zudem werden die gerichtlichen Auflagen als wenig hilfreich erlebt, da diese sich nicht als umsetzbar herausstellen bzw. nicht an den aktuellen Problemen beim Aufbau einer stabilen Lebenssituation nach der Inobhutnahme des Kindes ausgerichtet sind:

> Frau Petermann habe vom Gericht die Auflagen bekommen, dass Alexander zum Kindergarten gehe und dass sie die Termine mit der Familienhilfe einhalte. Diese habe ihr aber erklärt, nicht mehr für sie zuständig zu sein. Aktuell habe sie keine Familienhilfe. Sie brauche Unterstützung beim Umgang mit Jugendamt und Jobcenter.

In der Hochkonfliktphase kommt aus der Sicht der Biografieträgerin ausschließlich dem Anwalt, der späterhin auch die Aufgabe eines Betreuers übernommen hat, eine die Prozessdynamik entspannende Funktion zu. Durch diesen erhält sie die erhoffte praktische Unterstützung im Alltag (z. B. regelmäßige Erinnerungen an Behördentermine).

Die Einzelfallanalyse Frau Petermann zeigt, dass die Prozessdynamik der Hochkonfliktphase durch plötzliche Verschiebungen in der Hilfebeziehung Jugendamt/Biografieträgerin beeinflusst wird, was ein dramatisches Ansteigen des Eskalationsniveaus befördert. Die einseitige, schuldzuweisende Ausrichtung dieser Hilfebeziehung trotz fortbestehender selbstkritischer Deutungen der Biografieträgerin (internale Attributionen) wird als wesentliche Ursache des Bedrohungsanstiegs (externale Attributionen) wahrgenommen. Die Bedrohungsdynamik wird ferner durch den Zusammenbruch jeglicher Handlungsoptionen angetrieben („Ich hab' total geweint. Ich war total fertig. Ich wusste gar nicht, was ich machen sollte."). Der Übergang in einen Bedrohungsverlauf mit niedrigerem Eskalationsniveau und zugleich steigender Selbstwirksamkeit sowie zunehmendem Selbstwert wird durch das Hinzukommen eines Akteurs bzw. einer Akteurin außerhalb der Jugendhilfeorganisationen – Rechtsvertreter von Frau Petermann – möglich.

8.2.4.4 Deeskalationsphase

Das Absinken des Hochkonflikts in eine Phase mit wieder niedrigerem Eskalationsniveau (Deeskalationsphase) zeigt sich hier in Beschreibungen, welche inhaltlich die Rückkehr zu einer Zusammenarbeit mit der Jugendhilfe umfassen. Das spiegelt sich u. a. in Schilderungen zur Wiederaufnahme von Terminen mit einer SPFH sowie in Angaben zur Erweiterung des Hilfesystems (Betreuer) wider. Das Sinken des Eskalationsniveaus drückt sich zudem in Berichten aus, denen – erneut – Differenzierungen zwischen den beteiligten Akteur*innen zu entnehmen sind. So wird die Zusammenarbeit mit dem hinzugekommenen Betreuer positiv bewertet, während die mit der Vertreterin des Jugendamtes negativer gesehen wird. Diese Beziehung wird als einseitig beschrieben:

> Frau Berger ist eigentlich voll nett, aber auch der Onkel von Alexander kriegt die nie erreicht … die haben drei Wochen auf ne Antwort gewartet […] Frau Berger, die macht Sachen, die sagt nicht Bescheid, die hat vergessen den Besuchskontakt bekannt zu geben, […] aber wenn die was von uns will, dann heißt es direkt, ja haste schon wieder vergessen.

Deutungsmuster, die selbstkritische Angaben zum eigenen Verhalten in Form von Eingeständnissen umfassen – z. B. dass die Biografieträgerin Termine wiederholt versäumt, Drogen genommen und den Sohn zeitweilig nicht in den Kindergarten gebracht habe –, sind als deeskalierende Wirkfaktoren der Bedrohungsdynamik einzustufen. Die darin ausgedrückten internalen Ursachenzuschreibungen begünstigen die Abwärtsbewegung des Eskalationsniveaus dieser Phase.

Darüber hinaus zeigt sich in dem Wunsch nach einer Hilfebeziehung, die durch Wechselseitigkeit und Akzeptanz geprägt ist, ein weiterer wesentlicher Bedingungsfaktor zur Stabilisierung einer Bedrohungsdynamik auf niedrigerem Eskalationsniveau:

> [Zukunft:] Erst mal mit mir mehr Absprache und nicht direkt so, weil ich ein paar Termine nicht eingehalten habe, einfach das Kind weg. Eine Hilfe die jeden Tag gucken kommt, für ne Stunde vorbeikommt oder dass die mich vorgewarnt hätten: wenn du das nicht hinkriegst, ist der Alexander weg. Die meinten, die hätten mich darauf hingewiesen. Aber es hat niemals einer gesagt, dann würde ich doch nicht das Gegenteil tun.

Zusammenfassend ist zu sagen, dass die Deeskalationsphase aufgrund des Hinzukommens von Akteur*innen, die als hilfreich erlebt werden (Rechtsanwalt, Betreuer), wieder eher durch den Zugang zu personalen Ressourcen – Handlungsfähigkeit, Selbstwert, Selbstwirksamkeit – geprägt ist. Das verschiebt die Belastungs-Ressourcen-Balance in Richtung eines Gleichgewichts. Eine deeskalierende Wirkung kommt auch den in dieser Phase auftretenden Deutungsmustern mit Bezug zum eigenen Problemverhalten sowie dem Wunsch nach akzeptierenden Hilfebeziehungen zu. Zu dem niedrigeren Eskalationsniveau dieser Phase passt, dass die Bedrohung dementsprechend nicht mehr ausschließlich als stabil, sondern, begünstigt u. a. durch das Hinzukommen weiterer Personen im Hilfesystem, auch wieder als variabel und kontrollierbar wahrgenommen wird. Damit stabilisiert sich in bestimmten Hilfebeziehungen erneut die Kooperation mit dem Hilfesystem.

Betrachtet man die Prozessdynamik der Deeskalationsphase weiter unter dem Aspekt des ‚Hilfehandelns', dann zeigt sich ein unterstützendes Auftreten des Jugendamtes im Rahmen eines für Frau Petermann relevanten weiteren Hilfethemas, „Besuchskontakte des Kindes mit dem Vater", welches in dieser Phase erneut aktuell wird. Hier nimmt Frau Petermann eine Haltung des Jugendamtes wahr, in der ihre Bedürfnisse akzeptiert werden („Sie wolle nicht, dass er Alexander alleine besuche, sondern wolle selbst dabei sein oder die Begleitung durch jemanden vom Jugendamt"). Das trägt ebenso zu einem Absinken des Eskalationsniveaus bei wie Absprachen und Terminvereinbarungen, welche mit dem Jugendamt in Bezug auf Angelegenheiten der Fremdunterbringung des Kindes möglich sind („In den letzten Wochen hätten die Absprachen und Termine mit dem Jugendamt [wieder] funktioniert"; S. 23).

Andere Aspekte der Hilfebeziehung zum Jugendamt sprechen dagegen, dass das Eskalationsniveau noch weiter absinken kann, wie es in der Niedrigkonfliktphase der Fall ist. Das geht aus Angaben der Biografieträgerin hervor, die auf ein fehlendes interaktives Moment (vgl. Böhnisch 2016) im Kontakt zum Jugendamt hinweisen (u. a. fehlende Rückrufe). Das hemmt in dieser Phase ein umfassenderes Einbringen von Handlungsfähigkeit und Selbstwirksamkeitserleben als persönliche Ressourcen.

Insofern kommt es in der Deeskalationsphase zwar zu einem Verhandeln von Möglichkeiten. Dies erfolgt jedoch eher als ein Abwägen und Anpassen an Hilfevorstellungen der Organisation Jugendamt, als dass eine Mitbestimmung im Sinne der Ausrichtung an eigenen Vorstellungen eintritt. Demzufolge wird hier die Frage, ob die Suchtbehandlung nach den eigenen Wünschen der Biografieträgerin (stationäre Entgiftung) oder den Vorgaben des Amtes (ambulante Drogenberatung) erfolgen soll, dann auch entlang der Vorgaben des Jugendamtes beantwortet, damit dies „vor dem Jugendamt besser aussehe". Dies trägt in dieser Phase zu einer Beruhigung der Prozessdynamik des Bedrohungsverlaufs bei.

In der Zusammenschau ermöglicht die Präsenz des Jugendamtes auf der Basis einer in einigen wichtigen Teilbereichen von Akzeptanz getragenen Hilfebeziehung (Absprachen zur Fremdunterbringung, Regelungen zu Besuchskontakten mit dem Vater) eine Entspannung der Prozessdynamik der Deeskalationsphase. Aufseiten der Biografieträgerin wird dies durch ein Ausrichten ihrer Vorstellungen an denen des Jugendamtes unterstützt.

In der Deeskalationsphase treten weitere Deutungsmuster, die einen selbstkritischen Bezug haben, auf:

Sie habe erkannt, dass sie sich in bestimmten Punkten ändern müsse.

Andere Deutungsmuster dieser Phase spiegeln sowohl eine internale Verortung der Bedrohungsursachen wider als auch eine Ausrichtung auf eine Hilfebeziehung, die geeignet ist, die personalen Ressourcen der Biografieträgerin zu unterstützen, indem sie dazu beiträgt, deren Handlungsfähigkeit wieder herzustellen:

Sie habe sich um das Einhalten von Terminen immer bemüht, aber dennoch funktioniere es oftmals nicht. Dies sei demotivierend für sie gewesen. Daher habe sie jetzt mit ihrem Betreuer vereinbart, dass sie mit ihm montags, mittwochs und freitags telefonieren werde, damit dieser sie über ihre Termine informieren könne. Der Betreuer unterstütze sie.

Zusammenfassend kann festgehalten werden, dass sich hier Veränderungen in der Ausrichtung der Hilfebeziehungen gezeigt haben, die zur Wiederaufnahme eines Kooperationsverhältnisses führten. Veränderungen liegen auch in Deutungsmuster, die internale Ursachenzuschreibungen aufweisen. Zusammengenommen sind diese Veränderungen wesentliche Bedingungsfaktoren für das Absinken der Bedrohung in der Deeskalationsphase. Den Hilfebeziehungen mit einer akzeptierenden, wechselseitigen Ausrichtung kommt dabei eine Schlüsselrolle zu, da diese in enger Wechselwirkung zu den personalen Ressourcen – Selbstwirksamkeit, Selbstwert und Handlungsfähigkeit – stehen und sie in dieser Phase wieder zugänglich machen.

Abbildung 5: Verlaufskurve Frau Petermann: Einflussfaktoren in den Phasen

| Niedrigkonfliktphase | Eskalationsphase | Hochkonfliktphase | Deeskalationsphase |

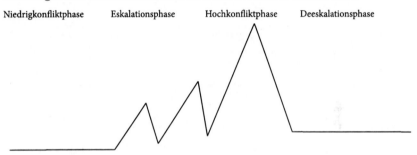

| langes niedriges Konfliktniveau mit Erhalt von Ressourcen | An- und Abstiege geprägt durch Wechsel zwischen Ressourcen und Belastungen | Extremer Anstieg mit Totalverlust von Ressourcen | Absinken mit Rückkehr zu einer Ressourcen-Belastungs-Balance |

Die Komponenten der Prozessdynamik des Bedrohungsverlaufs des Einzelfalls Frau Petermann sind in Tabelle 2 zusammengefasst.

Tabelle 2: Prozessdynamik des Einzelfalls Frau Petermann

Komponenten der Prozessdynamik	Niedrigkonfliktphase/ Verhandlungsphase	Eskalationsphase/ Angriffs- u. Verteidigungsphase	Hochkonfliktphase/ Fremdbestimmungs- u. Verlustphase	Deeskalationsphase/ Mitsprachephase
E.-niveau E.-verlauf, E.-dauer	niedrig konstant niedrig Jahre	höher an- und absteigend Monate	hoch steil ansteigend Tage	niedrig absteigend Monate
Verortung der Bedrohung	extern (JA) intern (selbst)	extern (SPFH) intern (selbst)	extern (JA), intern (selbst)	extern (JA) intern (selbst)
Stabilität B.	variabel	variabel	stabil	variabel
Kontrollierbarkeit B.	hoch	hoch	niedrig	hoch
Handlungsfähigkeit	gegeben	gegeben	nicht gegeben	gegeben
Selbstwert u. -schutz	stabil/inaktiv	bedroht/aktiv	bedroht/aktiv	stabil/inaktiv
Selbstwirksamkeit	hoch	hoch	niedrig	hoch
Kooperation mit dem Hilfesystem	stabil: JA	instabil (neue SPFH) gegeben (JA)	abgebrochen	stabil (Betreuer) instabil (JA)
Vertreter aus Organisationen	Vertreter JA SPFH, SPZ, Kindergarten	Vertreter JA SPFH	Vertreter JA Leiter des JA	Vertreter JA
Bedeutsame Andere	Großeltern	keine	Anwalt	Anwalt/Betreuer
Hilfebeziehung	akzeptierend (JA) akzeptierend (SPFH)	akzeptierend (JA) einseitig (SPFH)	einseitig (JA)	Teils akzeptierend (JA) Akzeptierend (Betreuer)
Ressourcen	zwei akzeptierende Hilfebeziehungen, Erhalt von Kooperation, Kontrolle, Handlungsfähigkeit, Selbstwert, Selbstwirksamkeit	akzeptierende Hilfebeziehung (JA), Erhalt von Kooperation, Handlungsfähigkeit, Kontrolle, Selbstwirksamkeit, Selbstwert	keine	Hilfebeziehungen (JA, Betreuer), Rückkehr zu Kooperation, Handlungsfähigkeit, Kontrolle, Selbstwert, Selbstwirksamkeit
Belastungen	keine	einseitige Beziehung (SPFH), Abnahme von Kontrolle, Einfluss, Selbstwert, Selbstwirksamkeit, Handlungsfähigkeit, Kooperation	einseitige Hilfebeziehung (JA), Fehlen von Einfluss, Kontrolle, Selbstwert, Selbstwirksamkeit, Handlungsfähigkeit, Kooperation	teils noch einseitige Hilfebeziehung (JA)
Deutungen	externale Attributionen (JA) internale Attributionen	externale u. internale Attributionen	externale Attributionen	externale u. internale Attributionen

8.3 Der Einzelfall Frau Groß

8.3.1 Die Auswahl des Einzelfalls

Dieser Fall wurde aus zwei Gründen ausgewählt. Zum einen veranschaulicht er auf besonders eindrückliche Weise Bedrohungsverläufe, in denen Wechsel der Hilfeformen und Veränderungen in den Hilfebeziehungen sehr eng mit der

Prozessdynamik des Bedrohungsverlaufs verbunden sind und diese mitbestimmen. Zum anderen repräsentiert dieser Einzelfall einen Bedrohungsverlauf, in welchem die von der Jugendhilfe geplante Fremdunterbringung des Kindes noch nicht umgesetzt wurde. Insofern verläuft dieser Einzelfall kontrastiv zu den anderen Einzelfällen, in denen es bereits zu einer Trennung des Kindes von den Eltern gekommen ist.

8.3.2 Einführung in den Fall Frau Groß

Die Elternschaft von Frau Groß war bedroht, weil das Jugendamt eine Fremdunterbringung des Kindes forderte und einen entsprechenden Antrag beim Familiengericht gestellt hatte. Das Jugendamt warf Frau Groß vor, die Versorgung von Marcel in verschiedenen Bereichen nicht gewährleisten zu können. Beide Eltern hätten aufgrund ihrer Berufstätigkeit zu wenig Zeit für den Jungen, vernachlässigten seine Gesundheit (Übergewicht, Zahnhygiene), veranlassten keine medizinischen Untersuchungen zur Verdachtsabklärung, übergingen insbesondere die emotionalen Bedürfnisse von Marcel nach Aufmerksamkeit und Zuwendung. Zudem seien die Eltern mit der erzieherischen Lenkung des Kindes überfordert, was bedeutsam sei, da sich Marcel Mitschülern gegenüber aggressiv, zuletzt sogar sexuell grenzüberschreitend gezeigt habe.

Die Eltern haben bereits über mehrere Jahre Hilfen zur Erziehung erhalten. Zunächst erfolgte diese durch eine Tagesgruppe, später durch sozialpädagogische Familienhelfer*innen, da Veränderungen im häuslichen Bereich noch nicht ausreichend umgesetzt worden waren. Die Eltern haben ferner eine Zeit lang eine Paartherapie absolviert, da es zu Partnerschaftsgewalt zwischen den Eltern gekommen war und der Junge, Marcel, diese miterlebt hatte. Wegen der Gewalttätigkeiten der Eltern gab es bereits einen Polizeieinsatz. Darüber hinaus bestanden bei den Vertreter*innen der Jugendhilfe Zweifel an der Mutter-Kind-Bindung. Darüber hatte die Mutter auch mit der Tagesgruppe gesprochen. Zuletzt haben die Eltern angegeben, dass ihnen die Teilnahme an einem Elternkurs mehr bringe als die Unterstützung durch die SPFH. Die Familienhilfe wurde dann einvernehmlich eingestellt, da es auch zu keinen weiteren Verbesserungen im Erziehungsverhalten der Eltern mehr gekommen war. Jedoch haben die Eltern nach Beginn des familiengerichtlichen Verfahrens eigene Fehler in der Erziehung des Sohnes eingeräumt und ihre Bereitschaft erklärt, noch einmal mit einer Familienhilfe zusammenarbeiten zu wollen. Eine stationäre Unterbringung des Kindes lehnten sie aber weiterhin ab. Eine neue Familienhilfe wurde installiert.

Aufgrund dieser umfassenden Versorgungs- und Erziehungsproblematik sowie der akut aufgetretenen hochaggressiven Verhaltensprobleme des Kindes in der Schule bei gleichzeitig fehlendem Einverständnis der Eltern zur stationären Unterbringung von Marcel, zumindest im Rahmen einer Fünf-Tage-Gruppe, stellte das Jugendamt schließlich beim Familiengericht den Antrag auf Entzug des Sorgerechts.

8.3.3 Die Perspektive von Frau Groß

Biografische Aspekte

Frau Groß wuchs in den ersten sechs Lebensjahren bei ihren Großeltern auf, während die jüngeren Geschwister bei den Eltern geblieben waren. Die ihr dafür genannten Gründe – „weil angeblich meine Eltern beide arbeiten mussten", sie keine Zeit und zu wenig Geld gehabt hätten – hielt Frau Groß für nicht zutreffend, da der Vater eigentlich genug verdient habe, um die Familie zu ernähren. Deswegen vertrat sie die Ansicht, dass die Mutter in ihren wichtigen ersten drei Lebensjahren durchaus die Möglichkeit gehabt hätte, sich um sie zu kümmern. Allerdings habe die Mutter immer unter dem Pantoffel des Vaters gestanden. Frau Groß bezweifelte auch, dass sie in der Zeit, als sie bei den Großeltern lebte, Kontakt zu den Eltern gehabt habe. Sie gab an, selbst keinerlei Erinnerung an solche Begegnungen zu haben. Die Entscheidung der Eltern, sie zu den Großeltern zu geben, halte sie für einen Fehler („es war einfach nicht richtig").

Beziehungen zur Familie in Kindheit und Jugend

Ihrer Oma, die sich um sie kümmerte, obwohl sie auch noch ein „eigenes Leben" gehabt habe, habe sie sich immer näher als den Eltern gefühlt. Das sei damals so gewesen und habe sich auch nach dem Wechsel zu ihren Eltern nicht geändert. Bei Problemen sei sie zur Oma gegangen. Sie sei aber generell kein Mensch, der bei Problemen den Kontakt zu Erwachsenen gesucht habe. Die Probleme habe sie mehr mit sich selbst ausgemacht.

Sie habe sich von ihren Eltern abgelehnt gefühlt und sich deswegen in ihrer Jugend so benommen. Mit etwa 15 Jahren sei sie widerspenstig gegenüber den Eltern geworden, habe ihren eigenen Kopf durchgesetzt und die Eltern ausgetrickst, indem sie die Erlaubnis des einen bekommen habe, wenn der andere schon Nein gesagt habe. Auch habe sie die Oma „ins Boot" geholt, die sich die Eltern dann „zur Brust" genommen habe.

Eigene Erziehungserfahrungen in der Familie

Mit 16 Jahren sei sie in den falschen Freundeskreis gekommen, und Alkoholtrinken sei normal geworden. Sie sei oft betrunken gewesen, wenn sie abends nach Hause gekommen sei. Allerdings habe sie da noch so viel Angst vor dem Vater gehabt, dass dies nur am Wochenende der Fall gewesen sei. Die Mutter habe bei ihrer Rückkehr auch meist schon geschlafen, weshalb sie nicht bemerkt worden sei. Sei sie dennoch erwischt worden, habe sie das später nicht mehr „beeindruckt". Es sei ihr „egal" gewesen. Sie habe den Ärger sogar „immer wieder" provoziert, „aus Frack". Wenn andere Strafen (Stubenarrest, Taschengeldentzug) nicht gewirkt hätten, habe der Vater sie geschlagen. Er sei aufbrausend und impulsiv gewesen, habe dann „rot" gesehen, weswegen sie Angst vor ihm gehabt habe. Das sei auch bei schlechten Schulnoten so gewesen. Der Vater habe sie dann geschlagen. Allerdings habe sie der Oma nicht davon erzählt, da das aufbrausende Verhalten des Vaters sie ohnehin belastet habe. Die Eltern hätten ihr auch mit dem Heim gedroht. Heute habe sie kaum Kontakt zum Vater, man sage sich ‚Guten Tag', da er der Opa ihres Kindes sei.

Ihre Eltern trennten sich, als sie gerade mit der Ausbildung fertig war. Vor die Wahl gestellt, bei wem sie bleiben wolle, habe sie sich für die Mutter entschieden.

Reflexion eigener Erziehungserfahrungen

Aus heutiger Sicht sei sie der Ansicht, dass die Eltern, anstatt „auszuflippen", „auch mal über ein Problem [hätten] reden können oder versuchen [sollen, einem Kind] zu erklären, was richtig und was falsch ist". Sie habe aus der Erziehung der Eltern gelernt, „Ich weiß auf jeden, dass ich in gewissen Situationen nicht so reagieren werde, wie mein Vater".

Kontakt zum Hilfesystem (Therapeut) im Jugendalter

Die Erziehungsmethoden des Vaters hätten sie belastet und ihren schulischen Erfolg beeinträchtigt. Mit 17 oder 18 Jahren habe sie deswegen eine Therapie gemacht. Die habe ihr auch etwas „gebracht". Beim Schulabschluss sei sie unter ihren Möglichkeiten geblieben, da „mehr drin gewesen" wäre.

Beziehungen zur Familie in der Konfliktsituation ‚Schwangerschaft'

Auch später, als ihre Eltern schon getrennt gelebt hatten und sie nach dem Kennenlernen ihres Mannes unerwartet schnell schwanger geworden sei, hätten die Eltern ihr nicht geholfen. Sie sei ungeplant schwanger geworden, weil sie nicht verhütet habe. Natürlich habe sie gewusst, dass sie dann schwanger werden könne. Sie habe aber einfach nicht mehr daran gedacht, dass sie die Pille abgesetzt habe.

Bei der Frage, ob sie das Kind bekommen solle oder nicht, habe sie „zwischen zwei Stühlen" gesessen. Während für ihren Mann eine Abtreibung nicht infrage gekommen sei, habe die Oma ihr diese Möglichkeit aufgezeigt und sie mit zu einer Schwangerschaftskonfliktberatung genommen. Im Endeffekt habe sie sich für das Kind entschieden. Obwohl sie sich nicht der Ansicht ihrer

Großmutter angeschlossen habe, sei ihr in dieser Zeit nicht die Meinung der Mutter, sondern nur die der Oma wichtig gewesen.

Lebenssituation zur Zeit der Geburt des Kindes und danach

Nach der Geburt von Marcel habe sie Rücksicht auf ihren Mann genommen, der durch die vielen, raschen Veränderungen (Wechsel nach Deutschland, Schwangerschaft, Geburt, Umzug in eine gemeinsame Wohnung, andere Arbeit) mit der neuen Lebenssituation überfordert gewesen sei, und habe sich um Marcel gekümmert, auch wenn er nach der Arbeit zu Hause gewesen sei. In dieser Zeit kam es zwischen Frau Groß und ihrem Mann immer wieder zum Streit. Die Auseinandersetzungen mit ihrem Mann gingen über mehrere Jahre. Marcel sei dabei zwar nicht Augenzeuge gewesen, habe den Streit aber dennoch wahrgenommen, habe ihn gehört.

Eigenes Konfliktverhalten in der Ehe

So wie ihr Vater sei auch ihr Mann sehr schnell explodiert, und es sei dabei wiederholt zu Handgreiflichkeiten zwischen ihrem Mann und ihr gekommen. Im Gegensatz zu den Schlägen des Vaters habe sie sich gegen die ihres Mannes aber zur Wehr gesetzt. Zum Streit sei es gekommen, wenn ihr Mann mehr oder weniger stark alkoholisiert nach Hause gekommen sei, was ihr nicht gefallen habe.

Eigenes Konfliktverhalten früher und heute

Hatte sie als Jugendliche den Vater „aus Frack" immer wieder provoziert, den damit einhergehenden Ärger in Kauf genommen („weil ich wirklich aus Frack dann Ärger bekommen hab, war mir egal, immer wieder"), reizte sie auch ihren Mann („wenn das Essen nicht fertig war und ich meinen Mund nicht halten konnte"). Der sei ausgeflippt, wenn sie seine Mutter beleidigt und seine Erziehungsansichten nicht geteilt habe, sondern sich auf die Seite ihrer Oma gestellt habe. Die Situation sei eskaliert, als ihr Mann in einer solchen Situation dann derart „abging", dass sie die Polizei angerufen habe, die ihn daraufhin für mehrere Tage der Wohnung verwiesen habe.

Während sich ihre Mutter früher nicht gegen den Vater habe durchsetzen können und dessen Schläge nicht verhindert habe, sei Marcel nur ein einziges Mal vom Vater geschlagen worden, weil sie, Frau Groß, das abgelehnt habe („Da hab ich auch damals was zu gesagt, weil ich das nicht so toll fand"). Anders als ihre Mutter habe sie Marcel geschützt und ihren Mann aufgefordert, lieber sie als das Kind zu schlagen („bevor mein Kind angepackt wird, dann schon lieber ich").

Unterbringung des Kindes bei ihren Großeltern

Wie sie selbst habe auch ihr Sohn eine Zeit lang bei ihren Großeltern gelebt. Das sei im ersten Lebensjahr gewesen. Die Großeltern hätten Marcel von Geburt an häufig betreut. Zu dem längeren Aufenthalt sei es dann gekommen, als sie infolge eines Unfalls ins Krankenhaus habe gehen müssen und sie das Kind danach wegen der Verletzung nicht habe versorgen können. Marcel habe deswegen mehrere Monate bei den Großeltern gelebt, wo sie den Jungen täglich besucht habe. Die tägliche Versorgung habe die Oma übernommen, da sie selbst gesundheitlich noch zu eingeschränkt gewesen sei. Die Oma habe Marcel dabei allerdings ‚überfüttert'. Aber auch nach ihrer Genesung sei der Junge immer wieder bei Oma und Opa gewesen, obwohl sie gewusst habe, dass es sich dabei – wie auch damals bei ihr – um eine für den Bindungsaufbau wichtige Entwicklungsphase gehandelt habe. Sie habe es einerseits bedauert, ihn nicht selbst betreut zu haben („Ich hätte das gerne selbst gemacht, weil ich davon ausgehe, dass genau das der Spielraum, die Zeit ist, wo man die Bindung zum Kind kriegt"), andererseits habe ihr das „in den Kram gepasst", da sie dadurch auch Freizeit für sich gehabt habe. „Heute wisse sie, dass das nicht gut gewesen sei."

Beziehung des Kindes zu Mutter und (Ur-)Großmutter

Anders als bei ihr, die sich der Oma immer näher als der Mutter gefühlt habe, habe sich zwischen Marcel und der (Ur-)Oma aber kein „Mama-Sohn-Verhältnis" entwickelt, obwohl Marcel sehr an ihren Großeltern hänge. Jedoch habe Marcel, nachdem er von der Oma überfüttert worden sei, dann auch bei ihr „nur essen" wollen. Marcel sei übergewichtig.

Kontakt zum Jugendamt

Kontakt zum Jugendamt habe schon vor dem Polizeieinsatz infolge der eskalierten Auseinandersetzung mit ihrem Mann bestanden. Der Kontakt zum Jugendamt sei entstanden, weil Marcel erst im Kindergarten und dann auch in der Schule auffällig geworden sei. So habe sich ihr Sohn z. B. zum Verprügeln anderer Kinder anstiften lassen, deshalb sei er immer der Auffälligste gewesen. Weil es ihm an Körpergefühl gefehlt habe, habe er Hilfe zur Psychomotorik erhalten und sei zum Logopäden gegangen.

Durch den Kontakt zum Jugendamt habe Marcel zwei Jahre lang eine Tagesgruppe besuchte, durch die sich sein Verhalten verbessert und er gelernt habe, auch mal ‚Nein' zu sagen und nicht mehr so frech zu sein. Diese Maßnahme sei positiv gewesen. Nach zwei Jahren sei die Tagesgruppe dann aber nicht mehr finanziert und eine sozialpädagogische Familienhilfe sei eingesetzt worden.

Kontakt zum Hilfesystem (Tagesgruppe)

In der Tagesgruppe habe sie regelmäßige Gespräche mit den Betreuern gehabt. Dort habe sie angegeben, keine Bindung zu Marcel zu haben. Das sei aber falsch formuliert gewesen, weil ihr nicht jegliche Bindung, sondern lediglich die Bindung im ersten Lebensjahr zu ihm fehle („Ich denke, die Bindung in dem ersten Lebensjahr, das hat mir gefehlt, aber gar keine Bindung, nein."). Das werde ihr aber bis heute zum Vorwurf gemacht. Ihr werde gesagt, dass das Problem nicht an Marcel, sondern an ihr liege.

Kontakt zum Hilfesystem (Paartherapeut)

Nach dem Polizeieinsatz, zu dem es nach einer gewalttätigen Auseinandersetzung zwischen ihrem Mann und ihr gekommen sei, hätten sie ein halbes Jahr lang eine Paartherapie gemacht, bis diese aufgrund der Arbeitszeiten ihres Mannes nicht mehr möglich gewesen sei. Dadurch hätten sie einander besser verstehen gelernt. Ihr Mann habe erkennen können, dass sie „kein Duckmäuser" sei, dass sie sich zur Wehr setze und auch mal Gegenargumente habe. Sie selbst habe durch die Paartherapie erkannt, dass sie wegen ihrer Erlebnisse mit dem Vater verbissen gewesen sei und daher auch gedacht habe, dass ihr Mann so wie ihr Vater sei. Sie habe keinen Unterschied mehr zwischen ihm und ihrem Vater sehen können. Heute denke sie, dass sie Vorurteile gegenüber Männer gehabt habe und dass sie besser hätte hinhören sollen.

Kontakt zum Hilfesystem (Elternkurs)

In dem Kurs hätten sie nützliche Tipps für alltägliche Situationen bekommen, z. B. wenn das Kind Arbeiten im Haushalt nicht habe erledigen wollen.

Kontakt zum Hilfesystem (SPFH)

Die sozialpädagogischen Familienhelfer*innen, die nach dem Ende der Tagesgruppe zu ihnen kamen, seien „der verlängerte Arm des Jugendamtes" gewesen. Dabei sei ihnen anfänglich gesagt worden, dass die SPFH sie in Konflikten mit Marcel unterstützen solle. Sie habe sich die SPFH wie die „Super Nanny" vorgestellt. Obwohl ihnen das Jugendamt die SPFH als Hilfe angekündigt habe, sei sie also tatsächlich eine Kontrolle gewesen und habe sich auch so verhalten. Das habe die Vertreterin des Jugendamtes beim letzten Gespräch auch selbst zugegeben. Sie habe schauen sollen, ob Marcel geschlagen werde. Die SPFH habe ihr gar nicht geglaubt, habe ihr immer wieder gesagt, dass sie doch „ehrlich" sein könne. Die SPFH habe auch Wichtiges falsch ausgelegt, z. B. das mit der Bindung. Dabei habe sie gedacht, dass die SPFH ihnen helfen sollte.

Lediglich der Vorschlag, einen Wochenplan zu machen, damit sie herausfinden könne, wann sie Zeit für Marcel habe, da es darum gegangen sei, dass sie mehr mit ihm machen solle, sei brauchbar gewesen. Marcel habe daran gefallen, dass er dadurch mit dem Fußballspielen habe anfangen können. Die Zusammenarbeit mit der SPFH habe geendet, als diese sich beim Hilfeplangespräch der Meinung des Jugendamtes angeschlossen habe und auch eine Fünf-Tages-Gruppe für Marcel gewollt habe, obwohl diese ihr vorher noch gesagt habe, dass sie Fortschritte mache.

Abbruch des Kontakts zum Hilfesystem (SPFH)

Bei einem Hilfeplangespräch mit der „super Klassenlehrerin", den beiden SPFH*innen und der OGS sei ihr dann gesagt worden, sie sei zwar motiviert, man jedoch ihre „Nachhaltigkeit" bezweifle. Deswegen sei eine Fünf-Tages-Gruppe gewünscht worden. Als sich die SPFH*innen der Meinung des Jugendamtes angeschlossen hätten, habe sie sich verraten gefühlt, da man ihr gesagt habe, sie mache Fortschritte, und dann sei plötzlich die Entscheidung Fünf-Tages-Gruppe gekommen. Da habe sie gesagt, dass sie mit denen nicht mehr zusammenarbeiten könne. Sie habe sich wie mit einem Messer gestochen gefühlt.

Kontakt zur Schule

Das Jugendamt habe Berichte der Lehrerin über Auffälligkeiten von Marcel bekommen. Die Berichte seien aber übertrieben gewesen. Es sei zwar richtig, dass ihr Sohn, als der Klassenlehrer krank gewesen sei, eine aggressive Phase gehabt habe, sogar Tische umgeworfen und immer wieder diskutiert habe. Dann sei aber behauptet worden, dass Marcel dies „immer" mache. Dabei habe sie selbst mit Marcel darüber gesprochen, und er habe das auch zugegeben. Die Lehrerin habe die anderen Umstände, wie die Erkrankung des Klassenlehrers, die eigene Überforderung mit den vielen auffälligen Kindern in der Klasse, einfach nicht berücksichtigt. Sie habe Marcels Verhalten verallgemeinert und das dann dem Jugendamt mitgeteilt. Plötzlich sei dann gar nichts mehr „okay" gewesen, obwohl sie kurz zuvor sogar über eine Regelschule für Marcel gesprochen hätten. Das habe sie nicht eingesehen. Auch habe sich Marcel wegen des Vorfalls bei dem Mädchen entschuldigt und habe sich dann auch richtig geändert.

Dass die Lehrerin mit Marcel nicht angemessen umgegangen sei, dass sie ihn sogar beleidigt habe, habe sie beim Schulfest selbst beobachten können, als die ihn vom Kuchenessen abgehalten und zu ihm gesagt habe, ‚Marcel, kein Kuchen mehr, du wirst zu dick'. Marcel habe auch Angst vor der Lehrerin. Er habe nicht gewollt, dass sie die Lehrerin anrufe, um mit ihr über Vorfälle in der Schule zu sprechen. Sie sei über sich selbst verärgert gewesen, dass sie sich anfangs von der Angst ihres Kindes beeinflussen lassen habe und deswegen tatsächlich nicht in der Schule angerufen habe.

Als sie sich dann nämlich später doch beim Schulleiter beschwert habe, habe sie erfahren, dass die Lehrerin aufgrund von verschiedenen anderen Problemen und Beschwerden die Schule verlassen müsse. Auch habe die Lehrerin eigenmächtig gehandelt und dem Schulleiter ihre Berichte an das Jugendamt nie gezeigt. Außerdem seien die Berichte der OGS unauffällig gewesen seien, was auch nicht zu dem, was die Lehrerin gesagt habe, passe.

Erziehung des eigenen Kindes

Allerdings sei Marcel – etwas zeitversetzt zu den Problemen in der Schule – auch zu Hause wieder auffällig geworden. Das sei ein paar Wochen so gegangen. Er habe wieder diskutiert, sei stur geblieben und habe Türen geknallt, sodass sie sich selbst gefragt habe, „was ist jetzt wieder los?". Sie habe versucht mit Marcel zu reden, habe das im Elternkurs Gelernte angewandt, habe z. B. einen „Cut" gemacht und habe Marcel so die Gelegenheit gegeben, „runterzufahren". Die Konsequenz hätten sie am nächsten Tag besprochen.

Aber auch schon vor zwei Jahren, als sie Marcel mit einer Zigarette erwischt habe, habe sie es anders als ihr Vater machen wollen, habe mit Marcel geredet und es ihm erklärt („Da hab ich mir gedacht, du machst jetzt nicht das, was dein Vater gemacht hat. Du wirst ihm jetzt erklären, dass das nicht gut ist"). Ihr Sohn habe jedoch selbst schon gemerkt, dass ihm vom Rauchen schlecht wurde und habe versprochen, es nicht wieder zu machen.

Heutzutage bereue sie es, früher nur vor Klassenarbeiten für die Schule gelernt zu haben. Sie habe zwar die Schule abgeschlossen und eine Berufsausbildung gemacht, Marcel wolle sie aber vermitteln, dass Bildung wichtig sei. Er solle mal einen „super Job" bekommen, mehr Geld verdienen und seinen eigenen Kindern mehr Wünsche erfüllen können. Marcel solle sich mal anders als sie fühlen können und seinen Kindern nicht sagen müssen, „es geht schon wieder nicht wegen dem Geld".

Kontakt zum Jugendamt nach dem Termin beim Familiengericht

Im Gespräch mit dem Jugendamt nach dem Gerichtstermin habe sie denen von den Erklärungen des Schulleiters die Klassenlehrerin betreffend erzählt. Das Jugendamt sei dann trotzdem, obwohl es auch den unauffälligen OGS-Bericht gegeben habe, dabei geblieben, dass das Problem ausschließlich bei ihr liege.

Für sie sei es jetzt wichtig, nicht mehr unter dem Druck des Jugendamtes zu stehen, dort ständig Termine zu haben, sondern Zeit zu bekommen, um zu beweisen, dass sie das im Elternkurs Gelernte umsetzen könne. Das habe auch der Mann gesagt, der den Elternkurs geleitet habe. Ihrer Meinung nach seien ihr Mann und sie zwar mitschuldig, aber nicht alleinschuldig („Wir haben Mitschuld, das will ich gar nicht abstreiten, aber komplett? Da würde ich sagen, Nein.").

Aktueller Kontakt zur Jugendhilfe (SPFH)

Die jetzige SPFH sei viel besser. Die gebe von sich aus konkretere Anweisungen zu bestimmten Problemen.

8.3.4 Beschreibung und Interpretation des Bedrohungsverlaufs

Abbildung 6: Verlaufskurve Frau Groß

8.3.4.1 Niedrigkonfliktphase

Ausgangspunkt des potenziellen Bedrohungsverlaufs in der Beziehung zwischen Biografieträgerin und Jugendhilfe sind Auffälligkeiten des Jungen in Kindergarten und Schule, die zur Kontaktaufnahme mit dem Jugendamt führten. In diesem Faktor (Verhaltensauffälligkeiten des Kindes) werden auch die Ursachen der Entstehung des Bedrohungsverlaufs extern verortet.

Besonders interessant ist, dass diese externe Verortung der Bedrohung, anders als bei sonstigen externen Ursachenzuschreibungen (z. B. gegenüber dem Jugendamt), nicht zugleich als Verlust von Einflussmöglichkeit interpretiert wird. Indem sich in diesem Einzelfall die externe Ursachenzuschreibung der Bedrohung auf das Kind bezieht, wird die Bedrohung vielmehr in hohem Maße als kontrollierbar, variabel und mithin beeinflussbar angesehen. Diese Konstellation der Bedingungsfaktoren begünstigt das niedrige Eskalationsniveau dieser Phase. Dem wahrgenommenen Einfluss entsprechen eine hohe psychosoziale Handlungsfähigkeit und ein nicht infrage gestellter Selbstwert, sodass daher die Selbstwirksamkeitserwartung hoch ist.

Die Beziehung zu den Vertreter*innen der Organisationen der Jugendhilfe, hier der Vertreterin des Jugendamtes und den Vertreter*innen der Hilfsmaßnahme ‚Tagesgruppe‘, wird als akzeptierend beschrieben. Das mündet in eine stabile Kooperation mit dem Hilfesystem („Sie habe alle zwei Wochen Gespräche in der Tagesgruppe gehabt, habe Tipps bekommen"). Die in der Hilfebeziehung wahrgenommene Akzeptanz, einhergehend mit einer Offenheit in der Kommunikation („Dort [Tagesgruppe] habe sie angegeben, keine Bindung zu Marcel zu haben"), spiegelt sich in dieser Phase in einer positiven Bewertung der Hilfsmaßnahme wider („Diese Maßnahme sei auf jeden Fall positiv für Marcel gewesen").

Die in der Niedrigkonfliktphase auftretenden Deutungsmuster sind zum einen Erklärungen, denen Kausalbeziehungen im Sinne eines Ursache-Wirkungs-Zusammenhangs zugrunde liegen. Diese Erklärungen haben sowohl Bezug zum Kind (Verhaltensauffälligkeiten als Auslöser der Bedrohungsdynamik) als auch zum Hilfesystem (Verbesserung durch Tagesgruppe).

Zum anderen kommt es in der Niedrigkonfliktphase zu Deutungsmustern mit biografischen Anteilen. Hier stellt die Biografieträgerin Verbindungen zwischen früheren und aktuellen Erfahrungen her:

> Sie selbst habe durch die Paartherapie erkannt, dass sie wegen ihrer Erlebnisse mit dem Vater verbissen gewesen sei und dass sie gedacht habe, dass ihr Mann so wie ihr Vater sei. Sie habe keinen Unterschied mehr zwischen ihm und ihrem Vater sehen können. Heute denke sie, dass sie Vorurteile gegenüber Männer gehabt habe, und dass sie besser hätte hinhören sollen.

Faktoren, die das über einen Zeitraum von mehreren Jahren anhaltende niedrige Eskalationsniveau dieser Phase begünstigen, liegen insbesondere in einer als variabel und kontrollierbar interpretierten Bedrohung, deren Ursachen external (Kind) verortet werden. Eine stabilisierende Wirkung auf das niedrige Konfliktniveau kommt hier gleich mehreren akzeptierend ausgerichteten Hilfebeziehungen (Jugendamt, Tagesgruppe) zu. Faktoren, die ein Bedrohungserleben befördern könnten, werden in dieser Phase nicht beschrieben. Es treten Deutungsmuster nach dem Ursache-Wirkungs-Zusammenhang sowie solche mit biografischem Bezug auf.

8.3.4.2 Eskalationsphase

Im weiteren Prozess der Bedrohung steigt das Eskalationsniveau an. Hinweise auf Veränderungen im Bedrohungsverlauf und auf den Beginn einer zweiten Phase sind in sprachlichen Formulierungen („*dann* sei …") erkennbar. Weitere Formulierungen („immer mehr") weisen auf ein zunächst allmählich, dann jedoch sprunghaft steigendes Eskalationsniveau hin („Und *plötzlich* war dann gar nichts mehr okay").

Das Ansteigen der Bedrohung geht mit Veränderungen in der Ursachenzuschreibung einher. Zwar besteht in dieser Phase die externe Ursachenzuschreibung gegenüber dem Kind noch fort („Allerdings wurde Marcel … auch zu Hause wieder auffällig …, sodass sie sich selbst fragte, „was ist jetzt wieder los?"), jedoch leitete die Schuldzuweisung des Jugendamtes gegenüber der Biografieträgerin eine Verschiebung der Problemverortung vom Kind (extern) zur Biografieträgerin (intern) ein („Ihr sei gesagt worden, dass das Problem nicht bei Marcel, sondern bei ihr liege"). Damit sind zugleich Veränderungen in der Bedingungskonstellation ‚Hilfebeziehung Jugendamt/Biografieträgerin' verbunden, die mit Aufkommen der Schuldzuweisung nun durch Einseitigkeit und einen Mangel an Akzeptanz geprägt sind.

Hervorzuheben ist, dass der Bedingungsfaktor ‚Hilfebeziehung' einen sehr starken Einfluss auf den Bedrohungsverlauf nimmt, da Inhalte, die im Kontext der offeneren Kommunikation der Niedrigkonfliktphase von der Biografieträgerin mitgeteilt wurden (s. deren Angabe, keine Bindung zum Kind zu haben), ihr nun vonseiten des Jugendamtes vorgeworfen werden („Ebenso sei ihr das, was sie gesagt habe, anders ausgelegt worden, wie z. B. das mit der Bindung").

Die Ausrichtung der Hilfebeziehung verändert sich aber auch mit dem Wechsel der ‚Hilfeform' von der Tagesgruppe zur sozialpädagogischen Familienhilfe („Als die zwei Jahre vorbei gewesen seien, sei [die Tagesgruppe] nichts mehr finanziert worden"). Anders als im akzeptierenden Kontext der Hilfeform ‚Tagesgruppe' wird das Hilfehandeln der nun tätigen SPFH („dem verlängerten Arm des Jugendamtes") zunehmend durch Einseitigkeit (hier: Misstrauen) beschrieben („Es habe Probleme mit der SPFH gegeben. Sie sei immer wieder aufgefordert worden, „Sie können auch ehrlich sein". Man habe ihr offensichtlich nicht geglaubt, was sie erzählt habe"). Die veränderte Ausrichtung der Hilfebeziehung spiegelt sich auch in einer Haltung der Familienhelfer*innen wider, die nun von der Biografieträgerin selbst Impulse für die Hilfe fordern („Sie habe konkrete Hilfe erwartet, sei aber immer nur gefragt worden, was man ihrer Meinung nach noch ändern könnte") und damit Frau Groß Erwartung nach praktischer Hilfe und „Tipps" enttäuschen („Statt der erhofften ‚Super Nanny' habe sie ‚Kontrolleure' bekommen").

Dennoch bleibt in dieser ‚Angriffs- und Verteidigungsphase' der Kontakt zum Hilfesystem als Ressource noch bestehen, da auch deeskalierende Erfahrungen möglich sind. Insbesondere wurde die Interaktion mit den Familienhelfer*innen in Situationen, in denen es zu konkret praktischer Hilfestellung kam, positiv bewertet („Sie habe gut gefunden, dass man einen Wochenplan von ihr haben wollte. Es sei darum gegangen, Zeit zu finden, damit sie mehr mit Marcel machen könne"). Auch der Hilfeform ‚Elternkurs' kommt in dieser Phase eine deeskalierende Funktion zu („In dem Kurs hätten sie nützliche Tipps für alltägliche Situationen bekommen").

Faktoren, die das Ansteigen der Bedrohung in der „Eskalationsphase" begünstigen, liegen im Aufkommen einer weiteren externalen, beim Jugendamt verorteten Bedrohung (s. Beschuldigung der Biografieträgerin durch das Jugendamt). Diese Bedrohung wird, ausgelöst durch den Wechsel der Hilfeform, zunehmend durch eine weitere externe Lokation (SPFH) ‚verstärkt'. Infolgedessen wird die Bedrohung als immer weniger beeinflussbar und zunehmend stabil bzw. als immer weniger variabel erlebt. Die veränderte Ausrichtung der Hilfebeziehung (Misstrauen) begünstigt den Bedrohungsanstieg und verringert die Erwartung, selbst Einfluss auf den Bedrohungsverlauf nehmen zu können. Das geht mit einem sinkenden Selbstwert und einem zunehmenden Druck, den bedrohten Selbstwert zu schützen, einher.

In dieser Phase zeigt sich der Wechsel der Hilfeform als ein Risikofaktor für den Übergang von der niedrigen in eine höhere Eskalationsstufe. Das ist hier der Fall, da die neue Hilfebeziehung (SPFH) mit einer weniger akzeptierenden Ausrichtung der Hilfebeziehung verbunden ist *(„das, was ich gesagt habe, sei mir dann wieder anders ausgelegt worden")*.

Zwei Faktoren, die in der ‚Eskalationsphase' weiterhin deeskalierend wirken, sind die zeitweilig wieder akzeptierend ausgerichtete Hilfebeziehung zur SPFH (s. Erstellen eines Wochenplans) und der als unterstützend wahrgenommene Elternkurs. Dadurch bleibt die Kooperation mit der Jugendhilfe in dieser Phase noch erhalten.

Deutungsmuster treten in der Eskalationsphase in Form von Kausalattributionen auf. Zu Deutungsmustern mit biografischem Bezug kommt es hier nicht. Bedeutsame Personen außerhalb der Hilfeorganisationen werden in dieser Phase nicht aufgeführt.

8.3.4.3 Hochkonfliktphase

Das Erlebnis „Hilfeplangespräch" markiert den raschen Übergang vom allmählichen Anstieg des Eskalationsniveaus in der ‚Angriffs- und Verteidigungsphase' zu dessen Gipfelpunkt in der Hochkonfliktphase. In Anwesenheit von Vertreter*innen aus Schule und den Familienhelfer*innen teilt das Jugendamt Frau Groß die Absicht einer stationären Unterbringung des Sohnes mit. Hierbei sieht sie sich einem ‚Bündnis' von Jugendamt und Familienhilfe gegenüberstehen:

Die früheren SPFHs hätten sich der Meinung des Jugendamtes angeschlossen.

Dieses Bündnis wird durch die Einbeziehung der Lehrerin noch verstärkt. Emotional erlebt Frau Groß dieses Bündnis als ‚Verrat' (vgl. Faltermeier 2001), zumal kurz zuvor noch von Fortschritten im Verhalten des Kindes und bei ihr die Rede gewesen war:

Ich habe gesagt, ich fühle mich gerade wie mit dem Messer gestochen. Die ganze Zeit kommen die und sagen, Sie machen Fortschritte, und dann kommen die und machen so.

Handlungsfähigkeit erlangt sie wieder durch den Abbruch der Kooperation mit der Jugendhilfe:

Ab dem Punkt habe ich gesagt, da kann ich nicht mehr mit zusammenarbeiten.

Wirkfaktoren der Prozessdynamik dieser Hochkonfliktphase liegen in einer ausschließlich externen Verortung der Bedrohung in Bezug auf mehrere Vertreter der Jugendhilfe (Jugendamt, SPFH) verstärkt durch eine bedeutsame Person außerhalb des Jugendhilfesystems, der Klassenlehrerin des Kindes. Insbesondere wird der eskalierende Verlauf durch eine Wahrnehmung der Bedrohung als nicht mehr beeinflussbar und als unveränderlich (stabil) begünstigt. Dies geht mit einer einseitigen Ausrichtung aller Hilfebeziehungen einher und mündet in einem vollständigen Verlust eigener Handlungsfähigkeit. Das extrem hohe Eskalationsniveau dieser Phase wird ferner durch die infolge der verlorenen Handlungsfähigkeit stark angestiegene Not zum Selbstschutz und den Abbruch der Kooperation Biografieträger/Jugendhilfe befördert.

In Bezug auf den Bedrohungsverlauf spielen neben den Vertreter*innen der Familien- und Jugendhilfe als bedeutsame Personen auch Lehrer (Klassenlehrerin, Schulleiter) eine Rolle. Hier kommt der Klassenlehrerin als ‚Verbündete‘ der Jugendhilfe eine eskalationsfördernde Funktion zu, während der Schulleiter mit einer Sichtweise, die der Ansicht der Biografieträgerin näher steht, als eskalationsmindernder Faktor wahrgenommen wird.

Mithin liegen wesentliche Faktoren, die das Gipfeln der Eskalation auf diesem sehr hohen Niveau begünstigen, in dieser „Hochkonfliktphase" in einer ausschließlichen und mehrfachen externen Verortung der Bedrohung sowie dem Fehlen jeglicher Erwartung, selbst noch Einfluss auf das Bedrohungsereignis nehmen zu können.

Deutungsmuster, die in der Hochkonfliktphase auftreten, zeigen sich in Form von Ursache-Wirkungs-Zusammenhängen, u. a. mit Bezug zur Klassenlehrerin sowie zu den Familienhelfer*innen. Biografisch ausgerichtete Deutungsmuster treten nicht auf.

8.3.4.4 Deeskalationsphase

Die Installation einer neuen Familienhelferin markiert den Beginn der Deeskalationsphase, die durch einen Rückgang des Eskalationsniveaus gekennzeichnet ist:

Sie habe jetzt eine andere SPFH, diese sei viel besser, gebe konkretere Anweisungen zu einem bestimmten Problem.

Veränderungen im Eskalationsniveau – diesmal in abnehmender Richtung – werden auch in dieser Phase wieder durch einen personellen Wechsel im Hilfesystem begünstigt. Dabei wirkt sich ein akzeptierendes, durch offene und direkte Kommunikation gekennzeichnetes Hilfeverhalten („Die [Familienhelferin kam *von sich aus*, …") beruhigend auf den Eskalationsverlauf aus. Das korrespondiert mit einer erhöhten Bereitschaft, sich gegenüber Hilfsangeboten der

Jugendhilfe zu öffnen. Auch die damit verbundene, wieder stabilere Kooperation mit dem Hilfesystem wirkt sich unterstützend auf das Absinken des Eskalationsniveaus aus.

Interessant ist, dass das Eskalationsniveau sinkt, obwohl die Schuldzuweisung des Jugendamtes gegenüber der Biografieträgerin fortbesteht:

> Das Jugendamt sei dann trotzdem, obwohl es auch den unauffälligen OGS-Bericht gegeben habe, dabei geblieben, dass das Problem ausschließlich bei ihr liege.

Diese Konstellation – Akzeptanz einer Hilfebeziehung bei gleichzeitig fortbestehender Schuldzuschreibung einer anderen – weist darauf hin, dass hier zwei weiteren Faktoren ein deeskalierender Einfluss auf den Bedrohungsverlauf zukommt. Das ist zum einen die akzeptierende Ausrichtung einer Hilfebeziehung. Zum anderen ist das sinkende Eskalationsniveau dieser Phase von Deutungsmustern begleitet, die einen selbstkritischen Bezug zum eigenen Verhalten haben, was einer internalen Ursachenzuschreibung entspricht („Sie habe auch eingesehen, dass ihr Verhalten in Konfliktsituationen falsch gewesen sei."). Insgesamt ergibt sich eine Kombination aus internaler und externaler Kausalattribution („Wir haben Mitschuld, das will ich gar nicht abstreiten, aber komplett? Da würde ich sagen, Nein.").

Mechanismen, welche das Sinken des Eskalationsniveaus im Bedrohungsverlauf dieser Phase mit bewirken, liegen in einer internalen Attribution der Ursachen („Mitschuld"). Mit dieser Verlagerung der Ursachenzuschreibung in Richtung der eigenen Person wird die Bedrohung, als Elternteil infrage gestellt zu werden, wieder als kontrollierbar bzw. beeinflussbar erlebt. Damit steigen zugleich die Selbstwirksamkeit und der Selbstwert an, Handlungsfähigkeit wird wahrgenommen. Diese Faktoren stabilisieren zudem die Kooperation mit dem Hilfesystem.

Die Konstellation der Wirkfaktoren dieser Phase zeigt, dass sowohl eine als akzeptierend erlebten Hilfebeziehung (neue Familienhelferin) als auch Deutungsmuster mit selbstkritischen Anteilen (internale Ursachenzuschreibung) eine deeskalierende Wirkung auf den Bedrohungsverlauf haben. Bedeutsam ist hier ferner, dass der deeskalierende Einfluss von Deutungsmustern mit selbstkritischem Bezug aber auch dann erhalten bleibt, wenn – weiterhin – Ursachenzuschreibungen nach außen (hier: Jugendamt) vorgenommen werden.

Abbildung 7: Verlaufskurve Frau Groß: Einflussfaktoren in den Phasen

Niedrigkonfliktphase   Eskalationsphase   Hochkonfliktphase   Deeskalationsphase

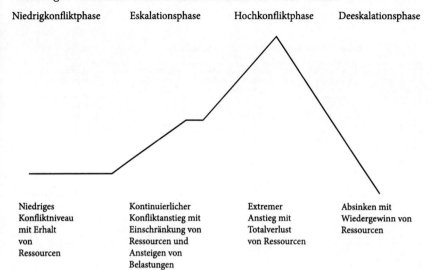

| Niedriges Konfliktniveau mit Erhalt von Ressourcen | Kontinuierlicher Konfliktanstieg mit Einschränkung von Ressourcen und Ansteigen von Belastungen | Extremer Anstieg mit Totalverlust von Ressourcen | Absinken mit Wiedergewinn von Ressourcen |

Die Komponenten der Prozessdynamik des Bedrohungsverlaufs des Einzelfalls Frau Groß sind in Tabelle 3 zusammengefasst.

Tabelle 3: Prozessdynamik des Einzelfalls Frau Groß

Komponenten der Prozess-dynamik	Niedrigkonfliktphase/ Verhandlungsphase	Eskalationsphase/ Angriffs- u. Verteidi-gungsphase	Hochkonfliktphase/ Fremdbestimmungs- u. Verlustphase	Deeskalationsphase/ Mitsprachephase
E.-niveau E.-verlauf E.-dauer	niedrig konstant niedrig Jahre	höher steigend Monate	Hoch konstant hoch Monate	niedrig sinkend Monate
Verortung der Bedrohung	extern (Kind)	extern (JA, SPFH, Kind)	extern (JA, SPFH, Schule)	extern (JA) intern
Stabilität B.	variabel	variabel	Stabil	variabel
Kontrollier-barkeit B.	hoch	hoch	niedrig	hoch
Handlungs-fähigkeit	gegeben	gegeben	nicht gegeben	gegeben
Selbstwert u. -schutz	stabil/inaktiv	bedroht/aktiv	bedroht/aktiv	stabil/inaktiv
Selbst-wirksamkeit	hoch	niedrig	niedrig	hoch
Kooperation mit dem Hilfe-system	stabil	stabil	abgebrochen	stabil
Vertreter aus Organisationen	Vertreter JA, Tagesgruppe	Vertreter JA, SPFH, Elternkurs	Vertreter JA, SPFH	neue SPFH
Bedeutsame Andere	keine	keine	Lehrerin, Schulleiter	keine
Hilfebeziehung	akzeptierend (JA, Tagesgruppe)	einseitig (JA) akzeptierend (SPFH)	einseitig (Bündnis: JA-SPFH-Lehrerin)	akzeptierend (SPFH)
Ressourcen	zwei akzeptierende und stabile Hilfebeziehun-gen, Erhalt von Koope-ration, Kontrolle, Handlungsfähigkeit, Selbstwert, Selbstwirk-samkeit	zwei akzeptierende und stabile Hilfebeziehun-gen (SPFH, Elternkurs), einseitig (JA), Teilerhalt von Kooperation, Kontrolle, Handlungs-fähigkeit, Selbstwert, Selbstwirksamkeit	Schulleiter	eine akzeptierende Hilfebeziehung (SPFH), Rückkehr zu Koopera-tion, Kontrolle, Hand-lungsfähigkeit, Selbst-wert, Selbstwirksam-keit
Belastungen	keine	Abnahme von Koopera-tion, Kontrolle, Selbst-wert, Selbstwirksam-keit, Handlungsfähig-keit	Fehlen von Koopera-tion, Kontrolle, Selbst-wert, Selbstwirksam-keit, Handlungsfähig-keit	Rückkehr zu Kontrolle, Einfluss, Selbstwert, Selbstwirksamkeit, Handlungsfähigkeit, Kooperation
Deutungen	externale Attributionen, biografische Deu-tungsmuster	externale u. internale Attributionen	externale Attributionen	externale u. internale Attributionen, biografi-sche Deutungsmuster

8.4   Der Einzelfall Frau Bergfried

8.4.1   Die Auswahl des Einzelfalls

Ein hervorstechendes Kontrastierungsmerkmal dieses Einzelfalls liegt im Hin-blick auf den Bedrohungsverlauf in mehrfachen Wechseln zwischen an- und absteigendem Eskalationsniveau, bevor der Verlauf auf einem sehr hohen Eskalationsniveau gipfelt und sich dann wieder auf ein niedrigeres Niveau zurückbewegt. Insofern repräsentiert der Einzelfall Frau Bergfried in Abgrenzung zu den anderen Einzelfällen – mit stark eskalierendem Verlauf zu Beginn (Frau Rosen), mit einem kontinuierlich ansteigenden Verlauf (Frau Groß), mit einer sehr lang anhaltenden Eingangsphase auf niedrigem Eskalationsniveau (Frau Petermann) – eine Prozessdynamik, die über einen längeren Zeitraum zunächst durch wiederholte Hin- und Herbewegungen, durch an- und absteigendes Eskalationsniveaus gekennzeichnet ist. Das ermöglicht einen besonders guten Einblick in die Dynamik der Übergänge zwischen Eskalations- und Deeskalationsphasen. Diese Zeitspanne mit Variationen im Bedrohungsverlauf zwischen an- und absteigendem Eskalationsniveau erstreckt sich im Einzelfall Frau Bergfried über mehrere Jahre.

In inhaltlicher Hinsicht ist dieser Einzelfall zudem durch die ‚Fremdunterbringung von Geschwisterkindern zu verschiedenen Zeitpunkten des Bedrohungsverlaufs' geprägt. Kontrastiv wird dieses Merkmal in Bezug auf den Bedrohungsverlauf vor allem dadurch, dass das Eskalationsniveau je nach Kind variiert. Bei der Unterbringung des einen Kindes bleibt es niedrig, während es bei der Unterbringung der anderen Kinder hochschnellt. Insofern weist der Einzelfall Frau Bergfried gerade in Bezug auf die Konstellation ‚Herausnahme des Kindes aus der Familie' und ‚Höhe des Eskalationsniveaus' einen maximalen Kontrast zu anderen Verläufen auf.

8.4.2 Einführung in den Fall Frau Bergfried

Die Elternschaft von Frau Bergfried war bedroht, weil sechs der sieben Kinder von Frau Bergfried gegen deren Willen fremd untergebracht worden waren. Der Kontakt zum Jugendamt war bereits Jahre zuvor, als vier der sieben Kinder geboren waren, entstanden. Anlass dafür waren Meldungen der Schule und des Kindergartens, da die Geschwister einen verwahrlosten Eindruck gemacht und Verhaltensauffälligkeiten gezeigt hätten. Insbesondere beim ältesten Kind, Marie, habe ein sehr hoher Förderbedarf bestanden bei zugleich fehlenden Hilfestellungen der Eltern, die Termine nicht wahrnähmen und Hilfen zur Förderung nicht beantragt hätten. Auch seien die Eltern überfordert gewesen, mit den Aggressionen des Mädchens ihnen gegenüber umzugehen und das Kind zu lenken. Weitere Problembereiche der Familie betrafen die finanzielle Versorgung und den desolaten Zustand des Hauses. Der Vater lebte stets mit im Haushalt, stand aber aufgrund einer chronischen psychischen Erkrankung zur Betreuung der Kinder nicht zur Verfügung, sodass Frau Bergfried dafür hauptverantwortlich war. Frau Bergfried arbeitete auch in erster Linie mit dem Jugendamt zusammen, während sich der Vater an den Terminen nur in Ausnahmefällen beteiligte.

Die erste Familienhilfe wurde etwa dreieinhalb Jahre nach der Kontaktaufnahme zum Jugendamt installiert. Die Hilfe bezog sich im Schwerpunkt auf die Unterstützung der Mutter in der Erziehung von Marie. Diese Hilfe erfolgte für die Dauer eines halben Jahres. Der Hilfeverlauf war in den ersten Monaten positiv, allerdings verbesserten sich die erzieherischen Probleme, insbesondere im Bereich der Grenzsetzung, trotz anfänglich guter Kooperation der Mutter mit der Hilfe nicht. Die Hilfe wurde auf Wunsch der Mutter abgebrochen.

Kurze Zeit später nahm Frau Bergfried den Kontakt zu der Vertreterin des Jugendamtes wieder auf, da sie weiterhin mit den Aggressionen der Tochter überfordert war. Frau Bergfried bat um Fremdunterbringung des ältesten Kindes Marie. Dem kam das Jugendamt unmittelbar nach.

Trotz räumlicher Nähe zur Einrichtung nahmen die Eltern weder Besuchs- noch Telefonkontakte mit Marie wahr. Solche erfolgten erst später auf Initiative der Betreuungseinrichtung, da das Kind die Eltern habe wiedersehen wollen. Dabei beschäftigten sich die Eltern während der Besuche, die im Haushalt der Eltern stattfanden, jedoch nicht einzeln mit der Tochter.

In der Folgezeit wurde erneut eine Familienhilfe installiert, diesmal zur Unterstützung von Frau Bergfried, z. B. bei der Erledigung von Behördengängen. Diese Hilfe brachen die Eltern erneut ab. Der Mutter hätten die Ratschläge zur Trennung von Herrn Bergfried nicht gefallen, aus Sicht des Vaters habe die Mutter mehr Zeit mit der Familienhilfe als mit ihm verbracht.

Etwas später kam es erneut zu Meldungen aus der Nachbarschaft, diesmal Auseinandersetzungen der Eltern betreffend, aber auch aufgrund von wiederholten Bedenken bezüglich einer Verwahrlosung der Kinder. Bei einem daraufhin durchgeführten Hausbesuch des Jugendamtes in der Familie wurden kaum Nahrungsmittel für die Kinder gefunden. Eines der Kinder hatte in der Betreuungseinrichtung um Essen gebettelt. Die Eltern erklärten beim Hausbesuch, sich getrennt zu haben, jedoch bewohnten sie noch gemeinsam das Haus. Auch war Frau Bergfried von ihrem Mann erneut schwanger. Aufgrund der seltenen Besuchskontakte zu Marie wurde auch das Desinteresse der Eltern an ihrem ältesten Kind besprochen. Die Eltern wandten sich gegen die Vorwürfe der Nachbarn und erklärten, dass es bei ihnen genug zu essen gebe. Die Eltern stellten fest, dass die Familienhilfe ihnen keine Hilfe gewesen sei.

Ein drittes Mal wurden Familienhilfen etwa ein Jahr nach der Geburt des siebten Kindes eingesetzt. Grund dafür war die fortbestehende Überforderung der Eltern mit der Versorgung aller Kinder, u. a. im Bereich Ernährung und Kleidung. Der Familienhelfer berichtete zudem von Beschimpfungen und einer trotz Schmerzen fehlenden ärztlichen Versorgung des Kindes Robin. Der Junge habe in der Schule von Bestrafungen durch die Eltern und einer Angst vor der Mutter, wenn diese von seinen Mitteilungen erfahren würde, gesprochen. Beim Hausbesuch stellten die Eltern Robin als Verursacher der Probleme dar. Zudem hatte die Mutter Robin, der an dem Tag zu spät von der Schule nach Hause kam, immer wieder beschimpft und beleidigt. Auch der Vater gab Robin die Schuld an den häuslichen Problemen. Robin übernachtete häufig bei Verwandten. Robin habe Angst gehabt, vom Vater und von den Geschwistern geschlagen zu werden. Robins Geschwister verteidigten ihre Eltern bei dem Hausbesuch und beschuldigten auch ihrerseits Robin. Aufgrund dieser hochangespannten familiären Situation wurde Robin an diesem Tag vorläufig in Obhut genommen.

Nach der Inobhutnahme von Robin nahmen die Eltern keine Termine mehr beim Jugendamt wahr. Robin hatte Angst vor einer Begegnung mit den Eltern. Er fühlte sich in der Einrichtung wohl und versicherte sich bei den dortigen Betreuern immer wieder, dass er nicht wieder nach Hause zurückkehren müsse.

Ein kurz vor der Inobhutnahme durchgeführtes Clearing ergab eine extrem angespannte Verfassung der Mutter (Wutausbrüche, Priorisierung eigener Bedürfnisse gegenüber denen der Kinder), Mängel in der Wohn- und Versorgungssituation (kaum Möbel, kein Spielzeug, Sperrankündigung des Stromanbieters). Alle Kinder waren verhaltensauffällig und machten einen schwerwiegend emotional bedürftigen Eindruck. Die kinderärztlichen Vorsorgeuntersuchungen waren jedoch regelmäßig erfolgt. Dabei war bei den Kindern ein physisch guter, jedoch psychisch problematischer Zustand beschrieben worden. Es gab erneute Hinweise aus der Nachbarschaft, dass die Kinder um Essen, Windeln und Geld gebettelt hätten. Eine gesetzliche Betreuung u. a. zur Unterstützung bei der Regelung der finanziellen Probleme wünschte die Mutter jedoch nicht. Die Ablehnung von weiteren Hilfen durch die Eltern machte einen tiefergehenden Einblick in die Familiensituation kaum möglich.

Aufgrund der Befürchtung, dass seelische Gewalt in der Familie herrschen könnte, zugleich durch die Familienhilfen zu wenig Veränderung erreicht worden war und die Eltern keine Einsicht der Probleme zeigten, beantragte das Jugendamt den Entzug des Sorgerechts beim Familiengericht und nahm alle Kinder in Obhut.

Zu der daraufhin anberaumten ersten Sitzung des Familiengerichts kamen die Eltern aufgrund einer akuten Erkrankung des Vaters nicht. Beim zweiten Gerichtstermin hat Frau Bergfried erklärt, mit dem Clearing nicht einverstanden gewesen zu sein. Auch seien die Kinder dabei ausgehorcht worden, und die Familienhilfe habe sie hereingelegt. Die Kinder gaben in der gerichtlichen Anhörung an, dass bei ihnen zu Hause alles in Ordnung sei. Probleme gebe es nur mit Robin, der frech zur Mutter sei. Die Geschwister – mit Ausnahme von Robin und dem ältesten Kind Marie – teilten mit, zurück nach Hause zu wollen. Eine Unterbringung der Kinder in einer Pflegefamilie lehnte Frau Bergfried aufgrund ihrer eigenen Erfahrungen als ehemaliges Pflegekind ab. Sie erklärte sich jedoch mit einer vorübergehenden Verwandtenpflege einverstanden. Frau Bergfried selbst wünschte, in einer Mutter-Kind-Einrichtung aufgenommen zu werden, damit das weitere Kind nach der Geburt bei ihr bleiben könne.

8.4.3 Die Perspektive von Frau Bergfried

Biografische Aspekte

Frau Bergfried wuchs als das älteste von vier Kindern zunächst bei den Eltern auf. Zusammen mit ihren Geschwistern wurde sie mit etwa sieben Jahren aus der Familie herausgenommen und lebte mit ihrem Bruder und ihren Schwestern zunächst für etwa ein bis zwei Jahre in einem Heim, bis sie danach in eine Pflegefamilie wechselte, wo sie bis zur Volljährigkeit blieb.

Frau Bergfried beschrieb ihre Kindheit als „nicht schön". Der Vater sei Alkoholiker gewesen, habe sie geschlagen, sexuell belästigt, vergewaltigt. Ihre Mutter habe als Prostituierte gearbeitet. Die Mutter habe gewusst, dass der Vater sie schlage, habe sie jedoch nicht vor dem Vater geschützt. Schon lange habe sie keinen Kontakt zu ihrer Mutter mehr. Nachbarn haben damals das Jugendamt informiert, als sie beobachtet hatten, dass der Vater sie mit dem Gürtel geschlagen hatte. Frau Bergfried schilderte, dass ihre jüngeren Geschwister oft von den Schlägen des Vaters verschont geblieben seien, während sie diesen ausgesetzt gewesen sei. Sie habe mit niemandem über diese Misshandlung sprechen können. Zu Hause hätten sie nie nach draußen gehen dürfen. Sie könne sich nicht daran erinnern, einen Kindergarten besucht zu haben.

Eigenes Erleben nach der Fremdunterbringung

Nach der Herausnahme aus der Familie sei sie erleichtert gewesen, nicht mehr zu Hause zu sein. Dennoch habe sie im Heim, wo sie zusammen mit Jungen gelebt habe, dann Angst davor gehabt, dass die Jungen das Gleiche wie ihr Vater mit ihr machen könnten. Sie habe sich auch im Heim nicht getraut, mit jemandem darüber zu sprechen. Sie sei zwar über mehrere Jahre in psychotherapeutischer Behandlung gewesen, die habe ihr aber nicht viel gebracht. Obwohl ihr Vater zwischenzeitlich verstorben sei, könne sie bis heute nachts schlecht schlafen aus Angst davor, dass ihr Vater neben ihrem Bett stehen und sie wieder anfassen könnte.

Erfahrungen in der Pflegefamilie

Es sei „ein super Erlebnis" gewesen, als sie mit der Pflegefamilie das erste Mal in den Urlaub gefahren sei. Da sei sie acht oder neun Jahre alt gewesen. Sie und ihre Geschwister hätten sich dort gut aufgehoben gefühlt. Sie habe sich gefreut, genug zu essen zu haben und andere Kinder kennenzulernen.

Schule und Ausbildung

Sie sei während ihrer Zeit im Heim eingeschult worden. Wegen einer Lernschwäche habe sie die Förderschule besucht. Sie habe Konzentrationsprobleme gehabt, zumal Jungen in ihrer Klasse gewesen seien. Nach der Grundschule habe sie eine Förderschule besucht, diese aber nicht abgeschlossen, sondern eine Ausbildung begonnen, als sie volljährig geworden sei. Diese habe sie dann wegen der psychischen Belastung durch den Tod ihrer Großmutter und durch die Erkrankung des Schwiegervaters, nicht beendet. Das habe ihr einen „Knacks" versetzt, worüber sie heute noch viel nachdenke. Beim Abbruch der Ausbildung sei sie 20 Jahre alt gewesen und habe ihr eigenes Leben gelebt.

Beziehung zur Pflegefamilie

Sie habe sich mit den Pflegeeltern gut verstanden. Die Pflegemutter habe sie aber rausgeschmissen, als sie dieser gesagt habe, dass der Pflegevater sie sexuell missbrauche. Das Problem habe sich erst mit 17 oder 18 Jahren ergeben. Sie sei dann in eine eigene Wohnung gezogen, während ihre Geschwister in der Pflegefamilie geblieben seien. Später sei ihr Bruder dann zu ihr gezogen. Ihre anderen Geschwister möge sie nicht und diese sie umgekehrt auch nicht. Zu den Pflegeeltern habe sie zuletzt vor einigen Jahren Kontakt gehabt. Man sage sich aber nur ‚Guten Tag und Auf Wiedersehen'. Sie bedaure das nicht. Da sich nie jemand um sie gekümmert habe, habe sie sich sowieso selbst versorgt.

Beziehung zur Herkunftsfamilie

Weder im Heim noch in der Pflegefamilie noch heutzutage habe sie Kontakt zu ihrer Mutter. Ihr Vater sei nach ihrer Inobhutnahme inhaftiert worden und im Gefängnis gestorben. Bis auf ihren Bruder habe sie auch keinen Kontakt zu ihren anderen Geschwistern.

Beziehung zum Vater der Kinder

Von ihrem Mann habe sie sich von Anfang an mit ihrer Vorgeschichte akzeptiert gefühlt. Sie hätten viel zusammen unternommen, seien essen und shoppen gegangen. Das habe sie vorher so nicht gekannt. Sie hätten auch viel miteinander gelacht. Ihr Mann habe sich ihretwegen von seiner ersten Frau getrennt. Ihr Mann und sie seien sehr ineinander verliebt gewesen. Heute sei seine erste Frau ihre beste Freundin.

Schwangerschaften

Geheiratet hätten sie erst, nachdem sie schon einige Jahre zusammen gewesen und auch die ersten Kinder bereits auf der Welt gewesen seien. Ihr Mann habe ihr jedoch auch schon früher einen Heiratsantrag gemacht. Über Kinder hätten sie nie gesprochen. Mit dem ersten Kind sei sie dann auch ungeplant schwanger geworden, sie hätten sich aber beide über die Tochter gefreut. Mit Beginn der Schwangerschaft sei sie mit ihrem späteren Mann zusammengezogen. Nach dem ersten Kind seien die weiteren Kinder zwar nicht geplant gewesen, sie habe jedoch nichts dagegen unternommen.

Beziehungsentwicklung zum Vater der Kinder

Von den psychischen Problemen ihres Mannes habe sie stets gewusst. Er sei aber erwerbstätig gewesen, habe Medikamente genommen. Erst später, als sie schon ein paar Kinder gehabt hätten, sei er erstmals in stationärer Behandlung gewesen. Aufgrund seiner Erkrankung habe sie sich hauptsächlich alleine um die Kinder kümmern müssen. Das habe sie zeitweise überfordert. Ihr größter Fehler sei gewesen, dass sie „alles durchgehen lassen" habe.

Streitigkeiten gebe es in jeder Ehe. Wenn sie Streit gehabt hätten, seien sie kurz laut geworden, seien sich dann aus dem Weg gegangen und hätten danach darüber geredet. Körperliche Übergriffe zwischen ihnen habe es nie gegeben. Einziger Streitpunkt zwischen ihrem Mann und ihr sei die Erziehung der Kinder gewesen. Ihrem Mann habe es nicht gefallen, dass sie alles bei den Kindern durchgehen lassen habe. Sonst sei es „eine wunderschöne Ehe" gewesen.

Dass die Nachbarn später behaupteten, Gewalttätigkeiten gesehen zu haben, entspreche nicht der Wahrheit. Sie habe kein gutes Verhältnis zu den Nachbarn gehabt, die selbst keine Kinder gehabt und ihre Kinder nicht gemocht hätten. Sie habe die Kinder nicht „festbinden" wollen, nur weil die Nachbarn ihre Ruhe gewollt hätten. Wegen der Konflikte mit den Nachbarn habe es mehrere Polizeieinsätze gegeben. Sonst, z. B. aufgrund von Ehestreitigkeiten, sei die Polizei aber nie da gewesen. Nur einmal sei das Ordnungsamt bei ihnen gewesen, nachdem ihr Hund, den ihr Mann ihr geschenkt habe, entlaufen sei. Sie sei sehr traurig, dass sie den Hund jetzt habe weggeben müssen, da sie ihn nicht mit in die Mutter-Kind-Einrichtung nehmen dürfe. Auf einem Foto, das sie kürzlich gesehen habe, habe ihr Hund unterernährt, ungepflegt und traurig ausgesehen.

Zur Entwicklung der Kinder

Marie sei mit der Zeit schwierig geworden. Bei ihr sei eine geistige Behinderung und später noch ADHS festgestellt worden. Dass Marie geistig zurückgeblieben sei, sei ihr nie aufgefallen. Marie sei aber den Geschwistern gegenüber auffällig gewesen, habe einem ihrer Babys ein Kissen auf das Gesicht gedrückt, damit Marie sie, Frau Bergfried, für sich alleine haben könne. Das habe Marie selbst so gesagt. Marie sei auch mit den geistig gesunden Geschwistern überfordert gewesen.

Hilfe: Fördergruppe

Marie sei noch ein Jahr länger im Kindergarten geblieben und habe in dieser Zeit eine Fördergruppe besucht. In dieser Kindergartenzeit sei Marie wie ausgewechselt gewesen, wenn sie nachmittags nach Hause gekommen sei. Die

Mitarbeiter hätten „super mit ihr gearbeitet". Marie habe psychologische Betreuung und Ergotherapie erhalten, was ihr sehr geholfen habe. Als sie in die Schule gekommen sei, habe es zwar weiterhin Fördermaßnahmen gegeben, sie wisse aber nicht, ob Marie daran teilgenommen habe. Marie sei nicht gerne in der Schule gewesen. Sie sei mit „guter Laune" in die Schule gegangen und sei mittags „mit schlechter Laune" wieder nach Hause gekommen.

Kontakt zum Jugendamt und erste Familienhilfe

Sie, Frau Bergfried, sei mit Marie überfordert gewesen, habe geweint und sich gefragt, was sie falsch mache. Mit Frau Wilms vom Jugendamt habe sie sich „super verstanden". Mit Unterstützung von Frau Wilms sei für Marie die Familienhilfe installiert worden. Die Familienhilfe habe mit ihr und Marie arbeiten sollen. Sie, Frau Bergfried, habe aber zunächst außen vor bleiben wollen, sodass sich die Familienhilfe mit Marie habe beschäftigen können. Die Familienhilfe sei zweimal pro Woche bei ihnen zu Hause gewesen. Die Familienhilfe sei mit Marie beispielsweise im Tierpark unterwegs gewesen und habe mit ihr Bücher gelesen und dabei eine Kerze angemacht.

Sie habe aber erkannt, dass diese Familienhilfe „nicht wirklich hilfreich" gewesen sei. Deswegen habe sie die Zusammenarbeit wieder beendet. Allerdings sei es hilfreich gewesen, dass die SPFH Marie von ihren Geschwistern abgelenkt habe, dass sie ausschließlich für Marie da gewesen sei und sich um sie gekümmert habe. Für Marie sei die Familienhilfe positiv gewesen, aber nicht für sie. Die Familienhilfe habe „immer gegen sie und nie mit ihr gearbeitet". Sie sei mit der Familienhilfe nicht zurechtgekommen.

Sie habe trotz allem den Eindruck gehabt, dass die Familienhilfe nicht viel mit Marie gemacht habe. „Das, was die Familienhilfe mit Marie gemacht habe, hätte sie auch hinbekommen." Das habe sie auch später Frau Wilms vom Jugendamt als Begründung zum Abbruch der Maßnahme gesagt. Zudem habe sich an Maries Verhalten nichts geändert. Die Familienhilfe sei zwei bis vier Monate wegen Marie bei ihnen gewesen.

Sie habe Frau Wilms mitgeteilt, dass sie nicht wolle, dass die Familienhilfe weiterhin zu ihnen komme. Maries Verhalten habe sich stetig verschlechtert. Marie habe gewollt, dass der Vater ausziehe und dass sie, Frau Bergfried, kein weiteres Kind mehr bekomme. Sie sei zu diesem Zeitpunkt jedoch schwanger gewesen. Als sie Maries Forderungen nicht erfüllt habe, habe diese sie körperlich attackiert. Da sei die Familienhilfe bei ihnen schon nicht mehr tätig gewesen. Daraufhin habe sie wieder Kontakt zu Frau Wilms aufgenommen. Frau Wilms habe Marie erklärt, dass dies nicht gehe. Sie, Frau Bergfried, habe gewollt, dass Marie die Familie verlasse. Sie, Frau Bergfried habe gegenüber Frau Wilms „darauf bestanden", dass sie Marie aus ihrer Familie nehme. Frau Wilms habe das schon einen Tag später vollzogen. Marie habe dies nicht richtig wahrgenommen und habe gelacht. Nach einiger Zeit habe Marie gefragt, wann sie wieder nach Hause komme. Sie habe ihr erklärt, dass sie „erst einmal für eine längere Zeit" von zu Hause weg bleibe. Marie habe die Familie verlassen, als sie acht oder neun Jahre alt gewesen sei.

Sie habe darauf bestanden, dass Marie aus ihrer Familie genommen werde, weil sie nicht mit deren „Krankheit" zurechtgekommen sei. Dies habe sie dem Jugendamt auch so mitgeteilt. Frau Wilms habe Marie selbst in die Einrichtung gebracht. Sie, Frau Bergfried, sei nur ein- oder zweimal bei Marie gewesen.

Nachdem Marie weg gewesen sei, hätten sich die restlichen Kinder „wohlgefühlt". Alle anderen Kinder hätten zuvor auf Marie „rumgehackt". Die Geschwister hätten keinen Kontakt zu Marie.

Kontakt und Zusammenarbeit mit der zweiten Familienhilfe

Sie habe insgesamt zwei oder drei Familienhilfen gehabt. Die zweite Familienhilfe habe sich um sie, Frau Bergfried, gekümmert und sie bei organisatorischen Aufgaben wie Amtsbesuchen unterstützt. Diese zweite Familienhilfe habe ihr geraten, sich von ihrem Mann zu trennen. Dieser sei laut der Familienhilfe schlecht mit ihr umgegangen. Dies habe sie selbst nicht so gesehen. Ihr Mann sei ihr gegenüber immer „lieb" gewesen, habe sie gut behandelt. Die zweite Familienhilfe sei ein halbes Jahr bei ihnen gewesen. Nachdem ihr Mann erfahren habe, was die Familienhilfe über ihn gesagt habe, habe er nicht gewollt, dass diese weiterhin zu ihnen komme. Sie habe nicht das Gefühl, dass eine Familienhilfe etwas bewirkt habe. Sie habe sich geweigert, die Familienhilfen anzunehmen, da sie sich gesagt habe, sie habe die acht Kinder gekriegt und wolle für diese auch alleine sorgen.

Kontakt zum Kind Marie nach der Unterbringung

Nachdem Marie die Familie verlassen habe, habe sie, Frau Bergfried, sehr lange damit gewartet, Marie wiederzusehen. Sie habe zunächst verarbeiten müssen, was Marie „alles gemacht habe und was alles schief gelaufen sei". Sie habe überlegt, was sie hätte anders machen können. Auch bis zum ersten telefonischen Kontakt mit Marie habe es lange gedauert. Erst nach einem oder eineinhalb Jahren habe sie zum ersten Mal wieder mit Marie telefoniert. Marie habe sie dann zu Hause besucht. Dies sei der erste Besuchskontakt gewesen. Die Betreuerin aus der Einrichtung habe Marie begleitet. Der Kontakt zu Marie habe sich „sehr komisch" angefühlt. Sie habe nicht gewusst, wie sie sich habe verhalten sollen. Marie habe sie umarmt, „als sei nichts gewesen". Sie habe mit Marie geredet, habe mit ihr Kuchen gegessen und gespielt. Sie, Frau Bergfried, habe Marie anschließend auch einmal im Zuge eines HPG mit dem Jugendamt in ihrer Einrichtung besucht. Marie sei drei- oder viermal bei ihnen zu Hause gewesen. Sie habe sie zweimal in der Einrichtung besucht. Dies wisse sie aber nicht mehr genau. Sie habe Marie schon lange nicht mehr gesehen, vermutlich für „ein oder zwei Jahre". Der Grund sei, dass sie keine Zeit gehabt habe, sie zu besuchen. Auch telefonisch habe sie in dieser Zeit keinen Kontakt mehr gehabt, da sie erfahren habe, dass Marie in eine andere Einrichtung kommen solle. Sie habe eine Pause von Marie gebraucht. Genauer könne sie dies nicht ausführen. Nachdem Marie sie am Telefon schwer beleidigt habe, habe sie den Telefonkontakt abgebrochen, bis Marie sich entschuldigt habe. Es habe lange gedauert, bis Marie dies getan habe. Sie, Frau Bergfried, sei zudem bezüglich der Pflege der restlichen Kinder unter Druck gesetzt worden. Sie sei „nicht richtig behandelt" worden.

Dritte Familienhilfe und Rückblick auf die Zusammenarbeit

Als ihre zweitälteste Tochter Julie in der Schule auffällig geworden sei und andere Kinder geschlagen habe, sei wieder Familienhilfe, diesmal seien es drei Personen gewesen, in der Familie tätig geworden. Die Familienhelfer*innen hätten viel mit den Kindern unternommen.

Mit dieser dritten Familienhilfe sei sie auch nicht zurechtgekommen. Die Helfer*innen seien für alle Kinder da gewesen. Es stimme, dass Frau Thomas vom Jugendamt einmal bei ihnen gewesen und der Kühlschrank leer gewesen sei. Daher sei sie nachher mit ihrem Mann zur Bank gegangen, um sich Geld zu leihen und Nahrung einzukaufen. Geld sei immer ein Problem gewesen. Zur Tafel oder zur Caritas habe sie nicht gehen wollen. Sie würde sich dann nur schämen. Das habe sie gemerkt, als sie einmal mit einer der Familienhelfer*innen bei der Caritas gewesen sei.

Die Familienhelfer*innen seien immer nur einzeln in der Familie gewesen. Diese hätten z. B. mit dem Kinderarzt gesprochen und die Schulen der Kinder kontaktiert. Mit ihr hätten sie nur selten gesprochen. Die Familienhelfer*innen hätten sie nach den Kindern befragt. Über Erziehung hätten sie mit ihr nicht geredet. Als Robin in der Schule Zahnschmerzen gehabt habe, habe eine Familienhelferin ihn abgeholt. Eigentlich hätte auch sie Robin abholen können. Sie habe sich aber von Frau Thomas vom Jugendamt unter Druck gesetzt gefühlt.

Die Familienhelfer*innen seien drei- oder viermal pro Woche bei ihnen gewesen. Anfangs seien die Kinder noch nicht dabei gewesen. Zunächst seien die Probleme der Kinder besprochen worden. Insbesondere über Robin hätten sie sich unterhalten. Dennoch hätten die Familienhelfer*innen nichts mit Robin unternommen und auch nicht alleine mit ihm geredet. Die Familienhelfer*innen hätten sich jeweils um mehrere Kinder gekümmert, meistens um drei. Auch über die Schule und die kinderärztlichen Vorsorgeuntersuchungen sei mit den Familienhelfer*innen gesprochen worden. Ein Familienhelfer sei zweimal mit ihr in der Schule von Julie gewesen, als Julie eine Mitschülerin auf den Po gehauen habe. In der Schule sei dann aber nicht besprochen worden, was man mit Julie machen solle.

Sie habe alles alleine ohne Hilfe machen wollen. Sie habe die Kinder schließlich alle gewollt und müsse für sie deswegen auch sorgen. Sie möge es nicht, wenn man ihr „über die Schulter schaue". Zukünftig wolle sie keine Familienhilfe mehr haben. Ihre Betreuerin aus der Mutter-Kind-Einrichtung werde sie, Frau Bergfried, aber weiterhin unterstützen.

Kontakt zum Jugendamt vor der Fremdunterbringung

Frau Wilms vom Jugendamt sei dann nicht mehr für sie zuständig gewesen. An einem Morgen habe schließlich Frau Thomas vor der Tür gestanden und habe sich vorstellen wollen. Als Frau Thomas gesagt habe, dass sie vom Jugendamt sei, habe sie, Frau Bergfried, aus Angst die „Tür zugeknallt". Frau Thomas sei daraufhin gefahren und später mit einem Kollegen wiedergekommen. Da habe sie Frau Thomas hereingelassen. Wie Frau Thomas auf sie aufmerksam geworden sei, wisse sie nicht. Durch Frau Thomas sei die letzte Familienhilfsmaßnahme eingerichtet worden.

Kontakt zum Jugendamt im Zeitraum der Inobhutnahme der Kinder

Ihre Kinder seien aus der Familie genommen worden, da es Schimmel in der Wohnung gegeben habe und weil in der Küche eine Steckdose „frei gelegen" habe. Der Vermieter habe sich nicht darum gekümmert. Den Hauptgrund dafür, dass die Kinder aus der Familie genommen worden seien, kenne sie nicht. Sie erklärte: „Ich wär mal froh, wenn ich den wüsste."

Als ihre Kinder abgeholt worden seien, sei sie nicht zu Hause, sondern bei der ARGE gewesen. Ihr Mann habe sie telefonisch kontaktiert und berichtet, dass die Kinder abgeholt würden. Als sie nach Hause gekommen sei, seien die Kinder schon weg gewesen. Wenn sie dabei gewesen wäre, hätte sie „Mord und Totschlag mit Frau Thomas betrieben". Die Polizei sei bei der Abholung auch vor Ort gewesen.

Sie sei an diesem Tag voller Hass auf Frau Thomas gewesen und habe daher zunächst nicht den Kontakt zu ihr aufgenommen. Sie sei dann schließlich mit ihrem Mann alleine im Haus gewesen. Erst vor Gericht habe sie Frau Thomas wiedergesehen. Sie habe ihre Krankenkassenkarten nicht herausgeben wollen. Damit habe sie das Jugendamt ärgern wollen. Nach dem Gerichtstermin habe sie die Karten auf Drängen des Richters dann doch ausgehändigt. Als ihre Kinder in Einrichtungen untergekommen seien, seien Telefonkontakte vereinbart worden. Diese habe sie nicht regelmäßig eingehalten. Dies tue ihr sehr leid.

Zum Vorwurf von Entwicklungsauffälligkeiten des Kindes Julie

Sie wisse auch nicht, warum Julie aggressiv gewesen sei und sexualisiert gesprochen habe. Sie glaube, dass Julie dies von der ältesten Tochter ihres Mannes aus erster Ehe übernommen habe. Das siebzehnjährige Mädchen habe etwa ein Jahr bei ihnen gelebt, und Julie habe sich dies bei der Jugendlichen abgeschaut. Die erste Frau ihres Mannes habe die fast erwachsene Tochter dann wieder zu sich genommen. Julie sei trotzdem weiter in der Schule auffällig gewesen. Da habe sie, Frau Bergfried, mit den Lehrer*innen gesprochen und vereinbart, dass Julie ggf. Pausenverbot bekomme. Das habe aber nur sehr kurzzeitig gewirkt.

Sie und ihr Mann hätten dauerhaft im Wohnzimmer geschlafen, da es in ihrem Schlafzimmer Schimmelbefall gegeben habe. Da die Wohnung in einem schlechten Zustand gewesen sei, könne sie verstehen, dass die Kinder aus der Familie genommen worden seien. Julie habe zudem übermäßig häufig auf Toilette gemusst, sowohl nachts als auch tagsüber. Darüber habe sie mit dem Kinderarzt geredet. Der habe eine Blasenentzündung vermutet und verordnet, dass sie mit Julie trainiere, den Harndrang einzuhalten. Dies sei schwierig gewesen, weshalb Julie sich oftmals in die Hose gemacht habe. Nach zwei oder drei Monaten Training sei Julie aber trocken gewesen. Allerdings habe Julie einmal auch in der Schule auf dem Schulhof uriniert, da sie es nicht bis auf Toilette geschafft habe. Dass Julie häufig auf Toilette gemusst und sich eingenässt habe, habe begonnen, als sie auf die Schule gekommen sei. Nachdem Julie bei ihr im Wohnzimmer geschlafen habe, habe sie sich nicht mehr eingenässt.

Seit Julie in Obhut genommen worden sei, habe sie nicht mit ihr telefoniert. Manchmal habe sie in der Einrichtung angerufen, da sei Julie nicht da gewesen und habe auch nicht zurückgerufen.

Zum Vorwurf von Entwicklungsauffälligkeiten des Kindes Florian

Aus ihrer Sicht habe sich Florian normal und gut entwickelt. Auffällig sei jedoch der Hautausschlag von Florian gewesen, der sich trotz der Medikamente nicht verbessert habe, sodass Florian sich immer stärker gekratzt habe. In der Schule hätten die anderen ihn deswegen komisch angeguckt. Der Kinderarzt, dem sie vertraue und mit dem sie „per Du" sei, habe gemeint, dass auch Schulstress den Juckreiz verstärkt haben könnte. Florian habe zweimal Würmer gehabt, was der Arzt auf mangelnde Hygiene in der Toilette oder auf Fliegen auf dem Essen zurückgeführt habe. Durch wiederholte Wurmkuren sei das dann wieder weggegangen.

Wenn sie Florian und Julie mit ihren anderen Kindern wie Marie vergleiche, müsse sie sagen, dass sie bei Julie und Florian „keinen Fehler gemacht habe". Dass Robin „so geworden sei, stimme sie traurig". Sie habe ein besseres Verhältnis zu Florian und Julie als zu den anderen Kindern, auch wenn sie die anderen Kinder auch möge.

Zum Vorwurf von Entwicklungsauffälligkeiten des Kindes Sven

Sven habe im Kindergartenalter eine Epilepsie entwickelt. Zuerst habe sie gedacht, dass Sven dies nur spiele. Bevor Sven Medikamente erhalten habe, habe er fünf- bis sechsmal pro Woche epileptische Anfälle gehabt. Im integrativen Kindergarten sei ihr, Frau Bergfried, gesagt worden, dass Sven „in einer ganz anderen Welt lebe". Die Neurologin habe nicht geglaubt, dass das vom Kindergarten beschriebene Verhalten von der Epilepsie komme. Diese habe vermutet, dass Sven entweder das Verhalten vortäusche oder durch sein Verhalten mehr Aufmerksamkeit bekommen wolle. Sven habe immer nur mit sich alleine gespielt bevorzugt mit Puzzles oder habe gemalt. Erst mit drei Jahren habe Sven einzelne Wörter sprechen können.

Sven sei zunächst in einer anderen Schule eingeschult worden, ehe er auf die Förderschule gekommen sei, nachdem er in der ersten Schule nicht mitgekommen sei. Sven habe auch da Sprachprobleme gehabt. Erst auf der zweiten Grundschule habe sich Svens Sprechen verbessert. Mal habe er ganze Sätze gesprochen, mal nicht. Die Lehrer*innen hätten immer aufgeschrieben, was in der Schule gemacht worden sei, da Sven dies nicht habe berichten können. Sven habe keine ganzen Gespräche führen können. Jetzt spreche Sven deutlich besser und flüssiger. Warum Sven nur so schlecht habe sprechen können, wisse sie nicht.

Sven habe jetzt auch wieder eine Brille. Zwischenzeitlich habe Sven keine gehabt, da er seine Brille kaputt gemacht habe. Sie, Frau Bergfried, habe ihm keine neue besorgt, da Brillen „Geld kosten". Ohne Brille sei Sven fast blind, er sei kurzsichtig.

Zum Vorwurf von Entwicklungsauffälligkeiten des Kindes Robin

Bezüglich Robin habe es weder in der Schwangerschaft noch bei der Geburt Probleme gegeben. Er sei gesund gewesen. Mit drei Jahren sei er trocken gewesen. Er habe spät mit dem Krabbeln und Laufen begonnen. Mit eineinhalb Jahren habe Robin laufen können. Bei den U-Untersuchungen habe es keine Auffälligkeiten gegeben. Er sei mit drei Jahren in einen normalen Kindergarten gekommen, sei gerne dorthin gegangen. Robin sei auch regelgerecht eingeschult worden. Robin sei alleine mit Florian zur Einschulung gegangen. Sie habe ihre Kinder nicht begleiten können, da sie sich um die anderen Kinder habe kümmern müssen.

Sie könne sich nicht daran erinnern, dass Robin lange Zeit alleine in der Schule habe warten und weinen müssen. Die Schulleitung habe behauptet, dass Robin erzählt habe, dass sie ihn geschlagen habe. Da habe sie „schlucken" müssen, da dies nicht der Wahrheit entspreche. Sie habe mit ihren Kindern geschimpft, diese aber nie geschlagen. Wenn sie Ärger mit Robin gehabt habe, sei sie nie auf Robin „losgegangen". Robin habe aber nie gehört, wenn man ihm etwas gesagt habe. Robin habe viel Ärger von ihr bekommen. Beispielsweise habe Robin seinen „Stuhlgang" in der Wohnung verschmiert. Sie sei oft mit Robin aneinandergeraten, weil Robin nicht auf sie gehört und sie beschimpft habe, wenn es beispielsweise um Hausaufgaben gegangen sei. Sie habe vernünftig mit Robin geredet. Eine Zeit lang sei dies gut gegangen, doch habe Robin dann erneut zu ihr gesagt, dass sie „nicht seine Mutter sei und er nicht bei ihr wohnen wolle".

Sie habe keine Gespräche mit der Familienhelferin geführt. Was diese vor Gericht behauptet habe, sei „zum größten Teil nicht wahr". Wie Florian auf die Aussage komme, dass Robin immer das „schwarze Schaf" der Familie gewesen sei, wisse sie nicht. Nur wenn Robin Blödsinn gemacht habe, habe er Ärger bekommen. Geschlagen habe sie ihre Kinder nie und habe nie harte Strafen ausgesprochen, sondern nur mit ihren Kindern geredet.

Als Robin in der Schule Zahnschmerzen gehabt und geweint habe, habe sie ihn nicht abholen können. Die Familienhilfen hätten Robin stattdessen abgeholt. Mit dem Bus sei die Schule zwanzig Minuten entfernt gewesen. Sie habe nicht gewusst, wie sie Robin hätte abholen sollen oder können. Sie wisse nicht, wie man mit dem Bus zu Robins Schule komme. Bei Florian sei sie beim Elternsprechtag gewesen. Da sei sie zusammen mit Florian mit dem Schulbus gefahren. Mit der Schulleitung sei sie nicht gut zurechtgekommen. Mit dem Kinderarzt habe sie sich besser verstanden. Sie habe diesem erzählt, dass sie glaube, dass Robin schulisch überfordert sei.

Robin sei ein „super liebes Kind". Sie wolle Robin „unheimlich gerne" wiederhaben. Sie wolle in Bezug auf Robin vieles wiedergutmachen und dafür sorgen, dass sie und Robin wieder aufeinander zugehen und sich zusammenraufen können. Es tue ihr leid, wie sie mit Robin umgegangen sei. Dies habe sie Robin auch gesagt. Zudem habe sie Robin einen Brief geschrieben, in dem sie sich entschuldigt habe, da sie nicht gewusst habe, wie sie mit Robin umgehen solle. Sie habe sich für Situationen entschuldigen wollen, in denen sie mit Robin geschimpft habe. Eventuell wolle sie mit Robin in eine Mutter-Kind-Kur gehen, um zueinanderzufinden. Sie wolle die aktuelle Situation ändern.

Zum Vorwurf von Entwicklungsauffälligkeiten des Kindes Ben

Als Ben noch bei ihr gewesen sei, habe Ben keine sexualisierte Sprache verwendet. Wie Ben sich diese nun angeeignet habe, wisse sie nicht. Sie habe zu Hause nie derartig gesprochen und habe darauf geachtet, dass Ben wenig Kontakt zu der siebzehnjährigen Tochter ihres Mannes aus erster Ehe habe. Dass sie diese bei sich in der Familie aufgenommen habe, sei der „größte Fehler ihres Lebens" gewesen.

Zum Vorwurf von Entwicklungsauffälligkeiten des Kindes Marc

Marc habe bereits mit ihrer, Frau Bergfrieds, Hilfe laufen können, als die Kinder aus der Familie genommen worden seien. Sie sei mit Marc regelmäßig beim Kinderarzt gewesen und habe alle U-Untersuchungen und Impfungen wahrgenommen. Marc sei nicht krank gewesen. Marc habe sich draußen einmal etwas in den Mund gesteckt. Marc habe ihr mit Handbewegungen angezeigt, dass er etwas im Mund habe. Dies sei aber nur einmal vorgekommen.

Beim HPG hätten die Pflegeeltern ihr berichtet, dass Marc sich des Öfteren selbst und mit dem Kopf auf den Boden schlage. Darüber habe sie weinen müssen. Bei ihr zu Hause habe Marc dies nie gemacht.

Ausblick auf die Zukunft – Rückblick auf die Inobhutnahme der Kinder

Nachdem ihre Kinder aus der Familie genommen worden seien, habe es sich „komisch" angefühlt mit den Kindern zu reden, da sie nicht gewusst habe, wie sie sich verhalten solle. Sie wünsche sich, dass Julie zu ihr zurückkomme, was sie aber zeitlich nicht genauer bestimmen könne. Dazu müsse sie aber noch viel verändern. Sie brauche eine bessere Tagesstruktur und müsse besser mit den Kindern umgehen. Marie nässe ein. Den Grund dafür kenne sie nicht. Sie wolle ihre finanziellen Probleme bewältigt bekommen. Dass Julie jemals sagen könne, dass sie nicht mehr zu ihr zurückwolle, könne sie sich nicht vorstellen. Sie wolle sie immer zurückhaben. Sie wolle nicht, dass ihre Kinder später wie sie leben müssten.

Eigentlich wünsche sie sich, alle Kinder wiederzubekommen. Es tue ihr leid, wie sie mit ihren Kindern umgegangen sei. Über die Möglichkeit, dass ihre Kinder nicht mehr zu ihr zurückkommen könnten, habe sie sich bislang keine Gedanken gemacht. Sie wolle aber „auf keinen Fall", dass ihre Kinder zu ihrem Bruder kämen. Es sei ihr lieber, dass ihre Kinder in den Einrichtungen blieben, wo sie momentan seien, als dass sie zu ihrem Bruder kämen. Am liebsten wolle sie aber, dass die Kinder zu ihr in die Mutter-Kind-Einrichtung kommen könnten. Platz dafür sei vorhanden.

Beziehung zum Bruder

Ihr Bruder habe die Kinder früher schon mal versorgt, auch als sie eine Zeit lang im Krankenhaus gewesen sei. Ihr Bruder habe den Kindern aber Sachen erlaubt, die sie, Frau Bergfried, den Kindern verboten habe. Auch habe sie von den Kindern erfahren, dass ihr Bruder ihren Sohn Marc, als dieser erst wenige Monate alt gewesen sei und nicht habe einschlafen können, angeschrien und in den Kinderwagen geworfen habe, sodass der Wagen mit dem Kind umgefallen sei.

Aktuell wolle ihr Bruder vor allem Robin zu sich nehmen. Ihr Bruder sei wohl auch schon zweimal bei Robin gewesen und habe diesem „den Kopf verdreht", indem er Robin gesagt habe, dass er bei ihm wohnen könne. In der Wohnung ihres Bruders sei es aber unhygienisch, und in dessen Küche würden „Viecher rumlaufen". Sie wolle auch gerichtlich dagegen vorgehen, dass ihr Bruder Robin besuche, zumal er die anderen Kinder nicht besuche.

Aktueller Kontakt zur Jugend- und Familienhilfe (Mutter-Kind-Einrichtung)

Sie fühle sich aktuell in der Mutter-Kind-Einrichtung wohl. Sie finde es gut, dass sie sich dort mit ihrer Betreuerin, Frau Eibel, aussprechen könne. Vor allem habe sie ihre eigenen Belastungen aus der Kindheit immer in sich „reingefressen", weshalb es jetzt guttue, mit jemandem darüber zu sprechen.

Sie werde für mindestens ein Jahr in der Einrichtung bleiben. Sie erhalte psychologische Betreuung aufgrund ihrer Kindheitserfahrungen und Inobhutnahme der Kinder.

Die Unterstützung in der jetzigen Einrichtung empfinde sie als positiv. Frau Eibel gebe ihr „super gute Tipps". Sie rede mit Frau Eibel über ihre Kinder und ihre Erfahrungen mit ihrem Vater in der Kindheit. Auch über zukünftige Pläne rede sie mit Frau Eibel. Frau Eibel könne dies genauer ausführen und besser als sie schildern. Sie, Frau Bergfried, habe das Ziel, ihre Zukunft bald alleine bewältigen zu können. Frau Eibel höre ihr zu und sei für sie eine „Ersatz-Mama". Dass Frau Eibel ihr zuhöre, das habe ihr bei ihren Eltern gefehlt. Frau Eibel kümmere sich auch um ihre Geldstrafe, die sie wegen Schwarzfahren bekommen habe.

Aktuelle Beziehung zum Vater der Kinder

Am allerwichtigsten sei es für sie, dass ihr Mann derzeit und hoffentlich auch weiterhin bei ihr sein könne. Ihr Mann bedeute ihr sehr viel, da sie mit ihm „durch dick und dünn" gegangen sei. Er sei ihre Stütze, und sein Weggang könnte sie aus der Bahn werfen. Ob er in der Einrichtung bleiben wolle und ob er sich dort wohlfühle, wisse sie nicht. Sie persönlich müsse sich nun nach der Geburt um ihre Tochter kümmern, weswegen sie wenig Zeit für ihn habe. Allerdings „kenne sie es nicht, ohne ihn zu leben", und hoffe nicht, dass er ausziehen werde. Ihr Mann sei für sie „eine Art Vaterersatz" und biete ihr eine „heile Welt".

Allerdings habe der Arzt ihm geraten, alleine in eine Wohnung zu ziehen, damit er weniger Stress habe. Das könne sie sich auch vorstellen, da ihr Mann sie ja oft besuchen komme.

8.4.4 Beschreibung und Interpretation des Bedrohungsverlaufs Frau Bergfried

Der Bedrohungsverlauf des Einzelfalls Frau Bergfried beginnt auf einem niedrigen Eskalationsniveau und verläuft insgesamt in mehrfachen Auf- und Abbewegungen, die sich nach Wechseln aus eskalierenden Anstiegen und deeskalierenden Abstiegen wieder auf ein niedrigeres Eskalationsniveau hinbewegen. Insofern ist der Verlauf durch wiederholtes Auftreten von Eskalations- und Deeskalationsphasen geprägt.

Abbildung 8: Verlaufskurve Frau Bergfried

8.4.4.1 Niedrigkonfliktphase

Ein erstes Kennzeichen des Bedrohungsverlaufs der Niedrigkonfliktphase liegt im Bereich der Ursachenzuschreibung. So werden zu Beginn der Phasen zunächst außerhalb der eigenen Person liegende Gründe für das Auftreten einer Bedrohungssituation angeführt, hier: die Nachbarn und deren negative Einstellung gegenüber den Kindern, der Biografieträgerin und ihrem Mann:

> Dass die Nachbarn später Gewalttätigkeiten behauptet hätten, entspreche nicht der Wahrheit. Sie habe kein gutes Verhältnis zu den Nachbarn gehabt, die selbst keine Kinder gehabt und die ihre Kinder nicht gemocht hätten.

Die Interpretation der Entstehung der potenziellen Bedrohungssituation (Kontakt zum Jugendamt) nach dem Prinzip einer externalen Attribution ist mit dem Vorteil einer Entlastung von eigenen Anteilen an dem Zustandekommen der Problematik verbunden. Das trägt dazu bei, dass sich die Bedrohung in diesem Zeitraum auf einem geringen Eskalationsniveau bewegt.

Im weiteren Verlauf der Niedrigkonfliktphase verschiebt sich die Ursachenzuschreibung von außen nach innen:

> Sie, Frau Bergfried, sei mit Marie überfordert gewesen, habe geweint und sich gefragt, was sie falsch mache.

Die nun internale Ursachenzuschreibung (hier: eigene Überforderung, Ratlosigkeit) geht zwar mit einer Hilflosigkeit gegenüber dem schwierigen Kind einher. Dass die Bedrohung trotz erlebter Überforderung nur leicht ansteigt, wodurch sich der Verlauf weiterhin auf relativ niedrigem Konfliktniveau bewegt, hängt aber damit zusammen, dass die Bedrohung als veränderbar (variabel) sowie kontrollierbar bzw. beeinflussbar erlebt wird. Das spiegelt sich in der Kontaktaufnahme zur Vertreterin des Jugendamtes und in der Akzeptanz der von ihr angebotenen Lösung wider:

> Mit Unterstützung von Frau Wilms [Jugendamt] sei für Marie die Familienhilfe installiert worden.

Der wahrgenommene Einfluss auf die Bedrohung und das damit einhergehende, weiterhin niedrige Konfliktniveau sind eng mit der positiven Beziehung zwischen Frau Bergfried und der Vertreterin des Jugendamtes verknüpft:

> Mit Frau Wilms vom Jugendamt habe sie sich ‚super verstanden‘.

Indem das Jugendamt Frau Bergfried den Zugang zur Familienhilfe ermöglicht, eröffnen sich in der durch Hilflosigkeit geprägten Situation der Biografieträgerin neue Handlungsoptionen, mithin die Möglichkeit, Einfluss auf die Problematik (Verhaltens- und Beziehungsprobleme mit dem ältesten Kind) zu nehmen:

> Es [sei] hilfreich gewesen, dass die Hilfe Marie von ihren Geschwistern abgelenkt habe, dass die Hilfe ausschließlich für Marie da gewesen sei und sich um sie gekümmert habe.

Aus der Perspektive der Biografieträgerin spielt bezüglich der Positivwahrnehmung dieser Maßnahme vor allem die klare Umgrenzung der Hilfe als ein Angebot, welches „nur für Marie" da gewesen ist, eine wichtige Rolle. Indem sich die Biografieträgerin durch die Begrenzung der Hilfe zunächst nicht in ihrer Rolle als Mutter infrage gestellt sieht, vermochte sie die Maßnahme zu akzeptieren und erlebte sie nicht als Übergriff auf ihren ‚Zuständigkeitsbereich als Mutter‘, sodass ihre Selbstwirksamkeit hoch bleibt. Dies hebt die ursprüngliche Hilflosigkeit auf und mündet in einer verbesserten Handlungsfähigkeit der Biografieträgerin, da durch die ‚Ablenkung‘ des problematischen Kindes von den Geschwistern ein geringerer Regelungsbedarf – u. a. in Bezug auf Geschwisterkonflikte – erforderlich wird. Die Anforderungen im Bereich der erzieherischen Lenkung werden damit geringer. Dies ist bedeutsam, da die Biografieträgerin selbst Überforderungen beschrieb, da sie „alles durchgehen lassen" habe.

8.4.4.2 Eskalationsphase 1

Diese Konstellation – akzeptierende Beziehung zum Jugendamt, am Kind orientierte Hilfsmaßnahme, Gewinn an Handlungsfähigkeit–, die zeitweilig das geringe Bedrohungsniveau der Eingangsphase stabilisierte, schlug im weiteren Verlauf der Maßnahme jedoch ins Gegenteil um. So dominierten im Erleben von Frau Bergfried in Bezug auf die Hilfsmaßnahme zunehmend Einschränkungen, welche sie der SPFH zuschrieb:

> Für Marie sei die Familienhilfe positiv gewesen, aber nicht für sie. Die Familienhilfe habe ‚immer gegen sie und nie mit ihr gearbeitet‘.

Hier ist deutlich zu erkennen, dass zu diesem Zeitpunkt des Bedrohungs-Eskalations-Verlaufs eine erneute Verschiebung im Bereich der Kausalattribution erfolgte. Die Gründe für das wieder angestiegene Eskalationsniveau wurden außen bei der Familienhilfe liegend verortet.

Zudem spricht die Formulierung „gegen sie [...] gearbeitet" für eine deutlich wahrgenommene Begrenzung der Handlungsfähigkeit der Biografieträgerin bei gleichzeitig steigendem Druck, diese zurückzugewinnen. Die dazu erfolgten Konkretisierungen der Biografieträgerin lauten:

> Das, was die Familienhilfe mit Marie gemacht habe, hätte sie [Frau Bergfried] auch hinbekommen. Das habe sie auch später Frau Wilms vom Jugendamt als Begründung zum Abbruch der Maßnahme gesagt.

Diese Aussage zeigt ein Bedrohungserleben auf, welches vor allem auf ihre Rolle als Mutter bezogen ist. Dass sie dadurch zugleich einen Angriff auf einen wesentlichen Kernbereich ihrer Identität erlebt, ist den Ausführungen von Frau Bergfried zu ihrem Selbstbild als versorgende Mutter zu entnehmen:

> Sie habe sich geweigert, die Familienhilfen anzunehmen, da sie sich gesagt habe, sie habe die acht Kinder gekriegt und wolle für diese auch alleine sorgen.

Ein solches hier als Angriff auf ihren Anspruch als Mutter (selbst sorgen wollen) wahrgenommenes Hilfehandeln löst typischerweise ein Selbstschutzverhalten aus. Das zeigt sich in dem Abbruch der Maßnahme ‚sozialpädagogische Familienhilfe‘. Indem Frau Bergfried entscheidet, dass die Familienhilfe nicht mehr bei ihnen tätig sein soll, gewinnt sie – zumindest temporär – ein höheres Maß an Handlungsfähigkeit in ihrer Rolle als Mutter zurück. Im Hinblick auf das Eskalationsniveau bedeutet dies, dass der Bedrohungsverlauf für kurze Zeit in den niedrigen Bereich zurückkehrt.

Vor dem Hintergrund der dargelegten Bedingungskonstellation dieser Eskalationsphase 1 zeigt sich der Faktor ‚Wiedergewinn von Handlungsfähigkeit‘

als ein wesentliches stabilisierendes Element, welches hier geeignet ist, den Übergang in eine höhere Eskalationsphase zu verhindern. Hervorzuheben ist ferner, dass sich diese stabilisierende Wirkung insbesondere im Kontext einer weiterhin als unterstützend wahrgenommenen Hilfebeziehung zur Vertreterin des Jugendamtes entfalten kann.

8.4.4.3 Deeskalationsphase 1

Der Bedrohungsverlauf ist auf ein geringeres Eskalationsniveau zurückgegangen und befindet sich nun wieder auf einem niedrigeren Niveau. Die dazugehörende Bedingungskonstellation beinhaltet sowohl die Fortsetzung der akzeptierenden Beziehung zum Jugendamt als auch die Möglichkeit, Einfluss im Bereich ‚Hilfen' zu nehmen (hier: Akzeptanz umgrenzter Hilfestellung bei erneuter Maßnahme ‚sozialpädagogische Familienhilfe'). Wesentlich für den erneuten Verlauf auf niedrigem Eskalationsniveau ist insbesondere die wiedergewonnene Handlungsfähigkeit.

Unter dieser Bedingungskonstellation setzt sich die Niedrigkonfliktphase zunächst weiter fort, nachdem das Jugendamt eine weitere Familienhilfe installierte, obwohl die erste Hilfe abgebrochen worden war. Diesmal ist die Hilfe als persönliche Unterstützung von Frau Bergfried konzipiert. Ziel ist es, die Mutter in ihren organisatorischen Fähigkeiten zur Versorgung der Kinder, z. B. wenn Behördengänge erforderlich sind, zu unterstützen.

Diese zweite Niedrigkonfliktphase dauert die ersten Monate nach Installation der zweiten Familienhilfe an. Danach eskaliert der Bedrohungsverlauf erneut.

8.4.4.4 Eskalationsphase 2

Der Übergang auf das erneut höhere Bedrohungsniveau hängt aus der Sicht von Frau Bergfried auch diesmal eng mit dem Hilfehandeln der sozialpädagogischen Familienhilfe zusammen. Als dieses nicht mehr auf ihre Belange zur Versorgung der Kinder fokussiert ist, sondern die Paarbeziehung der Eltern immer stärker in den Blick und damit in die Kritik geriet, bis sie schließlich sogar infrage gestellt wurde, mündete dies in einem deutlichen Bedrohungsanstieg. Auslöser der Bedrohung und zugleich ausschlaggebend für den Abbruch der Maßnahme ‚Familienhilfe' sind hier Diskrepanzen zwischen persönlichen Zielen und Hilfezielen (hier: Paarbeziehung als Ressource [Frau Bergfried] vs. Paarbeziehung als Belastungsfaktor [Familienhilfe]):

> Diese zweite Familienhilfe habe ihr geraten, sich von ihrem Mann zu trennen. Dieser sei laut der Familienhilfe schlecht mit ihr umgegangen. Dies habe sie selbst

nicht so gesehen. Ihr Mann sei ihr gegenüber immer ‚lieb' gewesen, sei gut mit ihr umgegangen.

Wie beim vorangegangenen Eskalationsanstieg sind es auch in dieser zweiten Eskalationsphase wieder der Rückzug aus der Hilfebeziehung und der Abbruch der Maßnahme, welche die Bedrohungssituation beenden. Der Verlauf geht damit erneut auf ein niedriges Eskalationsniveau zurück. Dieses wird durch eine – vorübergehend – wiederhergestellte Handlungsfähigkeit begünstigt:

> Nachdem ihr Mann erfahren habe, was die Familienhilfe über ihn gesagt habe, habe er nicht gewollt, dass diese weiterhin zu ihnen komme. Sie habe nicht das Gefühl, dass eine Familienhilfe etwas bewirkt habe. Sie habe sich geweigert, die Familienhilfen anzunehmen.

Der Rückgang auf ein niedrigeres Eskalationsniveau hält jedoch nur sehr kurz an. Schnell spitzen sich nach dem Abbruch der zweiten Familienhilfe die Probleme im Zusammenleben von Mutter und ältester Tochter erneut zu. Diesmal eskaliert die Bedrohung, indem es zu einem körperlichen Angriff des Kindes auf die Mutter kommt:

> Marie habe gewollt, dass der Vater ausziehe und dass sie, Frau Bergfried, kein weiteres Kind mehr bekomme. Sie sei zu diesem Zeitpunkt aber schwanger gewesen. Als sie Maries Forderungen nicht erfüllt habe, habe diese sie körperlich attackiert.

Hier zeigt sich eine Besonderheit der Bedingungskonstellation dieser zweiten Eskalationsphase: Die Bedrohung geht zu diesem Zeitpunkt nicht mehr wie zuvor von der Jugendhilfsmaßnahme oder von Hilflosigkeit, sondern von einem eigenen Kind der Familie aus. Der erneute Anstieg des Bedrohungsverlaufs fällt demgemäß mit einem weiteren Wechsel der Ursachenzuschreibung (weg von der Familienhilfe hin zum Kind und dessen Besonderheiten) zusammen:

> Sie habe darauf bestanden, dass Marie aus ihrer Familie genommen werde, weil sie nicht mit deren ‚Krankheit' zurechtgekommen sei.

Eingebettet in die weiterhin stabile Hilfebeziehung zwischen Frau Bergfried und der Vertreterin des Jugendamtes, nimmt die Biografieträgerin trotz angestiegenem Bedrohungserleben dennoch eigene Einflussmöglichkeiten auf den vom Kind ausgehenden Angriff auf ihre Elternschaft wahr. Dies entspricht dem Selbstschutzbedürfnis der Biografieträgerin, das problematische Kind aus der Familie zu entfernen, weswegen Frau Bergfried das Jugendamt selbst darum bittet:

Sie, Frau Bergfried habe gegenüber Frau Wilms ‚darauf bestanden', dass sie Marie aus ihrer Familie nehme. Frau Wilms habe das schon einen Tag später vollzogen.

Ein wesentliches Merkmal der Bedingungskonstellation dieser Eskalationsphase liegt also darin, dass das Handeln der Jugendhilfe in Form der ‚Trennung des Kindes von der Familie' in diesem Verlaufsabschnitt wesentlich dazu beiträgt, das Eskalationsniveau auf einen niedrigen Stand zurückzubringen. Beschreibungen der Biografieträgerin, in denen eine dadurch zurückgewonnene familiäre ‚Harmonie' anklingt, spiegeln dies wider:

Nachdem Marie weg gewesen sei, hätten sich die restlichen Kinder ‚wohlgefühlt'.

Zusammenfassung

In der Zusammenschau ist der Bedrohungs-Eskalations-Verlauf dieses Einzelfalls bis zum Erreichen des Hochkonfliktes durch mehrfache Wechsel zwischen niedrigem und ansteigendem Eskalationsniveau gekennzeichnet. Dies umfasst eine Zeitspanne von mehreren Jahren, die mit dem Erstkontakt zum Jugendamt beginnt und mit der Unterbringung des ersten Kindes auf niedrigem Konfliktniveau endet.

In Bezug auf die zugrunde liegende Bedingungskonstellation der Prozessdynamik der Niedrigkonfliktphasen ist zusammenfassend festzuhalten, dass es sowohl zu externalen Attributionen (Nachbarn) als auch zu internaler Ursachenzuschreibung (eigene Hilflosigkeit gegenüber dem Kind) kommt. Internale wie externale Ursachenzuschreibungen gehen mit einer Wahrnehmung der Bedrohung als variabel sowie beeinflussbar einher. Das fällt in allen Phasen des Niedrigkonfliktes sowohl mit einer akzeptierenden Hilfebeziehung zu der Vertreterin des Jugendamtes als auch mit Hilfsmaßnahmen zusammen, die sehr eng umrissen sind (nur mit Bezug zum Kind, nur mit Bezug zu Organisationsaufgaben der Mutter). Dementsprechend sind Deutungsmuster der Niedrigkonfliktphase auf diese positiven Aspekte der Hilfebeziehung („Mit Frau Wilms vom Jugendamt habe sie sich super verstanden.") sowie des Hilfehandelns („Es sei hilfreich gewesen, dass die Hilfe Marie von den Geschwistern abgelenkt habe") bezogen. Die so gegebene Kooperation mit dem Hilfesystem mündet in eine Zunahme an Handlungsfähigkeit, gerade in den als wesentliche Ressourcen wahrgenommenen Bereichen der Biografieträgerin (Mutterrolle, langjährige Partnerschaft). Einhergehend mit einer hohen Selbstwirksamkeit ist das Selbstschutzverhalten in der Bedingungskonstellation dieser Phase kaum aktiviert. Die Gesamtkonstellation des Bedingungsgefüges dieser Phase ist geeignet, den Verlauf über eine Zeitspanne von mehreren Jahren auf einem geringen Bedrohungsniveau zu stabilisieren.

Demgegenüber ist die Bedingungskonstellation der Eskalationsphase in der Zusammenschau besonders dadurch gekennzeichnet, dass die in der Niedrig-konfliktphase noch als Ressourcen wahrgenommenen Hilfen (SPFH) durch Veränderungen ihres Hilfehandelns zunehmend als Bedrohung erlebt werden. Dies geschieht, da das Wirken der Hilfsmaßnahme – obwohl anders intendiert – zentrale Bereiche der Persönlichkeit der Biografieträgerin, zuerst ihre Rolle als Mutter, späterhin ihre Paarbeziehung, infrage stellt. Das spiegelt sich in Deutungsmustern wider, in denen ein Vergleich zwischen dem Hilfehandeln und dem Selbstbild als Mutter zum Tragen kommt („Das, was die Familienhilfe mit Marie gemacht habe, hätte sie auch hinbekommen"). Eine wesentliche Besonderheit der Bedingungskonstellation der Eskalationsphase liegt darin, dass der Bedrohungs-Eskalations-Verlauf durch ein Mitglied der Familie selbst (hier: das älteste Kind) forciert wird, welches seinerseits die Mutterrolle, so wie die Biografieträgerin diese sieht, nämlich Mutter mehrerer Kinder zu sein, infrage stellt. Dadurch wird das Kind aus der Sicht der Biografieträgerin zur Bedrohung („Marie habe gewollt, […] dass sie, Frau Bergfried, kein weiteres Kind mehr bekomme."). Vergleichbares trifft auch auf die Ressource ‚Paarbeziehung' zu, welche die Biografieträgerin sowohl durch die Familienhilfe als auch durch ihr Kind angegriffen sieht („Diese zweite Familienhilfe habe ihr geraten, sich von ihrem Mann zu trennen"; „Marie habe gewollt, dass der Vater ausziehe"). Das hat ein Ansteigen des Eskalationsverlaufs zur Folge.

In dieser Bedingungskonstellation der Eskalationsphase, in welcher der Anstieg des Bedrohungsverlaufs mit Angriffen auf zentrale, identitätsstiftende Bereiche der Biografieträgerin verbunden ist, wird ein Selbstschutzverhalten sichtbar, welches auf den Ausschluss des Kindes aus der Familie ausgerichtet ist. Mit der Fremdunterbringung dieses Kindes wird die Bedrohung abgewendet und ein Gleichgewicht, gerade auch in Bezug auf ihr Selbstbild als Mutter mehrerer Kinder, wiederhergestellt („Nachdem Marie weg gewesen sei, hätten sich die restlichen Kinder ‚wohlgefühlt'."). In Abgrenzung zu anderen Verlaufskonstellationen, die eher durch ein hochschnellendes Ansteigen des Eskalationsniveaus im Kontext der Fremdunterbringung eines Kindes gekennzeichnet sind, beeinflusst der Faktor ‚Herausnahme des Kindes aus der Familie' vor dem Hintergrund dieser Bedingungskonstellation jedoch maßgeblich das Absinken des Eskalationsniveaus.

In der Zusammenschau ist ferner festzuhalten, dass anhand des Einzelfalls Frau Bergfried der Mechanismus relevanter Übergänge zwischen ansteigendem und absteigendem Eskalationsniveau aufgezeigt werden konnte. Die wiederholten Wechsel des Verlaufs von niedrigem zu eskalierendem Bedrohungsniveau und umgekehrt stehen in engem Zusammenhang mit einer Konstellation der Verlaufsdynamik, in der Veränderungen in einem Bereich (hier: Hilfehandeln der SPFH) Einfluss auf die Gesamtkonstellation nehmen. So mündet dies in ein Kippen der Bedingungskonstellation ‚Ressource' in die Konstellation

‚Belastung'. Begleitet wird dieser Übergang von einem Hilfehandeln, das zugleich den Stellenwert ‚bedeutsamer Anderer', hier den des Ehemannes, vernachlässigt. Das begünstigt ein Selbstschutzverhalten (Abbruch der Familienhilfe), welches die Kooperation mit der Jugendhilfe gefährdet.

Dass die Hilfebeziehung zur Vertreterin des Jugendamtes jedoch auch in der Eskalationsphase als Ressource erhalten bleibt, steht in engem Zusammenhang damit, dass es der Fachkraft gelingt, nicht nur auf den Hilfebedarf der Biografieträgerin in der Überforderungssituation mit dem ältesten Kind einzugehen, sondern auch auf deren Selbstschutzbedürfnis, welches späterhin durch die vom Kind ausgehende Bedrohung ausgelöst wird. Dadurch entspricht das Hilfehandeln der Fachkraft des Jugendamtes dem Hilfebedarf der Biografieträgerin zu allen Zeitpunkten des Bedrohungsverlaufs zwischen niedrigem und ansteigendem Eskalationsniveau. In dieser Konstellation bleibt die Ressource ‚Kooperation' durch die fortbestehende Beziehung zwischen der Vertreterin des Jugendamtes und der Biografieträgerin erhalten.

8.4.4.5 Hochkonfliktphase

Der Bedrohungsverlauf der Hochkonfliktphase beginnt mit einem ‚Wechsel der Akteur*innen der Organisation Jugendamt' und setzt sich im Rahmen der Maßnahme ‚Clearing' fort. Daran schließen sich die dritte Maßnahme ‚Familienhilfe' und die Inobhutnahme des zweiten Kindes an. Die Hochkonfliktphase gipfelt in der Herausnahme der verbliebenen Kinder aus der Familie. Dieser Verlauf auf höchstem Eskalationsniveau erstreckt sich über wenige Monate.

Betrachtet man die Phase zunächst unter dem Aspekt *‚Präsenz der Akteur*innen aus dem Hilfesystem'*, dann geht hier bereits mit dem Wechsel der personellen Zuständigkeit in der Institution Jugendamt ein Bedrohungsanstieg einher, der bei der Biografieträgerin unmittelbar Selbstschutzverhalten aktiviert:

> Frau Wilms vom Jugendamt sei ab einem gewissen Zeitpunkt nicht mehr für sie zuständig gewesen. An einem Morgen habe schließlich Frau Thomas vor der Tür gestanden und habe sich vorstellen wollen. Als Frau Thomas gesagt habe, dass sie vom Jugendamt sei, habe sie, Frau Bergfried, aus Angst die ‚Tür zugeknallt'.

Verbunden mit dem Verlust der langjährigen Kooperationspartnerin beim Jugendamt tritt eine Vielzahl neuer Ansprechpartner*innen in das Leben der Biografieträgerin:

> [Von] Frau Thomas sei die letzte Familienhilfemaßnahme eingerichtet worden.

Die erhöhte Anzahl der Helfer – „diesmal seien es drei Personen gewesen" – sowie der veränderte Charakter der Maßnahme – diesmal sei mit einem Clearing begonnen worden, von dem Frau Bergfried rückblickend sagte, damit nicht einverstanden gewesen zu sein – schränken die Selbstwirksamkeit der Biografieträgerin erneut ein. Deutungsmuster, die einen fehlenden Einbezug der Biografieträgerin in das Handeln der Helfer beschreiben, weisen auf eine abnehmende Handlungsfähigkeit hin:

Diese [Familienhelfer] hätten zum Beispiel mit dem Kinderarzt gesprochen und die Schulen der Kinder kontaktiert. *Mit ihr hätten sie nur selten gesprochen.*

Als Robin in der Schule Zahnschmerzen gehabt habe, habe eine Familienhelferin ihn abgeholt. *Eigentlich hätte auch sie Robin abholen können.* Sie habe sich aber von Frau Thomas vom Jugendamt unter Druck gesetzt gefühlt.

Hier treten – wie bereits im Kontext der ersten Hilfsmaßnahmen – institutionell vorgegebene Hilfeziele in eine Konkurrenz zu zentralen persönlichen Motivationen und Vorstellungen der Biografieträgerin:

Sie habe alles alleine ohne Hilfe machen wollen. Sie habe die Kinder schließlich alle gewollt und müsse für sie deswegen auch sorgen. Sie möge es nicht, wenn man ihr ‚über die Schulter schaue'.

Der Anstieg des Bedrohungsverlaufs im Bereich Hochkonflikt ist im Weiteren eng mit der Situation ‚Hausbesuch' verbunden. Zu diesem kam es, nachdem erneut Meldungen aus der Nachbarschaft beim Jugendamt eingegangen waren und das Jugendamt ihnen Versorgungsmängel vorwarf:

Es stimme, dass Frau Thomas vom Jugendamt einmal bei ihnen gewesen und der Kühlschrank leer gewesen sei. Daher sei sie nachher mit ihrem Mann zur Bank gegangen, um sich Geld zu leihen und Nahrung einzukaufen. Geld sei immer ein Problem gewesen. Zur Tafel oder zur Caritas habe sie nicht gehen wollen. Sie würde sich dann nur schämen.

Der Bedrohungsverlauf steigt aber auch aufgrund zunehmender Vorwürfe zu gewaltgeprägten Erziehungsmethoden, die sich insbesondere gegen ein Kind der Familie (Robin) richten, an. In Bezug auf alle Anschuldigungen – sie hätte Robin trotz Schmerzen nicht ärztlich versorgen lassen, hätte ihn geschlagen und nicht vor körperlicher Gewalt der Geschwister geschützt – nahm die Biografieträgerin eine Verteidigungshaltung ein:

Sie sei oft mit Robin aneinandergeraten, weil Robin nicht auf sie gehört und sie beschimpft habe, wenn es beispielsweise um Hausaufgaben gegangen sei. Sie habe vernünftig mit Robin geredet. Eine Zeit lang sei dies gut gegangen, doch habe Robin dann erneut zu ihr gesagt, dass sie ‚nicht seine Mutter sei und er nicht bei ihr wohnen wolle'.

Hier zeigt sich, dass das sehr hohe Eskalationsniveau – sowohl in Bezug auf den Vorwurf der Mangelversorgung im Bereich Ernährung als auch in Bezug auf die erhobenen Vorwürfe der Gewalttätigkeit und des fehlenden Schutzverhaltens gegenüber dem Kind Robin – durch eine sehr starke Verteidigungshaltung geprägt ist. Dementsprechend kommt es in dieser im Vergleich zur Eskalationsphase extrem zugespitzten Angriffs- und Verteidigungssequenz zu Deutungsmustern mit externaler Ursachenattribution, hier mit Bezug zum Kind Robin („... weil Robin nicht auf sie gehört und sie beschimpft habe"). Als Selbstschutzreaktion sowohl gegenüber den Vorwürfen der Jugendhilfe als auch gegenüber den Anschuldigungen des Kindes Robin trägt die Schuldzuweisung an Robin dazu bei, den sehr stark bedrohten Selbstwert als Mutter wieder aufzuwerten.

Die daraufhin noch beim Hausbesuch vorgenommene Inobhutnahme des Kindes Robin löst im Gegensatz zur selbst gewollten Fremdunterbringung des ersten Kindes Marie weiteres Selbstschutzverhalten aus. Dies zeigt sich in dieser Hochkonfliktphase in Wechseln aus Rückzug (Fernbleiben von Terminen beim Jugendamt und beim Familiengericht, Ablehnen weiterer Hilfen, z. B. zur Regelung der finanziellen Lage) und Beschuldigungen (Hilfehandeln sei aushorchend und reinlegend gewesen). Die Beziehungen zu der Vertreterin des Jugendamtes wie zu den Familienhelfer*innen werden nicht fortgesetzt, die Kooperation mit der Jugendhilfe bricht damit ab.

In dieser Konstellation erreicht der Bedrohungsverlauf seinen Gipfelpunkt mit der Inobhutnahme der verbliebenen Geschwisterkinder:

Sie sei an diesem Tag voller Hass auf Frau Thomas [Vertreterin des Jugendamtes] gewesen und habe daher zunächst nicht den Kontakt zu ihr aufgenommen. [...] Erst vor Gericht habe sie Frau Thomas wiedergesehen. Sie habe ihre Krankenkassenkarten nicht herausgeben wollen. Damit habe sie das Jugendamt ärgern wollen. Nach dem Gerichtstermin habe sie die Karten auf Drängen des Richters dann doch ausgehändigt.

Auf die Herausnahme der Kinder bezogen Deutungsmuster dieser Phase bleiben auf Äußerlichkeiten bezogen:

Ihre Kinder seien aus der Familie genommen worden, da es Schimmel in der Wohnung gegeben habe und weil in der Küche eine Steckdose ‚frei gelegen' habe. Der Vermieter habe sich nicht darum gekümmert.

Zugleich geht mit den auf die Fremdunterbringung der Kinder bezogenen Deutungsmustern aber auch Ratlosigkeit einher:

> Den Hauptgrund dafür, dass die Kinder aus der Familie genommen worden seien, kenne sie nicht [...]. „Ich wär mal froh, wenn ich den wüsste.

Zusammenfassung

Die Bedingungskonstellation des Verlaufs der Bedrohung auf einem sehr hohen bzw. auf höchstem Eskalationsniveau ist zusammenfassend sowohl durch die personellen Veränderungen in der Hilfebeziehung zur Organisation Jugendamt als auch durch solche im Bereich der ambulanten Familienhilfen geprägt (Wechsel sowie Erweiterung der Helferpräsenz). Zudem geht der hocheskalierende Verlauf mit grundlegenden Veränderungen im Charakter der Hilfebeziehung zum Jugendamt einher, die weniger durch Akzeptanz, vielmehr durch Einseitigkeit (u. a. Überprüfen durch Clearing) strukturiert ist. Begleitet von einer Bedrohung, die nicht nur aufseiten der Jugendhilfe, sondern zugleich in der Familie selbst, bei dem Kind Robin, verortet wird, mündet diese doppelte Bedrohung in einem Kontrollverlust. Dies geht mit der Inobhutnahme von Robin einher. Das ruft ein Selbstschutzverhalten hervor, das mittels Rückzug und Ablehnung weiterer Angebote der Jugendhilfe zwar situativ Handlungsfähigkeit herstellt, jedoch einen Abbruch der Kooperation mit der Jugendhilfe bedeutet, infolgedessen es rasch zur Fremdunterbringung der weiteren Kinder kommt. Das mündet in einem Bedrohungs-Eskalations-Verlauf auf höchstem Niveau. Einzige Ressource dieser mit der Fremdunterbringung aller Kinder verbundenen Hochkonfliktphase ist die Beziehung zum Ehemann („Sie sei dann schließlich mit ihrem Mann alleine im Haus gewesen."). Die Deutungsmuster der durch hocheskalierenden Kampf, Verteidigung und Verlust geprägten Phase sind nach außen gerichtet und beziehen sich auf Mängel der Wohnsituation, Unterlassungen des Vermieters sowie auf Anfeindungen des Kindes Robin.

8.4.4.6 Deeskalationsphase

Der Übergang in eine neue Phase mit absinkendem Eskalationsniveau spiegelt sich in einer veränderten Lebenssituation der Biografieträgerin nach der Inobhutnahme der Kinder wider. Hierzu zählen der Wechsel des Lebensmittelpunktes von Frau Bergfried in eine stationäre Einrichtung, eine sozialpädagogische Wohngemeinschaft für Mutter und Kind, sowie die Geburt des jüngsten Kindes. Das geht zugleich mit einer Präsenz neuer Akteur*innen der Jugendhilfeorganisationen des freien Trägers der Wohngemeinschaft einher. Hier ist es die für die Biografieträgerin zuständige Betreuerin, Frau Eibel, welche Frau Bergfried für Gespräche über biografische Belastungserfahrungen während des

Aufwachsens wie auch für aktuelle Themen (Beziehung zum Ehemann, Versorgung des Neugeborenen, Kontakte zu allen Kindern) zur Verfügung steht:

> Frau Eibel höre ihr zu und sei für sie eine ‚Ersatz-Mama'. Wie Frau Eibel ihr zuhöre, das habe ihr bei ihren Eltern gefehlt. Frau Eibel kümmere sich auch um ihre Geldstrafe, die sie wegen Schwarzfahren bekommen habe.

Diese Erfahrungen von Fürsorge für ihre persönlichen Bedürfnisse ermöglichen es, dass eine ‚Kooperation' zwischen der Biografieträgerin und einer Hilfeorganisation (hier: Mutter-Kind-Einrichtung, Betreuerin) wiederhergestellt werden kann.

Betrachtet man den Übergang in diese neue Phase mit absteigendem Eskalationsniveau unter dem Aspekt der ‚Hilfebeziehung', dann ist diese durch ein sehr hohes Maß an Einbeziehung in die Ausgestaltung der Hilfe geprägt. Hier trägt die der Biografieträgerin von der Jugendhilfe eingeräumte Möglichkeit, Einfluss auf die Auswahl einer Einrichtung zu nehmen, in die sie zumindest für die erste Zeit vom Ehemann begleitet werden kann, zu einem Absinken des Bedrohungsniveaus bei. Auf der Basis des Einbezugs ‚bedeutsamer Anderer' (hier: Ehemann) in die Hilfegestaltung sinkt der Eskalationsverlauf weiter ab.

Im Kontext der akzeptierenden Hilfebeziehung nimmt das Bedrohungserleben bei Frau Bergfried drastisch ab, sodass auch Selbstschutzreaktionen abgebaut werden können:

> Frau Eibel gebe ihr ‚super gute Tipps'. Sie rede mit Frau Eibel über ihre Kinder und ihre eigenen Erfahrungen mit ihrem Vater in der Kindheit. Auch über zukünftige Pläne rede sie mit Frau Eibel. Frau Eibel könne dies genauer ausführen und besser als sie schildern.

Wenngleich Frau Bergfried ein selbstständiges Handeln und Gestalten ihrer Zukunft weiterhin wichtig ist („Sie […] habe das Ziel, ihre Zukunft bald alleine bewältigen zu können."), gelingt es ihr in der Hilfebeziehung zu Frau Eibel jedoch weitgehend, ihre vermeidende Grundhaltung gegenüber Hilfen aufzugeben und neue Beziehungserfahrungen zuzulassen:

> Sie fühle sich aktuell in der Mutter-Kind-Einrichtung wohl. Sie finde es gut, dass sie sich mit ihrer Betreuerin dort, Frau Eibel, aussprechen könne. Vor allem ihre eigenen Belastungen aus der Kindheit habe sie immer in sich ‚reingefressen', sodass es jetzt guttue, mit jemandem darüber zu sprechen. Sie werde für mindestens ein Jahr in der Einrichtung bleiben.

Hier wird offensichtlich, dass das absteigende Eskalationsniveau dieser Phase wesentlich durch eine Hilfebeziehung bedingt wird, die in höchstem Maße als unterstützend wahrgenommen wird. Neben der unterstützenden Hilfebeziehung ist auch die fortgesetzte Beziehung und Nähe zum Partner ein Bedingungsfaktor, der das geringere Eskalationsniveau begünstigt:

Am allerwichtigsten sei es für sie aber dass, ihr Mann derzeit und hoffentlich auch weiterhin bei ihr sein könne. Ihr Mann bedeute ihr sehr viel, da sie mit ihm ‚durch dick und dünn' gegangen sei. Er sei ihre Stütze […] ‚[auch] kenne sie es nicht, ohne ihn zu leben' und hoffe nicht, dass er ausziehen werde. Ihr Mann sei für sie ‚eine Art Vaterersatz' und biete ihr eine ‚heile Welt'.

Der abnehmende Eskalationsverlauf ist also wesentlich mit der Präsenz eines ‚bedeutenden Anderen', ihres Ehemannes, verknüpft. Zwar bleiben in dieser Phase mit deutlich absteigendem Eskalationsniveau Deutungen noch überwiegend auf Äußerlichkeiten bezogen:

Da die Wohnung in einem schlechten Zustand gewesen sei, könne sie verstehen, dass die Kinder aus der Familie genommen worden seien.

Diese Verortung auf Äußerliches setzt sich auch in den Berichten über die Kinder fort:

Aus ihrer Sicht habe sich Florian normal und gut entwickelt. Auffällig sei jedoch der Hautausschlag von Florian gewesen.

Jedoch treten in dieser Deeskalationsphase – anders als in den eskalierenden und hocheskalierenden Phasen des Bedrohungsverlaufs – erstmals nach der Niedrigkonfliktphase wieder Deutungsmuster auf, die auch einen Bezug zum eigenen Verhalten der Biografieträgerin haben. Indem Frau Bergfried Voraussetzungen für eine Rückkehr der Kinder zu ihr benennt, kommt es – indirekt – zu internalen Ursachenzuschreibungen im Hinblick auf die Entstehung der Bedrohungssituation und die Fremdunterbringung der Kinder:

Sie wünsche sich, dass Julie zu ihr zurückkomme, was sie aber zeitlich nicht genauer bestimmen könne. Dazu müsse sie aber noch viel verändern. Sie brauche eine bessere Tagesstruktur und müsse besser mit den Kindern umgehen.

Zusammenfassung

In Bezug auf die dem Verlauf der Deeskalationsphase zugrunde liegenden Bedingungen ist in der Zusammenschau festzuhalten, dass die Präsenz von Akteur*innen (Betreuerin) aus einer anderen Organisation des Hilfesystems (Freier Träger) sowie insbesondere die sehr stark akzeptierende Beziehung zur Betreuerin der Mutter-Kind-Einrichtung und die dadurch wieder aufgebaute Kooperation einen begünstigenden Einfluss auf das Eskalationsniveau nehmen, sodass dieses sinkt. Das wird durch die Einbeziehung des Ehemanns als ‚bedeutsamer Anderer' verstärkt, wodurch mehr Handlungsfähigkeit gegeben ist und Selbstschutzreaktionen kaum erforderlich sind. Im Rahmen dieser Bedingungskonstellation treten neben external ausgerichteten Attributionen erstmals wieder Deutungsmuster auf, die eine internale – auf die Biografieträgerin selbst bezogene – Ursachenzuschreibung im Hinblick auf die Bedrohung erkennen lassen. Auch dies trägt zu einem absinkenden Eskalationsverlauf bei.

Abbildung 9: Verlaufskurve Frau Bergfried: Einflussfaktoren in den Phasen

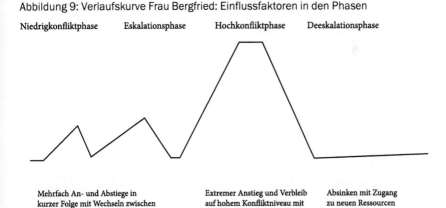

| Niedrigkonfliktphase | Eskalationsphase | Hochkonfliktphase | Deeskalationsphase |

Mehrfach An- und Abstiege in kurzer Folge mit Wechseln zwischen Belastungen und Hinzukommen von Ressourcen

Extremer Anstieg und Verbleib auf hohem Konfliktniveau mit Totalverlust von Ressourcen

Absinken mit Zugang zu neuen Ressourcen

Die Komponenten der Prozessdynamik des Bedrohungsverlaufs des Einzelfalls Frau Bergfried sind in Tabelle 4 zusammengefasst.

Tabelle 4: Prozessdynamik des Einzelfalls Frau Bergfried

Komponenten der Prozessdynamik	Niedrigkonflikt phase/ Verhandlungsphase	Eskalationsphase 1 / Angriffs- u. Verteidigungsphase	Deeskalationsphase 1 / Mitsprachephase	Eskalationsphase 2 / Angriffs- u. Verteidigungsphase	Hochkonfliktphase/ Fremdbestimmungs- und Verlustphase	Deeskalationsphase 2 / Mitsprachephase
E.-niveau E.-verlauf E.-dauer	niedrig konstant Jahre	höher steigend Monate	niedrig sinkend Monate	höher steigend Monate	hoch steigend Monate	niedrig sinkend Monate
Verortung B.	extern (JA) intern	extern (SPFH)	extern	extern (SPFH) extern (Kind M.)	extern (JA, SPFH) extern (Kind R.)	extern intern
Stabilität B.	variabel	variabel	variabel	variabel	Stabil	variabel
Kontrollierbarkeit B.	hoch	hoch	hoch	hoch	Niedrig	hoch
Handlungsfähigkeit	gegeben	gegeben	gegeben	gegeben	nicht gegeben	gegeben
Selbstwert u. -schutz	bedroht/aktiv	bedroht/aktiv	stabil/inaktiv	bedroht/aktiv	bedroht/aktiv	stabil/inaktiv
Selbstwirksamkeit	hoch	niedrig	hoch	niedrig	niedrig	hoch
Kooperation mit dem Hilfesystem	stabil	stabil (JA) instabil (SPFH)	stabil	stabil (JA) instabil (SPFH)	abgebrochen	stabil (Betreuerin)
Vertreter aus Organisationen	Vertreter JA 1. SPFH	Vertreter JA 1. SPFH	Vertreter JA 2. SPFH	Vertreter JA 2. SPFH	neuer Vertreter JA 3. SPFH	Betreuerin
Bedeutsame Andere	keine	keine	keine	Ehemann	Ehemann	Ehemann
Hilfebeziehung	akzeptierend (JA)	akzeptierend (JA, 2. SPFH)	akzeptierend (JA, 2. SPFH)	akzeptierend (JA) einseitig (SPFH)	einseitig (JA neu, 3. SPFH)	akzeptierend (Betreuerin)
Ressourcen	zwei stabile u. akzeptierende Hilfebeziehungen, Erhalt von Kooperation, Kontrolle, Handlungsfähigkeit, Selbstwert, Selbstwirksamkeit	eine stabile u. akzeptierende Hilfebeziehung, Teilerhalt von Kooperation, Kontrolle, Handlungsfähigkeit, Selbstwert, Selbstwirksamkeit	zwei stabile u. akzeptierende Hilfebeziehungen, Wiedergewinnen von Kontrolle, Handlungsfähigkeit, Selbstwert, Selbstwirksamkeit, Kooperation	eine stabile u. akzeptierende Hilfebeziehung, Teilerhalt von Kooperation, Kontrolle, Handlungsfähigkeit, Selbstwert, Selbstwirksamkeit	bedeutsame Andere: Ehemann	eine stabile u. akzeptierende Hilfebeziehung, Wiedergewinnen von Kooperation, Kontrolle, Handlungsfähigkeit, Selbstwert, Selbstwirksamkeit
Belastungen	keine	Abnahme von Kontrolle, Einfluss, Selbstwert, Selbstwirksamkeit, Handlungsfähigkeit, Kooperation	keine	Abnahme von Kontrolle, Einfluss, Selbstwert, Selbstwirksamkeit, Handlungsfähigkeit, Kooperation	keine Kontrolle, kein Einfluss, bedrohter Selbstwert, niedrige Selbstwirksamkeit, keine Handlungsfähigkeit, keine Kooperation	punktuell fehlende Kontrolle (getrennter Aufenthalt vom Ehemann)
Deutungen	externale u. internale Attributionen	externale Attributionen	keine	externale Attributionen	externale Attributionen	externale u. internale Attributionen

9 Vergleich der Einzelauswertungen und Entwurf eines theoretischen Modells von Verlaufsprozessen von Bedrohung und deren Bewältigung bei infrage gestellter Elternschaft ehemaliger Pflegekinder

In den vorangegangenen Kapiteln wurden Einzelfälle ausgewertet, die entlang von Kontrastierungsmerkmalen ausgewählt worden waren, welche jeweils stellvertretend für relevante Verläufe stehen. Auf dieser Grundlage können in diesem Kapitel nun die Ergebnisse dargelegt werden, die über die Einzelfälle hinausgehen. Deswegen erfolgt im folgenden Auswertungsschritt der Vergleich der Einzelfallanalysen, um auf dieser Basis ein theoretisches Modell von Bedrohungsverläufen bei infrage gestellter Elternschaft ehemaliger Pflegekinder zu entwickeln.

Hierfür werden in Kapitel 9.1 zunächst die Beschreibungsdimensionen, die sich auf den äußeren Rahmen des Bedrohungsverlaufs beziehen sowie die Analysedimensionen unterschieden, welche die – innere – Dynamik des Bedrohungsgeschehens erfassen, kurz beschrieben und mit dem jeweiligen Kontext ihrer theoretischen Herkunft verknüpft. In Kapitel 9.2 werden die vier wesentlichen Verlaufsabschnitte voneinander abgegrenzt. Sodann erfolgt in Kapitel 9.3, abgeleitet aus den Einzelfallanalysen, eine Beschreibung der Prozessdynamik der vier Phasen, wobei die jeweiligen Wechselbeziehungen der Bedingungsfaktoren, insbesondere im Hinblick auf ihre die Phase stabilisierende sowie destabilisierende Wirkung, dargelegt werden. Damit werden auch Übergänge zwischen den Phasen in den Blick genommen.

9.1 Beschreibungs- und Analysedimensionen der Prozessdynamik

Im Folgenden wird die Grundstruktur der Prozessdynamik, die Phasen (9.1.1) und Bedingungsfaktoren (9.1.2) dargestellt.

9.1.1 Phasen

Der äußere Rahmen des Verlaufsmodells kann in vier wesentliche Abschnitte von unterschiedlicher Eskalationshöhe unterteilt werden. Auf geringstem bzw. höchstem Eskalationsniveau sind die ‚Niedrigkonfliktphase' und die ‚Hochkonfliktphase' angesiedelt. Dazwischen lassen sich Abschnitte mit verschiedener Ausrichtung des Eskalationsverlaufs – steigend, sinkend oder konstant – unterscheiden. Die ‚Eskalationsphase' umfasst Prozesse in aufsteigender Richtung, die ‚Deeskalationsphase' solche mit absteigendem Verlauf. Die Phasen können von unterschiedlicher Eskalationsdauer sein, wobei die Spannbreite sehr groß ist, zwischen Tagen und Jahren. Diese Phasen treten in einem kontinuierlichen Verlauf, mit einem bis zum Hochkonflikt allmählich ansteigenden und danach wieder absinkenden Eskalationsniveau, auf. Darüber hinaus hat sich die Reihenfolge der Phasen als vielfältig variabel gezeigt. Insbesondere unterliegt die Abfolge der Phasen keiner Gewichtung in Bezug auf ihre Bedeutung. Theoretisch ist der Phasenbegriff in das Verlaufskurvenkonzept von Corbin & Strauss (2010) (vgl. Kapitel 4.4.1) und die Ausführungen von Reimer & Wilde (im Erscheinen) – Phasen als sinnzusammengehörende Abschnitte – eingebunden.

Diese sich aus dem äußeren Rahmen ergebende Grundstruktur führt dazu, die Dramaturgie des Verlaufs mit seinen Übergängen, plötzlichen Wendepunkten und Verschiebungen zu erfassen und zu verstehen.

9.1.2 Bedingungsfaktoren

Die Prozessdynamik einer jeden Phase umfasst die folgenden weiteren Bedingungsfaktoren:

‚Präsenz von Akteur*innen aus Organisationen der Jugend- und Familienhilfe'

Hierbei handelt es sich zumeist um Vertreter*innen von Jugendämtern oder Familienhilfen, die im Auftrag freier Träger tätig sind. Ferner spielen auch Fachkräfte aus Tagesgruppen und Elternkursen oder Lehrkräfte aus Schulen eine Rolle. Die Leitfrage der Analyse richtet sich darauf, ob bzw. wie die Präsenz professioneller Akteur*innen Einfluss auf den Bedrohungsverlauf nimmt.

‚Hilfebeziehung'

Die ‚Hilfebeziehung' wird auf einem Kontinuum zwischen ‚einseitig' und ‚akzeptierend' beschrieben. Sie wird als ‚einseitig' verstanden, wenn sie im Wesentlichen daran ausgerichtet ist, dass sich die Hilfeempfänger anpassen und interventionsgerecht verhalten. Das umfasst die Gefahr einer durch die Jugendhilfe selbst erzeugten Hilflosigkeit. Demgegenüber wird die Hilfebeziehung als ‚akzeptierend' beschrieben, wenn das Bewältigungsbemühen des Biografieträgers als eigene biografische Leistung betrachtet und auch anerkannt wird. Darüber hinaus geht es um Wechselwirkungen zwischen der Ausrichtung der Hilfebeziehung und der Verlaufskurvenphase. Dies knüpft an das theoretische Konzept ‚Lebensbewältigung' von Böhnisch (2016) an (vgl. Kapitel 4.2).

‚Kooperation mit dem Hilfesystem'

Dieser Analysefaktor wird zwischen den Polen ‚gegebene Kooperation' und ‚nicht gegebene Kooperation' beschrieben. Die Kooperation wird unabhängig von der Ausrichtung bzw. Qualität der Hilfebeziehung so lange als ‚gegeben' eingestuft, bis der Kontakt der Biografieträger*innen zu Vertreter*innen der Hilfeorganisation abgebrochen ist. Liegen Kontakte zu mehreren Vertreter*innen von Hilfeorganisationen vor, kann die Kooperation verschieden, mal ‚gegeben' und mal ‚nicht gegeben' sein.

‚Bedeutsame Andere'

Dieser Faktor umfasst in der Regel Personen aus dem Familien- und Freundeskreis, die in einer engen Beziehung zu Biografieträger*innen stehen. Es können aber auch Personen aus der Institution Schule oder Vertreter*innen der Justiz, Rechtsvertreter*innen und Betreuer, sein. Hier lauten die Leitfragen, ob aus der Präsenz bedeutsamer Anderer ein Einfluss auf den Bedrohungsverlauf resultiert, ob diese z. B. neue Handlungsmöglichkeiten eröffnen oder nicht. Theoretisch schließt dieser Analysefaktor an den Begriff des „signifikanten Anderen" von Faltermeier (2001: 156) (vgl. Kapitel 3.4.1) an.

‚Attributionen'

Mit dem Bedingungsfaktor ‚Attributionen' erfolgt eine Ausrichtung auf kognitive Bewältigungsprozesse zur (Wieder-)Herstellung von Einfluss und Kontrolle auf den Bedrohungsverlauf. Es wird untersucht, wie die ‚Verortung' von Bedrohung (intern vs. extern), ‚die ‚Stabilität' (variabel vs. stabil) sowie die ‚Kontrollierbarkeit' bzw. Beeinflussbarkeit (hoch vs. niedrig) wahrgenommen werden. Insofern geht es um die Frage nach dem Einfluss von Attributionen auf die Verlaufskurve der Bedrohung in den jeweiligen Phasen. Theoretisch sind diese Facetten in Konzepte der Attributionstheorie (vgl. Kapitel 4.1.4) eingebunden.

‚Biografische Deutungen‘

Dies sind Deutungsmuster, die auf das eigene Leben bezogen sind und eine Verbindung zwischen den Ereignissen und den biografischen Erfahrungen herstellen. Auf diesem Weg verleihen sie den Ereignissen Sinn. Es erfolgt eine Einordnung in ein übergreifendes biografisches Muster. Dieses Verständnis knüpft an den Deutungsmusterbegriff von Arnold (1983: 893) und dessen Einbeziehung in Konzepte von Wolf (1999: 281) sowie von Pierlings (2014) an (vgl. Kapitel 4.3.1). Die Leitfrage ist darauf bezogen, welcher Stellenwert den Deutungen in Bezug auf den Bedrohungsverlauf zukommt.

‚Selbstwert‘ – ‚Selbstwirksamkeit‘ – ‚Selbstwertschutz‘

Mit diesen Begriffen wird an das Konzept von Filipp & Aymanns (2010) angeknüpft (vgl. Kapitel 4.1). Ist der Selbstwert bedroht, ist das Selbstsystem mit Denk- und Verhaltensweisen darauf ausgerichtet, den Selbstwert zu schützen. Selbstwertdienliche Attributionsstrategien erhalten das Selbstwertgefühl aufrecht, stabilisieren es und bauen es aktiv auf. Selbstwertverletzende Erklärungen bedrohen den Selbstwert. Solche Erklärungen zeigen sich in internalen bzw. externalen Attributionen (Aronson, Wilson & Akert 2014). Hieraus ergeben sich Leitfragen danach, ob im Kontext des kritischen Lebensereignisses der bedrohten Elternschaft situationsbezogene Kontrollmöglichkeiten wahrgenommen werden und welchen Einfluss diese bzw. deren Fehlen auf den Bedrohungsverlauf nehmen.

‚Psychosoziale Handlungsfähigkeit‘

Auch diese Analysedimension ist ein wesentlicher Bestandteil des Konzepts Lebensbewältigung (Böhnisch 2016). Wenn es darum geht, infolge eines kritischen Lebensereignisses Einfluss, Kontrolle und Selbstwirksamkeit wiederherzustellen, ist die ‚psychosoziale Handlungsfähigkeit‘ gefordert. Dies kann durch Thematisieren von Überforderung und Hilflosigkeit erfolgen. Gelingt das nicht, können auch Abspaltungsprozesse auftreten, die sich sowohl in einem nach innen gerichteten als auch in einem nach außen gerichteten u. a. abwertenden oder aggressiven Verhalten zeigen. Trotz ihres, von außen betrachtet, negativen Charakters kommt diesen Verhaltensweisen auf der subjektiven Ebene eine positive, die Handlungsfähigkeit – manchmal auch nur situativ – wieder herstellende Funktion zu (vgl. Kapitel 4.2.1). Die Leitfrage orientiert sich danach, welche Wechselwirkungen sich mit dem Bedrohungsverlauf zeigen.

‚Ressourcen‘ – ‚Belastungen‘

In den Verlaufsphasen werden günstige und ungünstige Belastungs-Ressourcen-Konstellationen beschrieben. Als Ressource werden Konstellationen eingestuft, aus denen sich Handlungsoptionen ergeben, während Belastungen Handlungsoptionen blockieren. Die Analyse richtet sich auf die Frage, aus welchen Konstellationen der Bedingungsfaktoren Ressourcen und aus welchen Belastungen resultieren. Diese Begriffe sind in das Konzept der Belastungs-Ressourcen-Balance von Wolf (2007/2015) eingebunden (vgl. Kapitel 4.2.2). Alle Dimensionen sind nicht isoliert zu betrachten. Vielmehr sind sie durch interdependente Beziehungen miteinander verbunden, woraus sich zahlreiche Wechselwirkungen ergeben.

9.2 Die Prozessdynamik der Phasen im Bedrohungsverlauf

Den folgenden Kapiteln werden Zitate, die den Einzelfällen entnommen wurden, vorangestellt. Diese Zitate weisen die Merkmale, welche die jeweilige Phase kennzeichnen, besonders deutlich auf.

9.2.1 Niedrigkonfliktphase – Verhandlungsphase

Zitate, die das Typische der Niedrigkonflikt-/Verhandlungsphase beschreiben:

Mit Frau Wilms vom Jugendamt habe ich mich ‚super verstanden'. (Frau Bergfried)

… es [war] hilfreich, dass die Familienhilfe Marie von ihren Geschwistern abgelenkt hat, dass die Hilfe ausschließlich für Marie da war und sich um sie gekümmert hat. (Frau Bergfried)

… Ich [habe] Gesprächstermine im Beratungszentrum und eine Drogentherapie wahrgenommen. Dadurch hat das Jugendamt mich ein wenig in Ruhe gelassen. Frau F. [Jugendamt] wollte eigentlich, dass ich eine stationäre Therapie mache, aber das habe ich nicht gewollt, deswegen habe ich die anderen Termine wahrgenommen. (Frau Rosen)

Ich habe alle zwei Wochen Gespräche in der Tagesgruppe gehabt. Da habe ich Tipps bekommen. (Frau Groß)

Die [Jugendamt] hatten gesagt, der kann auf jeden Fall nicht bei meiner Mutter bleiben und bei dem Vater [von Alexander] auch nicht, weil die wussten ja nicht, ob ich mit dem zusammen bleibe […]. Der eine vom Jugendamt wollte, dass ich den Alexander zur Adoption freigebe. Da habe ich gesagt, das werde ich auf keinen Fall tun. Die andere vom Jugendamt hat gesagt, was ist denn mit Pflegeeltern und dann habe ich gesagt, ich möchte aber nicht, dass mein Kind zu irgendwelchen fremden Leuten geht [...]. Dann hatte ich mit meiner Oma darüber geredet und dann sagte die, was wäre denn, wenn wir die Pflegeeltern werden. [...] Dann sind die [Jugendamt] dahin gefahren, haben sich das Haus angeguckt, da konnten die ja nichts sagen, war alles ok. Dann gab es Gespräche mit meiner Oma und meinem Opa, dann haben die [Jugendamt] gesagt ist ok, der Alexander kann hier bleiben [...] und ich wusste ja, dass die [Großeltern] perfekt mit dem umgehen. (Frau Petermann)

Der Einstieg in einen Bedrohungs-Eskalations-Verlauf erfolgt oftmals, jedoch nicht regelhaft (vgl. Einzelfall Frau Rosen) im Rahmen einer Niedrigkonfliktphase. In der ‚Niedrigkonfliktphase' ist das Eskalationsniveau noch sehr gering. Der ‚Verlauf dieser Phase' kann gleichbleibend niedrig sein, aber auch mit leichten Anstiegen einhergehen, die jedoch noch nicht auf das höhere Eskalationsniveau der Eskalationsphase führen (vgl. Frau Bergfried). Die ‚Zeitspanne des Eskalationsverlaufs' auf niedrigem Niveau beträgt nicht selten mehrere Jahre (vgl. Frau Groß, Frau Petermann, Frau Bergfried), kann aber auch kürzer verlaufen, z. B. über wenige Wochen (vgl. Frau Rosen). Weitere Variationen der Zeitspanne dieser Niedrigkonfliktphase sind ebenfalls möglich. In der Niedrigkonfliktphase sind regelhaft Vertreter*innen der Organisation Jugendamt und teils auch Träger freier Hilfeorganisationen (z. B. Familienhilfe) präsent. Weitere Personen, ‚Bedeutsame Andere', außerhalb der Hilfeorganisationen (vgl. Frau Petermann: Großeltern) können in dieser Phase ebenfalls auftreten.

In der Niedrigkonfliktphase geht die ‚Präsenz von Akteur*innen aus Organisationen' selten mit geringfügigen, jedoch rasch vorübergehenden Anstiegen des Eskalationsverlaufs einher (vgl. Frau Bergfried: Beziehung zur 1. SPFH). In der Regel eröffnet die Beteiligung von Vertretern der Organisation Jugendamt – sowie der Kontakt zu Vertretern aus ambulanten Einrichtungen (vgl. Frau Groß: Gespräche mit den Fachkräften der Tagesgruppe) – in dieser Phase neue Perspektiven und Lösungsmöglichkeiten im Umgang mit der Problematik (vgl. Frau Petermann: Unterbringung des Kindes in der Verwandtenpflege; Frau Groß: ambulante Unterstützung durch Tagesgruppe; Frau Bergfried: zeitweilige ambulante Unterstützung durch 1. Familienhilfe). Aus der Präsenz des Jugendamtes ergeben sich in diesem Verlaufsabschnitt also durchgängig günstige Voraussetzungen für die Fortsetzung der Prozessdynamik auf einem Niedrigkonfliktniveau.

Die ‚Ursachenzuschreibung', im Sinne der Verortung der Bedrohung, erfolgt in diesem Verlaufsabschnitt sowohl in Richtung der eigenen Person als auch als externe Verortung. Im Falle einer internalen Ursachenzuschreibung kann sich dies auf Merkmale der eigenen Person (vgl. Frau Petermann: u. a. junges Alter, Unerfahrenheit, Hilflosigkeit; Frau Bergfried: Ratlosigkeit, Fehlersuche) beziehen. Eine externale Ursachenwahrnehmung ist in dieser Phase selten mit dem Auftreten von Vertretern aus Organisationen (Jugendamt, Familienhilfe) verbunden, sondern eher mit Personen des sozialen Umfeldes oder mit einem Familienmitglied (vgl. Frau Bergfried: z. B. Nachbarn, ältestes Kind; Frau Groß: Kind). Ein Kennzeichen der Niedrigkonfliktphase ist, dass – trotz Verschiedenheit der Ursachenverortung (internal bzw. external) – die Bedrohung in dieser Phase durchgängig als veränderlich angesehen wird. Mithin ist diese Phase auf niedrigem Konfliktniveau bei den Biografieträgern stets durch ein hohes Maß an ,Kontrollierbarkeit' und Einfluss auf eine hier noch als gering wahrgenommene Bedrohung gekennzeichnet.

Dabei besteht in diesem Verlaufsabschnitt ein besonders enger Zusammenhang zwischen der ,Wahrnehmung von Kontrolle' einerseits und einer ,Hilfebeziehung' andererseits, die Handlungsoptionen eröffnet. Die positiven Beschreibungen des Verhältnisses zu den Vertretern der Jugendhilfe machen das deutlich (vgl. Frau Bergfried: Beschreibung der Beziehung zum Jugendamt als „super"). Bedeutsam hinsichtlich eines stabilisierenden Einflusses auf den Bedrohungsverlauf ist hierbei eine klare Umgrenzung der Hilfe. So wird z. B. ein Angebot, welches ausschließlich auf einzelne Unterstützungsbedarfe des Kindes bezogen ist und damit die Handlungsfähigkeit der Biografieträgerin in Bezug auf die weiteren Belange des Kindes nicht einschränkt, eher als hilfreich empfunden als umfassendere Angebote (vgl. Frau Petermann: Unterstützung durch Familienhilfe für außerordentliche Aufgaben, bei Erhalt der Alleinversorgung des Kindes durch die Mutter). Vor diesem Hintergrund geht das niedrige Eskalationsniveau dieser Phase im Bereich des ,Selbstwertschutzes' mit einer kaum gegebenen Notwendigkeit zu Abspaltungsprozessen und eher mit selbstwertschonenden, externalen Attributionen einher. Dazu passt, dass die Biografieträger in dieser Phase ein hohes Maß an ,psychosozialer Handlungsfähigkeit' erleben (vgl. Frau Groß, Frau Bergfried, Frau Petermann: Stärkung der Mutterrolle durch Einbeziehung in das ambulante Hilfehandeln).

In der Regel liegt dieser Phase auf geringem Eskalationsniveau zudem eine akzeptierend ausgerichtete ,Hilfebeziehung' zu Vertretern der Jugendhilfe zugrunde. Die Abwesenheit von Anpassungserwartungen an einseitig festgelegte Ziele der Jugendhilfe zeigt sich oftmals in Mitbestimmungsmöglichkeiten und Verhandlungsoptionen in Bezug auf Hilfen. So wird Einfluss z. B. im Hinblick auf die Auswahl einer Behandlungsform (vgl. Frau Rosen: Beratungszentrum, Drogentherapie), die Auswahl einer passenden Pflegestelle für das Kind (vgl. Frau Petermann: Verwandten- oder Fremdpflege) sowie durch Einbeziehung in Gespräche mit Betreuungseinrichtungen des Kindes (vgl. Frau Groß: Tagesgruppe) erlebt. Vor diesem Hintergrund ist die Niedrigkonfliktphase durch ein hohes Maß an Flexibilität der Hilfebeziehung gekennzeichnet, welche den Biografieträgerinnen die Möglichkeit eröffnet, Entwicklungsprozesse selbst zu gestalten, was wiederum mit einer hoch ausgeprägten Selbstwirksamkeit einhergeht. In der Gesamtheit steht das in engem Zusammenhang mit einer aufrechterhaltenen ,Kooperation' zwischen Jugendhilfe und Biografieträgerinnen, die zugleich ein weiteres wesentliches, d. h. stabilisierendes Merkmal der Niedrigkonfliktphase ist.

Diese Bedingungskonstellation der Niedrigkonfliktphase, die insbesondere von einer akzeptierenden ‚*Hilfebeziehung*' getragen ist, ermöglicht den Biografieträger*innen nicht selten auch ein offenes Thematisieren der zugrunde liegenden Probleme, wobei dann auch persönliche Anteile am Zustandekommen der Problematik dargelegt werden (vgl. Frau Groß: Gespräch mit der Fachkraft der Tagesgruppe über Bindungsprobleme mit dem Kind). Das spiegelt sich in diesem Verlaufsabschnitt auf niedrigem Eskalationsniveau dann auch in Deutungen wider, die neben externalen Ursachenzuschreibungen auch eigenes Verhalten umfassen und Bezüge zu biografischen Anteilen herstellen (vgl. Frau Groß).

In Bezug auf den Faktor ‚*Selbstwirksamkeit*' stellen von außen herbeigeführte Entscheidungen ohne Einbeziehung der Biografieträgerinnen in der Regel einen Belastungsfaktor dar, der sich eskalierend auf den Verlauf auswirkt (vgl. ‚Hochkonfliktphase'). Bei der Analyse der Bedingungsfaktoren der Niedrigkonfliktphase ist jedoch deutlich geworden, dass dies nicht auf jede von außen – u. a. durch Vertreter*innen der Jugendhilfe (vgl. Frau Petermann) – herbeigeführte Entscheidung zutrifft. Vielmehr gibt es Konstellationen, in denen die Selbstwirksamkeit dennoch weiterhin als hoch ausgeprägt wahrgenommen wird, sodass der Verlauf auf niedrigem Eskalationsniveau – z. B. vermittelt über eine Verschlechterung der Kooperation mit der Jugendhilfe – auf diese Weise nicht belastet wird. Erklärungen dafür können darin liegen, dass Entscheidungen von außen zwar vordergründig die Selbstbestimmung einschränken, bei vorliegender Übereinstimmung der Biografieträgerinnen mit dem Ergebnis der Entscheidung (vgl. Frau Petermann: Entscheidung der Jugendhilfe zum Eintritt des Jungen in den Kindergarten) dennoch keine Einschränkung der Selbstwirksamkeit wahrgenommen wird. Dementsprechend ergibt sich daraus kein Belastungsfaktor im Hinblick auf eine Destabilisierung des Verlaufs auf niedrigem Eskalationsniveau.

Die Bedingungskonstellation der Niedrigkonfliktphase ist besonders interessant, da diese zeigt, dass das Hilfehandeln ‚*Fremdunterbringung des Kindes*' nicht in jedem Fall mit einem Ansteigen des Eskalationsniveaus und somit mit einem Übergang in einen Verlaufsabschnitt auf höherem Eskalationsniveau verbunden ist. Vielmehr ist deutlich geworden (vgl. Frau Petermann, Frau Bergfried), dass die Fremdunterbringung eines Kindes auf der Basis einer akzeptierenden Hilfebeziehung zu Vertreterinnen des Jugendamtes und einer fortbestehenden Kontrollierbarkeit der Bedrohung durch Einflussnahme im Rahmen der Hilfebeziehung (vgl. Frau Petermann: Mitbestimmung bei der Auswahl der Pflegestelle; Frau Bergfried: Wunsch nach Unterbringung des Kindes) nicht als bedrohlicher Eingriff in die Elternschaft interpretiert wird. Eine Bedingungskonstellation, die durch das Zusammenspiel der Ressourcen akzeptierende Hilfebeziehung zu mindestens einem/einer Vertreter*in aus Hilfeorganisationen, Kontrollierbarkeit und Variabilität der Bedrohung, hohe Selbstwirksamkeit, hoher Selbstwert und geringe Notwendigkeit zu Selbstschutz sowie durch fortbestehende Kooperation der Biografieträgerin mit der Jugendhilfe geprägt ist, stabilisiert das niedrige Konfliktniveau dieser Verlaufsphase. Diese Faktoren beschreiben zugleich die *Ressourcenkonstellation*, die sich stabilisierend auf den Bedrohungsverlauf auf niedrigem Eskalationsniveau auswirkt. Darin eingebettet wird die Fremdunterbringung des Kindes als Ergebnis einer Kooperation und nicht als ungewollter Eingriff in die Elternschaft wahrgenommen.

Die in der Niedrigkonfliktphase auftretenden *Deutungsmuster* sind zum einen Erklärungen, denen Kausalbeziehungen im Sinne eines Ursache-Wirkungs-Zusammenhangs zugrunde liegen. Diese Erklärungen haben sowohl Bezug zum eigenen Verhalten (vgl. Frau Petermann: Problematisieren der Beständigkeit der Beziehung zum Vater des Kindes) als auch zum Kind (vgl. Frau Groß: Verhaltensauffälligkeiten als Auslöser der Bedrohungsdynamik) und zum Hilfesystem (vgl. Frau Groß: Verbesserung der Auffälligkeiten durch Tagesgruppe). Insofern sind auf dem niedrigen Eskalationsniveau dieser Phase auch *Deutungsmuster* mit selbstkritischem Bezug zum Bedrohungsverlauf möglich. Zum anderen kommt es in der Niedrigkonfliktphase auch zu Deutungsmustern mit biografischen Anteilen, wobei Verbindungen zwischen früheren und aktuellen Erfahrungen (vgl. Frau Groß) hergestellt werden.

Übergänge und Einstiege in einen Verlaufsabschnitt auf höherem Eskalationsniveau sind verbunden mit Verschiebungen in dem über längere Zeit ausgeglichenen Verhältnis zwischen Ressourcen und Belastungen (Wolf 2015). Zu solchen Veränderungen kommt es u. a. infolge des Aufkommens von Belastungen in anderen Lebensbereichen (vgl. Frau Petermann: Tod des Großvaters), einer Handlungsfähigkeit, die durch problematisches Bewältigungsverhalten (vgl. Frau Petermann: Drogenkonsum) geprägt wird, sowie durch Veränderungen in der Kooperation zwischen Biografieträgerinnen und Jugendhilfe. Diese zeigen sich z. B. in einer unregelmäßigen Terminwahrnehmung (vgl. Frau Petermann).

Zusammenfassend ist die Prozessdynamik der Niedrigkonfliktphase durch eine Vielzahl von Ressourcen gekennzeichnet, die jede für sich, aber vor allem in ihrem Zusammenspiel und ihren Wechselwirkungen die Phase stabilisieren und als Ressourcenkonstellation das niedrige Eskalationsniveau erhalten. Tabelle 5 zeigt die Bedingungsfaktoren im Einzelnen. Als Ressourcen sind dort aufgeführt: eine akzeptierend ausgerichtete Beziehungsstruktur der Hilfe, die ein Mitbestimmen bzw. eine Einflussnahme trotz gegenläufiger Positionen ermöglicht, sowie eine damit einhergehende stabile Kooperation zwischen Hilfesystem und Biografieträgerin. Ferner gehören dazu eine oder mehrere bestehende Beziehungen zu den Vertretern*innen der Hilfeorganisationen. Zudem sind ein hohes Maß an Kontrolle, Handlungsfähigkeit, ein hoher Selbstwert sowie eine hohe Selbstwirksamkeit gegeben. Belastungen werden in dieser Phase nicht benannt oder auf andere Lebensbereiche bezogen. Die Bedingungsfaktoren der Prozessdynamik der Niedrigkonfliktphase der Einzelfälle in der Zusammenschau werden in Tabelle 5 präsentiert.

Tabelle 5: Bedingungsfaktoren der Prozessdynamik der Niedrigkonfliktphase in der Zusammenschau der Einzelfälle

Niedrigkonfliktphase/ Verhandlungsphase	Frau Rosen	Frau Petermann	Frau Groß	Frau Bergfried
Eskalationsniveau Eskalationsverlauf Eskalationsdauer	niedrig gleichbleibend niedrig Monate	niedrig gleichbleibend niedrig Jahre	niedrig gleichbleibend niedrig Jahre	niedrig leichte Anstiege Jahre
Psychosoziale Handlungsfähigkeit	gegeben (JA lässt Alternativen zu)	gegeben (JA lässt Alternativen zu)	gegeben	gegeben
Selbstwert u. Selbstschutz	hoch/inaktiv	hoch/inaktiv	hoch/inaktiv	hoch/inaktiv
Verortung der Bedrohung	intern	extern u. intern	extern	extern u. intern
Stabilität der Bedrohung	Variabel	variabel	variabel	variabel
Kontrollierbarkeit der Bedrohung	Hoch	hoch	hoch	hoch
Selbstwirksamkeit	Hoch	hoch	hoch	hoch
Kooperation mit dem Hilfesystem	stabil (JA)	stabil (JA) stabil (SPFH) stabil (SPZ, Kiga)	stabil	stabil
Präsenz der Akteure aus Organisationen	Vertreter JA	Vertreter JA, SPFH, SPZ, Kiga	Vertreter JA, Tagesgruppe	Betreuerin
Hilfebeziehung	akzeptierend (Mitsprache zu-lassen)	akzeptierend (JA) akzeptierend (SPFH)	akzeptierend (JA) akzeptierend (Tagesgruppe)	akzeptierend (Betreuerin)
Ressourcen	stabile, akzeptie-rende Beziehung zu zwei Organisa-tionen, Kooperation, Handlungsfähigkeit, Kontrolle, Selbst-wirksamkeit, Selbstwert	stabile, akzeptie-rende Beziehungen zu mehreren Organisationen, Kooperation, Handlungsfähigkeit, Selbstwirksamkeit, Selbstwert, Kontrolle	stabile, akzeptie-rende Beziehung zu zwei Organisa-tionen, Kooperation, Kontrolle, Hand-lungsfähigkeit, Selbstwert, Selbst-wirksamkeit	stabile, akzeptie-rende Beziehung zu einer Organisation, Kooperation, Kontrolle, Hand-lungsfähigkeit, Selbstwert, Selbst-wirksamkeit
Belastungen	Keine	Verlust durch Tod des Großvaters	keine	keine
Deutungen	internale Attributionen	externale (JA) u. internale Attributionen	externale Attributionen, biografische Deutungsmuster	externale u. internale Attributionen
Bedeutsame Andere	keine	Großeltern	keine	keine

9.2.2 Eskalationsphase – Angriffs- und Verteidigungsphase

Zitate, die das Typische der Eskalationsphase beschreiben:

Frau F. [Jugendamt] hat dann als ersten Kontakt einen Hausbesuch bei mir ge-macht, bei dem ich Frau F. sofort der Wohnung verwiesen habe. Frau F. ist reingekommen und hat sofort ‚gemault'. Sie hat weder mich noch die Kinder begrüßt, sondern mir sofort damit gedroht, dass das Ordnungsamt kommt und die Kinder dann weg sind. Es ist dabei auch relativ lautstark geworden … Von da an habe ich immer Angst gehabt, dass man mir die Kinder wegnimmt. (Frau Rosen)

Ich habe sich sehr unter Druck gesetzt gefühlt, habe dadurch immer mehr ‚dichtgemacht', nur mit Herrn E. habe ich den Kontakt gehalten. Wenn ich für das Jugendamt nicht erreichbar war, hat Herr E. immer noch Bescheid gewusst. Wenn ich auf diese Weise ‚dichtgemacht' habe, habe ich nicht mehr auf Anrufe reagiert, keine Termine mehr wahrgenommen, die Kinder unregelmäßig in Kindergarten und Schule gebracht. Ich habe Termine an verschiedenen Stellen gehabt, z. B. beim Gesundheitsamt, im Beratungszentrum, bei verschiedenen Mitarbeitern des Jugendamts. Ich war dort schon als ‚hoffnungsloser Fall' bekannt, weil ich immer Dinge anfange, aber dichtmache, sobald etwas nicht so läuft, wie ich will. (Frau Rosen)

Und dann war ich nachher selber total krank. Wir wollten was erledigen, das ging dann nicht und ich hab der auch eine Bescheinigung vom Arzt gegeben. Nachher ist dann behauptet worden, ich hätte ja alle Termine wieder abgesagt. Da hab ich gesagt, das stimmt nicht. Ich hab die Nachrichten auf dem Handy, dass ich wirklich nur einen Termin abgesagt habe und die anderen Termine eingehalten habe. (Frau Petermann)

Und das, was ich gesagt habe, ist mir dann wieder anders ausgelegt worden. (Frau Groß)

Für Marie war die Familienhilfe positiv gewesen, aber nicht für mich. Die Familienhilfe hat immer gegen mich und nie mit mir gearbeitet. (Frau Bergfried)

Ich habe die Familienhilfe nicht angenommen, weil ich mir gesagt habe, ich habe acht Kinder gekriegt und will für die auch alleine sorgen. (Frau Bergfried)

Die zweite Familienhilfe hat mir geraten, mich von meinem Mann zu trennen. Der ist laut der Familienhilfe schlecht mit mir umgegangen. Dies habe ich selbst nicht so gesehen. Mein Mann war mir gegenüber immer ‚lieb' und ist gut mit mir umgegangen. (Frau Bergfried)

Dieser Verlaufsabschnitt umfasst Prozesse, die in Bezug auf den *Eskalationsverlauf* ansteigend ausgerichtet sind. Dabei zeigt sich der Verlauf sowohl kontinuierlich (vgl. Frau Groß: ansteigend mit einzelnen deeskalierenden Situationen) als auch steil aufsteigend (vgl. Frau Rosen), ferner zwischen kurzen Abschnitten mit an- und absteigenden Sequenzen wechselnd (vgl. Frau Petermann, Frau Bergfried). Insgesamt setzt sich die Verlaufsdynamik auf einem höheren ‚*Eskalationsniveau*' als im ersten Abschnitt, der Niedrigkonfliktphase, fort. Sprachliche Formulierungen – „immer mehr" bzw. „Und *plötzlich* war dann gar nichts mehr okay" (vgl. Frau Groß) – spiegeln einen allmählich bzw. sprunghaft steigenden Verlauf in der Eskalationsphase wider. Die *Dauer* von Verlaufsprozessen in diesem höheren Eskalationsbereich weist eine Varianz auf, die sich zwischen wenigen Wochen und Monaten, bewegt. Dabei ist aber auch eine Erstreckung über eine längere Zeitspanne möglich, z. B. bei einem allmählich eskalierenden Verlauf.

Im Hinblick auf die *'Präsenz von Akteur*innen aus Organisationen'* zeigt sich in diesem Verlaufsabschnitt, dass die Vertreter*innen der Organisation 'Jugendamt in der Regel stabil zugegen sind. Nicht selten kommt es jedoch zu Wechseln der Repräsentanten freier Träger der Jugend- und Familienhilfe, hier insbesondere bei den sozialpädagogischen Familienhelfer*innen (vgl. Frau Petermann, Frau Bergfried). Diese Wechsel gehen sowohl mit einem Anstieg des Verlaufs einher (vgl. Frau Petermann: Bedrohungszunahme nach Beginn der zweiten Familienhilfe) als auch mit einem sequenziellen Absinken des Eskalationsniveaus (vgl. Frau Bergfried: Bedrohungsabnahme nach Beginn der zweiten Familienhilfe). *'Bedeutsame Andere'* außerhalb der Hilfeorganisationen können in dieser Phase ebenfalls auftreten (vgl. Frau Bergfried: Ehemann).

Ob sich Wechsel in der *'Präsenz von Akteur*innen aus Organisationen'* begünstigend oder destabilisierend auf den Verlauf auswirken, sodass er auf ein niedrigeres Eskalationsniveau absinkt oder doch ansteigt, ist eng mit der Ausrichtung der *'Hilfebeziehung'* und der damit einhergehenden Offenheit in der Kommunikation zwischen Biografieträgerinnen und Helfer*innen verbunden.

Die *'Ursachenzuschreibung'* in Bezug auf die Bedrohung erfolgt in diesem Abschnitt mit ansteigendem Verlauf stets extern. Es treten aber auch externale Verortungen zusammen mit internal ausgerichteten Ursachenzuschreibungen auf. Externale Verortungen der Bedrohung beziehen sich in der Eskalationsphase auf Vertreter*innen der Jugend- und Familienhilfe (vgl. Frau Rosen, Frau Petermann) sowie auf das eigene Kind und dessen Besonderheiten (vgl. Frau Groß, Frau Bergfried). Die internale Verortung der Bedrohungsursachen umfasst z. B. eine kritische Wahrnehmung des eigenen Verhaltens (vgl. Frau Petermann: Nichtwahrnehmen von Terminen mit der SPFH).

Die *'Stabilität der Bedrohung'* wird in diesem Verlaufsabschnitt in der Gesamtausrichtung noch überwiegend als variabel und nur partiell (vgl. Frau Rosen: Beziehung zum Jugendamt) als stabil wahrgenommen. Die Interpretation der Bedrohung als variabel geht mit der Wahrnehmung, diese insgesamt (vgl. Frau Petermann, Frau Bergfried) oder zumindest partiell (vgl. Frau Rosen) beeinflussen zu können, einher. Einschränkungen in der Kontrollierbarkeit der Bedrohung sind eng mit einem Wechsel im Bereich *'Präsenz von Akteur*innen aus Organisationen'* und einer veränderten Ausrichtung der *'Hilfebeziehung'* verbunden (vgl. Bedingungskonstellation Frau Groß: Wechsel des Hilfeangebots von der Tagesgruppe zur Familienhilfe, Veränderung der Hilfebeziehung von akzeptierend zu einseitig, Wahrnehmung der Bedrohung als nur noch partiell im Kontext *einer* Hilfebeziehung beeinflussbar). Eine internale Verortung sowie der Erhalt einer Hilfebeziehung erhöhen die *Kontrollierbarkeit der Bedrohung*.

In diesem Verlaufsabschnitt bestehen in der Regel ,*Hilfebeziehungen*' zu mehreren Vertreter*innen der Jugend- und Familienhilfe, die oftmals gegensätzlich – einerseits akzeptierend, andererseits einseitig – ausgerichtet sind, ohne dass es dabei eine feste Zuordnung gibt. Vielmehr ist mal das Verhältnis zum Jugendamt und mal das zur Familienhilfe akzeptierend oder einseitig strukturiert. Das hat Auswirkungen auf die ,*Kooperation mit dem Hilfesystem*', da Hilfebeziehungen infolge von einseitigem Hilfehandeln oftmals instabiler sind oder auch abgebrochen werden (vgl. Frau Rosen: Konfrontation mit sofortiger Bedrohung; Frau Groß: Schuldzuweisung und Vertrauensbruch durch Vorwurf von Inhalten, die in der Niedrigkonfliktphase der Jugendhilfe offen mitgeteilt wurden; Frau Petermann: Vertrauensbruch gegenüber der Familienhilfe durch ,falsche' Berichte an das Jugendamt). Allerdings wird die Kooperation auch durch das Beziehungsverhalten der Biografieträgerinnen geschwächt. So kommt es in dieser Phase des ansteigenden Bedrohungsverlaufs seitens der Biografieträgerinnen u. a. zu einem Rückzugsverhalten durch „Schleifen lassen" der Termine mit der Familienhilfe (vgl. Frau Petermann).

Indem in diesem Verlaufsabschnitt dennoch durchgängig *eine* Beziehung zum System der Jugend- und Familienhilfe erhalten bleibt – Jugendamt *oder* Familienhilfe –, steigt der Verlauf noch nicht auf ein hocheskalierendes Niveau an, sondern bewegt sich weiter zunächst im eskalierenden Bereich. Zudem bleibt dadurch die ,*psychosoziale Handlungsfähigkeit*' in Teilbereichen bewahrt (vgl. Frau Rosen: Gewinn an Handlungsoptionen durch den Kontakt zur Familienhilfe nach Unterbrechung des Kontaktes zum Jugendamt; Frau Petermann: Kontaktabbruch zur SPFH, aber Bereitschaft zu Klärungsgesprächen mit dem Jugendamt). Insofern sind in diesem Verlaufsabschnitt mit ansteigendem Eskalationsniveau sowohl das Fortbestehen von zumindest einer ,*Hilfebeziehung*' als auch der Erhalt von ,*psychosozialer Handlungsfähigkeit*' als wesentliche Ressource zur Stabilisierung des Verlaufs und seiner Dynamik anzusehen. Darüber hinaus werden weitere Angebote, wie Elternkurse (vgl. Frau Groß), als unterstützend wahrgenommen, sodass auch diese ein stabilisierendes Moment darstellen können.

Reziprok zu einer geringer werdenden ,*psychosozialen Handlungsfähigkeit*' nimmt in dieser Phase mit ansteigendem Bedrohungsverlauf der Druck zum ,*Selbstwertschutz*' deutlich zu. Dies geht u. a. von schwierigen Verhaltensweisen des Kindes, aber auch von einem Hilfehandeln aus, welches den Selbstwert der Biografieträgerin, z. B. in ihrer Mutterrolle sowie als Partnerin, bedroht (vgl. Frau Bergfried). Zudem wird durch Schuldzuweisungen seitens der Familienhilfe ein selbstwertschützendes Handeln aktiviert (vgl. Frau Groß). Sprachliche

Formulierungen, wie „gegen sie [...] gearbeitet" (vgl. Frau Bergfried), spiegeln dies wider. Mit einem Rückzug aus und Abbruch von Hilfebeziehungen zeigt sich ein selbstwertschützendes Bewältigungsverhalten, welches den Verlauf dieses Abschnitts lediglich kurzfristig stabilisiert. Darüber hinaus erhält ein Verteidigungsverhalten als Schutzreaktion gegenüber Anschuldigungen der Jugendhilfe die Selbstwirksamkeit der Biografieträgerin (vgl. Frau Petermann). Insbesondere kommen hier auf der Basis einer fortbestehenden Hilfebeziehung weiterhin funktionale Bewältigungsmechanismen der Verteidigung (vgl. Frau Petermann, Frau Groß: Gespräche mit dem Jugendamt) zum Tragen, welche die *psychosoziale Handlungsfähigkeit* aufrechterhalten. Dementsprechend ist dieser Verlaufsabschnitt durch eine zwar abnehmende, aber dennoch fortbestehende *Selbstwirksamkeit* geprägt.

Ein besonders interessantes Phänomen dieses Verlaufsabschnitts bezieht sich auf den Zusammenhang zwischen dem Hilfehandeln *Fremdunterbringung des Kindes* und dem Verlauf. Anders als im fortgeschrittenen Eskalationsverlauf (vgl. *Hochkonfliktphase*) wirkt die Trennung des Kindes von der Familie dem weiteren Eskalieren des Verlaufs entgegen (vgl. Frau Bergfried). Diese deeskalierende Wirkung der Fremdunterbringung steht, wie bereits in der Niedrigkonfliktphase, in einem sehr engen Zusammenhang zur Einbettung dieser Maßnahme in eine akzeptierende Hilfebeziehung zum Jugendamt, die der Biografieträgerin Einfluss- bzw. Kontrollmöglichkeiten eröffnet (vgl. Frau Bergfried: Kontrollverlust gegenüber dem bedrohlichen Kind) sowie die Selbstwirksamkeit erhält bzw. wiederherstellt. In dieser Bedingungskonstellation kann die Trennung des Kindes von der Familie einem Selbstschutzbedürfnis entsprechen und dazu beitragen, Handlungsfähigkeit, die infolge einer – vom Kind ausgehenden – Bedrohung verloren gegangen ist, wiederzugewinnen. In Bezug auf den Verlauf begünstigt die Maßnahme Fremdunterbringung in dieser Phase maßgeblich das Absinken des Eskalationsniveaus und die Rückkehr zur Niedrigkonfliktphase.

Deutungen treten in Form von Bezugnahmen zu Personen der Hilfeorganisationen sowie zur eigenen Person auf. In dieser Verlaufsphase mit ansteigendem Eskalationsniveau erfolgen jedoch keine Deutungen mit biografischem Bezug. Das weist darauf hin, dass das Angriffs- und Verteidigungshandeln dieser Phase einer Wahrnehmung, die über Ursache-Wirkungs-Zusammenhänge hinausgeht und komplexere Verbindungen herstellt, nicht begünstigt, sondern dieser entgegenwirkt.

In der Zusammenschau der Bedingungskonstellation dieses Abschnitts mit eskalierendem Verlauf lässt die Verlaufsdynamik dieser Phase Rückschlüsse auf den Mechanismus relevanter Übergänge im Bereich zwischen niedrigem und ansteigendem Eskalationsniveau zu (vgl. Frau Bergfried: zweifache Wechsel zwischen niedrigem und eskalierendem Eskalationsniveau). Eine Schlüsselrolle nimmt dabei die Ausrichtung der Hilfebeziehung ein, die ein Kippen der Bedingungskonstellation ‚*Ressource*' in die Konstellation ‚*Belastung*' begünstigen oder verhindern kann. Weitere wesentliche Faktoren, die geeignet sind, einem Verlaufsanstieg entgegenzuwirken und eine positive *Ressourcenkonstellation* aufrechtzuerhalten, liegen im Erhalt und Fortbestand von zumindest einer Beziehung zu einer Organisation der Jugend- und Familienhilfe, zumeist einem/ einer Vertreter*in des Jugendamtes oder der SPFH. Dabei hat sich gezeigt, dass bereits eine Beziehung, die lediglich punktuell akzeptierend ausgerichtet ist (vgl. Frau Groß: Hilfehandeln ‚Wochenplan'), einen stabilisierenden Faktor in Bezug auf den Verlauf darstellt. Dass die ‚*Hilfebeziehung*' in dieser Phase durch Akzeptanz geprägt ist, ist Voraussetzung für den Erhalt von ‚*Kooperation*', sodass sich diese Bedingungskonstellation insgesamt stabilisierend auf den Verlauf auswirken kann. Das geht mit einem Erleben von Einfluss einher, wodurch auf der Basis fortbestehender Kontrollüberzeugungen in diesem Verlaufsabschnitt noch eine ‚*psychosoziale Handlungsfähigkeit*' erfahren wird und ein ‚*Selbstschutzverhalten*' möglich ist, das mit funktionalen Bewältigungsformen (u. a. Dialog mit dem Jugendamt) verbunden ist und sich so stabilisierend auf die Kooperation auswirkt.

Ein wesentlicher Risikofaktor dieser Verlaufsphase liegt in Wechseln der Hilfeform bzw. in einem ‚Austausch' der Akteur*innen, z. B. im Rahmen der Familienhilfe. Es hat sich gezeigt, dass dies Einfluss auf die Gesamtkonstellation der diesem Verlaufsabschnitt zugrunde liegenden Bedingungsfaktoren nehmen kann. So schränken Veränderungen der Hilfebeziehung, einhergehend mit einer einseitigen Anpassungserwartung, in der Regel die ‚*Handlungsfähigkeit*' ein, die ‚*Selbstwirksamkeit*' sinkt, und der ‚*Selbstwertschutz*' wird aktiviert.

Ein weiterer Risikofaktor dieses Verlaufsabschnitts hat sich im Bereich ‚*bedeutsame Andere*' gezeigt. Personen außerhalb des Hilfesystems spielen in dieser Phase zwar nicht regelhaft eine Rolle, sind jedoch präsent (vgl. Frau Bergfried: Ehemann). Daraus kann sich ein destabilisierender Einfluss auf den Verlauf entwickeln. Dieses Risiko ist gegeben, wenn der ‚*bedeutsame Andere*' nicht in das Hilfehandeln integriert werden kann bzw. sich nicht einbeziehen lässt, wodurch ein Spannungsfeld zwischen Hilfezielen einerseits und persönlich bedeutsamen Bezügen andererseits entsteht. Indem die Biografieträgerin dieses Spannungsfeld zugunsten der persönlichen Beziehungen auflöst und die Hilfebeziehung abbricht (vgl. Frau Bergfried: Abbruch der Maßnahme Familienhilfe), trägt sie zu einem Ansteigen des Verlaufs auf einem höheren Eskalationsniveau bei. In einer solchen Bedingungskonstellation stellt die Präsenz ‚*bedeutsame Andere*' einen Risikofaktor dar und kann zum Ausgangspunkt für einen Verlauf auf höchstem Eskalationsniveau werden.

Die Bedingungsfaktoren der Prozessdynamik der Eskalationsphase der Einzelfälle in der Zusammenschau werden in Tabelle 6 präsentiert.

Tabelle 6: Bedingungsfaktoren der Prozessdynamik der Eskalationsphase in der Zusammenschau der Einzelfälle

Eskalationsphase/ Angriffs-/Verteidigungs- phase	Frau Rosen	Frau Petermann	Frau Groß	Frau Bergfried
Eskalationsniveau Eskalationsverlauf Eskalationsdauer	steigend steil ansteigend Wochen	steigend An- u. Abstiege Monate	steigend An- u. Abstiege Monate	steigend ansteigend Monate
Handlungsfähigkeit	gegeben	gegeben	gegeben	gegeben
Selbstwert u. -schutz	bedroht/aktiv	bedroht/aktiv	bedroht/aktiv	bedroht/aktiv
Verortung der Bedrohung	extern	extern u. intern	Extern	Extern
Stabilität der Bedrohung	variabel	variabel	Variabel	Variabel
Kontrollierbarkeit der Bedrohung	hoch	Hoch	Niedrig	Hoch
Selbstwirksamkeit	niedrig	hoch u. niedrig	niedrig	niedrig
Kooperation mit dem Hilfesystem	abgebrochen JA stabil SPFH	stabil JA abgebrochen SPFH	Instabil	stabil JA instabil SPFH
Präsenz der Akteure aus Organisationen	Vertreter JA SPFH	Vertreter JA SPFH (neu)	Vertreter JA SPFH Elternkurs	Vertreter JA 1. SPFH
Hilfebeziehung	einseitig JA akzeptierend SPFH	akzeptierend JA einseitig SPFH	einseitig JA akzeptierend SPFH	akzeptierend JA u. 2. SPFH einseitig
Ressourcen	stabile, akzeptie-rende Hilfebeziehung (SPFH), Kooperation, situativer Erhalt von Handlungsfähigkeit, Selbstwert, Selbstwirksamkeit, Kontrolle	stabile, akzeptie-rende Hilfebeziehung JA, Kooperation, Erhalt von Handlungsfähigkeit, Kontrolle, Selbstwert, Selbstwirksamkeit	akzeptierende Hilfebeziehung (SPFH). Hilfe: Elternkurs, teils Erhalt von Kooperation, Handlungsfähigkeit, Kontrolle, Selbstwert, Selbstwirksamkeit	eine akzeptierende Hilfebeziehung, Kooperation, Wiedergewinn von Kontrolle, Handlungsfähigkeit, Selbstwert, Selbstwirksamkeit
Belastungen	einseitige Hilfebeziehung, Abnahme von Handlungsfähigkeit, Kontrolle, Selbstwert, Selbstwirksamkeit, Kooperation	einseitige Hilfebeziehung (SPFH „link"), Abnahme von Handlungsfähigkeit, Kontrolle, Selbstwert, Selbstwirksamkeit, Kooperation	einseitige Hilfebeziehung, Abnahme von Kontrolle, Selbstwert, Selbstwirksamkeit, Handlungsfähigkeit, Kooperation	einseitige Hilfebeziehung, Abnahme von Kontrolle, Selbstwert, Selbstwirksamkeit, Handlungsfähigkeit, Kooperation
Deutungen	externale Attributionen	externale u. internale Attributionen	externale u. internale Attributionen	externale Attributionen
Bedeutsame Andere	keine	keine	keine	Ehemann

9.2.3 Hochkonfliktphase – Verlustphase

Zitate, die das Typische der Hochkonflikt-/Verlustphase beschreiben:

Ämter und Familienhilfe haben mir die Pistole auf die Brust gesetzt. Ich konnte nichts mehr selbst entscheiden, alles ist für mich entschieden worden, ich konnte mich nur fügen. Das war mir zu viel. Ich hatte keine Kontrolle mehr über mein Leben. Am Anfang habe ich mitgearbeitet, aber dann wurde mir alles zu viel. Ich habe immer zu allem Ja und Amen sagen müssen, egal ob ich eine andere Meinung hatte. (Frau Rosen)

Dann hat die Frau Berger mich angerufen, sagt die, kommen sie mal bitte zum Gespräch, aber mit Alexander bitte. Und dann saßen wir da mit der Leiterin des Jugendamtes und dann sagten die plötzlich so zu mir, wir nehmen den Alexander jetzt in Obhut. Da dachte ich, wie, was heißt das denn jetzt? Ich hab gedacht ein, zwei Stunden, damit ich was erledigen kann. [Jugendamt:] Nee, der kommt jetzt erst mal drei, vier Wochen zu Pflegeeltern. Ich sag: Nee, ich hab gesagt: Warum? Ja, weil wir das Gefühl haben, dass sie das hier nicht so wirklich geregelt kriegen. (Frau Petermann)

Ich hab total geweint. Ich war total fertig. Ich wusste gar nicht, was ich machen sollte und der Alexander war in der Zeit schon in einem anderen Raum. Die haben gesagt, sie können jetzt machen was sie wollen, das ist jetzt einfach so. Ich hab gesagt, das dürfen sie doch nicht einfach, nur weil es mal ne Phase nicht so gut geht, das kann doch jedem mal passieren. Das sie mir dann direkt mein Kind wegnehmen … (Frau Petermann)

Ich habe gesagt, ich fühle mich gerade wie mit dem Messer gestochen. Die ganze Zeit kommen die und sagen, Sie machen Fortschritte und dann kommen die und machen so. […] Die früheren SPFHs haben sich der Meinung des Jugendamtes angeschlossen […]. Und das, was ich gesagt habe, ist mir dann wieder anders ausgelegt worden […]. Ab dem Punkt habe ich gesagt, da kann ich nicht mehr mit zusammen arbeiten. (Frau Groß)

Frau Wilms vom Jugendamt war ab einem gewissen Zeitpunkt nicht mehr für mich zuständig. An einem Morgen stand Frau Thomas vor der Tür und wollte sich vorstellen. Als Frau Thomas gesagt habe, dass sie vom Jugendamt ist, habe ich aus Angst die Tür zugeknallt. (Frau Bergfried)

Diese [Familienhelfer] haben zum Beispiel mit dem Kinderarzt gesprochen und die Schulen der Kinder kontaktiert. Mit mir haben sie nur selten gesprochen. (Frau Bergfried)

Das Ereignis ‚Fremdunterbringung‘ (vgl. Frau Rosen, Frau Petermann, Frau Bergfried) bzw. dessen Ankündigung, z. B. im Rahmen eines Hilfeplangesprächs (vgl. Frau Groß), stellt einen markanten Wendepunkt und den Einstieg in diesen Verlaufsabschnitt auf höchstem *Eskalationsniveau* dar. Der *Verlauf* ist ansteigend (vgl. Frau Bergfried) bzw. bewegt sich auf gleichbleibend sehr hohem Niveau (vgl. Frau Groß). Die *Dauer* dieses eskalierenden Verlaufsabschnitts liegt zwischen wenigen Tagen (vgl. Frau Petermann), einigen Wochen (vgl. Frau Rosen) sowie mehreren Monaten (vgl. Frau Groß, Frau Bergfried).

Es ist jedoch nicht das Ereignis ‚Fremdunterbringung' alleine, das den Wendepunkt beschreibt, denn dieser Verlaufsabschnitt ist zugleich durch einen völligen Verlust von *psychosozialer Handlungsfähigkeit, Kontrolle* und *Selbstwirksamkeit,* mithin durch das Erleben von umfassender Ohnmacht, gekennzeichnet. Dementsprechend fehlt es in dieser Phase an jeglichen Einflussmöglichkeiten der Biografieträgerin auf das Bedrohungsgeschehen. Somit wird die Bedrohung als unveränderbar (stabil) und stets von außen verursacht (externale Attribution), jedoch auch mit selbstkritischen Anteilen verbunden (vgl. Frau Petermann) wahrgenommen.

Ein besonderes Gewicht kommt in diesem Verlaufsabschnitt der Verschiebung im Bereich *‚Verortung der Bedrohung'* zu. Diese zeigt sich in teils mehrfachen externalen Attributionen, die sich bei der Biografieträgerin in dem Erleben, einem ‚Bündnis' der Helfer ohnmächtig gegenüberzustehen (vgl. Frau Groß), manifestieren können (vgl. ‚geschlossener Bewusstheitskontext', Faltermeier 2001: 136). Diese *‚Belastungskonstellation'* prägt auch den Charakter der in diesem Verlaufsabschnitt auftretenden Erklärungen, die größtenteils auf andere (Vertreter*innen des Jugendamtes, Familienhelfer*innen) bezogen sind. Insofern sind die gegebenen *Deutungsmuster* stets nach Ursache-Wirkungs-Zusammenhängen organisiert. Komplexere Deutungen, ggf. mit einem biografischen Bezug, treten nicht auf.

Mit dem schwerwiegenden Verlust von Handlungsmöglichkeiten zeigt sich der Bedrohungsverlauf in dieser Phase als kritisches Lebensereignis (Filipp & Aymanns 2010), in welchem das Passungsgefüge Mensch/Umwelt durcheinandergeraten ist und Ordnungsprozesse, z. B. im Sinne von Bewältigungsstrategien, herausgefordert werden.

Vor diesem Hintergrund resultiert in diesem Verlaufsabschnitt ein sehr hoher Abspaltungsdruck (Böhnisch 2016), der – von außen betrachtet – oftmals in destruktive Bewältigungsreaktionen mündet. Aus der Perspektive der Biografieträgerinnen dienen sie jedoch – als situatives Abwehrstreben – dem *Schutz des Selbstwertes.* Das Bewältigungsverhalten dieser Phase pendelt zwischen Verteidigungsverhalten und Selbstdestruktion hin und her (vgl. Frau Rosen: erst Flucht mit den Kindern, dann exzessiver Alkoholkonsum nach der Inobhutnahme). Stets zeigt sich das Selbstschutzverhalten in einem Rückzug aus der *Hilfebeziehung* zum Jugendamt (vgl. Frau Rosen, Frau Petermann, Frau Groß, Frau Bergfried).

In der Hochkonfliktphase sind *Vertreter*innen aus den Organisationen der Jugend- und Familienhilfe* präsent. In der Regel sind dies Fachkräfte des Jugendamtes sowie zum Teil (vgl. Frau Groß, Frau Bergfried) auch Familienhilfen. Ergaben sich in den vorherigen Verlaufsabschnitten aus der Beziehung zu wenigstens *einem* Hilfeträger noch Einflussmöglichkeiten auf das Bedrohungsgeschehen, so wird nun die *Hilfebeziehung* selbst zur Bedrohung. In der Zuspitzung dieser Phase sieht sich die Biografieträgerin einer Koalition der Helfer (vgl. ‚geschlossener Bewusstheitskontext', Faltermeier 2001: 136) gegenüberstehen. Dies wird emotional als ‚Verrat' erlebt (vgl. Frau Groß), da zumindest eine Hilfebeziehung zuvor noch als Rückhalt wahrgenommen wurde (vgl. ‚Betrugsstrukturen', Faltermeier 2001: 140).

Haben sich in den anderen Verlaufsabschnitten Wechsel im Bereich ‚*Akteur*innen aus Organisationen der Jugend- und Familienhilfe*' als Chancen in Bezug auf einen eher deeskalierenden Verlauf herausgestellt, zeigen sich solche Wechsel nun als Risiko- und Belastungsfaktoren. Wechsel tragen in dieser Hochkonfliktphase dazu bei, den Verlauf auf ein höheres Eskalationsniveau zu befördern bzw. ihn dort zu manifestieren (vgl. Frau Bergfried: Fremdunterbringung nach Zuständigkeitswechsel beim Jugendamt).

In Bezug auf die *Hilfebeziehung* ist festzuhalten, dass diese in Abgrenzung zu den vorangegangenen Verlaufsabschnitten ihre interaktive Perspektive (Böhnisch 2016: 117) nun völlig verloren hat. In dieser Phase werden Interventionsabsichten der Hilfesysteme einerseits und Ziele bzw. Wünsche der Biografieträgerinnen andererseits nicht mehr verhandelt. Sprachliche Bilder – Ämter hätten ihr „die Pistole auf die Brust gesetzt" (vgl. Frau Rosen) – veranschaulichen dies beispielhaft. In dieser Hochkonfliktphase werden keine Kompromisse mehr geschlossen. Das Scheitern des Hilfeprozesses wird als einseitiger Vorgang, als ein Scheitern an vorgegebenen, aus der Perspektive der Biografieträgerin teils unverstandenen Hilfezielen wahrgenommen. Nicht selten dominiert eine Wahrnehmung extremer Abwertung bzw. eine einseitige Defizitwahrnehmung der Helfer*innen in Bezug auf die Biografieträgerinnen. Formulierungen, wie „und dann haben die wohl gesagt, ich würde gar nichts hinkriegen" (vgl. Frau Petermann), spiegeln dies wider.

Beschreibungen der Biografieträgerinnen (Frau Rosen: „*nicht mehr selbst entscheiden können*"; Frau Petermann: „sie können jetzt machen was sie wollen, das ist jetzt so"; Frau Groß: „ich fühl mich wie mit dem Messer gestochen") kennzeichnen sowohl den Wandel der ‚Hilfebeziehung' als auch den tief greifenden Verlustcharakter dieser Phase auf höchstem Eskalationsniveau. Damit tritt ein wesentlicher Aspekt des Bedrohungsgeschehens prägnant hervor: So geht es in dieser Hochkonfliktphase nicht nur um den Verlust bzw. drohenden Verlust der Kinder, sondern vor allem um den dramatischen Verlust von Einflussnahme bzw. Kontrolle sowie von Selbstwirksamkeit und Handlungsfähigkeit. Vor dem Hintergrund dieser Bedingungskonstellation ist der Verlaufsabschnitt auf höchstem Eskalationsniveau also durch ein multiples Verlustgeschehen geprägt. Zugleich ist dadurch die ‚*Kooperation mit dem Hilfesystem*' aufgehoben, und der Kontakt zwischen Biografieträgerinnen und Akteur*innen aus Organisationen ist abgebrochen. Hierin zeigt sich die *Belastungskonstellation* des Verlaufsabschnitts auf höchstem Eskalationsniveau.

Typischerweise kommt in diesem durch Verlust gekennzeichneten Verlaufsabschnitt ein Zugang zu ‚bedeutsamen Anderen‘ zum Tragen. So gewinnen zum einen Beziehungen aus dem persönlichen Umfeld im Verlauf der Hochkonfliktphase oftmals sehr stark an Bedeutung (vgl. Frau Rosen: Partner; Frau Bergfried: Ehemann). Zum anderen erfolgen auch Kontaktaufnahmen zu Vertreter*innen der Justiz (vgl. Frau Petermann: der Anwalt). In diesem Verlaufsabschnitt sind es nicht mehr Vertreter*innen der Jugend- und Familienhilfe, sondern ‚bedeutsame Andere‘, die alternative Handlungsmöglichkeiten eröffnen (vgl. Frau Rosen: Überwinden destruktiver Bewältigungsformen mit Unterstützung des Partners; Frau Petermann: Wiederaufnahme eines Dialogs mit der Jugendhilfe mit Unterstützung des Rechtsvertreters; Frau Bergfried: psychische Stabilisierung durch Beziehungserhalt zum Ehemann). Insofern kommt dem Bedingungsfaktor ‚bedeutsame Andere‘ der Stellenwert einer – in diesem Verlaufsabschnitt sogar einzigen – ‚Ressource‘ zu. Zugleich spielt der Faktor eine wichtige Rolle in Bezug auf die Weiterentwicklung des Verlaufs in eine andere Phase auf niedrigerem Eskalationsniveau.

Zusammenfassend zeigt sich hier sehr deutlich, dass sich das in der Eskalationsphase entstandene Ungleichgewicht aus Belastungen und Ressourcen in diesem Verlaufsabschnitt einseitig weiter in Richtung einer ‚Belastungskonstellation‘ verschoben hat. Dem liegt eine Kumulation von Belastungen aus verschiedenen Quellen zugrunde. Diese Belastungen sind Veränderungen in der Hilfebeziehung, Verlust an Einfluss, Kontrolle, Handlungsfähigkeit und Selbstwirksamkeit einhergehend mit dem Abbruch der Kooperation. Ein Rückgriff auf Ressourcen mit Bezug zu ‚Akteur*innen aus Organisationen der Jugend- und Familienhilfe‘ ist in diesem Verlaufsabschnitt nicht möglich. Das bringt ‚bedeutsame Andere‘ als ‚Ressource‘ ins Spiel.

Die Bedingungsfaktoren der Prozessdynamik der Hochkonfliktphase der Einzelfälle in der Zusammenschau werden in Tabelle 7 präsentiert

Tabelle 7: Bedingungsfaktoren der Prozessdynamik der Hochkonfliktphase in der Zusammenschau der Einzelfälle

Hochkonfliktphase/ Verlustphase	Frau Rosen	Frau Petermann	Frau Groß	Frau Bergfried
Eskalationsniveau Eskalationsverlauf Eskalationsdauer	hoch steil ansteigend Wochen	hoch steil ansteigend Tage	hoch gleichbleibend hoch Monate	hoch steil ansteigend Monate
Psychosoziale Handlungsfähigkeit	Aufgehoben (Abspaltungsprozesse)	Aufgehoben (Abspaltungsprozesse)	aufgehoben	Aufgehoben (Rückzug)
Selbstwert u. -schutz	bedroht/aktiv	bedroht/aktiv	bedroht/aktiv	bedroht/aktiv
Verortung der Bedrohung	extern	extern u. intern	extern (JA) extern (SPFH)	extern
Stabilität der Bedrohung	stabil	stabil	stabil	Stabil
Kontrollierbarkeit der Bedrohung	niedrig	niedrig	niedrig	niedrig
Selbstwirksamkeit	niedrig	niedrig	niedrig	niedrig
Kooperation mit dem Hilfesystem	abgebrochen	abgebrochen	abgebrochen I	abgebrochen
Präsenz der Akteure aus Organisationen	Vertreter JA	Vertreter JA	Vertreter JA SPFH	Vertreter JA (neu) 2. u. 3. SPFH
Hilfebeziehung	einseitig JA/Inobhutnahme	einseitig JA/Inobhutnahme	einseitig JA einseitig SPFH (Bündnis)	einseitig JA einseitig 3. SPFH
Ressourcen	Partner	Anwalt	Schulleiter	Ehemann
Belastungen	Einseitige Hilfebeziehung, Verlust an Handlungsfähigkeit, Kontrolle, Selbstwirksamkeit, Selbstwert, Kooperation	Einseitige Hilfebeziehung, Verlust an Handlungsfähigkeit, Kontrolle, Selbstwirksamkeit, Selbstwert, Kooperation	Einseitige Hilfebeziehung, Verlust an Handlungsfähigkeit, Kontrolle, Selbstwirksamkeit, Selbstwert, Kooperation	Einseitige Hilfebeziehung, Verlust an Handlungsfähigkeit, Kontrolle, Selbstwirksamkeit, Selbstwert, Kooperation
Deutungen	externale Attributionen	externale Attributionen	externale Attributionen	externale Attributionen
Bedeutsame Andere	Partner	Rechtsanwalt	Schulleiter	Ehemann

9.2.4 Deeskalationsphase – Phase der Mitbestimmung und Reorganisation

Zitate, die das Typische der Deeskalations-/Mitsprachephase beschreiben:

... bei Frau G. (neue Vertreterin des Jugendamtes) ist das ganz anders. Wenn ich Vorschläge mache, hört man mir zu. Man setzt sich mit mir und den Kindern auseinander. Von Frau G. werde ich als Mutter akzeptiert ... Ich durfte zum Beispiel entscheiden, welche weiterführende Schule Moritz besuchen soll. (Frau Rosen)

Ich wollte nie so sein wie meine Mutter, im Endeffekt hab ich es zwar anders gemacht, aber trotzdem falsch. Meine Mutter hat uns früher nie Liebe gezeigt, wir waren geduldete Gäste. Ich habe meinen Kindern sehr viel Liebe gegeben, aber ihnen nicht den ‚Ernst des Lebens' gezeigt. (Frau Rosen)

Frau Berger ist eigentlich voll nett, aber auch der Onkel von Alexander kriegt die nie erreicht ... die haben drei Wochen auf ne Antwort gewartet ... Frau Berger, die macht Sachen, die sagt nicht Bescheid, die hat vergessen den Besuchskontakt bekannt zu geben, ... aber wenn die was von uns will, dann heißt es direkt, ja haste schon wieder vergessen ... (Frau Petermann)

Ich habe mich immer sehr bemüht, Termine einzuhalten, aber trotzdem funktioniert es oft nicht. Das war demotivierend für mich. Deswegen habe ich jetzt mit meinem Betreuer vereinbart, dass ich mit ihm montags, mittwochs und freitags telefoniere, damit er mich über die Termine informieren kann. Der Betreuer unterstützt mich. (Frau Petermann)

Ich habe jetzt eine andere SPFH, die ist viel besser, gibt konkrete Anweisungen zu einem bestimmten Problem. (Frau Groß)

Frau Eibel hört mir zu und ist für mich eine ,Ersatz-Mama'. Wie Frau Eibel mir zuhört, das hat mir bei meinen Eltern gefehlt. Frau Eibel kümmert sich auch um meine Geldstrafe, die ich wegen Schwarzfahren bekommen habe. (Frau Bergfried)

Ich fühle mich in der Mutter-Kind-Einrichtung wohl. Ich finde es gut, dass ich mich mit meiner Betreuerin dort, Frau Eibel, aussprechen kann. Vor allem meine eigenen Belastungen aus der Kindheit habe ich immer in mich reingefressen (Frau Bergfried)

Am allerwichtigsten ist es für mich aber, dass mein Mann derzeit und hoffentlich auch weiterhin bei mir sein kann. Mein Mann bedeutet mir sehr viel, weil ich mit ihm ,durch dick und dünn' gegangen bin. Er ist meine Stütze [...] [auch] kenne ich es nicht, ohne ihn zu leben. (Frau Bergfried)

Auf den ersten Blick fallen Ähnlichkeiten zwischen der Eskalations- und der Deeskalationsphase auf, die sich auf das ,Eskalationsniveau' beziehen. So bewegen sich beide Phasen in einem vergleichbaren mittleren Eskalationsbereich. Ähnlichkeiten liegen ferner in der Verortung der Bedrohung, die in beiden Verlaufsabschnitten sowohl external als auch internal (vgl. Frau Rosen: Benennen eigener Fehler; Frau Groß: „Mitschuld") vorgenommen wird, sowie in der gleichermaßen als variabel wahrgenommenen Stabilität und der Wahrnehmung der Bedrohung als beeinfluss- bzw. kontrollierbar.

Über diese Gemeinsamkeiten hinaus liegt ein wesentlicher Unterschied zwischen den Phasen in der gegensätzlichen *Verlaufsrichtung*, die hier anders als in der Eskalationsphase absteigend ist. Somit kommt es in dieser Phase zu einem Absinken des ,Eskalationsverlaufs', ausgehend von einem Eskalationsgipfel zu einem wieder geringeren Eskalationsniveau. Sprachliche Formulierungen, die auf Abgrenzung und einen Neubeginn hinweisen („ganz anders"), leiten den Übergang in diese Folgephase ein.

Die Lebenssituationen der Biografieträgerinnen in der Verlaufsphase mit absinkendem Eskalationsniveau können – im Falle einer Inobhutnahme des Kindes oder der Kinder – durch einen veränderten Lebensmittelpunkt gekennzeichnet sein (vgl. Frau Bergfried: Aufenthalt in einer Mutter-Kind-Wohngemeinschaft während der Schwangerschaft).

Hervorzuheben ist hier, dass nicht jeder Einzelfallverlauf in eine deeskalierende Phase mündet. Vielmehr gibt es Verläufe, die sich über einen sehr langen Zeitraum von nicht selten mehreren Jahren auf einem hoheskalierenden Niveau bewegen. Kommt es jedoch zu einem Sinken des Eskalationsverlaufs, ist dies sowohl sehr eng mit der Beziehung zu ,bedeutsamen Anderen' als auch mit Veränderungen in der Ausrichtung der ,Hilfebeziehung' und des Hilfehandelns verbunden.

Dabei stellt der sich bereits in der Hochkonfliktphase anbahnende Bezug zu ,bedeutsamen Anderen' einen ersten, zentralen Ausgangspunkt für den deeskalierenden Verlauf dieser Phase dar. Beziehungen zu relevanten Personen außerhalb des Hilfesystems können als ,Katalysator' wirken und dazu beitragen, weitere Ressourcen zurückzugewinnen, Auf diese Weise können sie wieder Einfluss bzw. Kontrolle zu entfalten, sodass es zu einem Absinken des Eskalationsverlaufs kommt und sich die Belastungs-Ressourcen-Balance (Wolf 2015) wieder in Richtung eines Gleichgewichts entwickelt. So zeigt die Einzelfallanalyse Frau Rosen die entscheidende Bedeutung des Partners der Biografieträgerin beim Aufbau von Ressourcen, beginnend bereits in der Hochkonfliktphase (hier: Unterstützung beim Aufbau von Alkoholabstinenz, um auf der Basis einer stabilen gesundheitlichen Verfassung wieder Kontakt zum Hilfesystem wie auch zu den in Obhut genommenen Kindern aufzunehmen). Die Einzelfallanalyse Frau Petermann zeigt, dass mittels des Rechtsvertreters der Kontakt zum Hilfesystem bereits nach wenigen Tagen des Abbruchs der Kooperation wieder hergestellt werden konnte. Das eröffnete einen raschen Zugang zu weiteren Handlungs- und Einflussmöglichkeiten. Im Fall von Frau Bergfried trug die Einbeziehung des Ehemanns in den Hilfeprozess zu einer Kooperation und grundlegenden Bereitschaft, sich gegenüber Maßnahmen der Familienhilfe zu öffnen, bei. In der Fallkonstellation Frau Groß bildet der Kontakt zum Schulleiter ein Gegengewicht zum ,Bündnis' der Vertreter von Jugend- und Familienhilfe. In jeder Fallkonstellation begünstigt dies ein Ansteigen von Selbstwirksamkeit sowie Selbstwert und verringert den Druck, den Selbstwert schützen zu müssen. Diese ,Ressourcenkonstellation' mündet in ein Absinken des Bedrohungsniveaus.

Chancen für einen Wiedergewinn von Handlungsmöglichkeiten und damit für ein sinkendes Eskalationsniveau ergeben sich in diesem Verlaufsabschnitt weiterhin aus dem Wechsel von ,Akteur*innen aus Organisationen der Jugend- und Familienhilfe' (vgl. Frau Groß: „die andere SPFH sei viel besser") sowie aus dem Hinzuziehen weiterer Helfer (vgl. Frau Bergfried: Fachkraft der Mutter-

Kind-Wohngemeinschaft). Dabei ist nicht der Wechsel an sich, sondern die Flexibilität der neuen Hilfebeziehung ausschlaggebend. War die Hilfebeziehung in der Endphase des Hochkonfliktes schließlich einseitig von Anpassungserwartungen an feststehende Hilfeziele geprägt, eröffnet eine wieder flexiblere sowie offenere Hilfebeziehung (vgl. Frau Groß: „Die SPFH kam von sich aus …") neue Handlungsmöglichkeiten, die u. a. in einem Einbezug in Entscheidungen, welche die Kinder betreffen, liegen (vgl. Frau Rosen: „Wenn sie [Frau Rosen]Vorschläge mache, höre man ihr zu", „Sie habe zum Beispiel entscheiden dürfen, welche weiterführende Schule Moritz besuche"). Ressourcen liegen gerade auch in Mitbestimmungsmöglichkeiten bei der Auswahl der Mutter-Kind-Einrichtung (vgl. Frau Bergfried). Ferner geht das Sinken des Eskalationsniveaus in diesem Verlaufsabschnitt mit einer Hilfebeziehung einher, die durch eine Haltung der Akzeptanz geprägt ist (vgl. Frau Rosen: „Von Frau G. werde sie als Mutter akzeptiert") und sogar einer mütterlichen Fürsorge ähnlich sein kann (vgl. Frau Bergfried: Sie erlebe die Betreuerin als „Ersatz-Mama", wie die zuhöre, das habe ihr bei ihren Eltern gefehlt"). Durch diese Ausrichtungen der Hilfebeziehung kann eine ‚Kooperation' zwischen der Biografieträgerin und einer Hilfeorganisation wiederhergestellt werden. In der Zusammenschau zeigt sich darin eine ‚Ressourcenkonstellation' mit deeskalierender Wirkung auf den Bedrohungsverlauf.

Eine sehr ausgeprägte Wirkung in Richtung Deeskalation kommt der ‚Hilfebeziehung' zu. Vor allem dann, wenn sie einen Zugang zu biografisch bedeutsamen, jedoch bisher unverarbeiteten Erfahrungen eröffnet und damit ein tiefergehendes Verständnis des eigenen Handelns der Biografieträgerin ermöglicht (vgl. Frau Bergfried: Beziehung zur Betreuerin der Mutter-Kind-Wohngemeinschaft). Hier leistet die Hilfebeziehung einen ganz entscheidenden Beitrag zur Neurahmung biografischer Erfahrungen (vgl. ‚Reframing', Böhnisch 2016). Sie trägt so auf bedeutsame Weise zu einem Absteigen des Eskalationsverlaufs bei. Dabei spielt insbesondere die Möglichkeit zum Thematisieren, Aussprechen und Mitteilen eigener biografischer Belastungserfahrungen sowie von Hilflosigkeit eine herausragende Rolle (vgl. Frau Bergfried).

‚Deutungsmuster' als Erklärungen der Bedrohungseskalation treten sowohl in Ursache-Wirkungs-Zusammenhängen (internale wie externale Attributionen) als auch organisiert in komplexeren Deutungsmustern auf, die teils einen biografischen Bezug haben.

Mithin wirken in dieser Phase Hilfeprozesse deeskalierend, welche die Biografieträgerinnen durch biografiezentrierte Gespräche in die Lage versetzen, eigenes Handeln, das üblicherweise nach außen „gestört" ggf. auch „dysfunktional" wirkt, als ein „Bewältigungsverhalten" zu verstehen. Es gilt also dieses Verhalten in seiner dahinterliegenden Bewältigungslogik und -dynamik als ein Bestreben, handlungsfähig zu bleiben, aufzuschließen. Hier erfolgt eine Umdeutung der Problematik im Sinne des ‚Reframing' (Böhnisch 2016: 84 ff.). Das entspricht einer Ausrichtung des Hilfehandelns nicht an Auffälligkeiten, sondern an einer „subjektiven Bewältigungsbiografie" (Böhnisch 2016: 88). Beschreibungen der Biografieträgerinnen, die auf eine Entlastung durch biografisch ausgerichtete Gespräche hinweisen, machen den Zusammenhang greifbar (vgl. Frau Bergfried: „Sie finde es gut, dass sie sich mit ihrer Betreuerin aussprechen könne. Vor allem die Belastungen aus der Kindheit habe sie immer in sich rein gefressen"). Andere ‚Deutungsmuster' entschlüsseln die Erziehungsproblematik im Bereich der Grenzsetzung gegenüber den Kindern, woraus sich neue Deutungs- und Handlungsmöglichkeiten eröffnen (vgl. Frau Rosen: Erkennen von Verbindungen zwischen eigenen Erfahrungen in der Herkunftsfamilie [„Gastrolle"], daraus resultierenden Abgrenzungswünschen [„nie so sein wollen wie ihre Mutter"], eigenem Erziehungsverhalten [„sehr viel Liebe gegeben"] sowie der selbstkritischen Feststellung des Scheiterns eigener Erziehungsvorstellungen [es „trotzdem falsch" gemacht zu haben]).

Zusammenfassend ist festzuhalten, dass Bedingungsfaktoren, welche in dieser Phase deeskalierende Wirkung haben, zum einen Kontakte zu ‚*bedeutsamen Anderen*' (Partner, Ehemann, Betreuerin, Rechtsanwalt) sind, die in diesem Verlaufsabschnitt oftmals einen Ausgangspunkt für neue Handlungsoptionen darstellen. Diese Handlungsmöglichkeiten liegen u. a. darin, einen mehr oder weniger lang abgerissenen Kontakt zu Vertretern des Jugendamtes wiederherzustellen, woraus sich dann weitere Handlungsoptionen eröffnen, die u. a. einem Zugang zu neuen Hilfeformen bieten (vgl. Frau Bergfried: sozialpädagogische Wohngemeinschaft für Mütter). Zum anderen kommt in dieser Phase einer flexiblen und durch Akzeptanz geprägten ‚*Hilfebeziehung*' eine bedeutsame deeskalierende Funktion zu. Damit geht ein Wiedergewinn an Einfluss bzw. Kontrollerleben, Selbstwirksamkeit und Handlungsfähigkeit einher. Das ermöglicht in manchen Fällen einen Umgang mit der Bedrohung, indem neben linearen Ursache-Wirkungs-Zusammenhängen auch komplexere ‚*Deutungen*' zum Tragen kommen (vgl. Frau Rosen).

Vor dem Hintergrund des Konzepts der kritischen Lebensereignisse (Filipp & Aymann 2010) zeigt sich die Deeskalationsphase als ein möglicher Ausgangspunkt für eine tiefergehende Reorganisation des Passungsverhältnisses Person/Umwelt sowie für Veränderungen des Selbstbildes und damit verbundene Wandlungsprozesse. Daraus erwächst eine andere Sicht auf die Bedrohung. Als günstige Bedingungen hierfür haben sich sowohl Wechsel als auch die Hinzuziehung weiterer Helfer im Bereich der ‚*Akteur*innen aus Organisationen der Jugend- und Familienhilfe*' sowie eine akzeptierende Ausrichtung der ‚*Hilfebeziehung*', einhergehend mit ‚*Deutungsmustern*', die einen biografischen Bezug haben, erwiesen.

Die Bedingungsfaktoren der Prozessdynamik der Deeskalationsphase der Einzelfälle in der Zusammenschau werden in Tabelle 8 präsentiert.

Tabelle 8: Bedingungsfaktoren der Prozessdynamik der Deeskalationsphase in der Zusammenschau der Einzelfälle

Deeskalationsphase/ Mitbestimmungsphase	Frau Rosen	Frau Petermann	Frau Groß	Frau Bergfried
Eskalationsniveau Eskalationsverlauf Eskalationsdauer	Niedrig sinkend Monate	niedrig sinkend Monate	niedrig niedrig Monate	niedrig sinkend Monate
psychosoziale Handlungsfähigkeit	gegeben	gegeben	gegeben	gegeben
Selbstwert u. -schutz	stabil/inaktiv	stabil/inaktiv	stabil/inaktiv	stabil/inaktiv
Verortung der Bedrohung	intern	intern	extern u. intern	extern u. intern
Stabilität der Bedrohung	variabel	variabel	variabel	variabel
Kontrollierbarkeit der Bedrohung	hoch	hoch	hoch	hoch
Selbstwirksamkeit	hoch	hoch	hoch	hoch
Kooperation mit dem Hilfesystem	stabil: Biografie-träger-JA	situativ: Biografie-träger-JA stabil: Anwalt/Betreuer	stabil: SPFH	stabil: Betreuerin Mutter-Kind-Einrich-tung
Präsenz der Akteure aus Organisationen	Vertreter JA (neu)	Vertreter JA	SPFH (neu)	Betreuerin Wohn-gruppe
Hilfebeziehung	akzeptierend (JA)	akzeptierend (Betreuer)	akzeptierend (SPFH)	akzeptierend (Betreuerin)
Ressourcen	eine stabile, akzeptierende Hilfebeziehung, Rückkehr zu Kooperation, Handlungsfähigkeit, Kontrolle, Selbst-wert, Selbstwirk-samkeit	eine stabile, akzeptierende Hilfebeziehung (JA, Anwalt/Betreuer), Rückkehr zu Ko-operation, Handlungsfähigkeit, Kontrolle, Selbst-wert, Selbstwirk-samkeit	eine stabile, akzeptierende Hilfebeziehung (SPFH), Rückkehr zu Kooperation, Handlungsfähigkeit Kontrolle, Selbst-wert, Selbstwirk-samkeit	eine stabile, akzeptierende Hilfebeziehung (Betreuerin), Rückkehr zu Kooperation, Handlungsfähigkeit Kontrolle, Selbst-wert, Selbstwirk-samkeit
Belastungen	keine	teils noch einseitige Hilfebeziehung (JA)	einseitige Hilfe-beziehung (JA)	räumliche Trennung von Ehemann
Deutungen	internale Attributionen, biografische Deutungsmuster	externale u. inter-nale Attributionen	externale u. inter-nale Attributionen, biografische Deutungsmuster	externale u. inter-nale Attributionen
Bedeutsame Andere	keine	Betreuer (RA)	keine	Ehemann

9.3 Prozessdynamik der Phasen

In den vorangegangenen Kapiteln wurden vier Phasen des Bedrohungsverlaufs in einer idealtypischen Ausprägung und Aufeinanderfolge beschrieben. Diese Phasen stellen das Grundmuster eines Bedrohungsverlaufs dar, der ebenso in Mischformen bzw. untypischen Verläufen auftreten kann. Tabelle 9 beschreibt den äußeren Rahmen (Phasen, Eskalationsniveau, -verlauf, -dauer) in Bezug auf die vier Einzelfälle.

Tabelle 9: Prozessdynamik – äußerer Rahmen:
Phasen, Eskalationsniveau, -verlauf, -dauer

Komponenten der Prozessdynamik	Niedrigkonfliktphase Verhandlungsphase	Eskalationsphase Angriffs- u. Verteidigungsphase	Hochkonfliktphase Fremdbestimmungs- u. Verlustphase	Deeskalationsphase Mitbestimmungsphase
Eskalationsniveau	niedrig	mittel	hoch	mittel
Eskalationsverlauf	Frau Rosen: niedrig Frau Petermann: niedrig Frau Groß: niedrig Frau Bergfried: niedrig	Frau Rosen: steil ansteigend Frau Petermann: An- und Abstiege Frau Groß: An- und Abstiege Frau Bergfried: ansteigend	Frau Rosen: steil ansteigend Frau Petermann: ansteigend Frau Groß: hoch Frau Bergfried: Ansteigend	Frau Rosen: absteigend Frau Petermann: absteigend Frau Groß: niedrig Frau Bergfried: absteigend
Eskalationsdauer	Frau Rosen: Wochen Frau Petermann: Jahre Frau Groß: Jahre Frau Bergfried: Jahre	Frau Rosen: Wochen Frau Petermann: Monate Frau Groß: Monate Frau Bergfried: Monate	Frau Rosen: Wochen Frau Petermann: wenige Tage Frau Groß: Monate Frau Bergfried: Monate	Frau Rosen: Monate Frau Petermann: Monate Frau Groß: Monate Frau Bergfried: Monate

Nach dieser Betrachtung der Statik des Verlaufs rückt im Folgenden wieder das dynamische Element, das Zusammenspiel der Phasen und ihre Entwicklung, in den Blick. Die entsprechenden Leitfragen lauten: Was steuert den Mechanismus der Übergänge zwischen den Phasen? Was hat sich ereignet, wenn ein Verlaufsabschnitt in einen anderen übergeht? Der Fokus liegt also einerseits auf den Faktoren, die Verlaufsprozesse von bedrohter Elternschaft ehemaliger Pflegekinder eskalieren lassen und einen Bedrohungsanstieg begünstigen.

Andererseits geht es um solche Faktoren, die einem zunehmenden Bedrohungsverlauf entgegenwirken und eine Abnahme der Bedrohung fördern können. Im Folgenden werden somit ‚Eskalatoren‘ und ‚Deeskalatoren‘ der Verlaufsdynamik von Bedrohungsprozessen bei infrage gestellter Elternschaft ehemaliger Pflegekinder beschrieben.

Wenngleich sich bestimmte Faktoren als besonders einflussreich im Hinblick auf ihre Kraft, Übergänge in aufsteigende wie absteigende Verlaufsrichtungen beeinflussen zu können, herausgestellt haben, ist es hier doch von zentraler Bedeutung hervorzuheben, dass es nicht diese Einzelfaktoren alleine sind, welche Übergänge in andere Verlaufsabschnitte begünstigen.

Vielmehr sind es erst die Wechselwirkungen mit weiteren Faktoren, welche die Verlaufsdynamik auf ein höheres oder niedrigeres Eskalationsniveau ausrichten. Dieses Zusammenwirken der einzelnen Faktoren als Bedingungskonstellation und ihre Einbettung in den Gesamtverlauf sollen nun beschrieben werden.

Die im Folgenden für jeden Bedingungsfaktor einzeln vorzunehmende Differenzierung bezieht sich also stets auf zwei Ausrichtungen: eine eskalierende und eine deeskalierende Bedingungskonstellation.

9.3.1 ‚Präsenz der Akteur*innen aus Organisationen' als Einflussfaktor auf den Verlauf

Akteur*innen aus Organisationen sind in allen Abschnitten des Bedrohungsverlaufs präsent. In der Regel sind dies Vertreter*innen des Jugendamtes aus dem Allgemeinen Sozialen Dienst (ASD). Je nach Konstellation, z. B. nach einer Fremdplatzierung von Kindern, kommen Vertreter*innen des Pflegekinderdienstes (PKD) sowie, oftmals im Vorfeld einer Herausnahme von Kindern aus der Familie, Vertreter*innen freier Träger, die als sozialpädagogische Familienhilfen tätig sind, hinzu. Diese Akteur*innen können sowohl phasenweise als auch über mehrere Verlaufsabschnitte eine Rolle spielen.

In Bezug auf den Einfluss dieses Faktors auf die Entwicklung des Bedrohungsverlaufs haben sich zwei wesentliche Bezüge gezeigt. Einerseits spielt die Anwesenheit von Akteur*innen aus *verschiedenen* Organisationen eine wesentliche Rolle. Andererseits kommt dem *Wechsel* von Akteur*innen *innerhalb* einer Organisation durch Hinzukommen bzw. Weggehen aus dem Hilfefeld ein starkes Gewicht zu.

Allerdings ist hervorzuheben, dass der bloße ‚Wechsel' von Personen in keinem Kausalzusammenhang zu einem eskalierenden bzw. deeskalierenden Fortgang des Bedrohungsverlaufs steht. Jedoch ist der ‚Wechsel an sich' bereits ein wichtiger Indikator für mit sehr hoher Wahrscheinlichkeit anzutreffende bzw. zu erwartende Bewegungen im Verlaufsgeschehen.

Der ‚Wechsel' von Akteur*innen aus Organisationen löst oftmals eine Dynamik aus, die sich prinzipiell in beide Veränderungsrichtungen, auf- wie absteigend, weiterentwickeln kann. Demnach stehen personelle Veränderungen zumeist für Veränderungen in der Prozessdynamik des Bedrohungsverlaufs.

Betrachtet man Wechselwirkungen mit anderen Bedingungsfaktoren des Verlaufs, dann fällt eine Konstellation besonders auf: Sind Vertreter aus *verschiedenen* Organisationen präsent, besteht in der Regel eine stabilere ‚Kooperation' der Biografieträgerinnen mit dem Hilfesystem, während die Kooperation bei nur einem beteiligten Akteur bzw. Akteurin, z. B. der ASD-Vertreter*in, oftmals stärker gefährdet ist und auch von Abbruch bedroht sein kann. D. h., dass die Chancen, mittels Kooperation mit dem Hilfesystem Zugang zu weiteren Ressourcen zu erhalten und handlungsfähig zu sein, grundsätzlich steigen, wenn mehr als ein*e Vertreter*in aus der Jugend- und Familienhilfe involviert ist. In Bezug auf den Bedrohungsverlauf bedeutet dies, dass die Anwesenheit mehrerer Akteur*innen aus Hilfeorganisationen – mit Ausnahme der Sonderkonstellation ‚Verrat' – häufig eine deeskalierende Wirkung auf den Bedrohungsverlauf hat.

Auch hier hängt der Einfluss auf den Bedrohungsverlauf selbstverständlich nicht mit der bloßen Präsenz der Hilfeperson zusammen. Vielmehr entfaltet sich die Wirkung über indirekte Einflusswege. Einfluss auf den Bedrohungsverlauf nehmen die Fachkräfte insbesondere in ihrer Rolle als „Gatekeeper" (Austin, Pruett, Kirkpatrick, Flens & Gould 2013). Hierbei haben diejenigen, welche als Schaltstelle des Zugangs zu öffentlichen Ressourcen fungieren, zugleich auch Einfluss auf persönliche Ressourcen wie die ‚psychosoziale Handlungsfähigkeit', Kontrollerleben und Selbstwirksamkeiten. So kann das Hinzukommen eines weiteren Vertreters aus dem Kreis der Jugend- und Familienhilfe, z. B. einer SPFH, der Biografieträgerin die Chance auf Zugang zu bislang versperrten Ressourcen bieten. Diese können u. a. in biografieorientierten Gesprächsmöglichkeiten sowie in Unterstützungsangeboten in Bezug auf die Bewältigung von Erziehungsaufgaben liegen.

In der Zusammenschau zeigt sich der Faktor ‚*Präsenz der Akteur*innen aus Organisationen*' meist als Deeskalator, wenn Vertreter*innen aus mehreren Hilfeorganisationen beteiligt sind (Ausnahme: Konstellation ‚Verrat'). Demgegenüber steigt die Gefahr, dass dieser Faktor eine eskalierende Wirkung entfaltet, dann, wenn nur eine Person das Hilfesystem repräsentiert. Wechsel der Akteur*innen lösen in der Regel eine Dynamik im Bedrohungsverlauf aus, die in ihrer Ausrichtung jedoch zunächst unbestimmt ist und sich in ihrer richtunggebenden Wirkung erst über das Zusammenspiel mit anderen Bedingungsfaktoren entwickelt. Dabei kommt vornehmlich der Ausrichtung der Hilfebeziehung (akzeptierend vs. bestimmend) eine wesentliche Bedeutung zu. Dieser Zusammenhang wird im Folgenden dargelegt. Damit verschiebt sich der analytische Blickwinkel von äußeren Rahmenbedingungen auf die Binnenstruktur von ‚Hilfe'.

9.3.2 ‚Hilfebeziehung' als Einflussfaktor auf den Verlauf

Ob und inwieweit ‚Hilfebeziehungen' (vgl. Böhnisch 2016) einen eskalierenden oder deeskalierenden Einfluss auf die Verlaufsdynamik nehmen, steht in einem engen Zusammenhang zu der Ausrichtung dieser Beziehung. Hilfebeziehungen, die eher durch eine einseitige Haltung geprägt sind und in denen sich Biografieträgerinnen in erster Linie an Vorgaben orientieren sollen, haben das Potenzial, den Zugang zu persönlichen Ressourcen zu versperren und bestenfalls Anpassungsleistungen bei den Biografieträgerinnen hervorzurufen (vgl. Einzelfall Frau Rosen: sofortiges Androhen der Fremdunterbringung der Kinder beim Erstkontakt mit dem Jugendamt).

Allerdings hat sich gezeigt, dass keinesfalls jede direktive Vorgabe einen Übergang in einen eskalierenden Verlaufsabschnitt begünstigt (vgl. Einzelfall Frau Petermann: Fortsetzung der Kooperation mit den Vertreterinnen der Jugendhilfe trotz Fremdbestimmung, u. a. in Bezug auf den Eintritt in den Kindergarten). Dass Vorgaben nicht prinzipiell entmündigend erlebt werden, ist im Zusammenhang mit der Gesamtwahrnehmung der Hilfebeziehung als akzeptierend und unterstützend zu sehen. Insofern führen kontrollierende Züge und Verhaltensweisen im Rahmen der Hilfebeziehung nicht grundsätzlich zu einem Übergang auf ein höheres Eskalationsniveau, vielmehr ist dies in Abhängigkeit von der Einbettung in die Gesamtqualität der Hilfebeziehung zu beurteilen. Liegt den Vorgaben eine Hilfebeziehung zugrunde, die auch problematisches Verhalten vor dem Hintergrund der Biografie als ein Bemühen um Bewältigung interpretieren kann, dann ist nicht zwangsläufig ein Kippen in einen Verlaufsabschnitt auf höherem Eskalationsniveau zu erwarten. Fehlt es jedoch an einer solchen Betrachtungsweise, belasten Vorgaben und Kontrollen die Kooperation oft extrem und begünstigen somit häufig einen raschen Übergang auf eine höhere Eskalationsstufe (Wolf 2015: 218).

Mithin hat sich herausgestellt, dass der Vertrauensaspekt in Hilfebeziehungen einen wesentlichen Einfluss auf den Verlauf nimmt. So ist es möglich, dass Schilderungen eines aus der Perspektive der Biografieträgerin erlittenen ‚Verrats‘ durch die Hilfeperson stets mit einem rasanten Ansteigen des Bedrohungsverlaufs zusammenfallen. Das kommt in Angaben zum Ausdruck, in denen Fachkräften anderslautende Einschätzungen über den Erfolg der Hilfe gegeben werden als der Biografieträgerin, wodurch der Eindruck einer ‚Koalition der Fachkräfte‘ gegen den Biografieträger (vgl. ‚geschlossener Bewusstheitskontext‘, Faltermeier 2001: 136) entsteht (vgl. Einzelfall Frau Groß: Situationsschilderung ‚Hilfeplangespräch‘). Umgekehrt ist der Hilfebeziehung eine deeskalierende Rolle zuzuschreiben, wenn eine ‚Wir-Ebene‘ (Wolf 2015: 225) zwischen der Fachkraft und der Biografieträgerin entsteht. Das ist erkennbar an Ausführungen, die das Gefühl, von der Betreuerin verstanden zu werden ggf. auch in Schutz genommen zu werden, wiedergeben (vgl. Einzelfall Frau Bergfried).

Darüber hinaus ist deutlich geworden, dass der Einfluss der Hilfebeziehung auf die Verlaufsdynamik eng mit dem in der Hilfebeziehung ausgeübten Maß an Kontrolle zusammenhängt. So geht eine umfassende „Reichweite der Kontrolle" (Wolf 2015: 219), die sich in der Wahrnehmung der Biografieträgerin auf eine Vielzahl von Aspekten bezieht, mit einem ansteigenden bzw. hohen Eskalationsniveau einher. Das ist oftmals mit einem Erleben von Hilflosigkeit, Ohnmacht und Entmutigung verknüpft. Nicht selten mündet dies in einen Rückzug der Biografieträgerin aus der Hilfebeziehung und führt zum Abbruch der Kooperation mit dem Hilfesystem (vgl. Einzelfälle: Hochkonfliktphase). Ist die durch das Hilfesystem ausgeübte Kontrolle eher auf wenige bzw. Einzelaspekte bezogen, bleiben die Autonomie und Handlungsfähigkeit in anderen Bereichen erhalten. Gibt es also eine Entwicklungsrichtung, die von der Fremd- zur Selbstkontrolle (Schuster 1997) führt, ist dies deutlich mit Verlaufsphasen auf einem niedrigen Eskalationsniveau bzw. mit deeskalierendem Verlauf verbunden. Solche Entwicklungsrichtungen finden sich sowohl in Beschreibungen, die Partizipation der Biografieträgerinnen bei Entscheidungen, welche die Kinder betreffen, beinhalten (vgl. Einzelfall Frau Rosen: Deeskalationsphase), als auch in Berichten über die Einbeziehung bedeutsamer Anderer, wie des Ehemannes in ein Wohnsetting (vgl. Einzelfall Frau Bergfried: Deeskalationsphase).

Eine ‚Hilfebeziehung', in welcher die Biografieträgerin wenig Akzeptanz und Wertschätzung erlebt, steht in enger Wechselwirkung mit einer Wahrnehmung schwindender Einfluss- und Kontrollmöglichkeiten, einer abnehmenden psychosozialen Handlungsfähigkeit sowie Selbstwirksamkeit. Sie geht mit einer schwächer werdenden, teils auch aufgehobenen Kooperation mit den Vertreter*innen der Jugend- und Familienhilfe einher. Ein solches Zusammenspiel der Faktoren setzt eine Dynamik in Gang, die in eine eskalierende bis hocheskalierende Verlaufsrichtung mündet. In dieser Konstellation verschiebt die Hilfebeziehung die Belastungs-Ressourcen-Balance in Richtung einer Belastungskonstellation, was den Zugang zu Ressourcen erschwert.

Umgekehrt entsteht um den Faktor ‚Hilfebeziehung' gerade dann eine deeskalierende Bedingungskonstellation mit absteigender Verlaufsrichtung und einer deeskalierenden Verlaufsdynamik, wenn die Hilfebeziehung von Akzeptanz und Wertschätzung gegenüber den Biografieträgerinnen geprägt ist. Dann ermöglicht sie einen Zugang zu anderen Ressourcen (u. a. psychosoziale Handlungsfähigkeit, Selbstwirksamkeit, Kooperation), während sie diesen bei fehlender Akzeptanz eher versperrt.

Die Hilfebeziehung birgt dann das Potenzial die Belastungs-Ressourcen-Balance in Richtung einer Ressourcenkonstellation zu verschieben. Sie wird somit selbst zu einer Ressource im Lebensfeld der Biografieträgerin (vgl. ‚Interventionsmodus', Wolf 2015: 62) bzw. erleichtert den Zugang zu Ressourcen. Auf diese Weise werden Reorganisationsprozesse, die auf eine Wiederherstellung des Passungsgefüges Person/Umwelt ausgerichtet sind (Filipp & Aymanns 2010), unterstützt.

Die Hilfebeziehung stellt in der ‚Belastungs-Ressourcen-Balance' (Wolf 2015) eine zentrale Scharnierstelle dar, welche das Gleichgewicht sowohl auf die Belastungs- als auch auf die Ressourcenseite verschieben kann. Je nachdem, ob die Bedingungskonstellation eskalierend oder deeskalierend ausgerichtet ist, setzt sie Übergänge auf ein höheres bzw. geringeres Eskalationsniveau in Gang.

Zusammenfassend ist festzuhalten, dass mehrere Facetten der Hilfebeziehung einen Einfluss auf den Bedrohungsverlauf nehmen können. Zum einen hat die grundlegende Ausrichtung der Hilfebeziehung einen Effekt auf den Verlauf. So begünstigt eine akzeptierend ausgerichtete Hilfebeziehung den Übergang bzw. das Fortbestehen von Verlaufsabschnitten auf niedrigem oder absteigendem Eskalationsniveau, während bestimmend bzw. kontrollierend geprägte Hilfebeziehungen eher mit (hoch-)eskalierenden Verlaufsabschnitten zusammenfallen.

Zum anderen ist bei einer Hilfebeziehung, die durch eine große ‚Reichweite der Kontrolle' (Wolf 2015: 219) gekennzeichnet ist, eine eskalierende Wirkung auf den Bedrohungsverlauf zu erwarten. Demgegenüber kommt Hilfebeziehungen, in denen wenig Kontrolle ausgeübt wird bzw. sich die Kontrolle auf stark umgrenzte Aspekte bezieht, wie die Überprüfung des regelmäßigen Kindergarten- oder Schulbesuchs sowie die Teilnahme an einer Therapie, eine deeskalierende Wirkung zu. Ebenso einflussreich ist die Entwicklungsrichtung der im Rahmen der Hilfebeziehung ausgeübten Kontrolle. Eine Ausrichtung von der Fremd- zur Selbstkontrolle begünstigt Übergänge auf ein abnehmendes Eskalationsniveau, z. B. von der Hochkonflikt- zur Deeskalationsphase, während dauerhafte Fremdkontrollen den Verbleib auf einem höheren Bedrohungsniveau unterstützen.

Schließlich ist der Vertrauensaspekt in Hilfebeziehungen ein wesentlicher Einflussfaktor auf den Verlauf. Kommt es zu Erfahrungen, in denen das Vertrauen riskiert wird (‚Verratsituationen‘), wirkt die Hilfebeziehung als Eskalator. Wird die Hilfebeziehung als Schutz und Quelle von Verständnis erlebt, hat sie den Stellenwert eines Deeskalators.

9.3.3 ‚Bedeutsame Andere‘ als Einflussfaktor auf den Verlauf

‚Bedeutsame Andere‘ können u. a. als Lebensgefährten, Ehepartner, Rechtsvertreter im Bedrohungsverlauf präsent sein. Einen deutlichen Einfluss auf die Verlaufsdynamik nehmen sie oftmals gerade dann, wenn die Beziehung zu Akteur*innen aus Organisationen sehr stark belastet oder sogar abgebrochen ist. Das trifft ganz besonders auf Phasen zu, die auf höchstem Bedrohungsniveau verlaufen. Sind hier ‚bedeutsame Andere‘ vertreten oder kommen hinzu, kann oftmals eine Dynamik entstehen, die den Übergang auf ein geringeres Eskalationsniveau ermöglicht. So können ‚bedeutsame Andere‘ Prozesse in Gang setzen, die neue Handlungsoptionen eröffnen, indem sie u. a. dazu beitragen, im Kontext der Fremdunterbringung auftretendes destruktives Bewältigungsverhalten der Biografieträgerin zu beenden, diese zu stabilisieren und so Voraussetzungen zu schaffen, die abgebrochene Beziehung zum Kind sowie zum Hilfesystem wieder aufzunehmen. Auch der Kontakt zu Rechtsvertreter*innen kann dazu führen, einen im Rahmen der Inobhutnahme ausgelösten Rückzug der Biografieträgerin aus dem Hilfeprozess zu beenden und die Beteiligung an Hilfeplangesprächen wieder zu ermöglichen.

Die Präsenz ‚bedeutsamer Anderer‘ kann die Verlaufsdynamik aber auch in eine eskalierende Richtung beeinflussen. Das kann z. B. dann passieren, wenn ein Spannungsfeld zwischen Akteur*innen aus Organisationen und der Biografieträgerin nahestehenden ‚bedeutsamen Anderen‘ besteht. Solche Konstellationen können im Bedrohungsverlauf immer wieder einen Einfluss haben. Sie zeigen sich oftmals in einem Hin- und Hergerissensein der Biografieträgerin zwischen einer Kooperation mit Vertretern aus Hilfeorganisationen und der

Loyalität einem Partner gegenüber, welcher dies ablehnt (vgl. Einzelfall: Frau Bergfried). Kommt es zu Zuspitzungen im Spannungsfeld zwischen Zielen der Jugendhilfe und persönlichen Zielen, wird diese Belastung oftmals zugunsten der persönlichen Beziehung aufgelöst. Der Präsenz des ‚bedeutsamen Anderen' kommt in dieser Konstellation ein eskalierender Einfluss auf den Bedrohungsverlauf zu, der somit ansteigt.

Auch im Falle der Einbeziehung ‚bedeutsamer Anderer', die nicht dem unmittelbaren sozialen Umfeld angehören, kann eine Dynamik entstehen, die den Übergang auf ein geringeres Eskalationsniveau verschließt. Hierzu können z. B. die Kontaktaufnahme und Kooperation mit Vertreter*innen von Interessensverbänden beitragen, deren Handeln eher an Zielen des Verbandes als an den differenzierten Bedürfnissen des Einzelfalls orientiert ist. Hier trägt der Bedingungsfaktor ‚bedeutsame Andere' nicht selten zu einer Verfestigung der Verlaufsdynamik auf höchstem Eskalationsniveau bei.

Betrachtet man die Mechanik der Einflussnahme des Bedingungsfaktors ‚bedeutsame Andere' in der Zusammenschau, dann zeigt sich dieser Faktor insbesondere dann als ‚Deeskalator', wenn es gelingt, den abgebrochenen Kontakt zum System der Jugendhilfe wiederherzustellen, in ‚Verhandlungen' einzutreten und – ggf. punktuell – ‚Mitbestimmung' zu erwirken. Ferner auch dann, wenn es möglich wird, durch Unterstützung beim Abbau destruktiven Bewältigungsverhaltens Voraussetzungen bei der Biografieträgerin für die Wiederaufnahme des Kontaktes zum Hilfesystem zu schaffen. Das kann sowohl durch ‚bedeutsame Andere' aus dem nahen sozialen Umfeld (Familie, Freundeskreis) erfolgen als auch über Personen aus dem Rechtssystem (Anwalt). Hier sind ‚bedeutsame Andere' eine wesentliche Ressource bzw. erleichtern den Zugang zu Ressourcen im Lebensfeld der Biografieträgerin. Sie tragen so zu einer Verbesserung der Belastungs-Ressourcen-Balance bei und wirken unterstützend bei der Reorganisation des Passungsgefüges Person/Umwelt im Kontext des kritischen Lebensereignisses ‚bedrohte Elternschaft' (Filipp & Aymanns 2010). Demgegenüber erweist sich dieser Bedingungsfaktor als ‚Eskalator', der die Bedrohungsdynamik auf oftmals sehr hohem Eskalationsniveau aufrechterhält und Übergänge in eine andere Richtung blockiert, wenn ein Angriffs- und Verteidigungsmodus beibehalten wird, der einer Kooperationsentwicklung zuwiderläuft. Auch dies kann durch Personen aus dem nächsten Umfeld der Biografieträgerin, die kategorisch eine Zusammenarbeit mit jedweder Hilfeorganisation ablehnen, begünstigt werden sowie durch Vertreter*innen von Justiz oder von Interessensverbänden, welche vor allem durchsetzungsorientiert agieren bzw. pauschale Ziele und nicht die Chancen des Einzelfalls im Blick haben.

Tabelle 10 zeigt die Einflussfaktoren ‚Akteur*innen aus Organisationen', ‚Hilfebeziehung', ‚Kooperation' und ‚Bedeutsame Andere' in der Zusammenschau.

Tabelle 10: Prozessdynamik – Einflussfaktoren: Akteure aus Organisationen –
bedeutsame Andere – Hilfebeziehung – Kooperation

Phase/ Einzelfall	Niedrigkonfliktphase Verhandlungsphase	Eskalationsphase Angriffs- und Ver- teidigungsphase	Hochkonfliktphase Fremdbestimmungs- und Verlustphase	Deeskalationsphase Mitbestimmungsphase
Präsenz der Akteure aus Organisationen	Frau Rosen: JA Frau Petermann: JA, SPFH, SPZ, Kinder- garten Frau Groß: JA, Tages- gruppe Frau Bergfried: JA, 1. SPFH	Frau Rosen: JA, SPFH Frau Petermann: JA, SPFH neu Frau Groß: JA, SPFH, Kurs Frau Bergfried: JA, 1. SPFH	Frau Rosen: JA Frau Petermann: JA, Leiter JA Frau Groß: Vertreter JA, SPFH Frau Bergfried: JA, 2. u. 3. SPFH	Frau Rosen: JA neu Frau Petermann: JA Frau Groß: SPFH neu Frau Bergfried: Betreue- rin (Einrichtung)
Bedeutsame Andere	Frau Rosen: keine Frau Petermann: Großeltern Frau Groß: keine Frau Bergfried: keine	Frau Rosen: keine Frau Petermann: keine Frau Groß: keine Frau Bergfried: Ehemann	Frau Rosen: Partner Frau Petermann: RA/Betreuer Frau Groß: keine Frau Bergfried: Ehemann	Frau Rosen: keine Frau Petermann: Be- treuer Frau Groß: keine Frau Bergfried: Ehemann
Hilfebeziehung	Frau Rosen: akzeptie- rend Frau Petermann: akzeptierend JA, SPFH Frau Groß: akzeptie- rend JA, Tagesgruppe Frau Bergfried: akzeptierend JA	Frau Rosen: einseitig JA, akzeptierend SPFH Frau Petermann: akzeptierend JA, einseitig SPFH Frau Groß: einseitig JA, akzeptierend SPFH Frau Bergfried: akzeptierend JA, 2. SPFH, einseitig 3. SPFH	Frau Rosen: einseitig JA Frau Petermann: einseitig JA Frau Groß: einseitig (Bündnis: JA-SPFH- Lehrerin) Frau Bergfried: einseitig JA (neu), einseitig 3. SPFH	Frau Rosen: akzeptierend JA (neu) Frau Petermann: akzep- tierend JA, Betreuer Frau Groß: akzeptierend SPFH Frau Bergfried: akzeptie- rend (Betreuerin Mutter- Kind-Einrichtung)
Kooperation mit dem Hilfesystem	Frau Rosen: gegeben: JA Frau Petermann: gegeben: JA ‚alt', SPFH, SPZ, Kiga Frau Groß: stabil Frau Bergfried: stabil JA	Frau Rosen: abgebro- chen: JA, gegeben: SPFH Frau Petermann: gegeben: JA, ab- gebrochen: SPFH Frau Groß: instabil Frau Bergfried: stabil JA, instabil SPFH	Frau Rosen: abgebro- chen Frau Petermann: abgebrochen Frau Groß: abgebro- chen Frau Bergfried: abgebrochen	Frau Rosen: gegeben: JA Frau Petermann: gege- ben: JA (neu) Frau Groß: stabil SPFH Frau Bergfried: stabil Betreuerin Einrichtung

9.3.4 ‚Attributionsprozesse' und ‚Deutungen' als Einflussfaktoren auf den Verlauf

Die ‚Verortung der Bedrohung' ist ein weiterer Anhaltspunkt dafür, ob sich der Bedrohungsverlauf eskalierend oder deeskalierend entwickelt. Werden die Ursachen der Bedrohung ausschließlich außerhalb der eigenen Person verortet (z. B. beim Kind, bei Vertreter*innen der Jugendhilfe), geht diese externale Attribution nicht mit einem Ansteigen des Eskalationsverlaufs einher, da es sich um eine den Selbstwert schützende Wahrnehmung handelt. Das ändert sich, sobald Ursachen nicht nur external, sondern auch internal verortet wer-den bzw. von außen ausschließlich in der Person der Biografieträgerin liegende Gründe angeführt werden (vgl. Einzelfall Frau Groß: Veränderung der Ursa-chenzuschreibung vom Kind zur eigenen Person). Diese den Selbstwert desta-bilisierende Außenwahrnehmung tritt nicht selten zusammen mit einem Bedrohungsanstieg auf. In der Regel sind damit auch Aktivitäten im Bereich des Selbstschutzes verbunden, und das Bedürfnis, die eigene Handlungsfähigkeit zu erhalten, steigt.

Liegen jedoch beide Konstellationen (,external' und ,internal') vor, wird die Bedrohungssituation also aus verschiedenen Blickwinkeln betrachtet, sowohl von außen als auch von innen, dann ist damit eine deeskalierende Verlaufsrichtung verknüpft (vgl. Einzelfall Frau Groß: „Wir haben Mitschuld, das will ich gar nicht abstreiten, aber komplett, da würde ich sagen Nein"). Der Selbstschutz ist hier nicht in hohem Maße aktiviert, zumal auch Handlungsfähigkeit weiterhin gegeben ist.

Zur ,Stabilität der Bedrohung' hat sich gezeigt, dass eine Bedrohung, die als veränderbar bzw. variabel interpretiert wird, mit Verläufen auf geringerem Eskalationsniveau zusammenfällt. Zu Übergängen auf höchste Eskalationsstufen (,Hochkonfliktphase') kommt es unter dieser Voraussetzung nicht. Während also eine als veränderbar wahrgenommene Bedrohung eine Prozessdynamik auf niedrigem bis mittlerem Eskalationsniveau begünstigt, weist eine Wahrnehmung der Bedrohung als ,unveränderbar' bzw. ,stabil' auf Eskalationsprozesse mit Übergängen auf höchste Verlaufsabschnitte hin. Diese Konstellation zeigt sich regelmäßig in Hochkonfliktphasen.

Auch in Bezug auf die ,Kontrollierbarkeit der Bedrohung' lässt sich eine klare Zuordnung treffen. Solange die Bedrohung zumindest noch als ,partiell kontrollierbar' interpretiert wird, bewegt sich die Prozessdynamik auf einem geringen bis mittleren Eskalationsniveau. Wird die Bedrohung jedoch als ,nicht kontrollierbar' interpretiert, schnellt der Verlauf auf eine höhere Eskalationsstufe. Insofern ist die Merkmalsausprägung ,nicht kontrollierbar' bzw. der Verlust an Einfluss auf die Bedrohung als ein sicherer Hinweis auf eine hocheskalierende Prozessdynamik einzustufen.

Den biografisch geprägten Deutungsmustern kommt ein besonderer Stellenwert in Bezug auf die Prozessdynamik zu. Zum einen treten sie im Bedrohungsverlauf nicht als einfache Zusammenhangsannahmen auf, sondern sind komplexer. Zum anderen fallen sie in Verlaufsabschnitten mit niedrigem, insbesondere aber mit sinkendem Eskalationsniveau auf. Durch ihre biografischen Bezüge haben diese Deutungsmuster das Potenzial, zu längerfristigen Veränderungen zu führen, da sie mit wesentlichen biografischen Aspekten und Motivationen verbunden sind. In Bezug auf den Bedrohungsverlauf bedeutet dies, dass biografischen Deutungen in der Regel ein stabilisierender Einfluss auf ein – wieder – niedrigeres Eskalationsniveau zukommt. Deswegen haben sie sich im Kontext des kritischen Lebensereignisses ,bedrohte Elternschaft ehemaliger Pflegekinder' als Ressource, welche die Reorganisation der Person-Umwelt-Passung unterstützt, erwiesen (vgl. Einzelfall: Frau Rosen).

Zusammenfassend haben sich im Hinblick darauf, welchen Einfluss Attributionen und Deutungsmuster auf die Prozessdynamik des Verlaufs nehmen, eine Ressourcen- und eine Belastungskonstellation gezeigt. Die Ressourcenkonstellation besteht in einer Wahrnehmung der Bedrohung, die als kontrollierbar, variabel sowie in Bezug auf die Ursachenzuschreibung nur external sowie internal *und* external verortet interpretiert wird. In dieser Konstellation erweisen sich ‚*Attributionsprozesse*' und ‚*Deutungen*' im Kontext des kritischen Lebensereignisses ‚bedrohte Elternschaft' als Ressource.

Reziprok dazu zeigt sich eine Belastungskonstellation in einem Bedingungsgefüge aus fehlender Kontrolle in Bezug auf die Bedrohung, aus einer Interpretation der Bedrohung als ‚stabil' und einer externalen Ursachenzuschreibung. Interessant ist, dass bereits eine Wahrnehmung von Kontrollierbarkeit, die sich auf Teilbereiche des Bedrohungsgeschehens bezieht, als deeskalierend einzustufen ist (vgl. „Leiter des Kontrollgewinns", „Leiter des eskalierenden Kontrollverlustes", „Hierarchie der Kontrolle / Eskalation des Kontrollverlustes", Wolf 2015: 179 f.).

Interessant sind ferner die verschiedenen Kombinationen externaler Ursachenzuschreibung und einer Wahrnehmung der Bedrohung als stabil oder variabel. Liegt eine externale Ursachenzuschreibung, einhergehend mit einer Verortung beim Kind, vor (vgl. Einzelfall Frau Groß, Frau Bergfried), werden dennoch Einflussmöglichkeiten erlebt, sodass der Bedrohungsverlauf auf einem niedrigen Eskalationsniveau bleibt. Liegt jedoch eine externale Verortung mit Bezug zum Hilfesystem vor, ist die verbunden mit Kontrollverlust und einem Ansteigen des Bedrohungsverlaufs (vgl. Einzelfall Frau Groß: Hochkonfliktphase). Hier entscheidet nicht alleine der Faktor ‚externale Verortung', sondern erst die Kombination mit dem Faktor ‚Kontrollierbarkeit der Bedrohung' darüber, ob es zu einem an- oder absteigendem Verlauf kommt.

Demgegenüber handelt es sich bei Attributionsprozessen, die eine Bedrohung als unveränderbar, unkontrollierbar sowie ausschließlich internal verortet beschreiben, um eine Belastungskonstellation, die als Eskalator einzustufen ist und den Zugang zu Ressourcen blockiert. Diese Konstellation trägt also zu einer Verschiebung der Belastungs-Ressourcen-Balance in Richtung der Belastungsseite bei und begünstigt deswegen Übergänge in Verlaufsabschnitte auf höherem Eskalationsniveau.

Tabelle 11 zeigt die Einflussfaktoren ‚Attributionen' und ‚Deutungen' in der Zusammenschau der Einzelfälle.

Tabelle 11: Prozessdynamik – Einflussfaktoren: Attributionen – Deutungsmuster

Phase/ Einzelfall	Niedrigkonfliktphase Verhandlungsphase	Eskalationsphase Angriffs- und Verteidigungsphase	Hochkonfliktphase Fremdbestimmungs- und Verlustphase	Deeskalationsphase Mitbestimmungsphase
Verortung der Bedrohung	Frau Rosen: intern Frau Petermann: intern Frau Groß: extern Frau Bergfried: extern u. intern	Frau Rosen: extern Frau Petermann: extern/intern Frau Groß: extern (Kind, SPFH, JA) Frau Bergfried: extern	Frau Rosen: extern Frau Petermann: extern Frau Groß: extern (SPFH), extern (JA) Frau Bergfried: extern	Frau Rosen: intern Frau Petermann: intern Frau Groß: extern (JA), intern (selbst) Frau Bergfried: extern u. intern
Stabilität der Bedrohung	Frau Rosen: variabel Frau Petermann: variabel Frau Groß: variabel Frau Bergfried: variabel	Frau Rosen: variabel Frau Petermann: variabel Frau Groß: variabel Frau Bergfried: variabel	Frau Rosen: stabil Frau Petermann: stabil Frau Groß: stabil Frau Bergfried: stabil	Frau Rosen: variabel Frau Petermann: variabel Frau Groß: variabel Frau Bergfried: variabel
Kontrollierbarkeit der Bedrohung	Frau Rosen: kontrollierbar Frau Petermann: kontrollierbar Frau Groß: kontrollierbar Frau Bergfried: kontrollierbar	Frau Rosen: kontrollierbar Frau Petermann: kontrollierbar Frau Groß: unkontrollierbar Frau Bergfried: kontrollierbar	Frau Rosen: unkontrollierbar Frau Petermann: unkontrollierbar Frau Groß: unkontrollierbar Frau Bergfried: unkontrollierbar	Frau Rosen: kontrollierbar Frau Petermann: kontrollierbar Frau Groß: kontrollierbar Frau Bergfried: kontrollierbar
Deutungen	Frau Rosen: internale Attributionen Frau Petermann: internale Attributionen Frau Groß: externale Attributionen biografische Deutungsmuster Frau Bergfried: externale und internale Attributionen	Frau Rosen: externale Attributionen Frau Petermann: externale und internale Attributionen Frau Groß: externale und internale Attributionen Frau Bergfried: externale Attributionen	Frau Rosen: externale Attributionen Frau Petermann: externale Attributionen Frau Groß: externale Attributionen Frau Bergfried: keine	Frau Rosen: internale, biografische Deutungsmuster Frau Petermann: externale und internale Attributionen Frau Groß: externale und. internale Attributionen, biografische Deutungsmuster Frau Bergfried: externale und internale Attributionen

9.3.5 ,Psychosoziale Handlungsfähigkeit', ,Selbstwirksamkeit', ,Selbstwert' und ,Selbstwertschutz' als Einflussfaktoren auf den Verlauf

Werden Handlungsoptionen eingeschränkt (vgl. ,Angriffs- und Verteidigungsmodus' in der Eskalationsphase) oder gehen sie völlig verloren (vgl. ,Verlust von Einflussmöglichkeiten' in der Hochkonfliktphase), kommt es zu Übergängen in Verlaufsabschnitte mit einem höheren oder höchsten Eskalationsniveau. Insofern ist der Verlust an Handlungsfähigkeit ein deutlicher Hinweis auf eine Dynamik, die sich in eine eskalierende Verlaufsrichtung bewegt. Handlungsunfähigkeit, einhergehend mit dem Erleben von Ohnmacht und Kontrollverlust, zeigt sich in Phasen auf eskalierendem und höchstem Bedrohungsniveau. Einschränkungen der Handlungsfähigkeit blockieren den Zugang zu personalen Ressourcen, z. B. dem Selbstwert und der Selbstwirksamkeit. Sie tragen auf diese Weise zu einer Verschiebung der Belastungs-Ressourcen-Balance in Richtung Belastungen bei und begünstigen Übergänge auf eskalierende Verlaufsabschnitte.

Sind demgegenüber Handlungsoptionen gegeben (vgl. ‚Verhandeln' im Rahmen der Niedrigkonfliktphase) oder können Handlungsoptionen, wenngleich zunächst nur in Teilbereichen, zurückgewonnen werden (vgl. ‚Mitbestimmen' in der Deeskalationsphase), fördert dies Übergänge in Verlaufsabschnitte, die sich auf einem geringeren Eskalationsniveau bewegen. Erweiterungen der Handlungsfähigkeit erleichtern den Zugang zu Ressourcen, z. B. einer steigenden Selbstwirksamkeit, und tragen so zugleich zu einer Verschiebung der Belastungs-Ressourcen-Balance in Richtung einer Ressourcenkonstellation bei. Diese befördert die Verlaufsdynamik in eine deeskalierende Richtung. Im Kontext des kritischen Lebensereignisses ‚bedrohte Elternschaft' ist die Handlungsfähigkeit auch deswegen ein zentraler Faktor in Bezug auf die Reorganisation des Passungsgefüges Person/Umwelt (Filipp & Aymanns 2010), weil sie in Wechselwirkung zu weiteren personalen Ressourcen steht. Bei gegebener Handlungsfähigkeit steigt die Selbstwirksamkeit, der Selbstwert ist hoch, es zeigt sich wenig Aktivität im Bereich des Selbstschutzes und die Kooperation ist stabil.

In der Belastungskonstellation ist die Handlungsfähigkeit sehr stark eingeschränkt, oftmals sind der Selbstwert und die Selbstwirksamkeit niedrig, der Selbstschutz ist aktiv und die Kooperation aufgehoben. Gerade das Zusammenwirken dieser Faktoren als Bedingungsgefüge nimmt einen insgesamt sehr starken Einfluss auf die Verlaufsdynamik. Insofern sind es Ressourcenkonstellationen bzw. Belastungskonstellationen, die sich um die Ausprägungen ‚Handlungsfähigkeit: gegeben' bzw. ‚Handlungsfähigkeit: aufgehoben' gruppieren. Mit ihren entsprechenden Wirkungen auf die Verlaufsdynamik sind sie als ‚Deeskalatoren' bzw. ‚Eskalatoren' einzustufen.

Tabelle 12 zeigt die Bedingungsfaktoren psychosoziale Handlungsfähigkeit, Selbstwert, Selbstwertschutz und Selbstwirksamkeit in Bezug auf die Prozessdynamik der Phasen und die Einzelfälle. Tabelle 13 zeigt Ressourcen-Konstellationen und Tabelle 14 Belastungskonstellationen als Einflussfaktor auf die Prozessdynamik.

Tabelle 12: Prozessdynamik – Einflussfaktoren: psychosoziale Handlungsfähigkeit – Selbstwert – Selbstwertschutz – Selbstwirksamkeit

Phase/ Einzelfall	Niedrigkonfliktphase/ Verhandlungsphase	Eskalationsphase/ Angriffs- und Verteidigungsphase	Hochkonfliktphase/ Fremdbestimmungs- und Verlustphase	Deeskalationsphase/ Mitbestimmungsphase
Frau Rosen	Handlungsfähigkeit: gegeben Selbstwert u. -schutz: hoch/inaktiv Selbstwirksamkeit: hoch	Handlungsfähigkeit: eingeschränkt Selbstwert u. -schutz: gering/aktiv Selbstwirksamkeit: niedrig	Handlungsfähigkeit: nicht gegeben Selbstwert u. -schutz: gering/aktiv Selbstwirksamkeit: gering	Handlungsfähigkeit: gegeben Selbstwert u. -schutz: hoch/inaktiv Selbstwirksamkeit: hoch
Frau Petermann	Handlungsfähigkeit: gegeben Selbstwert u. -schutz: hoch/inaktiv Selbstwirksamkeit: hoch	Handlungsfähigkeit: eingeschränkt Selbstwert u. -schutz: gering/aktiv Selbstwirksamkeit: gering	Handlungsfähigkeit: nicht gegeben Selbstwert u. -schutz: gering/aktiv Selbstwirksamkeit: gering	Handlungsfähigkeit: gegeben Selbstwert u. -schutz: hoch/inaktiv Selbstwirksamkeit: hoch
Frau Groß	Handlungsfähigkeit: gegeben Selbstwert u. -schutz: hoch/inaktiv Selbstwirksamkeit: hoch	Handlungsfähigkeit: eingeschränkt Selbstwert u. -schutz: gering/aktiv Selbstwirksamkeit: abnehmend	Handlungsfähigkeit: nicht gegeben Selbstwert u. -schutz: gering/aktiv Selbstwirksamkeit: gering	Handlungsfähigkeit: gegeben Selbstwert u. -schutz: hoch/inaktiv Selbstwirksamkeit: hoch
Frau Bergfried	Handlungsfähigkeit: gegeben Selbstwert u. -schutz: hoch/inaktiv Selbstwirksamkeit: hoch	Handlungsfähigkeit: eingeschränkt Selbstwert u. -schutz: gering/aktiv Selbstwirksamkeit: abnehmend	Handlungsfähigkeit: nicht gegeben Selbstwert u. -schutz: gering/aktiv Selbstwirksamkeit: gering	Handlungsfähigkeit: gegeben Selbstwert u. -schutz: hoch/inaktiv Selbstwirksamkeit: hoch

Tabelle 13: Prozessdynamik – Einflussfaktor: Ressourcenkonstellationen

Phase/ Einzelfall	Niedrigkonfliktphase Verhandlungsphase	Eskalationsphase Angriffs- und Verteidigungsphase	Hochkonfliktphase Fremdbestimmungs- und Verlustphase	Deeskalationsphase Mitbestimmungsphase
Frau Rosen	stabile Beziehung zu zwei Organisationen, zwei akzeptierende Hilfebeziehungen, Erhalt von Handlungsfähigkeit, Kontrolle, Selbstwirksamkeit	Erhalt von Handlungsfähigkeit, Einfluss, Kontrolle, Selbstwirksamkeit	keine	stabile Beziehung zu einer Organisation, akzeptierende Hilfebeziehung JA, Erhalt von Handlungsfähigkeit, Selbstwirksamkeit und Kontrolle
Frau Petermann	stabile Beziehung zu mehreren Organisationen, zwei akzeptierende Hilfebeziehungen, Erhalt von Kontrolle, Handlungsfähigkeit, Selbstwert, Selbstwirksamkeit	Erhalt einer akzeptierenden Hilfebeziehung JA, Erhalt von Handlungsfähigkeit, Kontrolle, Selbstwirksamkeit, Kooperation, Selbstwertschutz aktiviert	keine	akzeptierende Hilfebeziehung JA, Anwalt/Betreuer, Rückkehr zu Kooperation, Handlungsfähigkeit, Kontrolle, Selbstwert, Selbstwirksamkeit
Frau Groß	stabile Beziehung zu zwei Organisationen, zwei akzeptierende Hilfebeziehungen, Erhalt von Kontrolle, Handlungsfähigkeit, Selbstwert, Selbstwirksamkeit, Kooperation	akzeptierend SPFH, Hilfe: Elternkurs, teils Erhalt von Kooperation, Handlungsfähigkeit, Kontrolle, Selbstwirksamkeit	bedeutsamer Anderer: Schulleiter	akzeptierende Hilfebeziehung: SPFH, Rückkehr zu Kooperation, Handlungsfähigkeit, Kontrolle, Einfluss, Selbstwert, Selbstwirksamkeit
Frau Bergfried	stabile Beziehung zu zwei Organisationen, zwei akzeptierende Hilfebeziehungen, Erhalt von Kontrolle, Handlungsfähigkeit, Selbstwert, Selbstwirksamkeit, Kooperation	stabile Beziehung zu einer Organisation, eine akzeptierende Hilfebeziehung mit einer Organisation, Wiedergewinn von Kontrolle, Handlungsfähigkeit, Selbstwert u. Selbstwirksamkeit	Ehemann	stabile Beziehung zu einer Organisation, eine akzeptierende Hilfebeziehung, Kooperation mit einer Organisation, Wiedergewinn von Kontrolle, Handlungsfähigkeit, Selbstwert u. Selbstwirksamkeit

Tabelle 14: Prozessdynamik – Einflussfaktor: Belastungskonstellationen

Phase/ Einzelfall	Niedrigkonfliktphase Verhandlungsphase	Eskalationsphase Angriffs- und Verteidigungsphase	Hochkonfliktphase Fremdbestimmungs- und Verlustphase	Deeskalationsphase Mitbestimmungsphase
Frau Rosen	keine	Einseitige Hilfebeziehung, Abnahme von Handlungsfähigkeit, Kontrolle, Einfluss, Selbstwert, Selbstwirksamkeit, Kooperation	Einseitige Hilfebeziehung, Verlust von Handlungsfähigkeit, Kontrolle, Einfluss, Selbstwirksamkeit, Selbstwert, Kooperation	keine
Frau Petermann	keine	einseitige Hilfebeziehung, Abnahme von Handlungsfähigkeit, Kontrolle, Einfluss, Selbstwert, Selbstwirksamkeit, Kooperation	Einseitige Hilfebeziehung, Verlust von Einfluss, Kontrolle, Selbstwert, Selbstwirksamkeit, Handlungsfähigkeit, Kooperation	teils noch einseitige Hilfebeziehung JA
Frau Groß	keine	Einseitige Hilfebeziehung, Abnahme von Handlungsfähigkeit, Kontrolle, Einfluss, Selbstwert, Selbstwirksamkeit, Kooperation	einseitige Hilfebeziehung, Verlust von Kontrolle, Einfluss, Selbstwert, Selbstwirksamkeit, Handlungsfähigkeit, Kooperation	einseitige Hilfebeziehung JA
Frau Bergfried	keine	einseitige Hilfebeziehung, Abnahme von Kontrolle, Einfluss, Selbstwert, Selbstwirksamkeit, Handlungsfähigkeit, Kooperation	einseitige Hilfebeziehung, Verlust von Kontrolle, Einfluss, Selbstwert, Selbstwirksamkeit, Handlungsfähigkeit, Kooperation	punktuell fehlende Einbeziehung bedeutsamer Anderer

10 Zusammenfassung der Ergebnisse und Ausblick für Forschung und Praxis

10.1 Zusammenfassung der Ergebnisse

Das Material wurde mittels der Analyse von Deutungsmustern zum Bedrohungserleben bei infrage gestellter Elternschaft ehemaliger Pflegekinder ausgewertet. Im Laufe des Analyseprozesses zeigte sich eine über die Einzelsituationen der Gespräche hinausgehende Dynamik der Bedrohungsverläufe in verschiedenen Phasen. Es ließen sich Abschnitte mit unterschiedlich hohem Eskalationsniveau und -verlauf – niedrig, hoch, ansteigend und abfallend – voneinander unterscheiden. Das führte zu der Frage, wodurch man diese Phasen näher bestimmen kann und worin sie sich unterscheiden.

Die Auswertung der Deutungsmuster erwies, dass das Erleben der Biografieträgerinnen, Einfluss auf die Bedrohung zu haben, ein wesentliches Kriterium für das Eskalationsniveau darstellt. Ferner gingen aus den Schilderungen der Interviewten u. a. Zusammenhänge zwischen dem Eskalationsniveau und der Hilfebeziehung sowie der Kooperation hervor.

Vor diesem Hintergrund führte die Frage nach den Abhängigkeiten der Veränderungen des Eskalationsniveaus, zu den folgenden Analysedimensionen. Diese schlüsseln zugleich das Material auf:

* Kontrollüberzeugung, Verortung und Variabilität der Bedrohung
* Psychosoziale Handlungsfähigkeit
* Selbstwirksamkeit
* Selbstwert und Selbstwertschutz
* Hilfebeziehung
* Kooperation mit dem Hilfesystem
* Präsenz der Akteur*innen aus Organisationen
* Bedeutsame Andere
* Ressourcen
* Belastungen
* Deutungen

Im Analyseprozess zeigten sich theoretische Bezüge zu mehreren Konzepten, die einen dynamischen Zugang zum Bedrohungsverlauf ermöglichten: das Konzept der kritischen Lebensereignisse von Filipp und Aymanns (2010) mit zentralen Grundannahmen der Attributionstheorie (Heider 1958; vgl. Aronson,

Wilson & Akert 2014), das Konzept ‚Belastungs-Ressourcen-Balance' von Wolf (2007/2015), das Konzept ‚Lebensbewältigung' von Böhnisch (2016) sowie das Deutungsmusterkonzept von Arnold (1983) und schließlich die ‚Verlaufskurve' von Corbin und Strauss (2010).

Das Konzept von Wolf fokussierte die Untersuchung des Forschungsmaterials auf das sich im Bedrohungsverlauf verändernde Verhältnis von Belastungen und Ressourcen. Insbesondere zentrierte es die Analyse auf den Zugang der Biografieträgerinnen zu Ressourcen. Diese werden nicht nur in Persönlichkeitseigenschaften, sondern insbesondere im sozialen Feld liegend gesehen. Dabei sind vor allem die bestehenden oder fehlenden Möglichkeiten des Zugangs Einzelner zu den Ressourcen bedeutsam. Das Konzept der Lebensbewältigung ergänzt diesen theoretischen Ansatz. Die darin beschriebenen Aspekte der ‚psychosozialen Handlungsfähigkeit', des ‚Selbstwertschutzes' und der ‚Hilfebeziehung als Konfliktbeziehung' erwiesen sich als hoch relevant, um die Vielschichtigkeit der Psychodynamik des Bewältigungsverhaltens der Biografieträgerinnen als Bedingungsfaktor der Prozessdynamik zu erfassen. Hieraus ergaben sich differenzierte Aufschlüsse darüber, ob im Bedrohungs- und Hilfeverlauf aus der Beziehung zu Akteur*innen aus Organisationen neue Handlungsoptionen oder ggf. Belastungen entstehen.

Zentrale Wahrnehmungs- und Interpretationsprozesse, die im Kontext der Bedrohung relevant sind, konnten mit den Werkzeugen, welche die Attributionstheorie und die Deutungsmusteranalyse zur Verfügung stellen, erfasst werden. Durch die Analyse von Attributionsprozessen konnte in der Untersuchung festgestellt werden, ob im Bedrohungsverlauf Einfluss- bzw. Kontrollmöglichkeiten wahrgenommen wurden. Ferner ging es um Wechselbeziehungen zwischen der Wahrnehmung von Kontrolle, Stabilität bzw. Variabilität der Bedrohung und deren Verortung (intern vs. extern).

Durch die Analyse von Deutungsmustern konnte die individuelle Perspektive vor allem hinsichtlich der Frage einbezogen werden, ob sich in den Deutungsmustern selbstwertfördernde oder selbstwertschädigende Erklärungen zeigen, welche die Handlungsfähigkeit der Person erweitern oder einschränken. Der Einbezug biografischer Deutungsmuster erweiterte die Interpretation um einen lebensgeschichtlichen Orientierungs- und Rechtfertigungsrahmen. Ferner konnten im Kontext des Bedrohungsverlaufs entwickelte Veränderungen der Deutungsmuster in den Blick genommen werden.

Mit der Untersuchung der Bedrohung als Verlaufskurve rückten die Themen ‚Phasierung' und ‚Übergänge' zwischen den Abschnitten des Verlaufs in den Blick. Dazu gehörten folgende Fragen:

- Wie kommt es zum Übergang in die nächste Phase?
- Was stabilisiert die Phase?

- Was bringt die Phase zum Kippen?
- Welche Ressourcen und welche Belastungen spielen dabei eine Rolle?

Hierbei handelt es sich zugleich um Leitfragen der Auswertung. Anhand der hier angewandten Konzepte ergab sich eine differenzierte Sicht auf die Prozessdynamik der Übergänge. Auf dieser Basis konnten die komplexen Wechselwirkungen, welche sowohl das Gleichgewicht einer Phase als auch deren Kippen in eine andere Phase ausmachten, herausgearbeitet werden. Es traten Muster hervor, die zeigten, dass Veränderungen in einzelnen Dimensionen zu Verschiebungen im Ganzen führen konnten. Insbesondere wurde deutlich, dass gerade das Zusammenwirken verschiedener Bedingungsfaktoren in einer Gesamtkonstellation ausschlaggebend für die Einstufung des Einzelfaktors als ‚Ressource' oder ‚Belastung' ist und dass dies je nach Phase des Bedrohungsverlaufs variieren kann.

Die Auswertung des Materials mündete in ein Modell des Bedrohungs-Eskalations-Verlaufs bei infrage gestellter Elternschaft ehemaliger Pflegekinder. Zur Entwicklung des Modells waren aus einer Vielzahl von Fällen entlang von Kontrastierungsmerkmalen verschiedene Einzelfälle ausgesucht worden. Diese wurden ausgewählt, weil sie jeweils stellvertretend für relevante Verläufe stehen. Kontrastierungsmerkmale, welche der Auswahl zugrunde lagen, waren u. a. das ‚Einstiegskonfliktniveau' sowie ‚Variationen im Bedrohungsverlauf' (plötzlich vs. kontinuierlich). Inhaltsbezogene Kontrastierungsmerkmale waren u. a. ‚biografische Deutungsmuster im Bedrohungsverlauf' und ‚Fremdunterbringung des Kindes im Bedrohungsverlauf'.

Das Modell zur Beschreibung von Bedrohungs-Eskalations-Verläufen bei infrage gestellter Elternschaft ehemaliger Pflegekinder unterscheidet vier Phasen. In der ‚Niedrigkonfliktphase' ist die Belastungs-Ressourcen-Balance noch ausgewogen. Das Bedrohungserleben ist noch sehr gering. Ursachen der Bedrohung werden sowohl der eigenen Person zugeschrieben als auch external – zumeist im persönlichen Umfeld – verortet. Die Bedrohung wird als kontrollier- und veränderbar wahrgenommen. Es ist kaum Druck im Bereich des Selbstwertschutzes vorhanden, zumal der Selbstwert und die Selbstwirksamkeit hoch sind, psychosoziale Handlungsfähigkeit besteht und die Kooperation mit dem Hilfesystem stabil ist. Zugleich eröffnet die Hilfebeziehung Perspektiven und Lösungsmöglichkeiten im Umgang mit der Problematik. Dabei sind Mitbestimmungsmöglichkeiten und Verhandlungsoptionen gegeben.

Eine klare Umgrenzung der Hilfe stabilisiert den Bedrohungsverlauf auf niedrigem Niveau. Es sind selbstkritische Deutungen sowie biografische Deutungen möglich, die Vergleiche zwischen früheren und aktuellen Erfahrungen umfassen. Diese Faktoren beschreiben zugleich die *Ressourcenkonstellation* der Niedrigkonfliktphase. Auf dieser Grundlage wird die Fremdunterbringung eines Kindes in diesem Verlaufsabschnitt nicht als bedrohlicher Eingriff in die Elternschaft, sondern als Unterstützung interpretiert. In der ‚Eskalationsphase' ist das Bedrohungserleben angestiegen. Die Belastungs-Ressourcen-Balance hat sich zwar in Richtung der Belastungen verschoben, es wirken jedoch noch Ressourcen fort, die dazu ein Gegengewicht bilden. Die Ursachen der Bedrohung werden vor allem von außen und weniger als veränderlich wahrgenommen. Deutungen mit selbstkritischem Bezug werden seltener, Deutungen mit biografischem Bezug treten nicht auf. Abnehmende Einflussmöglichkeiten auf die Bedrohung zeigen sich parallel zu steigenden Anpassungserwartungen seitens der Jugendhilfe. Die Selbstwirksamkeit sinkt und Handlungsmöglichkeiten nehmen ab, wodurch der Druck zum Schutz des Selbstwertes steigt. Neben funktionalen Bewältigungsmechanismen der Verteidigung, wie einer Teilnahme an Gesprächen mit dem Jugendamt, zeigen sich auch Abspaltungsreaktionen zum Schutz und zur Stabilisierung des Selbstwertes. Die Hilfebeziehung wird als weniger akzeptierend beschrieben, wobei in diesem Verlaufsabschnitt meist Hilfebeziehungen zu mehreren Vertretern der Jugend- und Familienhilfe bestehen, die dann oftmals gegensätzlich, sowohl akzeptierend als auch einseitig, ausgerichtet sind. Während einzelne Hilfebeziehungen abgebrochen werden, bestehen andere Hilfebeziehungen noch fort. Dies mündet zwar in eine insgesamt instabilere Kooperation mit der Jugendhilfe, der Verlauf bleibt jedoch im mittleren Eskalationsbereich. Wird eine vom Kind ausgehende Bedrohung der Elternschaft erlebt, mündet die Inobhutnahme dieses Kindes nicht in den hocheskalierenden Verlaufsbereich, sondern trägt zu einer Rückkehr des Verlaufs auf ein niedrigeres Eskalationsniveau bei.

In der Hochkonfliktphase erreicht das Bedrohungserleben seinen Höhepunkt. Die Belastungs-Ressourcen-Balance hat sich einseitig zur Belastungsseite verschoben. Es fehlt fast vollständig an Ressourcen, die ein Gegengewicht bilden können. Zentrales Ereignis dieser Phase ist die erfolgte oder angedrohte Fremdunterbringung des Kindes. Es ist jedoch nicht nur der Verlust des Kindes, vielmehr kennzeichnet ein multiples Verlusterleben diese Phase, da auch weitere persönliche Ressourcen, wie die psychosoziale Handlungsfähigkeit, Kontrolle und Selbstwirksamkeit, verloren gehen. Zudem prägt das Erleben, einem ‚Bündnis' der Helfer ohnmächtig gegenüberzustehen, diesen Verlaufsabschnitt. Hier wird die Hilfebeziehung selbst zur Bedrohung. Dementsprechend fehlt es in dieser Phase an jeglichem Einfluss der Person auf das Bedrohungsgeschehen. Ursachen dafür werden ausschließlich außen verortet.

Die Bedrohung wird als stabil und unveränderbar wahrgenommen. Die Hilfebeziehung wird als einseitig, durch die Erwartungen der Helfer geprägt beschrieben. Eigene Mitsprachemöglichkeiten werden nicht mehr gesehen. Infolgedessen wird Handlungsfähigkeit nicht mehr erlebt, zugleich wird der Druck, den Selbstwert zu schützen, extrem hoch. Abspaltungsreaktionen, die von außen oft schwer zu verstehen sind und u. a. in Form von extremem Rückzug sowie von Alkohol- und Drogenkonsum auftreten, bestimmen oftmals das Verhalten der Biografieträgerinnen. Die Kooperation mit den Vertreter*innen aus allen Organisationen der Jugendhilfe ist abgebrochen. Angesichts dieser *Belastungskonstellation* gewinnt die Beziehung zu bedeutsamen Anderen (u. a. Partner, Rechtsvertreter) an Bedeutung und kann zur einzigen Ressource werden, die einen Ausweg aufzeigt und neue Handlungsoptionen zugänglich macht. Die Dauer der Hochkonfliktphase variiert zwischen wenigen Tagen und Monaten. Deutungsmuster sind nach Ursache-Wirkungs-Zusammenhängen organisiert. Komplexe Deutungen, ggf. solche mit einem biografischen Bezug, treten nicht auf.

In der Deeskalationsphase sinkt das Bedrohungserleben wieder. Die Belastungs-Ressourcen-Balance bewegt sich in Richtung eines Gleichgewichts. Dem liegt eine ‚*Ressourcenkonstellation*' zugrunde. So erwächst aus dem Wechsel von ‚Akteur*innen aus Organisationen der Jugend- und Familienhilfe' sowie aus dem Hinzukommen weiterer Helfer*innen die Chance, Handlungsmöglichkeiten zu entwickeln. Das ist mit Veränderungen in der Hilfebeziehung verbunden, die solche Mitsprache- und damit Handlungsoptionen bieten. Kooperation durch Wiederaufnahme des Kontaktes zu mindestens einer Person der Jugendhilfeorganisationen ist ebenso eine Ressource wie die dadurch wiedergewonnene Selbstwirksamkeit. Die Beziehung zu ‚Bedeutsamen Anderen' (Betreuer*in in einer Einrichtung, Rechtsvertreter*in) gehört auch dazu. Solche Beziehungen zu relevanten Personen außerhalb des Hilfesystems können in diesem Verlaufsabschnitt als ‚Katalysatoren' wirken und Zugang zu Handlungs- und Einflussmöglichkeiten beschleunigen. In einer solchen *Ressourcenkonstellation* nimmt die Notwendigkeit zum Selbstwertschutz ab.

‚Hilfebeziehungen', die einen Zugang zu biografisch bedeutsamen, jedoch noch unverarbeiteten Erfahrungen eröffnen, leisten einen entscheidenden Beitrag zur Neurahmung biografischer Erfahrungen (vgl. ‚Reframing', Böhnisch 2016). Solche Deeskalatoren tragen wesentlich zu einem Sinken des Eskalationsverlaufs bei. ‚Deutungsmuster' treten in Ursache-Wirkungs-Zusammenhängen (internale wie externale Attributionen) sowie in komplexeren Deutungsmustern mit einem biografischen Bezug auf.

Nachdem die Bedingungsfaktoren in diesem idealtypischen Phasenablauf betrachtet wurden, erfolgt nun deren Einordnung in den Kontext der Prozessdynamik.

Des Weiteren wurde die *Prozessdynamik* im Bereich der Übergänge zwischen Verlaufsabschnitten mit eskalierendem bis hocheskalierendem und solchen mit geringem bzw. deeskalierendem Verlauf untersucht. In der Zusammenschau der dort gefundenen Bedingungskonstellationen lässt die Verlaufsdynamik Rückschlüsse auf die Mechanismen relevanter Übergänge zu. Die leitenden Forschungsfragen – Was steuert die Übergänge zwischen den Phasen?

Was hat sich ereignet, wenn ein Verlaufsabschnitt in einen anderen übergeht? – können dahingehend beantwortet werden, dass sich die Wechselwirkungen zwischen den Hilfebeziehungen in ihren vielschichtigen Facetten und Möglichkeiten der Biografieträgerinnen, im Bedrohungsverlauf Einfluss und Kontrolle wahrzunehmen, als Motor der Verlaufsdynamik erwiesen haben. Im Einzelnen lauten die Ergebnisse:

- Die *Hilfebeziehung* nimmt eine Schlüsselrolle ein, da sie ein Kippen von einer Ressourcenkonstellation in eine Belastungskonstellation maßgeblich begünstigen oder blockieren kann.
- Es ist nicht die bloße Präsenz von Helfer*innen entscheidend, sondern die *Ausrichtung* der Hilfebeziehung. Während sich Anpassungserwartungen an einseitig von Helfer*innen formulierten Zielen als eher eskalationssteigernd gezeigt haben, geht von einer akzeptierenden Haltung der Helfer*innen gegenüber der Biografieträgerin, die Mitsprache bei der Entwicklung von Hilfezielen bzw. Teilhabe an Entscheidungen ermöglicht, ein deeskalierender Einfluss auf den Verlauf aus.
- Mit der Ausrichtung der Hilfebeziehung ist ihre Funktion im Bereich Gatekeeping (Austin, Pruett, Kirkpatrick, Flens & Gould 2013) eng verbunden. Dabei nimmt die Hilfebeziehung, einer Scharnierstelle gleich, Einfluss darauf, ob bzw. welche Wechselwirkungen mit anderen Ressourcen entstehen. Sie beeinflusst, ob personale Ressourcen, wie Selbstwirksamkeit und Handlungsfähigkeit, zum Tragen kommen und in eine *Ressourcenkonstellation* einfließen können oder nicht.
- Der Erhalt bzw. Abbruch von *Kooperation* mit der Jugend- und Familienhilfe hat sich als weiterer wesentlicher Faktor erwiesen, der die Prozessdynamik in Richtung Eskalation oder Deeskalation beeinflusst. Die Hilfebeziehung kann sogar dann noch eine ressourcenstärkende Funktion entfalten, wenn lediglich Teilbereiche der Hilfe als unterstützend erlebt werden.
- Die Präsenz von Vertreter*innen aus *verschiedenen* Organisationen begünstigt in der Regel eine stabilere ‚Kooperation‘ mit dem Hilfesystem, während die Kooperation mit nur einem bzw. einer Hilfepartner*in stärker gefährdet bzw. auch von Abbruch bedroht sein kann. Die Chancen eines Zugangs zu weiteren Ressourcen steigen, wenn mehr als ein*e Vertreter*in aus der Jugend- und Familienhilfe involviert ist.
- Dem *Wechsel* von Vertreter*innen aus Organisationen durch Hinzukommen bzw. Weggehen aus dem Hilfefeld kommt ein großes Gewicht in Bezug auf den Verlauf zu. Zwar ergibt sich aus dem ‚Wechsel an sich‘ kein Hinweis auf eine bestimmte Verlaufsrichtung, dennoch stehen personelle Veränderungen für das Aufkommen von Prozessdynamik im Bedrohungsverlauf, die rasch zu einem Wendepunkt werden können.

- Der Einfluss der Hilfebeziehung auf die Verlaufsdynamik hängt eng mit dem von Helfer*innen ausgeübten *Maß an Kontrolle* zusammen. Eine umfassende „Reichweite der Kontrolle" (Wolf 2015: 219), die sich in der Wahrnehmung der Biografieträgerin auf eine Vielzahl von Aspekten bezieht, geht mit einem ansteigenden bzw. hohen Eskalationsniveau einher. Demgegenüber ist Kontrolle, die eher auf Einzelaspekte bezogen ist und die Handlungsfähigkeit in anderen Bereichen erhält, mit Verlaufsphasen auf einem niedrigen Eskalationsniveau bzw. mit einem deeskalierenden Verlauf verbunden.

- Ein wesentlicher Einflussfaktor des Verlaufs ist der *Vertrauensaspekt in Hilfebeziehungen*. Kommt es zu Erfahrungen, in denen das Vertrauen riskiert wird (‚Verratsituationen') und sich die Biografieträgerin einem ‚Bündnis' der Helfer ohnmächtig ausgeliefert sieht, wirkt die Hilfebeziehung als Eskalator. Wird die Hilfebeziehung als Schutz und Quelle von Verständnis erlebt, hat sie den Stellenwert eines Deeskalators.

- Ein *Attributionsmuster*, das die Bedrohung als kontrollierbar und variabel interpretiert, steht für eine Ressourcenkonstellation, in der sich Einfluss- und Kontrollmöglichkeiten in Bezug auf das Bedrohungsgeschehen zeigen. Diese Interpretationen fördern persönliche Ressourcen, indem sie den Selbstwert steigern. Demgegenüber zeigt sich eine Konstellation, die sich eskalierend auf die Prozessdynamik des Verlaufs auswirkt, in einem Bedingungsgefüge aus fehlender Kontrolle und einer Interpretation der Bedrohung als stabil. Diese Interpretation blockiert persönliche Ressourcen, indem sie die Selbstwirksamkeit und den Selbstwert schwächt. Das mündet nicht selten in ein Selbstschutzverhalten, das die Kooperation mit Hilfen belastet, und trägt so zu einer Verschiebung der Belastungs-Ressourcen-Balance in Richtung der Belastungsseite bei. Dadurch werden Übergänge in Verlaufsabschnitte auf höhere Eskalationsstufen begünstigt.

- Eine ‚*psychosoziale Handlungsfähigkeit*', die aus fortbestehenden Kontrollüberzeugungen erwächst, wirkt sich deeskalierend auf den Bedrohungsverlauf aus.

- Sichere Hinweise auf die Verlaufsrichtung des Bedrohungsgeschehens ergeben sich aus der Einstufung der ‚*psychosozialen Handlungsfähigkeit*'. Werden Handlungsoptionen im Angriffs- und Verteidigungsmodus der Eskalationsphase eingeschränkt oder gehen völlig verloren, wie in der Hochkonfliktphase, kommt es zu Übergängen auf ein höheres bzw. höchstes Eskalationsniveau. Im Gegensatz dazu wirken sich fortbestehende Handlungsoptionen deeskalierend auf den Verlauf aus. Das spiegelt sich im Zugang zu den Ressourcen Selbstwirksamkeit, Selbstwert und Kooperation bei zugleich geringer Aktivität im Bereich des Selbstschutzes wider.

- Personen außerhalb des Hilfesystems, also ‚*bedeutsame Andere*' aus dem nahen sozialen Umfeld oder dem Rechtssystem, können einen destabilisierenden Einfluss auf den Verlauf nehmen und zum Ausgangspunkt für einen Verlauf auf höchstem Eskalationsniveau werden. Dieses Risiko besteht vor allem dann, wenn die Person nicht in das Hilfehandeln integriert werden kann bzw. sich nicht einbeziehen lässt. Daraus entwickelt sich oft ein Spannungsfeld zwischen Hilfezielen einerseits und persönlich bedeutsamen Bezügen andererseits, welches die Biografieträgerinnen nicht selten zugunsten ihrer persönlichen Beziehungen auflösen und die Hilfebeziehung abbrechen.

- *,Bedeutsame Andere'* können den Übergang auf ein geringeres Eskalationsniveau begünstigen, indem sie den Zugang zu Ressourcen im Lebensfeld der Biografieträgerin erleichtern, neue Handlungsoptionen eröffnen, eine Brücke zum System der Jugendhilfe bauen und so den Weg zur Mitbestimmung bahnen.

Fazit: Wenngleich sich bestimmte Faktoren, wie die Hilfebeziehung und die Einflussmöglichkeiten der Biografieträgerinnen auf den Bedrohungsverlauf, als besonders einflussreich im Hinblick auf ihre Kraft, Übergänge in aufsteigende wie in absteigende Verlaufsrichtungen zu beeinflussen, erwiesen haben, ist doch auch deutlich geworden, dass es nicht die Einzelfaktoren alleine sind, sondern deren Wechselwirkungen mit weiteren Faktoren, welche die Verlaufsdynamik ausrichten.

Das Beispiel ,Hilfebeziehung' zeigt, dass ihr das Potenzial innewohnt, die Belastungs-Ressourcen-Balance sowohl in Richtung einer Ressourcen- als auch in die einer Belastungskonstellation zu verschieben. Erlebt die Biografieträgerin im Kontakt mit Hilfen eher wenig Akzeptanz und Wertschätzung, zeigen sich enge Wechselwirkungen mit einer Wahrnehmung abnehmender Einfluss- und Kontrollmöglichkeiten, einer schwindenden psychosozialen Handlungsfähigkeit sowie Selbstwirksamkeit sowie einer schwächer werdenden, teils auch aufgehobenen Kooperation mit der Jugend- und Familienhilfe. Ein solches Zusammenspiel der Faktoren setzt eine Dynamik in Gang, die in eine eskalierende bis hocheskalierende Verlaufsrichtung mündet. In dieser Konstellation verschiebt die Hilfebeziehung die Belastungs-Ressourcen-Balance in Richtung einer Belastungskonstellation, die den Zugang zu Ressourcen erschwert. Demgegenüber besteht eine deeskalierende Verlaufsdynamik im Falle einer von Akzeptanz und Wertschätzung gegenüber den Biografieträgerinnen geprägten Hilfebeziehung.

Das Beispiel ,Wahrnehmung von Kontrolle' zeigt, dass diese Interpretation des Bedrohungsgeschehens in einem engen Zusammenhang zu einer Ressourcenkonstellation, bestehend aus hohem Selbstwert und Selbstwirksamkeit, einer gegebenen Handlungsfähigkeit und Kooperation mit dem Hilfesystem, steht, die dadurch eine deeskalierende Verlaufsdynamik des Bedrohungsgeschehens begünstigt.

Tabelle 15 fasst die Analyseaspekte der Prozessdynamik in ‚Eskalatoren' und ‚Deeskalatoren', zusammen.

Tabelle 15: Prozessdynamik – Einflussfaktoren: Eskalatoren/Deeskalatoren

Eskalatoren	Deeskalatoren
Vertreter von Hilfeorganisationen	Vertreter von Hilfeorganisationen
Hilfebeziehung – einseitig	Hilfebeziehung – akzeptierend
Hilfebeziehung – sicher	Hilfebeziehung – unsicher
Handlungsfähigkeit – eingeschränkt	Handlungsfähigkeit – gegeben
Selbstwirksamkeit – gering	Selbstwirksamkeit – hoch
Selbstwert – gering	Selbstwert – hoch
Selbstwertschutz – aktiv	Selbstwertschutz – inaktiv
Einfluss auf Bedrohung – keiner	Einfluss auf Bedrohung – gegeben
Bedrohung – nicht veränderbar	Bedrohung – veränderbar
Kooperation – abgebrochen	Kooperation – stabil
Deutungen – selbstwertverletzend	Deutungen – selbstwertschonend
Bedeutsame Andere	Bedeutsame Andere

10.2 Ausblick für Forschung und Praxis

Das zu Beginn des Forschungsprojektes ausschlaggebende Interesse, bekanntes Gesprächsmaterial aus einem anderen Blickwinkel zu betrachten, hat sich im Laufe der Untersuchung zu einer Herausforderung entwickelt, sich auf Interdisziplinarität einzulassen. Das in Bezug auf die Theoriebildung Neue, liegt hier in der Verbindung bekannter Konzepte und Begriffe aus den verschiedenen Fachgebieten. Durch das Überwinden von Systemgrenzen ist ein Modell entstanden, das neue Beschreibungs- und Analysezugänge zu Bedrohungsverläufen und deren Bewältigung ermöglicht.

Das Modell bietet für die Praxis der Jugendhilfe sowie für den rechtspsychologischen Kontext einen Rahmen zum Aufschlüsseln der auf den ersten Blick nicht immer nachvollziehbaren oder auch widersprüchlich erscheinenden Verhaltensweisen von Personen, deren Elternschaft stark bedroht ist. Schwierige Verhaltensweisen können aus der Perspektive der Person, unter dem Blickwinkel der Bewältigung von Hilflosigkeit angesichts der Fremdunterbringung des Kindes, sinngebend nachvollzogen werden. Das Modell bietet somit Anknüpfungspunkte dafür, Motivation und Bedürfnisse aus der Subjektperspektive der Eltern differenziert aufzugreifen. Ein üblicherweise als „gestört" ggf. „dysfunktional" bezeichnetes Verhalten kann in seiner dahinterliegenden Bewältigungslogik und -dynamik als ein Bestreben, handlungsfähig zu bleiben, aufgeschlossen werden. Das entspricht einer Interpretationsweise, die nicht an Auffälligkeiten, sondern an einer „subjektiven Bewältigungsbiografie" (Böhnisch 2016: 88) ausgerichtet ist. Anhand einer solchen Basis können Maßnahmen zum Aufbau von Ressourcen nicht nur allgemein, sondern passgenauer abgeleitet werden.

Im Hilfekontext und in der familienpsychologischen Begutachtung trägt die Einbeziehung der Subjektperspektive der Eltern dazu bei, sich nicht vorzeitig auf eine defizitorientierte Sichtweise zu fixieren. Das entspricht Vorgaben des Bundesverfassungsgerichts, professionelle Einschätzungen nicht einseitig an Belastungen auszurichten, sondern Ressourcen einzubeziehen sowie neben der Elternperspektive vor allem auch die Passung mit den Entwicklungsanforderungen, die sich aufseiten des Kindes ergeben, in den Blick zu nehmen (vgl. Klein & Lange 2016).

Die Kooperation von Eltern mit dem Hilfesystem ist dort, wo es darum geht, Erziehungsressourcen weiter aufzubauen, ein zentrales Thema. Das Modell kann hier einen Beitrag dazu leisten, den Blick der am familiengerichtlichen Verfahren Beteiligten (Vertreter*innen aus Jugend- und Familienhilfeorganisationen, Verfahrensbeiständinnen und Verfahrensbestände, Familienrichter*innen, psychologische Sachverständige) für solche Facetten der Hilfebeziehung zu sensibilisieren, die über das bloße Feststellen des Bestehens oder Fehlens von Kooperation hinausgehen. Leitfragen, die sich mit der ‚Ausrichtung der Hilfebeziehung' – interaktiv vs. einseitig – und der Beziehungsqualität – sicher vs. unsicher – befassen, sind besonders interessant. Hieraus können sich differenzierte Anhaltspunkte dafür ergeben, ob bzw. auf welcher Grundlage sich aus der Beziehung zu Vertreter*innen des Hilfesystems im Bedrohungs- und Hilfeverlauf neue Handlungsoptionen eröffnen oder ob solche eher blockiert werden.

Bei der Betrachtung der Frage der Erziehungsfähigkeit von Eltern ist im Hilfekontext wie auch in der familienpsychologischen Begutachtung die ‚Einsichts- und Reflexionsfähigkeit' (Kindler 2008) von Eltern ein zentraler Aspekt, der das Veränderungspotenzial der Familiensituation mitbestimmt. Das hier beschriebene Modell zeigt Zusammenhänge zwischen Ursachenzuschreibung und dem Bedrohungsverlauf auf. So kommt es zu selbstbezogenen, internalen Attributionen, insbesondere zu Deutungen, die einen biografischen Bezug vor allem in Verlaufsabschnitten haben, die sich auf einem niedrigen oder sehr stark sinkenden Eskalationsniveau bewegen. In Phasen auf hohem und höchstem Eskalationsniveau treten selbstkritische Erklärungen nicht auf, vielmehr zeigen sich dort externale Begründungen. Das lässt Rückschlüsse auf die Wahrscheinlichkeit, mit der selbstreflexive Prozesse im Hilfeverlauf bzw. bei der familiengerichtlichen Begutachtung angetroffen werden können, zu. Ist das Eskalationsniveau der (gerichtlichen) Auseinandersetzung sehr hoch, sind kaum selbstkritische Angaben zu erwarten, während solche bei einer Gesprächsführung, die im Kontext eines niedrigen Eskalationsniveaus stattfindet, bedeutend häufiger auftreten. Insofern bietet das geschilderte Modell nicht nur Erklärungsansätze für die Erfassung familiengerichtlicher Konfliktfälle, sondern eröffnet darüber hinaus die Möglichkeit, günstige sowie ungünstige Verlaufsabschnitte und somit Zeitpunkte für Hilfeformen zu benennen. So können biografiezentrierte Unterstützungsmaßnahmen auf niedrigem, nicht jedoch auf hohem Eskalationsniveau eine Wirkung entfalten. Das Modell zeigt überdies besonders ‚sensible Stellen' der Bedrohungsdynamik auf, z. B. personelle Wechsel im Bereich der Jugend- und Familienhilfe, die auf Richtungsänderungen hinweisen können. Daran orientierte Fragen – zeitliche Einordnung, Qualität der Veränderung usw. – können Aufschluss darüber geben, ob sich der Wechsel ressourcenschaffend oder belastend ausgewirkt hat. Im Einzelfall eröffnet sich daraus auch die Möglichkeit zu prüfen, ob ggf. neue oder weitere Akteur*innen in den Hilfeprozess einbezogen werden sollen.

Überdies hat sich gezeigt, dass die Rolle bedeutsamer Anderer im Lebensumfeld der Biografieträger*innen in der Praxis der Jugendhilfe keinesfalls unterschätzt werden darf, gleichgültig, ob es sich dabei um Partner, weitere Vertrauenspersonen oder Vertreter*innen aus dem Rechtsbereich handelt. So können aus diesen Beziehungen Ressourcen entstehen, die zur Verbesserung der Familiensituation beitragen. Das kann Anstoß geben für Forschungsprojekte, welche die Rolle dieser Personen noch stärker in den Fokus nehmen.

Die vorliegende Arbeit möchte auch zu weiterer Forschung anregen. Besonders interessant sind Fragen nach der Übertragbarkeit und Relevanz der Ergebnisse für andere Zielgruppen. Konkret wäre zu untersuchen, ob und inwieweit sich die hier gefundenen Muster auch bei Personengruppen ohne den biografischen Hintergrund des Aufwachsens als Pflegekind finden lassen.

Literatur

Adler, A. (1922). *Über den nervösen Charakter.* München.

Albert, S. (1977). Temporal comparison theory. In: *Psychological Review,* 84 (6), S. 485–503.

Arnold, R. (1983). Deutungsmuster. Zu den Bedeutungselementen sowie den theoretischen und methodologischen Bezügen eines Begriffs. In: *Zeitschrift für Pädagogik,* 29 (6), S. 893–912.

Aronson, E., Wilson, T. D. & Akert, R. M. (2014). *Sozialpsychologie* (8. Auflage). München: Pearson Education Deutschland.

Austin, W. G., Pruett, M. K., Kirkpatrick, H. D., Flens, J. R. & Gould, J. W. (2013). Parental gatekeeping and child custody / child access evaluation: Part I: Conceptual framework, research and application. In: *Family Court Review,* 51, S. 485–501.

Bandura, A. (1977). Self-Efficacy: Towards a Unifying Theory of Behavioral Change. In: *Psychological Review,* 84 (2), S. 191–215.

Barthmann, S. (2006). *Flüchten oder Bleiben. Rekonstruktion biographischer Verläufe und Ressourcen von Emigranten im Nationalsozialismus.* Wiesbaden: VS Verlag für Sozialwissenschaften.

Baumann, M. (2010). *Kinder, die Systeme sprengen.* Baltmannsweiler.

Blandow, J. & Küfner, M. (2011). Pflegekinderhilfe in Deutschland: Entwicklungslinien. In: Kindler, H., Helming, E., Meysen, T. & Jurczyk, K. (Hrsg.) *Handbuch Pflegekinderhilfe* (2. Auflage). München: Deutsches Jugendinstitut.

Böhnisch, L. (2016). *Lebensbewältigung. Ein Konzept für die soziale Arbeit.* Weinheim, Basel: Beltz Juventa.

Boerner, K. & Heckhausen, J. (2003). To have and have not: Adaptive bereavement by transforming mental ties to the deceased. In: *Death Studies,* 27 (3), S. 199–226.

Bohnsack, R. (2008). *Rekonstruktive Sozialforschung. Einführung in qualitative Methoden* (7. durchgesehene und aktualisierte Auflage). Opladen, Farmington Hills: Verlag Barbara Budrich.

Böhnisch, L. & Schefold, W. (1985). *Lebensbewältigung – Soziale und pädagogische Verständigungen an den Grenzen der Wohlfahrtsgesellschaft.* Weinheim, München: Beltz.

Böhnisch, L., Lenz, K. & Schröer, W. (2009). *Sozialisation und Bewältigung.* Weinheim, München: Beltz.

Böhnisch, L. & Schröer, W. (2013). *Soziale Arbeit – eine problemorientierte Einführung.* Bad Heilbrunn.

Bowlby, J. (2006). *Bindung und Verlust.* München: Reinhardt.

Breuer, F. (1996). *Qualitative Psychologie: Grundlagen, Anwendungen und Methoden eines Forschungsstils.* Opladen, Framington Hills: Westdeutscher Verlag.

Breuer, F. (2010). *Reflexive Grounded Theory. Eine Einführung in die Forschungspraxis* (2. Auflage). Wiesbaden: VS Verlag für Sozialwissenschaften / Springer Fachmedien Wiesbaden GmbH.

Breuer, F., Muckel, P. & Dieris, B. (2018). *Reflexive Grounded Theory. Eine Einführung in die Forschungspraxis* (3. Auflage). Wiesbaden: Springer Fachmedien Wiesbaden GmbH.

Byrne, D. (1964). Repression – sensitization as a dimension of personality. In: Maher, B. H. (Hrsg.). *Progress in Experimental Personality Research,* 1, S. 169–220. New York, N.Y.: Academic Press.

Caspi, A. & Moffitt, T. E. (1993). When do individual differences matter? A paradoxical theory of personality coherence. In: *Psychological Inquiry,* 4 (4), S. 247–271.

Coifman, K., Bonanno, G., Ray, R. & Gross, J. (2007). Does Repressive Coping Promote Resilience? Affective-Autonomic Response Discrepancy During Bereavement. *Journal of personality and social psychology,* 92, S. 745–758.

Corbin, J. M. & Strauss. A. L. (2010). *Weiterleben lernen. Verlauf und Bewältigung chronischer Krankheit* (3. Auflage). Bern: Verlag Hans Huber.

Courtney, M. E., Dworsky, A., Cusick, G. R., Havlicek, J., Perez, A. & Keller, T. (2007). *Midwest Evaluation of the Adult Functioning of Former Foster Youth: Outcomes at Age 21*. Chicago: Chapin Hall Center for Children at the University of Chicago.

Davis, C. G., Lehman, D. R., Wortman, C. B., Silver, R. C. & Thompson, S. C. (1995). The undoing of traumatic life events. In: *Personality and Social Psychology Bulletin*, 21 (2), S. 109–124.

Dettenborn, H. & Walter, E. (2016). *Familienrechtspsychologie*. München: Ernst Reinhardt.

Dey, I. (1999). *Grounding grounded theory: Guidelines for qualitative inquiry*. San Diego: Academic Press.

Dilthey, W. (1914 ff.). *Gesammelte Schriften (G.S.)*. Leipzig: Teubner. Spätere Neuauflagen in XXVI Bänden. Seit 1957 Verlagsort Göttingen: Vandenhoek & Ruprecht.

Eiden, R. D. (2013). Zur Bindungssicherheit von Alkoholikerkindern. Eine Längsschnittstudie und ihre Relevanz für Interventionen. In: Brisch, K. H. (Hrsg.) (2013). *Bindung und Sucht*. Stuttgart: Klett Cotta.

Elder G. (1974). *Children of the Great Depression*. Chicago.

Elder G. (1985). *Life Course Dynamics*. Trajectories and Transitions, 1968–1980. Ithaca and London.

Erikson, E. H. (2002). *Identität und Lebenszyklus*. Frankfurt a. M.: Suhrkamp.

Faltermeier, J. (2001). *Verwirkte Elternschaft? Fremdunterbringung-Herkunftseltern – neue Handlungsansätze*. Münster: Votum Verlag.

Faltermeier, J., Glinka, H.-J. & Schefold, W. (2003). *Herkunftsfamilien. Empirische Befunde und praktische Anregungen rund um die Fremdunterbringung von Kindern*. Frankfurt a. M.: Eigenverlag des Dt. Vereins für öffentliche und private Fürsorge.

Festinger, L. (1954). A theory of social comparison process. In: *Human Relations*, 7, S. 117–140.

Filipp, S.-H. (1981). Ein allgemeines Modell für die Analyse kritischer Lebensereignisse. In: Filipp, S.-H. (Hrsg.). *Kritische Lebensereignisse*. München: Verlag Urban & Schwarzenberg.

Filipp, S.-H. (1995). Ein allgemeines Modell für die Analyse kritischer Lebensereignisse. In: Filipp, S.-H. (Hrsg.). *Kritische Lebensereignisse*. Weinheim: Beltz, S. 3–52.

Filipp, S.-H. (2008). Kritische Lebensereignisse. In: Brandstetter, J. (Hrsg.). *Psychologie der Lebensspanne*. Stuttgart: Beltz.

Filipp, S.-H. & Aymanns, P. (2010). *Kritische Lebensereignisse und Lebenskrisen*. Stuttgart: Kohlhammer.

Flick, U. (2012). *Qualitative Sozialforschung* (5. Auflage). Reinbek bei Hamburg: Rowohlt Verlag.

Frankl, V. E. (1963). *Man's search for meaning*. New York.

Frankl, V. E. (1972). *Der Mensch auf der Suche nach Sinn*. Stuttgart: Klett.

Frattaroli, J. (2006). Experimental Disclosure and its moderators: A meta-analysis. *Psychological bulletin*. 132.

French, J., Rodgers, W. & Cobb, S. (1974). Adjustment as person environment fit. In: Coelho, G. V., Hamburg, D. A. & Adams, J. E. (Hrsg.). *Coping and adaptation*. New York, S. 316–333.

Freud, S. (1948 ff.). *Gesammelte Werke*, Bd. I–XVI. London: Imago.

Fröhlich-Gildhoff, K. (2007). *Verhaltensauffälligkeiten bei Kindern und Jugendlichen. Ursachen, Erscheinungsformen und Antworten*. Stuttgart: Kohlhammer.

Gassmann, Y. (2010). *Pflegeeltern und ihre Pflegekinder. Empirische Analysen von Entwicklungsverläufen und Ressourcen im Beziehungsgeflecht*. Münster: Waxmann.

Gassmann, Y. (2015). Pflegekinderspezifische Entwicklungsaufgaben oder: was Pflegekindern gemeinsam ist. In: Wolf, K. (Hrsg.). *Sozialpädagogische Pflegekinderforschung*. Bad Heilbrunn: Klinkhardt, S. 43–60.

Gehres, W. (1997). *Das zweite Zuhause*. Wiesbaden: Springer Fachmedien.

Gehres, W. & Hildenbrand, B. (2008). *Identitätsbildung und Lebensverläufe bei Pflegekindern: Aufwachsen in Pflegeverhältnissen.* Wiesbaden: VS Verlag für Sozialwissenschaften.

Gerhard, U. (1986). *Patientenkarrieren.* Frankfurt a. M.

Gerrig, R. J.(2015). *Psychologie* (2. aktualisierte Auflage). Martin-Priekopa: Pearson.

Geulen. D. (1999). Subjekt-Begriff und Sozialisationstheorie. In: Leu, H. R. & Krampmann, L. (Hrsg.). *Zwischen Autonomie und Verbundenheit. Bedingungen und Formen der Behauptung von Subjektivität.* Frankfurt a. M., S. 21–48.

Glaser, B. G. & Strauss, A. L. (1998). *Grounded Theory. Strategien qualitativer Forschung.* Bern: Hans Huber. (Originalwerk veröffentlicht 1967).

Glaser, B. G. & Strauss, A. L. (2010). *Grounded Theory. Strategien qualitativer Forschung* (3. unveränderte Auflage). Bern: Hans Huber.

Glinka, H.-J. (2013). Biografiearbeit. In: Schröer, W., Stauder, B., Walther, A., Böhnisch, L. & Lenz, K. (Hrsg.). *Handbuch Übergänge.* Weinheim, Basel: Beltz Juventa, S. 810–833.

Goffman, E. (1973). *Asyle. Über die soziale Situation psychiatrischer Patienten und anderer Insassen.* Frankfurt a. M.: Suhrkamp.

Grossmann, K. & Grossmann, K. E. (2012). *Bindungen. Das Gefüge psychischer Sicherheit* (5. Auflage). Stuttgart: Klett-Cotta.

Haan, N. (1977). *Coping and defending.* New York, N.Y.: Academic Press.

Havighurst, R. J. (1972). *Developmental Tasks and Education* (3. Auflage). New York: Longman Inc. (First published 1948 by the University of Chicago. Seventh printing 1982 by Longman Inc.).

Heider, F. (1958). *The psychology of interpersonal relationships.* New York: Wiley.

Heppt, B. M. (2009). *Persönlichkeit und psychisches Wohlbefinden bei ehemaligen, nun erwachsenen Pflegekindern: Welche Rolle spielt die Pflegefamilie?* Diplomarbeit. Ludwig-Tomimilians-Universität München.

Hildenbrand, B. (2004). *Fallrekonstruktive Familienforschung.* Wiesbaden: VS Verlag für Sozialwissenschaften.

Horowitz, M. J. (1975). Retrusive and repetitive thoughts after experimental stress. In: *Archives of General Psychiatry,* 32 (11), S. 1457–1463.

Horowitz, M. J. (1979). Psychological response to serious life events. In: Hamilton, V. & Warburton, D. M. (Hrsg.). *Human stress and cognition: an information processing approach.* Chichester: Wiley, S. 235–263.

Horowitz, M. J. (1986). Stress-response syndromes: A review of posttraumatic and adjustment disorders. In: *Hospital & Community Psychiatry,* 37 (3), S. 241–249.

Hultsch, D. F. & Cornelius, S. W. (1995). Kritische Lebensereignisse und lebenslange Entwicklung. In: Filipp, S.-H. (Hrsg.). *Kritische Lebensereignisse.* Weinheim: Beltz, S. 72–87.

Jespersen, A. (2011). *Belastungen und Ressourcen von Pflegeeltern. Analyse eines Pflegeeltern-Onlineforums.* In: Zentrum für Planung und Evaluation sozialer Dienste der Universität Siegen (Hrsg.), ZPE-Schriftreihe Nr. 29. Siegen: universi.

Johach, H. (2011). Wilhelm Dilthey als Begründer einer biographisch-diagnostischen Sichtweise. In: Jüttemann, G. (Hrsg.). *Biographische Diagnostik.* Lengerich: Pabst Science Publishers, S. 36–43.

Kelley, H. H. (1973). The process of causal attribution. In: *American Psychologist,* 28, S. 107–128.

Kindler, H. (2002). *Partnerschaftsgewalt und Kindeswohl. Eine metaanalytisch orientierte Zusammenschau und Diskussion der Effekte von Partnerschaftsgewalt auf die Entwicklung von Kindern. Folgerungen für die Praxis.* München: DJI.

Kindler, H. (2008). Gefährdungseinschätzung durch psychologische Sachverständige im Kontext von § 1666 BGB / § 8a SGB VIII. In: *Praxis der Rechtspsychologie,* 18 (2). Bonn: Deutscher Psychologen Verlag.

Kindler, H., Helming, E., Meysen, T. & Jurczyk, K. (Hrsg.) (2011). *Handbuch Pflegekinderhilfe* (2. Auflage). München: Deutsches Jugendinstitut.

Kindler, H., Lillig, S., Blüml, H., Meysen, T. & Werner, A. (Hrsg.) (2006). *Handbuch Kindeswohlgefährdung nach § 1666 BGB und Allgemeiner Sozialer Dienst*. München: Deutsches Jugendinstitut e. V.

Klein, A. & Lange, T. (2016). Aktuelle Beschlüsse des Bundesverfassungsgerichts zu Fragen von Kindeswohlgefährdung und Erziehungsfähigkeit – eine praxisbezogene Reflexion. In: *Praxis der Rechtspsychologie*, 26 (1), S. 143–154. Bonn: Deutscher Psychologen Verlag.

König, L. (2013). Bindungsdiagnostik in familienrechtlichen Verfahren. In: *Praxis der Rechtspsychologie*, 23 (2). Bonn: Deutscher Psychologen Verlag.

Krampen, G. (1982). *Differenzialpsychologie der Kontrollüberzeugungen*. Göttingen: Hogrefe.

Kuckartz, U. (2007). *Einführung in die computergestützte Analyse qualitativer Daten* (2., aktualisierte und erweiterte Auflage). Wiesbaden: VS Verlag für Sozialwissenschaften.

Küfner, M. & Schönecker, L. (2011). Rechtliche Grundlagen und Formen der Vollzeitpflege. In: Kindler, H., Helming, E., Meysen, T. & Jurczyk, K. (Hrsg.) (2011). *Handbuch Pflegekinderhilfe* (2. Auflage). München: Deutsches JugendinstitutKunkel, P.-C. (Hrsg.) (2014). *Sozialgesetzbuch VIII. Kinder und Jugendhilfe. Lehr- und Praxiskommentar*. Baden-Baden: Nomos.

Lazarus, R. S. (1991). *Emotion and Adaptation*. Oxford: Oxford University Press.

Lazarus, R. S. (1995). Streß und Streßbewältigung – ein Paradigma. In: Filipp, S.-H. (Hrsg.). *Kritische Lebensereignisse*. Weinheim: Beltz, S. 198–232.

Lazarus, R. S. (2000). Toward better research on stress and coping. In: *American Psychologist*, 55 (6), S. 665–673.

Lazarus, R. S. & Folkman, S. (1984). *Stress, appraisal, and coping*. New York, N. Y.: Springer.

Legewie, H. & Schervie-Legewie, B. (2004). „Forschung ist harte Arbeit, es ist immer ein Stück Leiden damit verbunden. Deshalb muss es auf der anderen Seite Spaß machen." In: *Forum qualitative Sozialforschung*, 5, S. 1–22.

Lenz, K. (1986): *Alltagswelten von Jugendlichen. Eine empirische Studie über jugendliche Handlungstypen*. Frankfurt a. M., New York: Campus Verlag.

Lenz, K. & Nestmann, F. (2009). *Handbuch persönliche Beziehungen*. Weinheim, München: Juventa.

Linden, M., Baumann, K. & Schippan, B. (2006). Weisheitstherapie – Kognitive Therapie der Posttraumatischen Verbitterungsstörung. In: Maercker, A. & Rosner, R. (Hrsg.). *Psychotherapie der posttraumatischen Belastungsstörungen. Krankheitsmodell und Therapiepraxis – störungsspezifisch und schulenübergreifend*. Stuttgart: Thiema, S. 208–227.

Ludwig, M. (1996). *Armutskarrieren. Zwischen Abstieg und Aufstieg im Sozialstaat*. Opladen: Westdeutscher Verlag.

Ludwig, M. (1998). *Armutskarrieren. Zwischen Abstieg und Aufstieg im Sozialstaat*. Online verfügbar: http://www.popper.uni-frankfurt.de/pdf/ludwig_1998.pdf zuletzt zugegriffen am 10.01.2014.

Lüders, C. & Meuser, M. (1997). Deutungsmusteranalyse. In: Hitzler, R. & Honer, A. (Hrsg.) (1997). *Sozialwissenschaftliche Hermeneutik. Eine Einführung*. Opladen: UTB, S. 57–79.

Mason, M. (2010). Sample size and saturation in PhD studies using qualitative interviews. In: *Forum Qualitative Sozialforschung / Forum: Qualitative social Research*, 11 (3).

Mayring, P. (2002). *Einführung in die Qualitative Sozialforschung*. Weinheim: Beltz Verlag.

Montada, L. & Lerner, M. J. (1998). *Responses to viktimizations and belief in a just world*. New York, N.Y.: Plenum.

Muckel, P., Maschwitz, A. & Vogt, S. (2013). *Grounded Theory. Was ich immer schon einmal über Grounded Theory wissen wollte*. Audio Podcastfolgen. Online verfügbar: https://groundedtheoryoldenburg.wordpress.com/ zuletzt zugegriffen am 25.05.2018.

Münder, J., Meysen, T. & Trenczek, T. (2013). *Frankfurter Kommentar SGB VIII. Kinder und Jugendhilfe*. Baden-Baden: Nomos.

Niemeyer, C. (1993). Markus stört. Sozialpädagogische Kasuistik von Ausgrenzungsprozessen auf attributionstheoretischer Grundlage. In: Peters, F. (Hrsg.) (1993). *Professionalität im Alltag. Entwicklungsperspektiven in der Heimerziehung II*. Bielefeld, S. 37–76.

Nolen-Hoeksema, S. & Davis, C. G. (2004). Theoretical and methodological issues in the assessment and interpretation of posttraumatic growth. In: *Psychological Inquiry*, 15, S. 60–64.

Oevermann, U., Allert, T., Gripp, H., Konau, E., Krambeck, J., Schröder-Cesar, E. & Schütze, Y. (1976). Beobachtungen zur Struktur der sozialisatorischen Interaktion. In: Auwärter, M., Kirsch, E. & Schröter, M. (Hrsg.). *Seminar Kommunikation, Interaktion, Identität*. Frankfurt a. M.: Suhrkamp, S. 371–403.

Pensé, D. (1994). Lebenswelt und Deutungsmuster. Zur Situation von Sozialhilfeempfängern und Arbeitslosen im ländlichen Raum. Reihe: *Soziale Ungleichheit und Benachteiligung*. Bd. 4 Münster: LIT Verlag.

Pierlings, J. (2011). *Leuchtturm-Projekt – Pflegekinderdienste*. Zentrum für Planung und Evaluation sozialer Dienste der Universität Siegen (Hrsg.), 1. neue Auflage, ZPE Schriftenreihe Nr. 31. Siegen: universi.

Pierlings, J. (2014). *Wie erklären sich Pflegekinder ihre Lebensgeschichte. Analyse biografischer Deutungsmuster*. ZPE Schriftenreihe Nr. 33. Siegen: universi.

Pinquart, M. (2011). Soziale Bedingungen psychischer Störungen. In: Wittchen, H.-U. & Hoyer, J. (Hrsg.). *Klinische Psychologie und Psychotherapie*. Berlin: Springer Verlag, S. 319–334.

Pluto, L. (2007). *Partizipation in den Hilfen zur Erziehung. Eine empirische Studie*. München: DJI.

Rauwald, M. (Hrsg.) (2013). *Vererbte Wunden. Transgenerationale Weitergabe traumatischer Erfahrungen*. Weinheim, Basel: Beltz.

Reimer, D. (2008). *Pflegekinder in verschiedenen Familienkulturen. Belastungen und Entwicklungschancen im Übergang*. ZPE Schriftenreihe Nr. 19. Siegen: universi.

Reimer, D. (2012). Positive und negative Verläufe in Biografien von Pflegekindern – ein Forschungsdesiderat. In: *Zeitschrift für Sozialpädagogik*, 3 (2012).

Reimer, D. (2017). *Normalitätskonstruktionen in Biografien ehemaliger Pflegekinder*. Weinheim: Beltz.

Reimer, D., Schäfer, D. & Wilde, C. (2015). Biografien von Pflegekindern. In: Wolf, K. (Hrsg.). *Sozialpädagogische Pflegekinderforschung*. Bad Heilbrunn: Klinkhardt, S. 13–41.

Reimer, D. & Wilde, C. (im Erscheinen). Positive Entwicklungen von Jungen und Mädchen nach schwierigem Start [Arbeitstitel].

Reimer, D. & Petri, C. (2017). *Wie gut entwickeln sich Pflegekinder? Eine Longitudinalstudie*. Zentrum für Planung und Evaluation sozialer Dienste der Universität Siegen (Hrsg.), ZPE Schriftenreihe Nr. 47. Siegen: universi.

Reimer, D. & Wolf, K. (2008). *Partizipation der Kinder als Qualitätskriterium der Pflegekinderhilfe*. Expertise für das Projekt „Pflegekinderhilfe in Deutschland", durchgeführt vom Deutschen Jugendinstitut e. V., München (DJI) und vom Deutschen Institut für Jugend und Familie, Heidelberg (DIJuF).

Roese, N. J. (1997). Counterfactual thinking. In: *Psychological Bulletin*, 121 (1), S. 133–148.

Ross, L. & Nisbett, R. E. (1991). *The person and the situation: Perspectives of social psychology*. New York: McGraw-Hill.

Salzgeber, J. (2011). *Familienpsychologische Gutachten* (5. überarbeitete und erweiterte Auflage). München: Beck Verlag.

Salzgeber, J. (2015). *Familienpsychologische Gutachten* (6. vollständig überarbeitete Auflage). München: Beck Verlag.

Schäfer, D. (2012). *„Darum machen wir das ..."* Pflegeeltern von Kindern mit Behinderung. Deutungsmuster und Bewältigungsstrategien. Zentrum für Planung und Evaluation sozialer Dienste der Universität Siegen (Hrsg.), 2., aktualisierte Auflage, ZPE Schriftenreihe Nr. 28. Siegen: universi.

Schone, R. & Wagenblass, S. (2002). *Wenn Eltern psychisch krank sind*. Münster: Votum-Verlag.

Schütz, A. (1991). *Der sinnhafte Aufbau der sozialen Welt* (5. Auflage). Frankfurt a. M.: Suhrkamp.

Schuster, E. M. (1997). *Sozialpädagogische Familienhilfe (SPFH). Aspekte eines mehrdimensionalen Handlungsansatzes für Multiproblemfamilien.* Frankfurt a. M.: Lang.

Schütze, F. (1981). Prozessstrukturen des Lebenslaufs. In: Mathes, J. u. a. (Hrsg.). *Biografie in Handlungswissenschaftlicher Perspektive.* Nürnberg: Verlag der Nürnberger Forschungsvereinigung, S. 67–156.

Schütze, F. (1983). Biographieforschung und narratives Interview. In: *Neue Praxis,* 13 (3), S. 283–293.

Schütze, F. (2006). Verlaufskurven des Erleidens als Interpretationsgegenstand der interpretativen Soziologie. In: Krüger, H.-H. & Marotzki, W. (Hrsg.). *Handbuch erziehungswissenschaftlicher Biografieforschung* (2. überarbeitete und aktualisierte Auflage). Wiesbaden: VS Verlag für Sozialwissenschaften, S. 205–238.

Schwabe-Hoellein, M. & Kindler, H. (2006). Erziehungsfähigkeit psychisch kranker Eltern. In: Fabian, T. & Nowara, S. (Hrsg.) (2006). *Neue Wege und Konzepte in der Rechtspsychologie.* Berlin: LIT Verlag.

Schwartländer, B. (2004). Kinder psychisch kranker Eltern. In: *Praxis der Rechtspsychologie,* 14, S. 331–346.

Seligman, M. E. P. (1975). *Helplessness.* San Francisco: Freeman.

Steinert, H. (1972). *Die Strategien sozialen Handelns.* München: Juventa.

Strauss, A. & Corbin, J. (1990). *Basics of qualitative research: Groundes theory procedures and techniques.* Newbury Park (Sage).

Strauss, A. & Corbin, J. (1996). *Grounded Theory: Grundlagen Qualitativer Sozialforschung.* Weinheim: Beltz PVU.

Strauss, A. & Corbin, J. (2010). *Grounded Theory. Grundlagen Qualitativer Sozialforschung.* Weinheim: Beltz PVU.

Stroebe, M. S. & Schut, H. (1999). The dual process model of coping with bereavement: Rationale and description. In: *Death Studies,* 23 (3), S. 197–224.

Stroebe, M. S., Schut, H. & Stroebe, W. (2006). Who benefits from disclosure? Exploration of attachment style differences in the effects of expressing emotions. In: *Clinical Psychology Review,* 26 (1), S. 66–85.

Taylor, S. E. (2010). Health. In: Fiske, S. T., Gilbert, D. T. & Lindzey, G. (Hrsg.). *Handbook of social Psychology,* 5 (1). Hoboken, NJ: Wiley, S. 698–723.

Thomae, H. (1968). *Das Individuum und seine Welt.* Göttingen: Hogrefe.

Thomas, W. I., Znaniecki, F. & Zaretsky, E. (1996). *The polish peasant in Europe and America. A Classic Work in Immigration History.* Im Original: Fünf Bände, 1918–1920. Urbana: University of Illinois Press (An Illini book from the University of Illinois Press).

Thrum, K. (2007). *Ergebnisse der Pflegekinder – Fallerhebung.* Arbeitspapier. München: Deutsches Jugendinstitut.

Tschöpe-Scheffler, S. (2013). *Fünf Säulen der Erziehung. Wege zu einem entwicklungsfördernden Miteinander von Erwachsenen und Kindern.* Ostfildern: Patmos Verlag.

Tschöpe-Scheffler, S. (2005). Erziehungsstile und kindliche Entwicklung: entwicklungshemmendes versus entwicklungsförderndes Erziehungsverhalten. In: Deegener, G. & Körner, W. (Hrsg.). *Kindesmisshandlung und Vernachlässigung. Ein Handbuch.* Göttingen: Hogrefe, S. 303–316.

Walter, E. (2008). Erziehungsfähigkeit. In: Volbert, R. & Steller, M. (Hrsg.). *Handbuch der Rechtspsychologie.* Göttingen: Hogrefe, S. 594–600.

Watkins, E. (2008). Constructive and unconstructive repetitive thought. In: *Psychological Bulletin,* 134 (2), S. 163–206.

Weiner, B. (1994). Sünde versus Krankheit: Die Entstehung einer Theorie wahrgenommener Verantwortung. In: Försterling, F. & Stiensmeier-Pelster, J. (Hrsg.) (1994). *Attributionstheorie. Grundlagen und Anwendungen.* Göttingen: Hogrefe, S. 1–25.

Welter-Enderlin, R. & Hildenbrand, B. (Hrsg.) (2012). *Resilienz – Gedeihen trotz widriger Umstände.* Heidelberg: Carl Auer Verlag.

Werner, E. (1977). *The Children of Kauai. A longitudinal study from the prenatal period to age ten.* University of Hawaii Press.

Westhoff, K. & Kluck, M.-L. (2014). *Psychologische Gutachten schreiben und beurteilen* (6. vollständig überarbeitete und erweiterte Auflage). Berlin: Springer Verlag.

Wilde, C. (2014). *Eltern. Kind. Herausnahme. Zur Erlebensperspektive von Eltern in den Hilfen zur Erziehung.* Zentrum für Planung und Evaluation sozialer Dienste der Universität Siegen (Hrsg.), ZPE Schriftenreihe Nr. 35. Siegen: universi.

Wolf, K. (2007). Die Belastungs-Ressourcen-Balance. In: Kruse, E. & Tegeler, E. (Hrsg.). *Weibliche und männliche Entwürfe des Sozialen. Wohlfahrtsgeschichte im Spiegel der Genderforschung.* Opladen & Farmington: Verlag Barbara Budrich, S. 281–292.

Wolf, K. (2015). *Sozialpädagogische Interventionen in Familien* (2. Auflage). Weinheim, Basel: Beltz Juventa.

Wolf, K. et al. (2009). *Belastungen und Ressourcen von Pflegeeltern.* Präsentationsbeitrag auf der 3rd International Network Conference St. Gallen.

Wolf, K. (1999). *Machtprozesse in der Heimerziehung.* Eine qualitative Studie über ein Setting klassischer Heimerziehung. Münster: Votum Verlag.

Wolf, K. & Reimer, D. (2008). Belastungen und Ressourcen im biografischen Verlauf: Zur Entwicklung von Pflegekindern. In: *Zeitschrift für Sozialpädagogik,* 3 (6), S. 226–257.

Wortman, C. B. (2004). Posttraumatic growth: Progress and problems. In: *Psychological inquiry,* 15 (1), S. 81–90.

Wortman, C. B. & Silver, R. C. (2001). The myths of coping with loss revisited. In: Stroebe, M. S., Hansson, R. O., Stroebe, W. & Schut, H. (Hrsg.). *Handbook of bereavement research: Consequence, coping, and care.* Washington, DC: APA, S. 405–429.

Zobel, M. (2006). *Kinder aus alkoholbelasteten Familien* (2. Auflage). Göttingen: Hogrefe.